省级精品课程配套教材

国家示范性 高职院校建设规划教材

汽车故障诊断与检测技术

杜文锁　冯斌　主编
潘宗友　柴彬　副主编
郑劲　主审

化学工业出版社
·北京·

本书介绍汽车、发动机、底盘、电器等系统的故障诊断与检测技术及汽车检测站的相关内容，重点阐述汽车及各系统、总成及主要零部件的故障诊断与排除方法，案例分析等。旨在培养学生在汽车故障诊断过程中的检测、诊断、分析、制定维修方案能力，具有较强的实践指导作用。

本书适用于汽车维修与检测、汽车技术服务与营销、汽车运用与维修等专业的高职高专学生和教师，以及相关专业的从业人员、汽车维修人员使用。

图书在版编目（CIP）数据

汽车故障诊断与检测技术/杜文锁，冯斌主编．—北京：化学工业出版社，2015.12（2024.2 重印）
省级精品课程配套教材　国家示范性高职院校建设规划教材
ISBN 978-7-122-25901-1

Ⅰ.①汽… Ⅱ.①杜… ②冯… Ⅲ.①汽车-故障诊断-高等职业教育-教材②汽车-故障检测-高等职业教育-教材　Ⅳ.①U472.9

中国版本图书馆 CIP 数据核字（2015）第 307397 号

责任编辑：韩庆利　　　　　　　　　　装帧设计：史利平
责任校对：王素芹

出版发行：化学工业出版社（北京市东城区青年湖南街 13 号　邮政编码 100011）
印　　装：北京盛通数码印刷有限公司
787mm×1092mm　1/16　印张 20¼　字数 527 千字　2024 年 2 月北京第 1 版第 5 次印刷

购书咨询：010-64518888　　　　　　　　售后服务：010-64518899
网　　址：http://www.cip.com.cn
凡购买本书，如有缺损质量问题，本社销售中心负责调换。

定　　价：42.00 元　　　　　　　　　　　　　　　　　　版权所有　违者必究

前 言

汽车故障诊断与检测技术是以汽车及内燃机理论、汽车故障诊断学为理论指导，以汽车及内燃机结构原理、计算机控制技术以及汽车运用性能为分析依据，以汽车检测及试验技术为测试手段的综合技术。汽车故障诊断是从故障症状出发，通过问诊试车、分析研究、推理假设、流程设计、测试确认、修复验证，最后达到发现故障原因的目的。

传统的汽车故障诊断采用的是从症状入手，通过检测查找故障点的分析方法，这个诊断方法具有明显的人对车的单方向推进特征。现代汽车计算机控制系统中由于加入了自诊断功能，使得现代的汽车故障诊断可以直接从自诊断结果入手，通过检测查找出故障点，这样的诊断方法具有了人车互动双向对话的特征。这就使得今天的汽车故障诊断技术有了症状分析和自诊断分析两个入手点，这正是现代汽车故障诊断技术的基础和出发点。

故障机理的复杂性分析、诊断手段的多样性运用、诊断参数的精确性测试、分析判断的准确性把握等重要方法和关键技术都已成为汽车故障诊断技术发展所必须追逐的目标。汽车诊断测试技术的提高与汽车诊断分析方法的改进是当前汽车故障诊断技术发展的两个关键方向，也是建立现代汽车故障诊断科学体系的重要基础。

本书介绍汽车、发动机、底盘、电器等系统的故障诊断与检测技术及汽车检测站的相关内容，重点阐述汽车各系统、总成及主要零部件的故障诊断与排除方法，案例分析等。旨在培养学生在汽车故障诊断过程中检测、诊断、分析、制定维修方案的能力，具有较强的实践指导作用，适用于汽车维修与检测、汽车服务与营销、汽车运用与维修等专业的高职高专学生和教师，以及相关专业的从业人员、汽车维修人员。

在编写过程中，我们力争做到以下几点：

（1）从汽车运用和维修企业的职业标准和岗位需求入手，结合高职高专院校培养高等技术应用型人才的经验，深入企业调研，与企业技术人员共同确定课程体系、教学目标、教材结构和编写内容，把企业的培训内容和案例融入教材，充分体现知识的针对性和实用性。

（2）本书按照学生的认知规律和汽车知识的连贯性，将知识和技能串联在一起，突出基础性和前瞻性相统一，形成一个完整的学习单元。同时，切实落实"管用、够用、适用"的教学指导思想。

（3）在多年的教学实践中，不断融入新技术、新材料、新工艺、新检测设备等知识，优化知识和技能比例，突出主流车型和典型案例，追求共性和个性的统一。

（4）注重中职、高职教学内容的衔接，突出知识的深度和广度，侧重先进检测设备和仪器在汽车故障诊断和故障排除中实际应用。

本书由兰州石化职业技术学院杜文锁、兰州职业技术学院冯斌担任主编，兰州石化职业技术学院潘宗友、酒泉职业技术学院柴彬担任副主编，具体分工为：杜文锁编写第1章、第2章，冯斌编写第3章，潘宗友编写第4章，柴彬编写第5章，孙怀军编写第3章案例和复习思考题。兰州石化职业技术学院郑劲教授担任本书主审。

在本书编写过程中，得到了兰州石化职业技术学院汽车工程系孙国君副教授、冯志祥副教授、胡天明副教授、张维军老师和部分维修企业技术人员的支持和帮助，并参阅了一些书籍和资料，在此表示诚挚的谢意。

本书配套电子课件，可赠送给用书的院校和老师，如果需要，可登录 www.cipedu.com.cn 下载。

由于本书涉及内容较多，范围较广，加之编者水平有限，疏漏之处在所难免，恳请读者指正。

编　者

第1章 汽车故障诊断检测基础知识

1.1 汽车检测基本知识 ………………………………………………………… 1
1.1.1 汽车检测概念 ………………………………………………………… 1
1.1.2 汽车检测项目 ………………………………………………………… 2
1.1.3 汽车检测的类型 ……………………………………………………… 2
1.2 汽车故障基本知识 ………………………………………………………… 2
1.2.1 汽车故障概念 ………………………………………………………… 2
1.2.2 汽车故障的类型 ……………………………………………………… 3
1.2.3 汽车故障的变化规律 ………………………………………………… 3
1.2.4 汽车故障生成的成因 ………………………………………………… 5
1.2.5 汽车故障症状 ………………………………………………………… 6
1.3 汽车故障诊断方法 ………………………………………………………… 7
1.3.1 人工经验诊断法 ……………………………………………………… 7
1.3.2 仪器设备诊断法 ……………………………………………………… 7
1.3.3 症状诊断分析法 ……………………………………………………… 8
1.3.4 故障征兆模拟试验法 ………………………………………………… 8
1.3.5 OBD-Ⅱ简介 ………………………………………………………… 9
1.4 汽车故障诊断流程 ………………………………………………………… 10
1.4.1 最初症状 ……………………………………………………………… 10
1.4.2 问诊试车 ……………………………………………………………… 10
1.4.3 分析研究 ……………………………………………………………… 14
1.4.4 推理假设 ……………………………………………………………… 16
1.4.5 流程设计 ……………………………………………………………… 17
1.4.6 测试确认 ……………………………………………………………… 19
1.4.7 修复验证 ……………………………………………………………… 21
1.4.8 最终原因 ……………………………………………………………… 22
1.4.9 交车 …………………………………………………………………… 23
1.5 汽车维修基础知识 ………………………………………………………… 23
1.5.1 汽车维修基础概念 …………………………………………………… 23
1.5.2 汽车修理主要工作 …………………………………………………… 24
1.5.3 汽车检测、汽车维修与汽车故障诊断的关系 ……………………… 24
1.6 汽车检测诊断参数 ………………………………………………………… 25
1.6.1 检测诊断参数概述 …………………………………………………… 25
1.6.2 检测诊断参数类型 …………………………………………………… 25

1.7 常用检测诊断设备简介 ……………………………………………………… 28
    1.7.1 常用仪器设备的使用 ……………………………………………… 28
    1.7.2 主要性能检测、诊断仪器设备 …………………………………… 30
复习思考题 ……………………………………………………………………… 32

第2章 发动机故障诊断与排除

2.1 发动机故障诊断基础 ………………………………………………………… 33
    2.1.1 发动机典型故障症状 ……………………………………………… 33
    2.1.2 电控发动机故障检测诊断的方法和流程 ………………………… 34
2.2 发动机电控系统主要元件故障诊断与检测 ………………………………… 38
    2.2.1 发动机电控系统主要元件故障现象 ……………………………… 38
    2.2.2 发动机电控系统主要传感器故障码诊断与检测 ………………… 40
    2.2.3 发动机电控系统主要执行器故障码诊断与检测 ………………… 50
2.3 进气系统故障诊断与检测 …………………………………………………… 63
    2.3.1 进气系统的故障机理 ……………………………………………… 63
    2.3.2 进气系统的故障诊断与检测 ……………………………………… 63
2.4 燃油系统故障诊断与检测 …………………………………………………… 66
    2.4.1 燃油供给系统的故障机理 ………………………………………… 66
    2.4.2 燃油供给系统检修注意事项 ……………………………………… 66
    2.4.3 燃油供给系统及主要部件的故障检查 …………………………… 67
2.5 汽缸密封性检测 ……………………………………………………………… 73
    2.5.1 汽缸压缩压力的检测 ……………………………………………… 73
    2.5.2 进气真空度的检测 ………………………………………………… 75
2.6 点火系统故障诊断与检测 …………………………………………………… 78
    2.6.1 电子点火系统故障检查注意事项 ………………………………… 78
    2.6.2 诊断步骤及故障机理分析 ………………………………………… 80
    2.6.3 电子点火系统主要装置故障诊断与检测 ………………………… 80
2.7 怠速控制系统故障诊断与检测 ……………………………………………… 82
    2.7.1 怠速控制故障机理 ………………………………………………… 82
    2.7.2 基本怠速检查与调整 ……………………………………………… 83
    2.7.3 怠速控制的主要零部件故障诊断与检测 ………………………… 84
    2.7.4 电脑控制系统学习设定 …………………………………………… 88
2.8 排放系统故障诊断与检测 …………………………………………………… 89
    2.8.1 汽油机排放故障诊断与检测 ……………………………………… 89
    2.8.2 柴油机排放故障诊断与检测 ……………………………………… 91
    2.8.3 典型零部件故障诊断与排除 ……………………………………… 91
2.9 润滑、冷却系统故障诊断与检测 …………………………………………… 98
    2.9.1 润滑系统故障诊断与检测 ………………………………………… 98
    2.9.2 冷却系统故障诊断与检测 ………………………………………… 103
2.10 发动机异响故障诊断与检测 ……………………………………………… 105
    2.10.1 异响的基本概念 ………………………………………………… 105
    2.10.2 发动机主要零部件异响故障诊断与检测 ……………………… 107
2.11 发动机综合故障诊断 ……………………………………………………… 113

2.11.1　发动机不能发动 ………………………………………………………… 114
　　2.11.2　发动机减速不良 ………………………………………………………… 115
　　2.11.3　发动机怠速不良 ………………………………………………………… 115
　　2.11.4　发动机燃油消耗过大 …………………………………………………… 115
　　2.11.5　发动机动力不足 ………………………………………………………… 115
复习思考题 ……………………………………………………………………………… 119

第3章　底盘故障诊断与检测　　121

3.1　底盘故障症状 …………………………………………………………………… 122
　　3.1.1　功能性故障症状 …………………………………………………………… 122
　　3.1.2　警示性故障症状 …………………………………………………………… 122
　　3.1.3　检测性故障症状 …………………………………………………………… 122
3.2　传动系统故障诊断与检测 ……………………………………………………… 123
　　3.2.1　离合器故障诊断与检测 …………………………………………………… 123
　　3.2.2　手动变速驱动桥故障诊断与排除 ………………………………………… 128
　　3.2.3　万向传动装置故障诊断与排除 …………………………………………… 134
　　3.2.4　驱动桥故障诊断与排除 …………………………………………………… 137
3.3　电控自动变速器故障诊断与检测 ……………………………………………… 140
　　3.3.1　电控自动变速器诊断检测基本原则 ……………………………………… 140
　　3.3.2　电控自动变速器的故障诊断程序 ………………………………………… 140
　　3.3.3　电控自动变速器的故障诊断方法 ………………………………………… 140
　　3.3.4　电控自动变速器的检测 …………………………………………………… 143
　　3.3.5　电控自动变速器常见故障诊断与检测 …………………………………… 148
3.4　行驶系统故障诊断与检测 ……………………………………………………… 158
　　3.4.1　行驶系统常见故障诊断与检测 …………………………………………… 158
　　3.4.2　车轮动平衡检测 …………………………………………………………… 160
　　3.4.3　电子控制悬架系统的检测与故障诊断 …………………………………… 164
3.5　转向系统故障诊断与检测 ……………………………………………………… 172
　　3.5.1　转向系统的常见故障诊断与检测 ………………………………………… 173
　　3.5.2　汽车转向盘自由转动量和转向力的检测 ………………………………… 176
　　3.5.3　汽车侧滑检测 ……………………………………………………………… 178
　　3.5.4　汽车转向轮定位参数的检测 ……………………………………………… 182
　　3.5.5　电动动力转向系统故障诊断与检测 ……………………………………… 187
3.6　制动系统故障诊断与检测 ……………………………………………………… 196
　　3.6.1　常规制动系统的故障诊断 ………………………………………………… 196
　　3.6.2　ABS的故障诊断 …………………………………………………………… 200
　　3.6.3　驱动防滑系统的故障诊断 ………………………………………………… 212
　　3.6.4　汽车制动性能检测 ………………………………………………………… 215
复习思考题 ……………………………………………………………………………… 224

第4章　汽车电器系统故障诊断与检测　　230

4.1　电源系统故障诊断与检测 ……………………………………………………… 230

  4.1.1　电源系统主要元件的检测 ……………………………………………… 230
  4.1.2　常见电源系统故障的诊断与排除 ………………………………………… 236
 4.2　启动系统故障诊断与检测 ………………………………………………………… 244
  4.2.1　启动机的检测 ……………………………………………………………… 245
  4.2.2　常见启动系统故障的诊断与排除 ………………………………………… 246
 4.3　灯光照明、信号、仪表系统故障诊断与检测 …………………………………… 250
  4.3.1　汽车灯光照明系统故障诊断 ……………………………………………… 250
  4.3.2　汽车信号系统故障诊断 …………………………………………………… 252
  4.3.3　汽车仪表系统故障诊断 …………………………………………………… 255
  4.3.4　汽车灯光照明、信号和仪表系统的维护 ………………………………… 258
 4.4　中控门锁及防盗系统故障诊断与检测 …………………………………………… 261
  4.4.1　汽车中控门锁系统的故障诊断 …………………………………………… 261
  4.4.2　汽车防盗系统故障诊断 …………………………………………………… 264
 4.5　汽车空调系统故障诊断与检测 …………………………………………………… 271
  4.5.1　汽车空调系统的结构原理 ………………………………………………… 271
  4.5.2　汽车空调保养及检测 ……………………………………………………… 273
  4.5.3　汽车空调总成零部件检测 ………………………………………………… 278
  4.5.4　汽车空调系统主要元件故障诊断与排除 ………………………………… 279
  4.5.5　汽车空调系统常见故障诊断与排除 ……………………………………… 281
 4.6　汽车安全气囊故障诊断与检测 …………………………………………………… 287
  4.6.1　汽车安全气囊的结构及工作原理 ………………………………………… 287
  4.6.2　安全气囊故障诊断与检测 ………………………………………………… 289
 4.7　车载网络故障诊断与检测 ………………………………………………………… 293
  4.7.1　车载网络的组成及分类 …………………………………………………… 293
  4.7.2　CAN 数据总线系统 ………………………………………………………… 295
  4.7.3　典型车辆（大众 POLO 乘用车）CAN 数据传输系统的检修 …………… 299
  4.7.4　车载网络总线典型故障诊断与检测 ……………………………………… 300
 复习思考题 ……………………………………………………………………………… 302

第5章　汽车检测站

 5.1　汽车检测制度和检测标准 ………………………………………………………… 304
  5.1.1　汽车检测制度化 …………………………………………………………… 304
  5.1.2　汽车检测标准化 …………………………………………………………… 305
 5.2　汽车检测站的总体认识 …………………………………………………………… 305
  5.2.1　汽车检测站的类型和职能 ………………………………………………… 305
  5.2.2　汽车检测站的组成 ………………………………………………………… 306
 5.3　车辆检测工艺流程的设计与实施 ………………………………………………… 306
  5.3.1　汽车检测线的工位设置 …………………………………………………… 306
  5.3.2　汽车检测站的检测工艺 …………………………………………………… 307
  5.3.3　汽车检测线的微机控制系统 ……………………………………………… 308
  5.3.4　检测工艺流程 ……………………………………………………………… 310
 复习思考题 ……………………………………………………………………………… 312

◎　参考文献

第1章 汽车故障诊断检测基础知识

情境描述：
　　近年来汽车保有量迅速增长，汽车新技术大量应用，汽车维修企业都在大量招聘员工，要求培训上岗。公司请你作为培训师，完成对维修技师和前台维修业务接待员的故障检测诊断培训任务。

学习目标：
　　通过本情境的学习，你将做到：
　　1. 明确汽车故障检测、诊断的目的、方法、专业术语的含义；
　　2. 熟悉汽车故障类型、故障产生的规律、故障检测、诊断、分析方法；
　　3. 理解诊断参数、诊断标准、诊断周期的概念及内容，熟悉汽车常用诊断参数、汽车检测诊断与维修的相关标准和法规；
　　4. 了解汽车维修企业常用检测设备。

能力目标：
　　作为汽车维修企业的维修技师或前台维修业务接待员，应该具备的相关知识和技能有：
　　1. 能分析汽车检测诊断参数的含义；
　　2. 能应用汽车检测诊断相关标准和法规；
　　3. 能正确应用汽车故障检测设备；
　　4. 能依据汽车故障症状、故障现象，分析故障类型、故障产生的原因及规律，进行故障诊断；
　　5. 安全、环保意识。

1.1 汽车检测基本知识

1.1.1 汽车检测概念

　　汽车检测是指使用现代检测技术和设备对汽车进行的不解体检查与测试，其目的是确定汽车的技术状况和工作能力。即为确定汽车技术状况或工作能力而进行的检查和测量。
　　① 汽车技术状况：是指定量测得的表征某一时刻汽车外观和性能参数值的总和。
　　② 汽车工作能力：汽车按技术文件规定的使用性能指标，即执行规定功能的能力，是动力性、经济性、工作可靠性及安全环保等性能的总称。
　　③ 汽车检测站：从事汽车检测的事业性或企业性机构。
　　通过对汽车进行检测，可以为汽车继续运行或进厂维修提供依据。

1.1.2 汽车检测项目

① 安全性：汽车安全性检测项目有制动、侧滑、转向和前照灯检测。
② 可靠性：汽车可靠性检测项目有汽车异响、磨损、变形和裂纹检测。
③ 动力性：汽车动力性检测项目有车速、加速性能（加速时间）、底盘输出功率、发动机功率、转矩以及点火系、供油系的状况检测。
④ 经济性：汽车经济性检测内容是燃油消耗量的检测。
⑤ 法规适应性（环保性）：汽车法规适应性检测项目有汽车噪声和尾气排放状况检测。

1.1.3 汽车检测的类型

我国汽车检测已经发展成为一个独立的行业，汽车检测分为安全环保检测和综合性能检测。根据汽车检测诊断的目的，汽车检测可分为以下类型。

(1) 安全性能检测

把只检测汽车安全性、环保性和动力性指标中车速这一项的检测称为安全性能检测。主要包括制动性能检测、转向轮侧滑检测、车速表校核、前照灯检测及汽车排放与噪声的检测。

对汽车实行定期和不定期的安全性能检测，其目的在于确保汽车具有符合要求的外观、良好的安全性能并符合噪声、尾气排放法规标准的规定，以强化汽车的安全管理。检测主要依据是 GB 7285—2012《机动车运行安全技术条件》，针对所有上路行驶的机动车定期实施强制检测。安全环保检测隶属于公安交通管理部门。

(2) 综合性能检测

把检测汽车安全性、可靠性、动力性、经济性和环保性五种主要性能的检测称为综合性能检测。

对汽车实行定期和不定期的综合性能检测，其目的是在汽车不解体的情况下，确定运输车辆的工作能力和技术状况，考查汽车是否符合安全性、可靠性、动力性和经济性及法规适应性的要求，以提高运输效能及降低消耗，使运输车辆具有良好的经济效益和社会效益。

综合性能检测主要依据是 GB 18565—2001《运营车辆综合性能要求和检验方法》，针对运营车辆定期实施强制检测。另外，综合性能检测还依据 JT/T 198—1995《汽车技术等级评定标准》和 JT/T 199—1995《汽车技术等级评定的检测标准》，担负车辆技术等级评定的工作。同时，综合性能检测还可以担负车辆维修质量检测和汽车发动机、底盘故障诊断的工作。综合性能检测隶属于交通运输管理部门。

(3) 与维修有关的汽车检测

在汽车维修行业中，通过对汽车检测，以实行视情修理。依据汽车故障现象，通过检测诊断查找发生故障的原因和故障的确切部位，从而确定排除故障的方法。同时，在汽车维修过程中，利用检测设备，可提高维修质量。

总的来说，汽车检测有两个不同的目的：对显现出故障的汽车，通过检测查出原因，找出故障部位，从而排除之；对汽车技术状况进行全面检查，确定汽车技术状况是否满足有关技术标准的要求及与标准相差的程度，从而决定汽车是否继续运行或通过维修延长其使用寿命。

1.2 汽车故障基本知识

1.2.1 汽车故障概念

① 汽车故障：是指汽车零部件或总成，部分或完全地丧失工作能力的现象。

② 故障现象：故障的具体表现。
③ 诊断参数：供诊断用的，表征汽车、总成及机构技术状况的量。
④ 诊断周期：汽车诊断的间隔期。
⑤ 诊断标准：对汽车诊断的方法、技术要求和限值等的统一规定。
⑥ 汽车诊断站：从事汽车诊断的企业性机构。

1.2.2 汽车故障的类型

从汽车故障存在形式和发生过程分析，汽车故障具有多种类型。

(1) 按照故障存在的时间可分为间歇性故障和持续性故障

间歇性故障是在引发其发生的原因短期存在的条件下才显现的故障；而持续性故障是只有在更换零部件后才能排除的故障。例如供油系气阻就属于间歇性故障；发动机拉缸等故障则属于持续性故障。

(2) 按照故障发生快慢可分为突发性故障和渐发性故障

突发性故障发生前无任何征兆，具有偶然性，不能通过诊断来预测；渐发性故障则是由于零件磨损、疲劳、变形、腐蚀、老化等原因导致技术状况恶化，故障有一个逐渐发展的过程。渐发性故障是能够通过早期诊断来预测的。

(3) 按照影响汽车性能的情况可分为功能故障、参数故障和警示性故障

① 功能故障是指汽车不能继续完成本身的功能，即功能丧失或性能下降的故障，如转向失灵、行驶跑偏等。

② 参数故障是指汽车的性能参数达不到规定的指标，如发动机功率下降、油耗增加、排放超标等，参数故障也称为检测性故障。

③ 警示性故障是指自诊断警示灯常亮，机油、水温、蓄电池充电灯报警，各类异响和异味等。

(4) 按造成后果的严重程度可分为轻微故障、一般故障、严重故障和致命故障

① 轻微故障只需作适当调整即可排除，如急速过高、点火不正时、气门脚响等。

② 一般故障可更换易损件或用随车工具在短时间内即可排除，如个别传感器损坏、来油不畅、滤清器堵塞等。

③ 严重故障会导致主要零件严重损坏，如拉缸、抱轴、烧瓦等。

④ 致命故障会导致恶性重大事故，如制动失效、活塞破碎、连杆螺栓断裂等。

(5) 汽车故障还可分为人为故障和自然故障

人为故障是由于使用不当造成的，而自然故障是由于自然磨损、老化等因素造成的。

1.2.3 汽车故障的变化规律

汽车是由机电液一体化构成的复杂产品，故障类别繁多、原因复杂，但从可靠性角度分析，其故障发生的概率遵循一定的规律。

(1) 汽车故障率

汽车行驶到一定里程后，有百分之几的汽车会发生故障呢？于是引入故障率来表征汽车发生故障的几率。把行驶在某一里程内，单位里程发生故障的汽车数，相对于行驶在这个里程内还在行驶的未发生故障的汽车数的百分比值，称为行驶在该里程内汽车的瞬时故障率，习惯上称之为汽车故障率。

(2) 汽车故障规律

汽车零件的磨损是以故障形式表现出来的，通过对汽车故障的统计分析，用可靠度、不可靠度、故障率、故障密度等指标来进行度量，对汽车的维修时机、维修周期、使用寿命、维修方法进行确定。汽车故障规律通常是以使用时间或行驶里程为横坐标，以故障率为纵坐标的一条曲线，因该曲线两头高，中间低，有些像浴盆，故称"浴盆曲线"，如图1-1所示。故障率随使用时间（或行驶里程）的变化分为三个阶段：

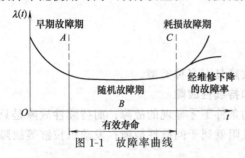

图1-1 故障率曲线

① 早期故障期 该故障期出现在汽车投入使用后的一段较短的时间内。其特点是故障率比较高，且随使用时间或行驶里程的延续而迅速下降。

新车出现这种现象是由于设计或制造上的缺陷等原因引起的，如材料有缺陷、工艺质量问题、装配不当、质量检查不认真等。这些故障在汽车磨合期内反应得特别明显。

刚刚大修过的汽车出现这种现象，是由于装配不当、修理质量不高所致。刚出厂的新车和刚大修的汽车，在最初一段使用期常出故障就是这个道理。

② 随机故障期 在早期故障期之后，是产生随机故障的时期，其特点是故障率低且稳定，近似常数，与汽车使用时间（或行驶里程）的增长关系不大，即该阶段的故障并不随时间的增加而增加。这个时期的故障多是偶然因素引起的，所以无法预料，无法事先采取预防措施加以消除或控制。汽车在正常使用的过程中所出现的故障，多属于此类故障。

③ 耗损故障期 该故障期出现在随机故障期之后，其特点是故障随使用时间（或行驶里程）的延长而增加。它是由于汽车机件本身磨损、疲劳、腐蚀、老化等原因造成的。汽车一旦进入这个阶段，就很容易产生故障。所以，防止产生耗损故障的唯一办法就是在汽车机件进入耗损故障期之前或之后进行及时的维修或更换。因此，确定汽车机件何时进入耗损故障期对汽车维修具有重要意义。

（3）典型零部件故障表现特点

上述"浴盆曲线"的三个故障期是针对汽车整体情况而言的。图1-2所示五种情况，则反映了汽车不同部位的故障变化情况。

① 汽车发动机的故障表现基本符合"浴盆曲线"的三个时期，如图1-2（a）所示。发动机在磨合期故障较多，正常使用时期故障较少且无法预测和控制，接近大修时故障越来越多。

② 其他零部件不一定都有三个故障期，例如驱动桥部分基本上只有随机故障期和耗损故障期，如图1-2（b）所示。驱动桥在投入使用时，在使用初期（磨合期）和正常使用期间，故障较少且发生无规律，待到驱动桥齿轮磨损、零件配合间隙增大失调时，故障发生越来越多。

③ 汽车油、电气部分一般只有一个故障期，如图1-2（c）所示。油、电气部分在使用中无法预料其故障发生时间，因此表现为随机故障期的特点。

④ 汽车的紧固件只有早期和随机两个故障期，如图1-2（d）所示。早期故障期间由于装配或零件材质等原因，表现为故障初期较多，随使用时间的延

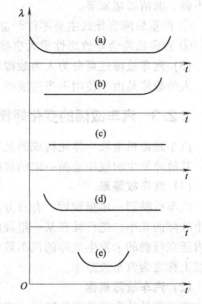

图1-2 汽车各部位的故障变化率曲线

续，故障率逐渐下降；当排除故障后，紧固件便进入随机故障期，此时故障发生较少且无法控制和预测。

⑤ 部分质量低劣的汽车或零部件随机故障期很短，甚至在早期故障期后，紧接着就进入耗损故障期，如图1-2（e）所示。

从上述分析来看，随机故障期越长，说明汽车或零部件的质量越高，可靠性越好。由于各种零部件工作环境的不同，材质不一，故符合同一曲线的零部件，其故障期的时间也不相同。因此，了解并掌握汽车故障变化的规律和特点，控制影响汽车可靠性下降的诸多因素，改进汽车的使用方法与维修措施，对延长汽车的使用寿命和提高汽车维修的经济效益是非常有益的。

1.2.4 汽车故障生成的成因

汽车故障生成原因由外因和内因两个部分组成，其中外部原因主要由环境因素、人为因素和时间因素引发，而内部原因则主要由物理、化学或机械的变化因素导致。导致汽车故障生成的内部原因称为故障机理。

(1) 汽车故障生成的外因

汽车故障生成的外部原因主要由环境因素、人为因素和时间因素三个方面引发。

外界施加于汽车的各种条件、客观环境等均称为环境因素。因而环境因素可以包括力、能、温度、湿度、振动、污染物等外界因素。这些环境因素将以各种能量的形式对汽车产生作用，并使机件发生磨损、变形、裂纹以及腐蚀等各种形式的损伤，最终导致故障的发生。

汽车在设计、制造、使用和维修过程中，始终都包含着人为因素的作用在内，特别是早期故障的发生大部分都可以归因于人为因素。

时间因素。通常都把机械指标（如强度、精度、功率等）当作随时间而变化的内容来考虑。因为即使是和设计要求完全相符的机械经过长年累月的使用，其特性指标都会因为温度、湿度、负荷等影响而随时间发生变化。

上述的环境因素、人为因素等是促使汽车发生故障的诱因，就其广义来讲也都将时间因素考虑在内。如施加应力的先后顺序、单位时间内应力循环的频率、疲劳裂纹扩展的速度以及负荷时间与无负荷时间的比例等都是故障诱因的时间因素。

(2) 汽车故障生成的内因（故障机理）

① 机械零件　根据机械零件的类型、使用环境和故障表现形式，机械零件的故障机理通常可以归纳为磨损、变形、断裂、裂纹和腐蚀等几个方面。

a. 磨损是指相对运动的零件物质由于摩擦而不断损耗的现象。按照磨损的机理，磨损又可分为磨粒磨损、粘着磨损、疲劳磨损和腐蚀磨损。

b. 变形是指机件在外部载荷以及内部应力作用下发生形状和尺寸变化的现象。根据外力去除后变形能否恢复而分为弹性变形和塑性变形两种。

c. 断裂是指机件在承受较大静载荷或动载荷时，达到材料的强度极限或疲劳极限时断成两个或几个部分的现象。断裂又可分为疲劳断裂、静载断裂和环境断裂三种。

d. 裂纹是指机件表面出现局部断裂的现象。裂纹的发展过程为：裂纹产生、裂纹扩展和最终断裂三个阶段。裂纹属于可挽救故障，断裂属于无可挽救故障。裂纹的形态和成因都很复杂，很难区分裂纹的类型。

e. 腐蚀是指金属机件表面接触各种介质后相互之间发生某种反应而逐渐遭到损坏的现象。腐蚀按照损坏机理可分为化学腐蚀和电化学腐蚀两种。

② 电器元件　根据电器元件的类型、使用环境和故障表现形式，电器元件的故障模式

和机理通常可以按照电器元件的种类来划分类别。常见电器有：电阻器、电容器、接插件、焊接件、线圈、集成电路芯片、电机及变压器等。

a. 电阻器在电子设备中使用的数量很大，而且是一种发热元器件。在电气设备故障中电阻器失效导致的占有一定的比例。电阻器大多数情况是致命失效，常见的有：断路、机械损伤、接触损坏、短路、击穿等。

b. 接触件是指用机械压力使得导体与导体接触，并具有导通电流功能的元器件。通常它包括：开关、插接件、继电器和启动器等。接触件的可靠性较差，往往是电子设备或系统可靠性不高的关键因素。开关件和插接件以机械故障为主，电气故障为次，故障模式主要是磨损、疲劳和腐蚀等。

1.2.5 汽车故障症状

汽车故障症状是在汽车操纵过程中可以感觉和察觉到的汽车异常现象。我们能够感觉到的是功能性故障症状，如启动不着，行驶跑偏等；能够察觉到的是警示性故障症状如仪表MIL灯闪亮等；有些故障症状可能不明显，既不能感觉到也不能察觉到，但是故障却存在，这样的故障是隐蔽性故障，如缸压偏低、雾化不好、排放轻微超标等，它只能通过检测的方式才能发现，因而也称之为检测性故障。对汽车故障症状进行分析分类，是进行汽车故障诊断的出发点，对故障症状描述的准确性和同一性是分析判断汽车故障的基础。

(1) 汽车技术状况变差的功能性故障症状

汽车技术状况可分为汽车完好技术状况和汽车不良技术状况。

① 动力性变差。如加速时间增加25%以上；发动机有效功率或转矩低于75%。
② 燃料消耗量和润滑油消耗量显著增加。
③ 制动性能变差。
④ 操纵稳定性能变差。
⑤ 排放污染物和噪声超过限值。
⑥ 行驶中出现异响和异常振动，存在着引起交通事故或机械事故的隐患。
⑦ 可靠性变差，使汽车因故障而停驶的时间增加。

汽车故障症状的种类很多，造成故障的原因更是多种多样，但是对各种各样的故障原因进行汇总时就会发现，千变万化的故障原因归结到根本上就是汽车故障的模式。故障的模式是对故障原因的本质性描述。

(2) 汽车常见的故障模式

① 元件损坏型：由于元器件、零部件损坏、变形导致的故障模式。
② 元件退化型：由于元器件、零部件老化、退化导致的故障模式。
③ 元件错用型：由于元器件、零部件被错用、错换导致的故障模式。
④ 安装松脱型：由于安装不到位、锁定不牢导致的故障模式。
⑤ 装配错误型：由于装配失误、装配不当导致的故障模式。
⑥ 调整不当型：由于调整参数及间隙不当导致的故障模式。
⑦ 润滑不良型：由于润滑油质量、黏度及压力流量不当导致的故障模式。
⑧ 密封不严型：因磨损引起机械部件间密闭不严导致的故障模式。
⑨ 油液亏缺型：由各种油液亏损导致的各总成机构装置等工作失常导致的故障模式。
⑩ 气液漏堵型：由于各种气体液体管路泄漏、堵塞导致的故障模式。
⑪ 结焦结垢型：由于各部分结焦、结垢、生锈、氧化等导致的故障模式。
⑫ 相互干涉型：由于机械部件发生运动干涉导致的故障模式。

⑬ 控制失调型：由于机械控制及电子控制失调导致的故障模式。
⑭ 匹配不当型：因控制电脑软硬件及动力传动匹配不当导致的故障模式。
⑮ 紧急模式型：因控制电脑处于备用模式导致故障现象发生的故障模式。
⑯ 短路断路型：由于汽车各部电路短路、断路导致的故障模式。
⑰ 漏电击穿型：由于电器、电子元器件漏电击穿、搭铁导致的故障模式。
⑱ 接触不良型：由各种开关、插头、接地点接触不良导致的故障模式。
⑲ 线路损伤型：由于线路烧坏、机械破损等原因导致的故障模式。
⑳ 虚焊烧蚀型：由于虚焊和烧蚀导致的电路板及插头插座故障模式。

1.3 汽车故障诊断方法

汽车故障诊断方法按照检测手段的不同可分为人工经验诊断法和仪器设备诊断法两种，按照诊断切入点的不同可分为故障码诊断分析法和症状诊断分析法两种。

1.3.1 人工经验诊断法

人工经验诊断法是诊断人员凭借丰富的实践经验和一定的理论知识，在汽车不解体或局部解体的情况下，借助简单的检查工具进行检查、试验、分析和确定汽车故障原因和部位的诊断方法。人工经验诊断法既是汽车故障诊断的传统方法也是基本方法，即使在现代仪器诊断技术飞速发展的今天也不可能取消人工经验诊断方法。

人工经验诊断法主要有几种方法：
① 问诊法　向用户调查询问汽车故障出现的全过程及变化情况。
② 观察法　用眼或相关设备观察汽车外部状况或运行时有无异常状况或各液体的品质变化情况。
③ 听诊法　利用听诊工具或人工直接监听汽车在不同工况交变时是否存在异响和异响的变化规律。
④ 触摸法　通过触摸来感觉汽车各部位、各元件的温度或各液体的品质变化情况。
⑤ 嗅觉法　检查汽车运行时的各种异常气味。

1.3.2 仪器设备诊断法

(1) 仪器设备诊断
这是诊断人员在汽车不解体或局部解体的情况下，采用现代检测诊断仪器设备，对汽车各种诊断参数进行检测、试验、分析，最终确定汽车故障原因和部位的诊断方法。仪器设备诊断法既是汽车故障诊断的现代方法也是精确方法。随着汽车安全性、环保性、经济性要求的不断提高，汽车故障诊断参数的精确度也越来越高，因而汽车故障诊断必然要从传统的定性分析向现代的定量分析发展。仪器设备诊断法正是在这样的前提下发展而来的，它可以对汽车故障做出精确判断和定量分析。利用仪器设备对汽车进行的多参数动态分析，可以迅速准确地诊断出汽车复杂的综合性故障，为汽车故障诊断技术从传统的经验体系向现代的科学体系发展奠定了坚实的基础。

(2) 故障码诊断分析法
这是仪器设备诊断法的一种特殊形式，它以汽车电脑故障诊断仪调出的汽车电子控制系统故障码为切入点，进行汽车故障诊断分析的一种方法。故障码诊断分析法又称电脑自诊断分析法，它是采用汽车电脑故障诊断仪调取故障码后，按照维修手册中提供的故障码诊断流程图表进行故障诊断分析的方法。汽车电脑故障诊断仪在自诊断分析中最重要的是故障码和数据流（含波形分析）这两种显示方式，故障码可以定性地给出故障点的描述，数据流可以定量地给出批数据参数的显示。这些参数不仅能对计算机输入输出信息进行多通路的即时显示，还可以对计算机控制过程的参数进行动态变化的显示。

1.3.3 症状诊断分析法

症状诊断分析法是以故障所表现出来的症状为切入点，以汽车结构原理为基础，用故障症状与故障原因之间的逻辑关系进行分析，然后用测试试验的手段进行故障点诊断分析的一种方法。这种方法适用于汽车非电子控制系统和无故障码输出的电子控制汽车的各个部分及系统的故障诊断。传统汽车故障诊断是以症状诊断分析法为基础的故障诊断，症状诊断分析法同样采用人工经验诊断法和仪器设备诊断法相结合的综合诊断方式来完成。症状诊断分析法是最基础的诊断分析方法，特别对自诊断系统不能准确把握的故障诊断项目具有十分重要的意义。也就是说，症状诊断分析法无论过去、现在还是将来，都将是汽车故障诊断中的重要组成部分。

1.3.4 故障征兆模拟试验法

在故障诊断中往往会遇到所谓隐性故障，即有故障但没有明显的故障征兆。利用故障代码法进行诊断时，无法读出故障代码，或者所读故障代码所示位置和原因不正确，而故障却仍然存在，且没有明显的故障征兆。此时，利用征兆模拟法就是一种很好的诊断方法。这种方法就是要在充分分析和了解故障的基础上，采用与故障车辆相同或相似的条件和环境进行模拟，再现故障，来进行故障部位和原因的诊断。

必须注意：在模拟试验时，要根据不同故障对象采用不同的模拟试验，模拟试验的强度和持续的时间要严格掌握；模拟试验的范围也要严格控制。这些必须建立在维修人员具有较高的技术和基础理论的基础上，诊断时必须耐心细致，仔细分析故障模拟表现形式，不要错过故障。

故障征兆模拟试验法主要有以下四种方法。

（1）振动法

当振动可能是故障的主要原因时，即可采用振动法进行试验。振动法主要检查连接器、配线、零部件和传感器，施加适度的振动，观察故障征兆是否再现。连接器可沿垂直和水平方向轻轻敲击或轻轻摇动；配线和连接器的接头、支架和穿过开口的连接器都可施加垂直和水平方向的振动或轻轻摆动，并对各部位都应仔细检查；零部件和传感器可用手指轻轻拍打，检查是否失灵，对继电器要注意不要用力拍打，否则可能会使继电器开路，产生新的故障。

（2）加热法

当怀疑某一部位是因为受热而引起的故障时，可用电吹风或相似的电加热器等加热可能有故障的零件，特别是那些对温度比较敏感的零件，检查故障是否重现。但必须注意，加热温度不应超过电子器件正常工作的最高温，一般不得高于 60℃；不可直接加热 ECU 中的零件。

（3）水淋法

当有些故障是在雨天或高湿度的环境下产生时，可使用水淋法。用水喷在怀疑有故障的零件上或在怀疑有故障的零件附近喷雾，检查是否出现故障。使用此方法时应注意：不可将水直接喷淋在发动机电控部件上，应喷在散热器前面，间接改变温度和湿度；不可直接将水喷在电子器件上，试验时要防止水侵入 ECU。

(4) 电器全部接通法

当怀疑故障可能是用电负荷过大而引起时，可使用此方法。接通车上全部电气设备，包括加热器、鼓风机、前大灯、后窗除雾器、空调、音响等，检查是否出现故障，但在使用此方法时应注意试验时间不应过长过频。

实际上，在进行汽车故障诊断的时候上述方法往往是同时运用的，故而也称为综合诊断法。

1.3.5 OBD-Ⅱ简介

OBD 是 ON BOARD DIAGNOSTICS 的英文缩写，即随车诊断系统。OBD-Ⅱ则是指第二代随车诊断系统。OBD-Ⅱ由美国汽车工程学会（SAE）提出，经环保机构（EPA）和加州资源协会（CARB）认证通过。

(1) OBD-Ⅱ的主要特点

① 汽车按标准装用统一的 16 端子诊断座，并将诊断端子座统一安装在驾驶室仪表盘下方。

② OBD-Ⅱ 具有数据传输功能，并规定了两个传输线标准：欧洲统一标准（ISO-Ⅱ）规定数据传输用"7"号和"15"号端子，美国统一标准（SAE-J1850）规定数据传输用"2"号和"10"号端子。

③ OBD-Ⅱ 具有行车记录功能，能记录车辆行驶过程的有关数据资料；能记忆和重新显示故障码的功能，可利用仪器方便、快速地调取或清除故障码。

④ 装用 OBD-Ⅱ 的汽车，采用相同的故障码代号及故障码意义统一。

(2) OBD-Ⅱ随车诊断系统诊断代码的组成与结构

故障码由 1 个英文字母和 4 个数字组成，SAE 共规定了 100 个统一的 OBD-Ⅱ故障码，如图 1-3 所示，代码含义见表 1-1。

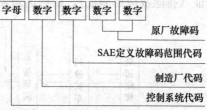

图 1-3 故障码含义

表 1-1 汽车代码

代码性质	代码	代码含义
控制系统代码 （英文字母）	P	汽车发动机和自动变速器控制系统
	C	汽车底盘控制系统
	B	汽车车身控制系统
制造厂代码 （1位数字）	0	SAE 定义的故障代码
	其他 1、2、3、…、9	汽车制造厂自定义的故障代码
SAE 定义故障 码范围代码 （1位数字）	1、2	燃油或进气测量系统故障
	3	点火系统故障或发动机间歇熄火故障
	4	废气控制系统故障
	5	怠速控制系统故障
	6	ECU 或执行元件控制系统故障
	7、8	自动变速器控制系统故障
原厂故障代码 （2位数字）	—	由原厂规定的具体元件故障码，不同代码有不同的含义

(3) OBD-Ⅱ随车诊断系统

OBD-Ⅱ 随车诊断系统诊断代码的显示（读取）方法，既可使用解码器等专用检测仪器显示，也可采用如下方法就车显示。

① 通用（GM）车系跨接 OBD-Ⅱ诊断座的第 5、6 孔，由仪表板"发动机报警灯"显示诊断代码。

② 福特（FORD）车系跨接 OBD-Ⅱ诊断座的第 5、13 孔，由仪表板"发动机报警灯"显示诊断代码。

③ 克莱斯勒（CHRYSLER）车系将点火开关置 ON，等待 5~10s 后，由仪表板"发动机报警灯"显示诊断代码。

④ 丰田（TOYOTA）车系跨接 OBD-Ⅱ诊断座的第 5、6 孔，由仪表板"发动机报警灯"显示诊断代码。

1.4 汽车故障诊断流程

汽车故障诊断的基本流程是根据基本思路而来的，但比基本思路的内容更为详细，它增加了诊断流程设计和修复后的验证环节，使之成为完备的汽车故障诊断基本流程。基本流程是汽车故障诊断中最基础的诊断过程，是对诊断内容的一般概括和总结。汽车故障诊断基本流程包括从故障症状出发，通过问诊试车（验证故障症状）、分析研究（分析结构原理）、推理假设（推出可能原因）、流程设计（提出诊断步骤）、测试确认（测试确认故障点）、修复验证（排除故障后验证），最后达到发现故障最终原因的目的。如图 1-4 所示。

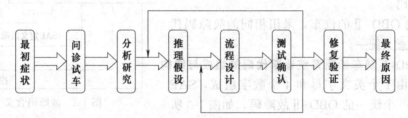

图 1-4 汽车故障诊断基本流程

1.4.1 最初症状

最初症状是故障诊断的出发点，故障症状分为：可感觉到的性能和功能发生改变的症状；可察觉到的外观和状态发生改变的症状；可检测到的参数和指标发生改变的症状三类。

对故障症状的确认首先应该力求达到描述术语的一致性。这里包含从车主的描述到维修技术人员描述之间的一致性，要避免同一故障症状的歧异性描述，要逐渐形成规范化的定性描述语言，同时还应该向标准化的定量描述参数图形的方向发展。例如：怠速游车、怠速抖动、怠速不稳、怠速波动、怠速喘振、怠速上下变化等怠速状况描述的多重化语言，带来了对怠速转速状态描述的不规范和不准确性，这就给故障诊断分析时的记录与交流带来极大的不确定性。因此，怠速转速变化的描述应该从参数化入手，即引入转速最大值、最小值、变化频率等参数来定量描述，并且应该向测试图形化方向发展，即引入怠速转速波形化的测量方法，从波形形状、幅值、斜率、信号分析等多种途径出发，更加细致地研究怠速转速的变化规律。总而言之，故障症状的描述在文字和语言上的统一亟待规范化和标准化。

1.4.2 问诊试车

问诊是通过对车主的询问了解汽车故障症状的过程，试车则是通过对汽车故障症状的实际验证，以进一步确认故障症状的过程。

(1) 问诊

问诊不仅要达到全面了解故障症状的目的，更重要的是要把握住故障症状发生时的前因后果。在许多生产厂家的维修手册中给出了标准的问诊表。使用问诊表的目的在于实现规范化和标准化的问诊模式，以便达到对问诊内容完备性和准确性的要求。

不同汽车公司提供的问诊表格不尽相同，但问诊的基本内容应该是相同的。问诊表的格式简捷且便于应用，但对于比较复杂疑难的故障只凭问诊表还是不够的，必须进行更加仔细的问诊和更加详细的故障症状记录。更为深入的问诊主要包括以下八个方面的内容。

① 车主及汽车的基本情况

a. 基本情况：客户姓名、车名、牌照号码、生产厂家、车型、生产年款、车身代码VIN、发动机型号、变速器型号、行驶里程。

b. 使用情况：经常行驶的道路条件，经常使用的车速、发动机转速及挡位模式。经常加注的燃油标号、品质及添加剂品牌。

c. 车主的驾驶习惯：行驶、超车、停车、暖车、夜驶、制动、加速、减速、转向、加减挡、油离配合等。

② 故障发生状况

a. 故障基本症状：发生日期：年、月、日。症状类型：功能、警示、检测。症状描述：按照汽车故障症状一节内容填写。

b. 故障症状特征：单一、多种；简单、复合；伴随、因果。

c. 症状发生频次：经常发生、有时发生、一定条件下发生、仅发生一次、其他。

d. 症状发生状况：渐进、突发；持续、间歇；偶发、多发；有规律、无规律。

e. 故障发生程度：轻微、一般、严重、致命。

f. 受气候影响、不受气候影响。

③ 发动机（汽车）工况

a. 冷车时（后）、暖车时（后）、热车时（后）。

b. 低速时、中速时、高速时、变速时（后）。

c. 油门全关、油门微开、油门 1/4 开、油门半开、油门 3/4 开、油门全开、所有位置。

d. 开空调时（后）、打方向时（后）、开大灯时（后）、风扇转时（后）。

e. 驻车时（后）、启动时（后）、起步时（后）、行车时、稳速时、急缓减速时（后）、急缓加速时（后）、滑行时（后）、制动时（后）、停车时（后）、熄火时（后）。

f. 急缓踏制动踏板时（后）、急缓踏离合踏板时（后）。

g. 挂挡时（后）、摘挡时（后）。

h. 直行时（后）、转弯时（后）。

④ 故障发生时的指示值

a. 水温：低温、适中、高温、开锅、任何温度（℃）。

b. 车速：行驶车速点、行驶车速段（km/h）。

c. 转速：发动机转速点、发动机转速段（r/min）。

d. 挡位：MT、AT 挡、2 挡、3 挡、4 挡、5 挡、倒挡、空挡、P 挡、R 挡、N 挡、D 挡、+挡、-挡。

⑤ 故障发生的间隔时间

X 分钟前、X 小时前、一昼前、一夜前、一天前、X 天前、X 星期前、X 月前、X 年前；X 分钟后、X 小时后、一昼后、一夜后、一天后、X 天后、X 星期后、X 月后、X 年后。

⑥ 故障发生时的环境

a. 时间：早晨、白天、晚上、深夜、全天。
b. 气温：炎热、热、常温、冷、寒冷、任何气温下。
c. 湿度：潮湿、适中、干燥、任何湿度（%）。
d. 气候：晴、阴、雪、雨、雾、风、任何天气（程度：小、中、大、特大）。
e. 道路：城市、郊区、乡村、高速公路、一般公路、土路、无路、平路、上坡、下坡、颠簸路。

⑦ 故障灯指示状态

故障灯常亮、故障灯有时亮、故障灯不亮；故障灯常闪亮、故障灯有时闪亮。

⑧ 维修养护情况

a. 本次故障症状（如果不是第一次发生和修理），从第一次发生到本次进厂修理过程中的全部发生经历和维修经历。

b. 以往故障记录及修理记录、更换过的总成及主要零部件名称、生产厂家和更换次数及价格。车上附加安装的装置名称、生产厂家、安装单位。

c. 最近一次维修时间、维修项目、维修状况、更换零件名称数量、出厂检测参数。

d. 本车年检记录、车辆事故记录。

e. 本车维护周期、经常使用的润滑油牌号及添加剂名称数量、经常去的维修厂家情况及维修人员情况。

问诊的详细与完备程度直接影响到故障分析和诊断的准确性。问诊是维修技术人员了解故障发生情况的第一个环节，是维修人员与车主沟通的起点，也是维修人员间接掌握故障发生特征的最好途径。充分利用问诊时与车主交流的环节、认真做好问诊记录，对故障诊断具有十分重要的意义。应用问诊表的目的就在于此，问诊表能够帮助汽车维修人员完整地记录应该了解的全部内容，并且不遗漏任何一点重要的信息，为后面的诊断工作提供详实的第一手资料。

(2) 试车

试车的目的在于再现车主所述的故障症状，以验证故障症状的真实性，同时验证故障症状再现时的特征、时间、地点、环境、条件、工况等客观状态，也就是说，要将问诊表中记录的内容逐一验证，以便为进一步分析故障原因做好准备。问诊后首先应该开始进行故障码分析，试车中继续进行故障码和冻结数据帧的跟踪分析，试车中还可以进行数据流分析记录，以便对故障症状出现时的各种工作参数有一个可分析比较的数据资料。试车结束后要完成故障码分析。

① 试车时，首先应该由车主自己驾驶来再现故障症状，因为车主对故障症状出现的时机、状况、环境等各种条件和驾驶特点更为熟悉，这样有利于让维修人员尽快感受到故障症状出现的特征。维修人员要感受车主的驾驶方式和习惯，注意车主反映的故障症状是否真的是汽车存在的故障？是否是车主对车辆的使用存在误区导致的错觉？或者是车主驾驶不当造成的后果。在车主再现故障症状后，维修人员应该反复体会和观察故障症状出现时各种状况、工况、环境、条件等细微过程，并且认真记录下来，与问诊表中记录的各项信息逐条加以比对，确认故障症状。

车主驾驶汽车再现故障症状后，维修人员还应该亲自驾驶体会故障症状出现的特点，以便在汽车修复后的试车中进行对比。试车是维修人员感受汽车故障症状的过程，对于维修人员了解掌握故障症状特征具有非常重要的意义；试车是维修人员体会各种车辆驾驶特点的机会，是丰富积累经验的过程，维修人员应该十分重视进厂修理车辆的试车工作。试车还应该遵循汽车使用手册中规定的操作规程来驾驶和使用汽车，特别注意要按照维修手册给出的技术要求来试验检查各种规定功能的实际运行情况。

完整的试车应该包括汽车各种性能的试验过程，即从发动机冷机启动、冷机高怠速，暖机到热机怠速、加速、急加速全过程的运行状况以及仪表指示情况。还应该包括汽车起步、换挡、加速、减速、制动、转向等过程的行驶状况试验，检查汽车的动力性、制动性、行驶稳定性、操纵可靠性、振动、摆动、异响等状况，感受驾驶和操纵过程的各种反映，以便检查是否有车主未感觉到的汽车故障症状存在。

消除汽车行驶中的各种隐患，保证车主行车的安全性要求，是一个维修人员必须尽到的职业职责，也是试车过程的重要内容。

② 下面是奥迪汽车公司提供的售前检查试车内容（资料源自奥迪 A4 轿车 PDI 培训手册）。

试车所测试的范围取决于车辆装备以及当地条件（城市/乡村）。

试车时必须检测以下内容：

发动机：冷、热启动性能，输出功率，点火连续性，怠速性能，加速性能；

离合器：起步性能，踏板力，有无异味；

换挡：换挡是否轻便，变速杆位置；

自动变速器：变速杆位置，换挡锁止，点火钥匙锁止，换挡特性，组合仪表上的显示；

制动踏板及手制动：功能，自由行程和作用，制动时是否跑偏，磨损、噪声等；

ABS 功能：当 ABS 起作用时制动踏板应能感到有规律的跳动；

转向系统：功能，转向间隙，方向盘处于中间位置时车辆是否直线行驶；

太阳能天窗：功能；

巡航控制系统：功能；

收音机：接收、外观、干扰情况；

驾驶员信息系统（FIS）：功能；

空调系统：功能；

整车：在水平路面直线行驶时是否跑偏；

平衡性：车轮、传动轴；

车轮轴承：噪声。

③ OBD-Ⅱ系统对汽车具有系统监测功能，要完成对所有系统的完整监测过程，对试车有着严格过程的要求。

下面是美国通用公司汽车完成 OBD-Ⅱ监测功能时的一个典型的驾驶循环过程（注意：不同的车型，其 OBD-Ⅱ监测功能的驾驶循环工况要求是不一样的，即使是同一汽车生产厂家的汽车、同一年份生产的车型，其驾驶循环都不相同，在试车时必须按照维修手册的规定进行）。

完全的驾驶循环应该使得监测 OBD-Ⅱ所能监测到所有系统。这个特别的驾驶循环能够在 15min 内完成。其驾驶循环步骤如下：

a. 冷启动：启动时发动机温度必须低于 120°F/50℃，环境空气温度必须低于 110°F/60℃。冷启动之前，不要打开点火开关，否则不可能监测加热型氧传感器。

b. 怠速：打开空调和后除雾器，发动机必须运转 3min。在所有情况下，尽可能多地打开电气附件和电气系统。这将会测试加热型氧传感器、二次空气喷射、燃油蒸气回收流量等，如果进入燃油闭环控制，将会调节燃油系统。

c. 加速：关闭所有电气附件。节气门开到 50%，加速到 55mile/h（88km/h）。在这个阶段，将会测试燃油反馈控制系统、点火失火和燃油蒸气回收流量。

d. 巡航：以 55mile/h（88km/h）的稳定车速驾驶 3min。在这个阶段，将会监测氧传感器的反应、二次空气喷射、废气再循环系统、点火失火、燃油蒸气回收流量以及燃油反馈控制。

e. 减速：收回节气门，不踩下制动踏板或离合器踏板，不换挡，以 20mile/h（32km/h）的速度滑行。这个阶段将会测试废气再循环系统、燃油蒸气回收流量以及燃油反馈控制。

f. 加速：加速到 55～60mile/h（88～96km/h）将会测试点火失火、燃油蒸气回收流量以及燃油反馈控制。

g. 巡航：以 55mile/h（88km/h）的稳定车速驾驶 5min。在这个阶段，将会监测催化转化器、氧传感器的反应、二次空气喷射、废气再循环系统、点火失火、燃油蒸气回收流量以及燃油反馈控制。注意：如果催化转化器功能勉强合格或者曾经断开过蓄电池，可能需要 5 个完整的驾驶循环决定催化转化器的状态。

h. 减速：收回节气门，不踩下制动踏板或离合器踏板，不换挡，以 20mile/h（32km/h）滑行。这个阶段将会重复测试废气再循环系统、燃油蒸气回收流量以及燃油反馈控制。

1.4.3 分析研究

分析研究是在问诊试车后根据故障症状对汽车结构和原理进行的深入研究分析，其目的在于分析故障生成的机理、故障产生的条件和特点，为下一步推出故障原因作准备。分析研究首先要收集汽车发生故障部位的结构原理资料，了解汽车正常运行的条件和规律，并且与故障状态进行对比分析。分析研究的基础材料是车辆结构与原理方面的知识以及所修汽车维修手册提供的机械与液压结构原理图、油路电路气路图、电子控制系统框图、控制原理图表、技术参数表、技术信息通报等重要信息。

(1) 机械与液压结构原理图

如自动变速器液力与机械传动结构原理图，是分析液力自动变速器中变矩器液力传动原理和齿轮变速机构传动原理的重要资料，尤其是齿轮变速机构的不同挡位传递路径的分析必须依据机械传动原理图。汽车四轮驱动机械传动结构提供了汽车四轮驱动传动系统的机械传递路线和结构原理，是分析四轮驱动机械传递路线的重要资料。ABS 系统液压控制状态油路图将 ABS 控制的四种工作状态的（即常规制动、减压制动、保压制动和增压制动过程的）控制油路用图示方式表达出来，为掌握 ABS 液压控制油路和控制原理提供清晰的图解资料。

(2) 油路、气路、电路图

如柴油高压共轨喷射系统图包括系统组成和高低压油路及电脑控制电路图，是了解柴油共轨喷射系统结构组成及高低压供油油路和电脑控制系统传感器电路和执行器电路的重要资料。发动机控制系统结构组成图将进排气系统、燃油供油系统、燃油喷射系统、点火系统、急速控制系统、电脑控制系统等油路、电路、气路三大系统绘制在一张完整的系统图中，是认识和掌握电子控制发动机各个系统的最佳结构原理图。

电路图有三种形式，即电气原理图、电气线路图和电气线束图。

发动机控制系统电气原理图是一个系统完整组成的电路全图，主要表达电路控制原理以及元器件之间的相互关系，是分析电路原理的主要工具。

发动机点火、喷油控制电脑线路图通常是系统某一部分的线路图，主要作用是为了在修理过程中查找、检测电路，因此图中标有线路颜色、线号、元器件编号、插接件端子编号等主要修理信息，是电路检修的重要工具图。

电气线束图是全车各系统线束安装位置、线束名称、接头编号等有关线束资料的总图，其作用在于指导安装线束、修理电气线路以及查找电路接插座。

(3) 电子控制系统组成框图

电子控制系统组成框图主要反映出电子控制系统传感器、执行器和控制电脑电路的组成等相关内容,其作用为全面了解和掌握电子控制系统的硬件结构与组成,为维修电子控制系统硬件电路及元器件奠定基础。

(4) 控制原理图表

控制原理图表是表明控制原理与控制过程的图表,对理解汽车控制系统特别是电子控制系统的工作原理意义重大。控制原理图表集中反映出电脑软件控制的过程,是分析诊断汽车电子控制系统故障及软硬件匹配的重要基础。

点火控制包括点火提前控制-脉谱图(见图1-5)、独立点火顺序控制相位图(见图1-6)以及点火提前角控制图,是理解和分析电脑控制点火系统原理及故障的基础。燃油加浓控制和喷射断油控制是燃油喷射系统控制的重要内容,对发动机启动工况、超速保护和加速断油等功能异常故障诊断具有重要意义。

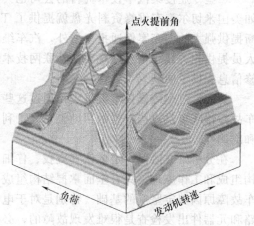

图1-5 点火提前控制-脉谱图

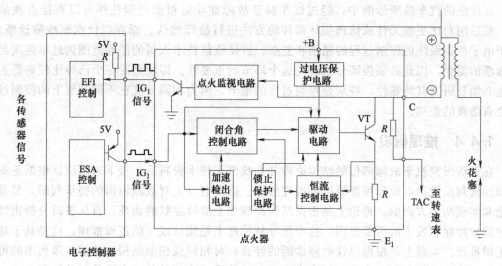

图1-6 ESA系统点火器电路框图

车轮滑移率曲线图对理解汽车行驶主动安全系统的原理及作用具有形象化的帮助功能,而理解ABS防滑控制原理曲线图是学习ABS控制过程的关键环节。这些原理曲线图对汽车防滑系统故障诊断和分析起着至关重要的指导作用。

(5) 技术参数表

技术参数表是包含各种维修技术标准和汽车整车及总成技术数据的表格,主要包括整车技术参数表、养护技术规范、维修技术参数标准等,是汽车维修工作中必备的技术资料。

(6) 技术信息通报

技术信息通报是汽车生产厂家为汽车售后服务站提供的有关具体车型发生故障的信息通

报，内容包括车型、生产年份、故障症状、故障原因和修复方法等重要的技术参数，是汽车故障诊断维修实例汇编，而且随着时间的推移内容将不断增加。这样的技术信息对具体车型的具体故障诊断和维修具有十分重要的指导意义，可以给初次接触某种车型的技术人员非常具体的捷径指导。把某种具体车型在世界各地遇到的典型故障集中记录下来，可以使技术人员避免走弯路，能直接以出现频率最多、故障概率最高的故障原因去首先确认，从而提高了故障诊断的准确率，节省了诊断与维修时间，大大提高了维修效率。

一些专业搜集汽车技术资料的公司也会在他们的汽车技术资料中提供类似的技术通报，如美国米切尔汽车维修资料光盘就提供了 TSB 汽车技术通报，为维修技术人员进行故障诊断提供强大的实车案例通报。另外，汽车维修杂志也开辟了维修案例分析栏目，为一线技术人员提供相关技术信息。现在，互联网技术的普及也为维修技术人员及时得到最新的汽车维修信息提供了便利。

为此，汽车维修技术人员应该通过这些技术信息通报深入了解汽车维修信息，以便为汽车故障诊断提供直接有效的帮助。总之，利用这些信息可以大大提高汽车故障诊断的针对性和准确性。

在分析研究阶段一定要认真查找、仔细阅读上述各种技术资料，彻底搞懂所修系统的结构组成和工作原理。只有全面掌握结构组成、深刻理解工作原理，才能为下一步深入判断汽车故障原因奠定坚实的基础。特别是对于电子控制系统软硬件匹配不当的故障，仅从硬件电路和元器件出发检查是很难发现故障的，必须深入了解软件的控制过程，才能通过对比分析发现故障的原因所在。

在传统的汽车故障诊断中，经过试车验证故障症状后根据经验往往可以直接查找故障点，然后用对比更换元件或修理损坏部件的方法进行故障确认。而在现代汽车故障诊断中，由于电子控制系统的控制过程的精细和复杂，致使维修技术人员的经验范围远远不能满足故障诊断的需要，因此必须强调分析研究这个环节的重要性。即使是对一个已经比较熟悉的系统也必须要研究其特殊性，特别是控制过程的细节，因为相同系统在不同车型上的控制过程也会有细微的差别。

1.4.4 推理假设

在分析研究汽车故障部位的结构原理并查找汽车技术资料后，接下来就应该根据逻辑分析和经验判断做出对故障可能原因的推理假设。推理假设是对故障原因的初步判断，是基于理论和实践两个方面的。理论上是根据结构原理加上故障症状的表现，再从逻辑分析出发推出导致故障症状发生的可能原因，这个推导从原理上是能够成立的逻辑推理，这是基于理论的逻辑推理。实践上是根据以往故障诊断的经验，对相同或相似结构的类似故障做出的可能故障原因的经验推断，这个推断具有类比判断的性质，这就是基于实践的经验推断。

(1) 推理

根据工作原理和故障症状推出故障原因的过程，在这个环节中除了对工作原理的深刻理解之外，还应该注意到故障症状所对应的故障本质，也就是说虽然在这个环节还不知道最终原因是什么，但是这时的故障发生机理应该已经基本明确。例如，发动机排放冒黑烟的故障症状，虽然不知道是哪个元器件损坏导致的，但从原理上讲一定是混合气浓造成的。

(2) 假设

是根据推理的结果进一步推断下一层故障原因的过程，如进一步分析导致混合气浓的原因，可以知道无非是两个：一个是燃油多；另一个是空气少。再进一步推理可知，燃油多可能有油压高和喷油时间长两个原因，而喷油时间长又可能有控制喷油时间不正常和喷油器关闭不严两个原因。空气少则可能有空气真少和假少两种原因导致：空气真少是由于进气系统堵塞导致的；空气假少则是由于空气流量计输出信号过高导致的。这就是一步步提出假设的过程。

显然，推理是推出导致故障症状发生的基本机理原因，假设是在推出的故障机理后进一步运用逻辑推理的方法向故障下一层分析其原因得到的结果。

上述例子中故障症状排放冒黑烟的原因是混合气过浓导致的，这个推断是已经被经验所证实了，因此这推理是经验判断的结果。如果故障症状是发生在新技术、新结构应用的汽车上，例如混合动力车、柴油共轨喷射等系统中，那么故障症状的对应机理就无法从经验判断中直接得到了。因此必须在对结构组成和工作原理进行深入分析之后，才能推出可能的故障机理原因的方向，进而进一步作出深层原因的假设，这里就要用到逻辑推理的方法来完成了。

(3) 推理假设的过程

是从大方向上寻找故障原因的过程，这个过程探究的是故障基本机理和基本方向，因此采用因果分析法的主干、枝干图能够比较好地帮助分析过程的逻辑推断。

因果分析法在推理假设阶段是最好的辅助工具。图1-7是上述排放冒黑烟的例子所构成的因果枝干图。

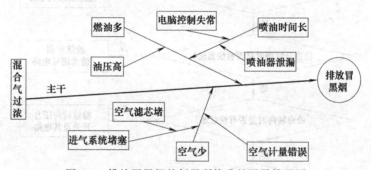

图1-7 排放冒黑烟的例子所构成的因果枝干图

一个优秀的汽车维修技术人员，应该对汽车各种典型故障的症状现象与故障机理之间的因果关系了如指掌，也就说在心中存有各种典型故障的因果图。这点对汽车典型性故障诊断具有相当重要的作用，对提高诊断速度和准确性意义重大。而对于初次接触的汽车新结构、新技术故障的症状现象与故障机理之间的逻辑关系虽然不是十分清楚，但通过对结构组成和工作原理的学习了解，也应该能很快地形成对故障症状与故障机理之间逻辑关系的认识，提出新的推理假设方向，并形成因果关系图。这也是一个优秀技术人员应该具备的良好技术素质，这种能力的培养对于诊断非典型故障和疑难故障具有十分重要的意义。

1.4.5 流程设计

流程设计是在推理假设环节之后，根据假设的可能故障原因，设计出实际应用的故障诊断流程图的过程。这个过程包括首先建立以故障症状为顶端事件的故障树，然后根据故障树建立故障诊断流程图表。

一个具有完备底端事件（最终故障原因）的故障树很难从推理假设环节所提出的故障原因中建立起来，因为这些故障原因不仅不能保证完备，甚至都不能完全保证准确。因此，非常重要的是先确定汽车各大组成部分或总成故障的检测方法，然后确定汽车各个系统和装置性能好坏的检测方法，最后才是管、线路和元器件的测试方法。这些测试方法的应用目的在于逐渐缩小故障怀疑范围,最终锁定故障点。按照前面故障树应用一节所给出的具体方法完成故障树和故障诊断流程图的设计。以汽车动力不足的故障症状为例说明从故障树到故障诊断流程图表的设计步骤。

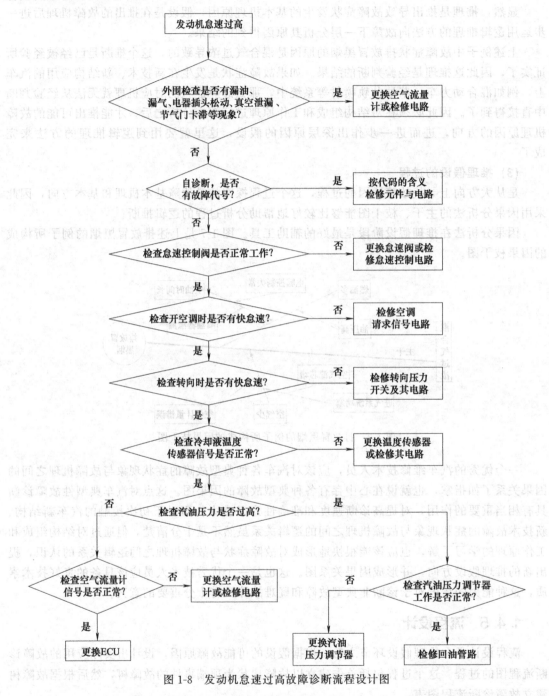

图 1-8 发动机怠速过高故障诊断流程设计图

汽车动力不足故障树以顶端事件开头,以逻辑关系确定下一层级的中间事件与顶端事件的相互关系。假若汽车动力不足是由发动机动力不足和底盘传动效率低、阻力大引起的,它们之间是逻辑"或"的关系。

显然,两个中间事件都是造成汽车动力不足的原因。这两个原因是平行的,故障树只需要将这两个原因用逻辑"或"的符号联系起来就可以了，但流程图必须确定在诊断的过程中先查找哪一个。从故障发生的概率而言，发动机发生故障的概率大于底盘的故障概率，但是发动机的功率大小在车上很难测定。按照故障发生的概率应该先判断发动机动力不足的问题，但这在实际中比较难实现，而底盘故障虽然发生的概率低但却容易判断，所以应先采用汽车静止拉动拉力测试或制动阻滞力测试来判断制动系统阻力是否过大，然后再用离合器打滑试验来判断底盘的传动效率大小。当这两项都通过后再对发动机进行测试。将这个测试步骤用图表示出来。

(1) 故障诊断流程图

将故障树中相互平行、并列的两个第一层中间事件，变成了前后相互串联的两个顺序步骤。用判断底盘是否工作正常的方法来作为区分发动机和底盘故障的分界点，这是将故障树变为流程图的重要一步。选择两个平行事件来判断前后次序，要根据方便性、准确性的原则，不需要根据故障概率高低的顺序。

(2) 绘制故障诊断流程图

每一层平行并列的中间事件都要找到多种测试方法来确定每一个中间事件是否成立。同理，处在最后一层的底端事件同样需要找到各种不同的测试方式来判断每个底端事件是否成立，这个步骤是将故障树中所有的"与"、"或"关系符号改变为流程图中的菱形判断符号。显然，从故障树演变为流程图的关键在于：

① 怎样确定每一层平行的中间事件诊断的先后顺序；

② 怎样判定某一个中间事件或底端事件是否成立的方法。

汽车故障诊断流程图表的设计是汽车维修技术人员必须掌握的汽车故障诊断工艺设计技术，是汽车维修工作中技术层面最高的技术工作。汽车故障诊断流程图表的基础是故障树分析法，是故障树分析法的延伸与推广应用。其在汽车维修工程中具有十分重要的地位和意义。图1-8为发动机怠速过高故障诊断流程设计图。

1.4.6 测试确认

测试确认是在故障诊断流程设计之后，按照流程设计的步骤通过测试的手段，逐一测试确认中间事件或低端事件是否成立的过程。测试确认过程是从最高一层中间事件逐一到最低一层中间事件，然后再到底端事件，直至确认故障点部位的全过程。测试确认是在不解体或只拆卸少数零部件的前提下完成的，对汽车整体性能、系统或总成性能、机电装置性能、管线路状态以及零部件性能的测试过程。它包含检测、试验、确认三个部分，这三个部分的内容是不一样的。

(1) 检测

检测即检查与测量，主要指基本检查和设备仪器测量两个方面。基本检查：包括人工直观检查和简单仪表检查两个部分。

① 人工直观检查：主要是通过人的感官对汽车各个部分的外观、声响、振动、温度、状态和气味进行的直接观察，它包括看、听、摸、闻四个部分。

a. 看：主要通过眼睛的视觉或借助放大镜、内窥镜等对汽车各个部位的观察，以发现较明显的异常现象。例如，故障灯的指示情况；各部分有无漏气、漏水、漏油；液体流动是否正常；各部件运动是否正常；连接部件有无松脱、裂纹、变形、断裂等现象；线路是否破损、折断；导线插接出是否松脱；管路是否压瘪、弯曲；各操纵杆、拉线、拉杆是否调整得当；进气管和汽缸内及进排气门处有无结焦；发动机的排气颜色是否正常；各种液体的颜色、轮胎气压是否正常；轮胎磨损状况；车架、车桥、车身及各总成外壳、护板等有无明显变形；相关部位有无刮蹭痕迹等。另外，还可以借助高压试电笔判断有无高压点火信号、低压试电笔判断电源正极正常与否，用逻辑脉冲笔判断数字电路的电位高低以及脉冲信号的输出等。

b. 听：主要通过耳朵的听觉或借助听诊器对汽车各个部分发出的声响进行监听，发现较清晰的异响现象，如机械传动部分的轴承和齿轮异响、皮带打滑声、发动机的各种异响、进排气系统的异响、高压跳火的漏电声、气流异常声响、车身车轮在行驶中的异响等。

c. 摸：主要通过手的触觉或借助温度计或感温纸等去感觉和测量汽车各总成的运行温度。例如：发动机冷却水温、水管油管等温度；进排气管等温度；各个总成的油温；还有避振器、制动盘鼓的温度。各个电器元件，如点火线圈和电动机的外壳温度、线路外皮和电路接头以及保险、继电器等温度。还可用手感觉各种液体的质感、黏度、滑度等；用手拉动各个机械连接部件，感觉其间隙和松旷量；用手转动旋转装置感觉转动旷量和平顺性；用手感觉机械装置的运行振动状况等。

d. 闻：主要通过鼻子的嗅觉感知汽车各部分产生的异常气味，如发动机机油燃烧异味、各种油液的焦煳味、尾气排放中的异味、离合器和制动器摩擦片打滑时的煳臭味、皮带打滑后产生的烧焦味、导线过热发出的胶皮味、橡胶及塑料件过热后发出的橡胶塑料味、车厢内的汽油味和排放废气的异味等。

② 简单仪表检查：仪表检查主要指采用比较简单的常用仪表对汽车各个系统进行的基本检测项目的检查。

a. 发动机部分：发动机怠速转速、点火正时、进气真空度、蓄电池电压、排气背压、汽缸压力、燃油压力、机油压力、发动机冷却水温度、水箱盖工作压力、发动机异响等。

b. 底盘部分：离合器踏板自由行程、制动器踏板自由行程、自动变速器主油压、失速油压和发动机转速、各个总成的油温、制动盘、鼓温度、各总成传动系统异响等。

c. 电器部分：发电机输出电压与电流、蓄电池电压与充电电流、启动机电压电流、各种用电设备电压电流、空调系统温度与高低压力等。

③ 设备仪器测量：主要是通过设备仪器的测量参数和图形以及诊断结果显示来反映汽车各个部分的技术状况，它包括整车性能测量、总成性能测量、系统性能测量、机械参数测量、电气参数测量、电脑控制系统测量六部分。这六个部分测量所使用的设备仪器如下：

a. 整车性能测量：五轮仪、制动减速度测试仪、声级计、油耗计、车速表试验台、侧滑检验台、轴重计、轴距仪。

b. 总成性能测量：发动机综合分析仪、汽车尾气分析仪、柴油机烟度计、汽油机转速表、柴油机转速表、底盘测功机、制动力测试台、制动踏力计、悬架振动检验台、底盘间隙测试台、车轮定位仪、车轮动平衡机、车轮转角仪、转向盘转角及转向力测试仪、电器试验台、前照灯检测仪。

c. 系统性能测量：燃油压力表、燃油流量表、燃油箱盖测试仪、燃油蒸气回收系统压力测试仪、汽油机汽缸压力表、汽缸漏气率测试仪、曲轴箱窜气率测试仪、进气真空表、超声波真空泄漏测试仪、手动真空泵、进气压力表、排气背压表、机油压力表、润滑油质量检测仪、冷却系统压力测试仪、汽油机点火正时灯、点火示波器、火花塞清洗测试仪、汽油喷油器清洗测试仪、柴油机汽缸压力表、柴油机喷油正时测试仪、柴油喷油器测试仪、电源系统及启动系统测试仪、密度计、蓄电池测试仪、高率放电计、荧光测漏仪、温度计、湿度计、空调系统压力表、空调制冷剂测漏仪、电子测漏仪、红外测温仪、自动变速器压力表、制动压力表、制动液水量测试仪、转向助力压力表、轮胎压力表、轮胎胎纹深度检测仪。

d. 机械参数测量：钢直尺、厚薄规、游标卡尺、百分表、外径千分尺、前束尺、皮带张紧力测试仪、火花塞间隙规、拉力计。

　　e. 电气参数测量：万用表、示波器、模拟与逻辑信号记录仪、电路元件（RLC）测试表、直流电流钳。

　　f. 电脑控制系统测量：汽车故障电脑诊断仪、汽车防盗系统解码仪、汽车CANBUS局域网分析仪。

(2) 试验

　　试验主要指对系统的边测试边验证的过程，是对经过检测环节后初步判断出来的故障点所进行的深入测试。试验方式主要有传感器模拟试验、执行器驱动试验、振动模拟试验、加热模拟试验、加湿模拟试验、加载模拟试验、互换对比（替换法）试验、隔离对比（短路、断路）试验。

　　① 传感器模拟试验：电压信号模拟器、电阻信号模拟器、频率信号模拟器、曲轴凸轮轴信号模拟器、汽车故障电脑诊断仪（传感器模拟试验功能）。

　　② 执行器驱动试验：喷油器驱动器、怠速电机驱动器、点火线圈驱动器、电磁阀驱动器、汽车故障电脑诊断仪（执行器驱动试验功能）。

　　③ 振动模拟试验：底盘垂直振动试验台、底盘间隙试验台。

　　④ 加热模拟试验：加热鼓风机、吹风机。

　　⑤ 加湿模拟试验：喷雾器、淋水机。

　　⑥ 加载模拟试验：道路模拟器、电子负载仪。

　　⑦ 互换对比试验：同一汽车上的零部件互换，如独立式点火线圈、火花塞、高压分缸线、喷油器、车轮轮速传感器、左右氧传感器、轮胎、轮毂。

　　⑧ 隔离对比试验：电路断路短路，如断路喷油器、断路点火初级电路、短路高压线、断路步进式怠速电机、短路开关和继电器（直接给电器元件通电）。

　　拆除机械部件，如拆除节温器、拆除滤清器。

　　堵塞油气路，如掐住真空管路、回油管路。直接喷涂油液，如对进气管喷油（隔离燃油喷射系统）、给汽缸内加注机油等。

(3) 确认

　　确认是指对系统测试过后得出的结果进行的确认，证明的中间事件和底端事件是否成立，证明结果只有肯定和否定两个。

　　如果得到的是肯定的结果，则验证了中间事件或底端事件的成立。若是中间事件成立时，再按照诊断流程指向下一个中间事件的检测试验环节。若是底端事件成立时，说明最小故障点已发现，经过确认证实最小故障点。接下去就要转入下一个环节，即修复验证环节。

　　如果得到的是底端事件否定的结果，则说明最小故障点的假设不成立，这不是导致故障症状发生的真正故障点。接下去就要返回到推理假设环节，再从推理假设开始进行一遍基本流程推演，直至推出新的故障诊断流程图，开始新一轮的测试确认。

1.4.7 修复验证

　　修复验证是在测试确认最小故障点的部位后，对故障点进行的修复以及对修复后的结果进行的验证。它分为修复方法的确定和修复后的验证两个部分。

(1) 修复方法的确定

　　修复方法要依据故障表现模式来确定。故障点是导致故障发生的低端，是故障的最小单元。故障点所具有的不同表现模式，决定了修复中将采用如下的不同方法。

　　① 元件损坏、元件老化和元件错用等模式的故障，通常采用更换的方式进行修复。

② 安装松脱、装配错误和调整不当等模式的故障，通常采用重新安装调整的方式进行修复。

③ 润滑不良模式的故障采用维护润滑的方式修复。

④ 密封不严模式的故障，通常对橡胶件采用更换、机械部件采用表面修复工艺或更换的方式修复。

⑤ 油液亏缺模式的故障通常采用添加的方式修复，但对于渗漏和不正常的消耗导致的亏缺，要对症下药，找到根源进行修复。

⑥ 气液泄漏或堵塞模式的故障通常要采用封堵渗漏或疏通堵塞的方式修复。

⑦ 结焦结垢模式的故障一般采用清洗除焦垢的方式修复。

⑧ 生锈氧化模式的故障一般采取除锈清氧化的方式修复。

⑨ 运动干涉模式的故障通常采用恢复形状、调整位置、加强紧固的方式修复。

⑩ 控制失调、进入紧急备用模式以及匹配不当模式的故障采用重新调整、恢复归零以及重新匹配的方式修复。

⑪ 短路断路、线路损伤、虚接烧蚀模式的故障采用修理破损、清理烧蚀、去除氧化、重新焊接以及局部更换线路的方式修复。

⑫ 漏电击穿、接触不良的故障模式采用更换或清理接触点的方式修复。

(2) 修复后的验证

修复后的验证是采取按故障流程图从低端事件反方向，逐级从最底层中间事件向最高层中间事件，直至顶端事件的验证过程。验证作为原因的最小故障点（底端事件）修复后，其上一层症状（最底层中间事件）是否随之消失？如果没有消失，就要进一步查找故障点是否真正被修复，是否要采用其他方式来修复。若故障点确认已被修复，就要查找是否还有别的故障点（底端事件）会导致这层症状（最底层中间事件发生）。如果最底层中间事件随着低端事件的修复而症状消失，也就是说最底层中间事件也已被修复，这时就继续验证更上一层的中间事件是否也被修复。如果没有被修复，就在这一层查找原因；如果被修复了，就验证更高一级的中间事件，直至顶端事件。

按照设计出来的故障诊断流程图查找故障时，如果仍然没有发现这些新的中间事件，其原因可能有以下两点：

① 故障诊断流程图设计的逻辑性和完整性不足，使得按流程图诊断时出现了中间事件的遗漏。

② 故障症状可能是由复合故障导致的，即一个故障症状由多个故障点引起，如回油阀泄漏原因既有密封圈损坏，同时还有回油阀损坏。两个损坏同时发生，导致回油阀泄漏，排除了其中任何一个仍然不能消除低端事件。

修复验证是对最小故障点（即底端事件）是否是引起最初症状（即顶端事件）唯一原因的最终确认，也是对故障诊断准确性与修复工作完备性的验证，在故障诊断的过程中是不可或缺的内容。

1.4.8 最终原因

在经过对前面环节中找到的最小故障点进行修复验证后，故障现象可能被消除了，但是这时不能认为故障诊断工作到此结束了，因为导致这个最小故障点故障的最终原因还没有被认定。如果不再继续追究下去，而就此结束修理，让汽车出厂，很有可能导致故障现象的再次发生。应该对故障点的最终故障原因进行分析，找到其产生的内部和外部因素，并彻底消除，杜绝故障再次发生，这是汽车故障诊断基本流程最后一个环节的重要内容。

对故障最终原因进行查找时，应该从故障模式入手，分析导致故障发生的内因和外因。汽车故障发生的外部原因是由汽车的使用环境恶劣程度、使用时间或里程的长短、汽车设计制造中的缺陷、使用中的驾驶和操作不当、维修质量欠佳和零配件使用错误等因素导致的。而汽车故障发生的内部原因是由物理、化学或机械因素导致的。要分析出导致汽车故障发生的最终原因，就要通过对最小故障点的损坏状况进行认真的检查分析。要通过问诊调查以及上述内、外因素的分析判断，找到故障最终原因，并针对最终原因采取相应措施，消除造成故障的内外影响因素，彻底排除故障。例如，一个零部件损坏的最终原因是因为老化和错用导致的，只要确定使用时间或里程是否超过规定值或零件代码与汽车 VIN 是否一致，采用更换零部件的方法，即可彻底解决问题。但是，如果零件损坏是由于设计和制造的缺陷导致的，就必须依赖生产厂家的召回制度来保证故障的根本解决。又如因为使用环境恶劣导致发动机磨损加剧的故障，除了对磨损部位进行修复之外，还必须采取措施，以防止环境恶劣导致的磨损加剧，如采取更换更高级别的机油、缩短维护保养周期等措施。再如，对一个由维修调整间隙不当导致的气门脚响，在确认最终原因后，只需重新调整气门间隙就可以彻底解决问题了。但是如果不是因为维修调整的原因导致的气门脚响，就必须找到使气门脚间隙变大的原因，如是否是润滑油道堵塞造成的或者是有其他原因。

显然，要找到故障最终原因需要具备有关汽车与内燃机理论、汽车电子控制技术、汽车设计、汽车制造、汽车材料、汽车运用、汽车维修、汽车故障检查诊断等多方面的知识和经验，需要扎实的理论功底和丰富的实践经验。

1.4.9 交车

车辆经维修检验合格后，确认客户的要求全部得到合理解决后，按规定整理客户车辆及物品，通知客户验车、结费、提车。

1.5 汽车维修基础知识

1.5.1 汽车维修基础概念

汽车维修是汽车维护和汽车修理的总称。

(1) 汽车维护

是为维持汽车完好技术状况和工作能力而进行的作业。"预防为主、强制维护"是汽车维护的基本原则。汽车维护是为保持汽车技术状态，保持车容整洁、及时消除发现的故障和隐患、防止汽车早期损坏是汽车维护的基本要求。正确及时地维护是延长汽车使用寿命、安全可靠并充分发挥其使用效能的重要保证。汽车维护的主要工作有清洁、检查、紧固、调整、润滑、补给等项内容。根据国家有关汽车强制维护的规定，汽车维护分为日常维护、一级维护、二级维护三种级别。各级维护的参考间隔里程或使用时间间隔，一般以汽车生产厂家规定为准。

(2) 汽车修理

是为恢复汽车完好技术状态或工作能力和使用寿命而进行的作业。汽车在使用中，随着行驶里程的增加，汽车的技术状况会逐渐变差，各部件总是会产生磨损、变形、腐蚀和疲劳等损坏，甚至发生故障而丧失其工作能力。保持汽车良好的技术状况一直是汽车生产企业和汽车使用者共同追求的目标，也是促进汽车技术进步的动力。

汽车修理是以恢复汽车原有性能为目的，是延长汽车使用寿命、保障汽车继续使用的主要手段。

汽车修理应贯彻视情修理的原则，根据汽车检测诊断和技术鉴定的结果，视情确定作业范围和深度，既要防止拖延修理造成车况恶化，又要防止提前修理造成浪费。

(3) 汽车修理级别的划分

在修理中，所有零件及总成分为易损零件与不易损零件，其磨耗与损坏的程度也不尽相同，需要修理的行驶里程很难一致。因此，按照不同的对象和不同的作业范围，汽车修理可分为整车大修、总成大修、汽车小修和零件修理。

1.5.2 汽车修理主要工作

在整个汽车的修理工艺过程中，主要包括外部清洗、总成拆卸、总成分解、零件清洗、检验、修复与更换、装配与调整、试验（车）等各道工序。

汽车和总成送修时，车主应介绍汽车的使用情况，提出送修要求。送修汽车或总成时，应进行入厂检验，并做好记录，为修理作业提供依据。

在分解检验时，对主要旋转零件或组合件，如飞轮、离合器压盘、曲轴、传动轴等，须进行静平衡或动平衡试验；对有密封性要求的零件或组合件，如汽缸盖、汽缸体、散热器、储气筒以及制动阀、泵、气室等，应进行液压或气压试验；对主要零件及有关安全的零部件，如曲轴、连杆、凸轮轴、前轴、转向节、转向节臂、球头销、转向蜗杆轴、传动轴、半轴、半轴套管或桥壳等，应作探伤检查。对基础件及主要零件，应检验并恢复其配合部位和主要部位的尺寸、形状及位置要求，主要总成应经过试验，性能符合技术要求时，方可装车使用。

1.5.3 汽车检测、汽车维修与汽车故障诊断的关系

(1) 汽车检测与故障诊断的关系

汽车故障诊断中的第一环节"诊"应该比汽车检测的内容更深入一些，它不是一个单纯的"检测"过程，而是一个综合的"测试"过程，而测试包括了"参数检测和性能试验"两个部分。因为汽车检测的目的是判断被测汽车是否符合安全环保或综合性能的规定，检测参数超标为不合格，未超标为合格。检测是定性分析，它只有通过和不通过两个结果。而汽车诊断的目的是判断汽车的故障部位和原因，检测参数必须做出定量分析，而后通过性能试验才能找到故障部位，查明故障原因。诊断的结果可能由多个部位和多种原因造成。所以，汽车诊断应该包括技术检测、性能试验和结果分析三个部分。

技术检测的主要任务是通过测试仪器和设备对汽车进行诊断参数的测量。

性能试验的主要任务是对被检测系统进行功能性动态试验，通过改变系统的状态进行对比试验分析，旨在发现系统故障与诊断参数之间的联系。

结果分析的目的是对诊断的最终结果做出因果关系的客观分析，也就是对故障生成的机理与故障现象特征之间的必然联系以及故障现象与诊断参数之间的内在联系做出理论分析。

(2) 汽车维修与故障诊断的关系

汽车故障诊断是汽车维修和汽车检测中的一个环节。汽车维修包括汽车维护和汽车修理两种类别，维护作业主要包括维护和检验两个环节，而修理作业则包括诊断、修理和检验三个环节。这是因为定期维护的车辆通常是没有故障的车辆，而视情修理的车辆都是带有故障的车辆。维护的车辆一般不需要经过诊断的环节，只需根据行驶里程就可以确定要实施的维护项目，而修理的车辆通常都必须经过诊断的环节，才能够确定要修理的项目。

所以，汽车故障诊断是汽车维修工作中维护、修理、检验、诊断四个环节中技术水准最高的一个重要环节，既要求诊断人员有较高的理论水平，又必须具备丰富的实践经验。其检

测手法的"灵活"、试验手段的"巧妙"、分析思路的"清晰",无不要求汽车维修工程师(汽车医生)具备出类拔萃的诊断技艺。汽车故障诊断技术的研究与应用将会成为现代汽车维修技术的重要组成部分,同时还将是现代汽车维修技术的主要发展方向。

1.6 汽车检测诊断参数

汽车的检测诊断,是确定汽车技术状况的技术,不仅要求有完善的检测、分析、判断的手段和方法,而且要有正确的理论指导。为此,在检测诊断汽车的技术状况时,必须选择合适的检测诊断参数,确定合理的检测参数标准,掌握一定的检测诊断基础理论知识。

1.6.1 检测诊断参数概述

汽车技术状况是定量测得的表征某一时刻汽车外观和性能的参数值的总和。表征汽车技术状况的参数分为两大类,一类是结构参数,另一类是技术参数。

结构参数是指表征汽车结构的各种特性的物理量,如几何尺寸、电学、声学和热学的参数等,车辆结构参数主要包括车辆外廓尺寸、轴距、轮距、前悬、后悬、驾驶室尺寸等。

技术状况参数是指评价汽车使用性能的物理量和化学量,如发动机的输出功率、转矩、油耗、噪声、排放值等。

检测诊断参数是汽车检测诊断技术的重要组成部分。在汽车或总成不解体的条件下,直接测量汽车结构参数(如磨损量、间隙量等)变化的检测对象是极少的,甚至是不可能。如汽缸间隙、汽缸磨损量、曲轴和凸轮轴各轴承间隙、各齿轮间隙及磨损量等。因此,在进行汽车检测时,需要采用一些与结构参数有关,又能反映汽车技术状况的间接指标(量),这些间接指标(量)就叫做"检测诊断参数",它是供汽车检测诊断用的,表征汽车、总成及机构技术状况的参数。

1.6.2 检测诊断参数类型

(1) 汽车检测诊断参数分类

汽车检测诊断参数分为工作过程参数、伴随过程参数和几何尺寸参数。

① 工作过程参数。指汽车工作时输出的一些可供测量的物理量、化学量,或指体现汽车或总成功能的参数,如发动机功率、油耗、汽车制动距离等。从工作参数本身就可确定发动机或汽车某一方面的功能。汽车不工作时,工作过程参数无法测得。

② 伴随过程参数。该参数是伴随工作过程输出的一些可测量,伴随过程参数一般并不直接体现汽车或总成的功能,但却能通过其在汽车工作过程中的变化,间接反映检测对象的技术状况,如振动、噪声、发热等。伴随过程参数常用于复杂系统的深入诊断。汽车不工作或工作后停驶较长时间的情况下,工作过程参数无法测得。

③ 几何尺寸参数。几何尺寸参数能够反映检测对象的具体结构要素是否满足要求,如间隙、自由行程、角度等。虽提供的信息量有限,但却能表征检测对象的具体状态。

(2) 汽车常用检测诊断参数

汽车常用检测诊断参数见表1-2。

(3) 检测诊断参数的选择原则

在汽车的使用过程中,检测参数的变化规律与汽车技术状况变化规律之间有一定的关系。能够表征汽车技术状况的参数有很多,为了保证检测结果的可信性和准确性,应该选择那些符合下列要求或具有下列特性的检测诊断参数。

选用原则如下:

① 灵敏性。灵敏性亦称为灵敏度，是指检测对象的技术状况在从正常状态到进入故障

表1-2 汽车常用检测诊断参数

检测对象	检测参数	检测对象	检测参数
汽车总体	最高车速(km/h) 最大爬坡度(%) 0~100km加速时间(s) 驱动车轮输出功率(kW) 驱动车轮驱动力(N) 汽车燃油消耗量(L/100km) 侧倾稳定角(°)	冷却系统	冷却液工作温度(℃) 散热器入口与出口温差(℃) 风扇传动带张力(N/mm) 曲轴与发电机轴转速差(%) 冷却液冰点(℃)
发动机总体	功率(kW) 曲轴角加速度(rad/s²) 单缸断火时功率下降率(%) 油耗(L/h) 曲轴最高转速(r/min) 废气成分(体积分数)(%)	点火系统	一次电路电压(V) 一次电路电压降(V) 电容器容量(μF) 断电器触点闭合角及重叠角(°) 点火电压(kV) 二次电路开路电压(kV) 点火提前角(°) 发电机电压、电流(V、A) 整流器输出电压(V)
汽缸活塞组	曲轴箱窜气量(L/min) 曲轴箱气体压力(kPa) 汽缸间隙(按振动信号测量)(mm) 汽缸压力(MPa) 汽缸漏气率(%) 发动机异响 机油消耗量(L/100km)	启动系统	在制动状态下，启动机电流(A)、电压(V) 蓄电池在有负荷状态下的电压(V)
		传动系统	振动特性(m/s²) 车轮驱动力(N) 底盘输出功率(kW) 滑行距离(m) 传动系噪声(dB)
曲柄连杆组	主油道机油压力(MPa) 主轴承间隙(按油压脉冲测量)(mm) 连杆轴承间隙(按振动信号测量)(mm)	转向系统	主销内倾角(°) 主销后倾角(°) 车轮外倾角(°) 车轮前束(mm)
配气机构	气门热间隙(mm) 气门行程(mm) 配气相位(°)	制动系统	制动距离(m) 制动力(N) 制动减速度(m/s²) 跑偏，左右轮制动力差值(N) 制动滞后时间(s) 制动释放时间(s)
柴油机供给系统	喷油提前角(按油管脉动压力测量)(°) 单缸柱塞供油延续时间(按油管脉动压力测量)(°) 各缸供油均匀度(%) 每一工作循环供油量(mL/工作循环) 高压油管中压力波增长时间，曲轴转角(°) 按喷油脉冲相位测定喷油提前角的不均匀度，曲轴转角(°) 喷油嘴初始喷射压力(MPa) 曲轴最小和最大转速(r/min) 燃油细滤器出口压力(MPa)	润滑系统	润滑系机油压力(急速、中速、大负荷或高转速)(MPa) 曲轴箱机油温度(°) 机油含铁(或铜、铬、铝、硅等)量(质量分数)(%) 机油透光度(%) 机油介电常数 机油量及规格
		行驶系统	车轮静平衡 车轮动平衡 车轮振动(m/s²) 车轮侧滑量(mm/m、m/km)
		照明系统	前照灯照度(lx) 前照灯发光强度(cd) 光轴偏斜量(mm)
供油系统及滤清器	燃油泵清洗前的油压(MPa) 燃油泵清洗后的油压(MPa) 静态油压(MPa) 急速油压(MPa) 保持油压(MPa) 大负荷或高转速油压 空气滤清器进口压力(MPa) 涡轮压气机的压力(MPa) 涡轮增压器润滑系油压(MPa)	其他	车速表允许误差范围(%) 喇叭声级(A声级)(dB) 客车车内噪声级(A声级)(dB) 驾驶员耳旁噪声级(A声级)(dB)

状态之前的整个使用期内，检测诊断参数相对于技术状况参数的变化率。选用灵敏度高的检测诊断参数检测汽车的技术状况时，可使检测诊断的可靠性提高。

② 单值性。单值性是指汽车技术状况参数从开始值变化到终了值的范围内，检测诊断参数的变化不应出现极值；否则，同一检测诊断参数将对应两个不同的技术状况参数，给检测诊断技术状况带来困难。

③ 稳定性。稳定性指在相同的测试条件下，多次测得同一检测诊断参数的测量值，具有良好的一致性（重复性）。检测诊断参数的稳定性越好，其测量值的离散度（或方差）越小。

④ 信息性。信息性是指检测诊断参数对汽车技术状况具有的表征性。表征性好的检测诊断参数，能表明、揭示汽车技术状况的特征和现象，反映汽车技术状况的全部信息。所以，检测诊断参数的信息性越好，包含汽车技术状况的信息量越高，得出的检测诊断结论越可靠。

⑤ 经济性。经济性是指获得检测诊断参数的测量值所需要的检测诊断作业费用的多少，包括人力、工时、场地、仪器、设备和能源消耗等项费用。经济性高的检测诊断参数，所需要的检测诊断作业费用低。

（4）检测诊断参数的标准

检测诊断参数标准可分为四类：

① 国家标准　它是由国家机关制定和颁布的检验标准，冠以中华人民共和国国家标准字样。国家标准一般由某行业部委提出，由国家技术监督局发布，全国各级有关单位和个人都要贯彻执行，具有强制性和权威性。

② 行业标准　也称为部委标准，是部级或国家委员会级制定并发布的标准，在部、委系统内或行业系统内贯彻执行，一般冠以中华人民共和国某某行业标准，也在一定范围内具有强制性和权威性，有关单位和个人也必须贯彻执行。

③ 地方标准　地方标准是省级、市地级、县级制定并发布的标准，在地方范围内贯彻执行，也在一定范围内具有强制性和权威性，所属范围内的单位和个人必须贯彻执行。

④ 企业标准　企业标准包括汽车制造厂推荐的标准，汽车运输企业和汽车维修企业内部制定的标准，检测仪器设备制造厂推荐的参考性标准三种类型。

汽车制造厂推荐的标准是汽车制造厂在汽车使用说明书中公布的汽车使用性能参数、结构参数、调整数据和使用极限等，可以把它们作为诊断参数标准来使用。

汽车运输企业和维修企业的标准是汽车运输企业、汽车维修企业内部制定的标准，只在企业内部贯彻执行。

检测仪器设备制造厂推荐的参考性标准是检测仪器或检测设备制造厂，针对本仪器或设备所检测的诊断参数，以判断汽车、总成及机构的技术状况。

任何一级标准的制定，都既要考虑技术性和经济性，又要考虑先进性，并尽量靠拢同类型国际标准。

（5）检测诊断参数标准的组成

检测诊断参数标准一般由初始值、许用值和极限值三部分组成。

① 初始值　此值相当于无故障新车和大修车检测诊断参数值的大小，往往是最佳值，可作为新车和大修车的检测诊断标准。当检测诊断参数测量值处于初始值范围内时，表明检测对象技术状况良好，无需维修便可继续运行。

② 许用值　检测诊断参数测量值若在此值范围内，即使检测诊断对象的技术状况虽发生变化但尚属正常，无需修理（但应按时维护）可继续运行。超过此值，勉强许用，但应及

时安排维修；否则，汽车带病行车，故障率上升，可能行驶不到下一个诊断周期。

③ 极限值　检测诊断参数测量值超过此值后，检测对象技术状况严重恶化，汽车须立即根据汽车维修工艺的需要停驶修理，否则将造成更大损失。

1.7　常用检测诊断设备简介

1.7.1　常用仪器设备的使用

(1) 汽车专用数字万用表

万用表分为模拟式（指针式）和数字式两种，可用来检测电阻、电流和电压等。指针式万用表内阻小，使用时易造成过大电流，在电控系统的检测中应使用高阻抗的数字式万用表，以防烧坏。

汽车专用数字万用表除了具有一般万用表的功能外，还具有一些汽车专用测试功能。可以测量电压、电流、电阻、转速、频率、温度、电容、闭合角、占空比和二极管等项目，并具有自动断电、自动量程变换、图形显示、峰值保留和数据锁定等功能。

(2) 汽车专用解码器

汽车专用解码器是用来与汽车电控系统的控制中心进行数据交流的专用仪器，其主要功能有：

① 读取电控系统的故障代码。

② 在故障排除后清除故障代码。

③ 读取电控系统 ECU 中的数据流，有些专用解码器还可对 ECU 中的某些数据进行更改。

④ 直接向执行器发出动作指令，以检查其工作状况。

⑤ 路试时监测并记录各传感器、执行器的工作参数，以便进行分析判断。

⑥ 可通过 PC 进行资料的更新升级。

有的解码器还具有万用表、示波器、打印机及显示电控系统电路图和维修指导、客户档案管理等功能。

系统数据流是指发动机或底盘电控系统在工作状态下各电控参数的数据，如电压、温度、转速、压力等。通过状态参数可检测与电控有关的各部件的工作情况。目前所用的解码器按其数据流的形式可分为以下两种类型。

① 专用型解码器：是由汽车制造厂家为检测本厂生产的汽车而专门制造或指定的，只能检测某一品牌或某一车型的解码器，不能用来检测其他公司生产的汽车。专用型解码器一般只配备在汽车 4S 店，主要目的是为自己生产的汽车提供良好的售后服务。如大众汽车的 V. A. G. 1551、V. A. G. 1552 解码器。

② 通用型解码器：不是由汽车生产厂家提供或指定的，而是由其他专门生产检测仪器设备的公司制造的，它可以检测不同汽车生产厂家制造的多种车型，通过配备不同的检测接头，有的可以检测几十及至上百种不同厂家的车型，因而一般配备在综合性维修企业。如美国施耐宝公司生产的 MT2500（俗称"红盒子"）及国产的电眼睛、修车王、金德、金奔腾等。

(3) 汽车专用示波器

汽车专用示波器主要用来测试汽车电控系统各传感器工作时的实际输出波形、点火波形等，它能将在汽车工作中随时间变化的各种电量（指电压、电流等）进行显示和记录，通过与标准波形的比较，不但能进行电路系统整体运行状态的分析，还能进行某一段电路或某一电器元件的故障分析。其主要功能有：
① 电源电压波形测试。
② 点火波形测试。
③ 各传感器波形测试。
④ 电控系统各执行器电压波形测试。

有些还带有万用表功能和诊断数据库，甚至还带有解码功能，使汽车故障的检测诊断更加方便、快捷、准确。目前国内应用的汽车专用示波器常见的主要有 MT2400、K81、SY380S 等。此外，国内外众多生产厂家所生产的各种发动机综合性能测试仪及有些解码器也具有示波器的功能。

(4) 汽车发动机综合性能检测仪

发动机综合性能检测仪也称发动机性能分析仪或发动机综合参数测试仪，该仪器技术含量较高、检测项目齐全，可全面检测、分析、判断发动机在各种不同工况下的工作性能及技术参数，能对多种车型所存在的机械及电子故障进行全面的分析诊断，在汽车综合性能及汽车故障的检测诊断中发挥着重要的作用。目前在国内汽车维修行业应用较广的发动机综合性能检测仪主要有德国的波许系列和国产的元征 EA 系列（包括 EA1000、EA2000、EA3000）、金德系列（包括 K100、PC2000）、三元系列等。

① 功能与特点
a. 功能 汽车发动机综合性能检测仪的主要功能有：
(a) 无外载测功（无负荷测功），即加速测功。
(b) 检测点火系统。能够进行初级与次级点火波形的采集与处理，如对点火系多缸平列波、并列波、重叠波和重叠角的处理与显示，断电器闭合角和开启角检测，点火提前角的测定等。
(c) 进气歧管真空度波形测定与分析。
(d) 各缸压缩压力的测定。
(e) 各缸工作的均匀性测定。
(f) 启动过程各参数的测定，主要包括启动电压、电流及转速等。
(g) 机械和电控喷油过程各参数的测定，这些参数主要包括压力、波形、喷油、脉宽、喷油提前角等。
(h) 电控供油系统各传感器的参数测定。
(i) 柴油机喷油提前角、喷油压力检测。
(j) 启动机与发电机检测。
(k) 数字万用表功能。
(l) 排气分析功能。
(m) 测试结果查询。

b. 特点 汽车发动机综合性能检测仪的主要特点有：
(a) 动态测试功能：发动机综合性能检测仪的传感系统和信号采集与记忆系统能迅速、准确地捕获发动机每一个瞬间的实时状态参数。这些动态参数是对发动机技术状况进行有效分析的科学依据。
(b) 通用性：其测试过程不依据被检车辆的数据卡（即测试软件），只针对基本结构和各系统的形式及工作原理进行测试，因此它的检测结果具有良好的普遍性，检测方法同样也具有最广泛的适用性。
(c) 主动性：发动机综合性能检测仪不仅能适时采集发动机的动态参数，还能主动地发出指令干预发动机工作,以完成某些特定的测试程序(如断缸试验)。

② 使用方法(以 EA1000 为例)

a. 准备工作

(a) 接通电源,打开测试仪总开关;打开微机主机开关和显示器开关,预热 20min;检查电源是否可靠搭铁。

(b) 发动机应预热至正常温度。

(c) 调整发动机怠速在规定范围内。

(d) 保持发动机运转。

(e) 在测试电喷发动机 ECU 时,仪器必须与发动机共地线,测试人员必须随时与汽车车身接触。

b. 系统启动、自检、设置及退出

(a) 检测仪经预热后,用鼠标左键双击显示器上的"检测仪图标",启动检测仪综合性能检测程序。

(b) 检测程序启动后,检测仪主机首先将对单片机通信、适配器等逐一进行自检。自检通过者,右侧对应栏显示绿色,并显示"通过";自检若有问题,计算机将在右侧检测结果栏中进行提示。

(c) 系统通过自检后,可以进行检测仪通信伺服程序的设置(在分析仪和检测线主机采用串口通信方式的情况下)。从任务栏单击分析仪通信伺服程序图标(如果看不到,也可以从"开始"→"程序"目录下启动该程序),即进入设置界面。

根据所用通信端口选择 1 或 2,波特率一般选择为 9600,然后最小化该界面。系统即进入测试状态。

(d) 在主菜单中单击"退出系统",随后单击"确定"按钮,即退出系统而回到 Windows 界面。

c. 一般测试步骤

(a) 开机预热 20min。

(b) 系统自检。

(c) 输入用户及车辆信息。

(d) 单击"确定"按钮,进入测试主菜单,选择项目进行测试。

(e) 在主菜单中单击"退出系统",随后单击"确定"按钮,即退出系统而回到 Windows 界面。

1.7.2 主要性能检测、诊断仪器设备

(1) 发动机检测、诊断仪器设备(见表 1-3)

表 1-3 发动机检测、诊断仪器设备

设备名称	主要用途
发动机台架试验设备	此类设备主要与测功试验台、油耗计、冷却液温度传感器、油温传感器、机油压力传感器、转速传感器等仪器配套,可以完成发动机的空转特性、速度特性、负荷特性等常规试验项目的测试,可进行发动机转矩、转速、功率、油耗率、比油耗、排气温度、机油压力、水温等参数的检测
示波器	可用来显示点火波形,通过对波形的分析对点火系故障进行快速诊断
正时灯	用于 12V 供电点火系的点火提前角的指示,可测量点火提前角、转速等
转速表	用于测量发动机及其他旋转件的转速
汽缸压力表	用于检测汽缸压缩压力,根据检测结果可判断汽缸衬垫、汽缸体与缸盖之间的密封状况、活塞环与缸壁配合状况及燃烧室内积炭是否过多等有关汽缸的工作状况

续表

设备名称	主 要 用 途
真空表	用于检测汽油发动机进气歧管的真空度,通过进气歧管的真空压力数值及其变化状况,判断汽缸组和进气歧管密封状况,也可用于检测汽油泵输出压力、油路泄漏及真空控制系统的功能
汽缸漏气量检测仪	使活塞处于上止点位置(此时气门关闭),将压缩空气注入汽缸内,观测汽缸内压力的变化,以测量表所示压力数值判定汽缸和气门的密封情况
曲轴箱窜气量检测仪	测量曲轴箱窜气量,以判断发动机漏气、磨损、拉缸、断环等缸内状况及动态密封性
油耗计	用于测定各类发动机燃油消耗量、瞬时流量,可进行定容量、定质量、定时间等参数的测量
温度表(计)	用于测量和比较空气出口、汽缸体、排气歧管、车轮轴承、散热器及其他有关部位的温度
润滑油质量分析仪	用于快速检测润滑油质量,确定在用润滑油被污染的程度,从而决定是否更换,同时从油质变化状况可判断发动机工况,有助于及时发现隐患和排除故障
冷却液质量分析仪	用于快速检测冷却液质量,确定在用冷却液冰点,从而决定是否更换,同时从液质变化状况可判断发动机工况,有助于及时发现隐患和排除故障
异响测听器	用于异响测听分析,可诊断轴承、滤清器、气门、齿轮等损伤故障,可检测液压泵、阀门、空压机和发电机等方面问题,也可检测车门、车窗及天窗的密封性
喷油泵试验台	用于检测喷油泵泵体的密封性、出油阀的开启压力、喷油泵各缸供油量及其均匀性、喷油泵供油开始点及供油间隔角、机械式调速器的工作状况,加上附具后,可对输油泵、滤清器进行试验
工业纤维内窥镜	用于在不解体情况下窥视发动机燃烧室,观察汽缸内有关机件的技术状况
曲轴、飞轮、离合器总成动平衡机	用于对曲轴、飞轮、离合器及其总成动平衡的检测
废气分析仪	用于检测汽车排放废气中的 CO、HC、CO_2、O_2 及 NO_x 的含量
烟度计	用于检测柴油车的排气烟度
声级计	用于测量汽车行驶所产生的车内、外噪声

(2) 底盘检测与诊断设备(见表 1-4)

表 1-4 底盘检测与诊断设备

设备名称	主 要 用 途
底盘测功试验台	可测量出汽车驱动轮的输出功率和驱动力,汽车在给定速度区间内的加速时间,汽车在给定速度下的滑行时间和距离及进行车速/里程表校验,并能显示输出功率-速度、驱动力-速度关系曲线
底盘间隙检测仪	用于对汽车底盘各部位因磨损而产生的间隙进行检测
制动试验台	可检测汽车左右轮的最大制动力、阻滞力、左右轮制动力的和与差、最大过程差、制动协调时间等有关制动性能参数
侧滑试验台	用于检测汽车侧滑量以确定前轮定位是否准确
汽车轴重仪	轴重也叫轴荷,即汽车某一轴的重量。汽车轴重仪用于测量汽车车轴或车轮荷重,是检测制动力的配套设备
车速表试验台	用来检验汽车车速表指示值误差,并判断其是否合格
汽车前束尺	可用来测量汽车前束值
前轮定位仪	一般由转弯半径测量仪及倾角水准仪组成,分别用来测量转弯半径(最大转向角)、前轮外倾角、主销后倾角与内倾角
四轮定位仪	可检测的项目包括前轮前束、前轮外倾角、主销内倾角、主销后倾角、后轮前束、后轮外倾角、轮距、轴距、后轴推力角和左右轴距差等
转向力、角测量仪	用于各类机动车辆机械转向系的转向力(矩)和转向角的测量
车轮动平衡机	能够检测、显示出车轮的不平衡量及相对位置,并能对其进行平衡
轮胎气压表	用来检查轮胎气压值

(3) 电器检测、诊断设备（见表 1-5）

表 1-5　电器检测、诊断设备

设备名称	主要用途
电器万能试验台	用于检测汽车的交流发电机、启动机、分电器、调节器、蓄电池、点火线圈、电容器、电动刮水器、电喇叭等电气设备，并能对外充电
电池检测仪	用于蓄电池性能的检测
前照灯检测仪	用于灯光性能的检测

(4) 电控系统检测、诊断设备（见表 1-6）

表 1-6　电控系统检测、诊断设备

设备名称	主要用途
发动机综合性能分析仪	用于汽油机与柴油机的综合测试。对发动机的点火系、管理系统、电控变速系统、电子控制柴油喷射系统、安全及舒适性电控系统等都可进行测试。一般具有发动机测试仪、万用表和示波器三种测试仪器的功能
解码器	可对发动机、变速器、防抱死制动系统（ABS）和车身等计算机控制系统的故障进行检测与诊断

复习思考题

1. 解释汽车检测与诊断技术的相关术语。
2. 汽车故障是如何分类的？
3. 汽车产生故障的原因是什么？
4. 作图分析汽车零件的磨损特性。
5. 分析汽车故障的变化规律，其各阶段有何特点？
6. 汽车检测的主要项目及内容是什么？
7. 汽车常用的检测诊断参数有哪些？
8. 汽车检测诊断标准分为哪几类？
9. 分析汽车故障诊断流程及各主要内容是什么？
10. OBD-Ⅱ随车诊断系统的主要特点是什么？
11. 查找汽车故障需要哪些汽车知识和经验？
12. 常用的汽车故障诊断方法有哪几种？各有何优缺点？
13. 常用的汽车故障检测诊断标准有哪些？
14. 汽车检测、汽车维修、汽车故障诊断的关系是什么？
15. 常用的汽车故障检测诊断设备、仪器有哪些？

第2章 发动机故障诊断与排除

情境描述：

1. 某轿车启动时有着车迹象，但发动机不能启动。
2. 一辆2014款奥迪A6L轿车，因肇事进厂维修，修复后试车，仪表板后方有异响，拆下组合仪表重新安装后，转动点火开关，发动机稍稍转动后熄火，无法正常启动。

学习目标：

通过本情境的学习，你将做到：
1. 掌握汽车发动机的结构原理与组成。
2. 掌握汽车发动机电控元件的功用、各端子位置及含义、输出特性及检测诊断方法。
3. 熟悉汽车发动机故障症状、现象、原因、类型、故障产生的规律。
4. 熟悉发动机常用诊断参数、检测诊断与维修的相关标准和方法。
5. 掌握发动机故障诊断、分析判断、故障排除的方法。

能力目标：

作为汽车维修机工，应该具备的相关知识和技能有：
1. 能正确使用常用检测诊断设备。
2. 能根据故障现象，正确分析故障发生的原因。
3. 能制定正确的故障诊断操作流程。
4. 通过检测和诊断能正确分析数据和制定维修方案。
5. 依据维修方案能正确判定故障部位和高效排除故障。
6. 安全、环保意识。

2.1 发动机故障诊断基础

现代汽车发动机，在二大机构、五大系统基础上，围绕改善动力性、经济性和减少排放为目的，通过以电控单元为核心，以发动机转速和负荷信号为基础，以喷油量、点火时刻和排放为主要控制对象，使发动机在各种工况下，都能得到与工况相匹配的最佳空燃比、最佳点火时刻和最好排放。由于其运行条件复杂，其载荷、路况、气候和交通运输环境等各异多变，同时运动件的自然磨损、旋转件及车辆的振抖，都会造成技术状况发生变化。所以，在运行过程中发生故障是难免的。要排除故障，首先要诊断清楚故障的所在，查明故障的原因，然后对症进行排除。

2.1.1 发动机典型故障症状

故障症状从功能性、警示性和隐蔽（检测）性三种存在状态出发，对发动机的常见典型故障症状进行归纳和列举如下：

(1) 检测型故障症状

在发动机工作时不易感觉和察觉到的隐蔽性故障，这是只有经过检测才能够发现的异常故障。它包括：汽缸压力略低；汽缸漏气率略高；曲轴箱窜气率略高；进气真空度略高/低；冷却水箱盖开关阀压力异常；水箱保压时间短；燃油压力略高/低；燃油箱盖进气阀开关压力异常；机油压力偏高；尾气排放略高/低；急速转速略高/低；点火高压略高/低；点火正时基准略微偏移；流量、角度、温度等传感器输入参数轻微偏离；燃油消耗量偏高等。

(2) 功能性故障症状

在发动机工作中可以感觉到的工作状况发生异常变化的症状，包括：不能启动；启动困难；急速不正常；运转（行驶）不良；动力不足；加速不良；减速不良；自动熄火；无法熄火等。

(3) 警示性故障症状

在发动机工作中可以察觉到的、有异常现象发生的症状。

① 进气异常：回火、进气异响。
② 排气异常：放炮、突突、温度异常、异味、异响；冒白烟、蓝烟、黑烟。
③ 发动机异响：发动机附件异响，气流异响，燃烧异响，机械运动副工作异响，机件摩擦敲击响声等。
④ 发动机异味：汽油味、焦煳味、机油味。
⑤ 温度异常：水箱开锅冲水、水温过高、水温过低、暖机慢。
⑥ 指示异常：故障灯亮（闪）、充电灯亮、机油灯亮。
⑦ 外观异常：转动异常、安装不当、变形、移位等发生异常变化的症状。
⑧ 消耗异常：燃油、润滑油、冷却液等消耗异常。
⑨ 颜色异常：润滑油、冷却液等颜色异常。
⑩ 液体渗漏：冷却液渗漏、润滑油渗漏。

2.1.2 电控发动机故障检测诊断的方法和流程

(1) 诊断原则

发动机电控系统是一个复杂的机电一体化综合系统，在诊断时，首先要系统、全面地掌握整个系统的结构、原理和电气线路等知识，并要掌握诊断的基本方法和步骤。如果要诊断排除一个可能涉及电控系统的发动机故障，应先判断是否与电控系统有关。如果故障指示灯点亮，则应按厂家规定的程序，调取故障码进行检修；当发动机有故障，而故障指示灯未点亮或自诊断故障码未显示时，则应先考虑可能与电控系统无关，按照基本诊断程序进行检查；再使用诊断仪器进行数值分析查找故障。

(2) 故障诊断注意事项

① 要掌握整个系统的结构、原理和电气线路，诊断参数、诊断基本方法和步骤，未搞懂，不乱动。
② ECU的故障率低且不易修，不要轻易拆解。
③ 在拆卸和插接线路或元件连接器之前，点火开关一定要置于"OFF"位。
④ 在拆除蓄电池的搭铁线之前，应先读取ECU中存储的故障代码或信息。
⑤ 检修燃油系统时，应先对油路进行卸压。
⑥ 避免电磁干扰和静电危害。诊断过程中，禁止使用大功率仪器，避免对ECU产生无线电干扰。

⑦ 蓄电池正负极不能接反。
⑧ 非特殊说明，不用试灯测试，通常用数字万用表、示波器、检测仪。
⑨ 电子线路不可溅水。
⑩ 有安全气囊的汽车，检修时，蓄电池负极拆下20s后，方可作业。

(3) 故障诊断方法

当电控发动机的故障警告灯在运转中亮起时，即说明其电控系统出现故障，而且通常是传感器、执行器或其线路的故障。但对一些控制系统电子部件的机械故障，则往往不会使发动机的故障警告灯亮起。因此，在电控系统的故障诊断过程中，应根据故障的现象、类型和特点，灵活运用各种不同的诊断方法。下面分别介绍几种常用的故障诊断方法及其适用范围。

① 问诊法　问诊法是对故障进行调查的开始，即通过对驾驶员和有关人员的询问，了解故障的现象、发生及发展的过程，并获得相关的信息，为进一步诊断打好基础的一种方法。

② 外观检查法　外观检查法是应用望、触、听等手段，从外观上对整车和局部的各种状态及特征进行故障查找的一种方法。外观检查能直接发现电喷发动机的传感器、执行器、线路以及一些外部机械故障，如破损、泄漏、松脱等。某些执行器的工作情况也可以通过触、听等方法来检查。此外，外观检查还有助于维修人员了解电喷发动机的组成、类型、元件分布情况、老化程度等，为分析故障原因提供必要的线索。

③ 电脑自诊断法　电脑自诊断法就是通过正确的流程，用检测仪读取存储在发动机电控系统ECU中的故障代码来查找故障原因的一种方法，该法主要适合于发动机电控系统的传感器、执行器、控制线路的短路、断路故障的诊断排除，其他类型的故障通常不能被自诊断系统检测到。

④ 电脑数值分析法　电脑数值分析法是用检测仪（或解码器），将电喷发动机电脑在工作中的各个输入、输出信号的数值以数据表的方式显示出来，并通过定量、定性地分析各个信号数值在不同工况下的变化情况，判断发动机控制系统有无故障及故障部位的一种方法。该法适用于查找电控系统中几乎所有与电脑连接的电子部件的各种形式的故障及线路故障，特别是对无法用电脑故障自诊断法测出的电子部件的机械故障等，也能通过电脑数值分析判断出来。此外，电喷发动机在运行中偶尔产生的故障，也可以从故障瞬间各个信号数值的变化中找出故障的原因。

⑤ 电脑信号波形分析法　信号波形分析法是用示波器对电喷发动机控制系统中电信号的波形进行检测，并通过对测得的波形的分析来判断故障的一种方法。该法主要用于传感器或电脑的故障，特别是产生脉冲电信号的传感器（如车速传感器、爆燃传感器等）。它弥补了其他仪器无法对脉冲电信号进行全面检测和分析的缺陷。此外，由于示波器的反应速度极快，因而对于传感器或线路的瞬时故障也可以从其信号波形的瞬时异常上反映出来。

⑥ 部件互换法　部件互换法是将怀疑有故障的电子部件用正常的电子部件替代，以判断故障原因的一种方法。如果更换部件后故障消失，则说明被换下的部件有故障，否则，应进一步查找其他故障原因。这种方法简单易行，效率较高，经常在缺少被修车型技术资料或检测工具的情况下使用。无法用测量的方法判定的故障，如控制系统中执行器的机械故障等也可以用这种方法。此外，在怀疑电脑有故障时，往往也用这种方法来确认。

⑦ 资料分析法　资料分析法是在故障诊断过程中，以汽车制造厂提供的有关电喷发动机控制系统结构、原理及故障索引等技术资料为参考依据，对故障进行分析，从而查找出故障原因的一种方法。由于电喷发动机控制技术发展很快，维修人员很难做到对所有车型的各

种电喷发动机的结构、原理、诊断参数等都十分熟悉，因此，在故障诊断过程中，充分合理地利用厂家提供的技术资料，往往能收到事半功倍的效果。在许多情况下，掌握足够的技术资料是进行故障诊断工作的必要条件。

⑧ 经验法　经验是维修人员根据以往的维修经历所形成的思维定势。经验法诊断是将故障现象、特征与以往所遇到的故障相比较，找出相同点与不同点，然后进行具体分析，必要时借助仪器加以确认。该法是一种快速、简洁的故障诊断方法，适用于有经验的技师。

⑨ 故障征兆模拟法　在故障诊断中往往遇到所谓的隐性故障，即有故障但没有明显的故障征兆。遇此情况必须进行全面的故障分析，然后用模拟与用户车辆出现故障的相同或相似的条件和环境进行试验，以找出故障之所在。故障征兆的模拟方法主要有以下几种。

a. 振动法。当振动可能是引起故障的原因时，即可采用振动法进行试验。基本方法主要有：

（a）连接器：在垂直和水平方向轻轻摆动连接器。

（b）配线：在垂直和水平方向轻轻摆动配线。连接器的接头、支架和穿过开口的连接器体等部位都应仔细检查。

（c）零部件和传感器：用手轻拍装有传感器的零部件，检查是否失灵。但不可用力拍打继电器。

b. 加热法。如果有些故障只有在热车时出现，可能是因有关零部件或传感器受热引起的，可用电吹风或类似加热工具加热可能引起故障的零部件或传感器，检查是否出现故障。但必须注意：

（a）加热温度不得高于60℃，温度限制在不致损坏电子元器件的范围内。

（b）不可直接加热电脑中的零件。

c. 水淋法。当有些故障是在雨天或高湿度的环境下产生的时，可用水喷淋在车辆上，检查是否发生故障。但应注意：

（a）不可将水直接喷淋在发动机电控零部件上，而应喷淋在散热器前面，间接改变温度和湿度。

（b）不可将水直接喷射到电子器件上。

d. 电器全接通法。当怀疑故障可能是因用电负荷过大而引起的时，可接通车上全部电气设备，检查是否发生故障。

(4) 电控发动机故障诊断一般程序

对于电控发动机故障的诊断与排除，可按图2-1所示的一般程序进行。具体内容如下：

① 听用户意见。

② 进行外观（直观）检查。

a. 真空软管及管路是否破裂、老化和损坏。

b. 检查电控系统各电线束的连接情况。

c. 检查电喷系统及相关器件是否有"四漏"现象。

③ 进行基本检查。

做常规检查时应注意先向基本故障方面（常见的较简单的故障）检查，这类故障大多与电子控制无关，经常规检查后再做与电子控制有关的较复杂的故障检查。

a. 蓄电池电压是否符合要求。

b. 检查发动机转动情况。

（a）检查怠速和点火正时。有的电喷发动机的怠速可调整，而有的不可调整，可调整的节气门最小位置及怠速电机都不要轻易调节。因为它们带有节气门体与电脑基本配置的控制

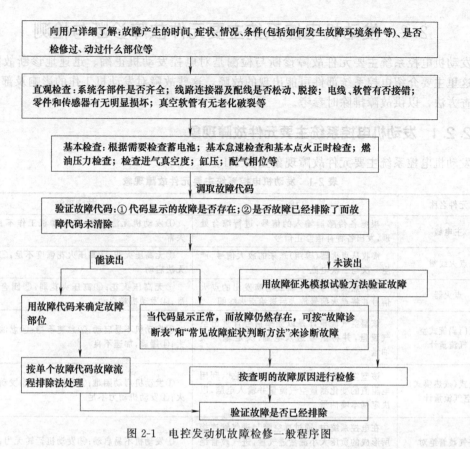

图 2-1 电控发动机故障检修一般程序图

或设定。急速出现变化,要检查基本急速,首先要检查基本点火正时,须参阅维修资料,依据数据参数检查调的方法进行。

(b) 检查进气真空度。注意事项:在急速时(发动机正常)其真空度的标准值应为 60~70kPa,若高于或低于此值或摆动较大,都说明进气系统有异常变化。

(c) 检查汽缸压力。注意事项:测缸压时要拔掉高压线及液油泵的保险,保证操作过程中的安全。

(d) 检查配气相位。注意事项:检查正时齿带有无错齿,定时是否正确,定时记号是否准确。

(e) 检查排气背压。注意事项:发动机在 2000～3000r/min 时,排气背压应小于 15kPa。

(f) 检查火花塞、高压线、分电器盖、分火头等。注意事项:这些部件不良,会产生漏电,同时注意检查火花塞的工作情况及其型号,须与发动机匹配,否则会间断缺火。

(g) 检查点火波形。意事项:用不同类型的波形,做比较分析,从而诊断确定故障。

(h) 检查排气。注意事项:通过分析发动机燃烧是否正常,诊断确定故障。

④ 用自诊断系统检测诊断。
⑤ 按故障诊断表(故障征兆表)进行检查。
⑥ 进行疑难故障诊断(用故障征兆模拟法)。
⑦ 故障症状确认。
⑧ 调整、替换或维修。
⑨ 试车检验。

2.2 发动机电控系统主要元件故障诊断与检测

发动机电控系统主要元件故障诊断与检测是对电控发动机正确、迅速地诊断故障的基础。这里主要介绍电控系统部件可能出现的故障，这些故障对发动机工作的影响及部件故障的检查方法，以供故障排除时参考。

2.2.1 发动机电控系统主要元件故障现象

发动机电控系统主要元件故障现象见表2-1。

表2-1 发动机电控系统主要元件故障现象

元件名称	功能	故障现象
主电脑	根据各传感器输入的信号，进行综合处理，发出各种补偿修正信号	①发动机无法启动；②发动机工作不良、性能失常
点火线圈	接收从点火器(模组)送来的放大信号，产生一次与二次电流	①无高压火花；②高压火花强度不足；③发动机无法启动
点火器	接收点火信号发生器或电脑发出的点火信号并将点火信号放大后送给点火线圈	①无高压火花；②高压火花弱；③闭合角值混乱；④发动机难启动
卡门涡旋式空气流量计	该型空气流量计是以频率信号计算出空气流量，并将信号送入电脑，决定基本喷油量	①发动机不易启动；②急速不稳；③燃油消耗量大；④爆震，加速不良
热线式(或热膜式)空气流量计	该型空气流量计属电桥热敏电阻式，利用电阻值的变化测量空气流量并输入电脑，以决定基本喷油量	①发动机启动困难；②急速不稳；③发动机易熄火；④发动机动力不足
进气歧管绝对压力传感器	在电控系统中，通过真空管与进气管连接所形成的负压大小测量进气量，进气歧管绝对压力传感器将相应的电压信号输入电脑，以供决定点火与燃油喷射系统基本参数	①发动机不易启动；②发动机运转无力；③发动机急速不稳；④发动机油耗增加
大气压力传感器	根据海拔高度不同时的相应气压值，将信号送入电脑，以便进行喷油正时修正	①发动机急速不稳；②发动机工作不良
节气门位置传感器(线性)	节气门位置传感器是将电位计与节气门的开度形成一一对应的关系，并将对应的电压信号送入电脑，判断发动机的负荷大小	①发动机启动困难；②急速不稳，易熄火；③发动机工作不良；④加速性差；⑤发动机动力性能不降
节气门位置传感器（触点开关式）	将急速触点和全负荷触点接通的信号送入电脑，用于判定急速状态和发动机全负荷状态	①发动机启动困难；②急速不稳、无急速、易熄火；③发动机动力性差，爬坡无力；④不能进行减速断油控制
进气温度传感器	利用进气温度改变内部的热敏电阻所形成的对应电压信号输入电脑，以供电脑修正点火、喷油正时及进行喷油量修正	①急速不稳；②易熄火；③耗油量大；④起动困难；⑤混合气过浓；⑥发动机性能不佳
水温传感器	利用水温改变内部热敏电阻值的大小所形成的对应电压信号输入电脑，以作为点火与喷油正时调整，修正喷油量，进行冷启动加浓	①启动困难，特别是冷启动；②急速不稳、易熄火；③发动机性能不佳
急速控制电动机	电脑根据发动机各传感器的信号，指令急速电动机作出相应动作，决定旁通空气量，以修正喷油量	①启动困难；②急速不稳；③容易熄火；④开空调易熄火；⑤急速过高；⑥发动机易失速
急速电动机位置传感器	急速电动机位置传感器是利用电位计侦测急速电动机位置，并以电压信号输入电脑，以供修正混合比	①急速不稳；②容易熄火，不易启动；③加速不良

续表

元件名称	功能	故障现象
空挡启动开关（P/N 开关）	P/N 开关挂入空挡和驻车挡时才能启动，脱离空挡，信号输入电脑后增油	①发动机无法启动；②脱离 P/N 挡后，电脑不指示增油；③怠速不稳易熄火；④换挡杆在"P"、"N"位时发动机也能启动
氧传感器	用来监测排气歧管中的氧含量，以供电脑修正和调整空燃比	①怠速不稳，耗油量大；②空燃比不当，有害气体的排放高
动力转向开关（P/S 开关）	P/S 开关接受动力转向盘转向时的压力信号，将转向信号输入电脑，以供修正怠速喷油量	①转向时发动机易熄火；②转向时发动机怠速不稳；③发动机怠速时无法补偿
空调开关（A/C）	当接通空调时，空调开关将信号输入电脑，以修正怠速时喷油量	①开空调时发动机易熄火；②开空调时怠速转速下降；③开空调时怠速不稳；④开空调时无空调功能
曲轴箱通风阀（PCV 阀）	曲轴箱通风阀开启时，将曲轴箱内的燃油、机油蒸气和燃烧气体漏入曲轴箱的废气引入进气管，以降低废气排放	①发动机不易启动；②无怠速或怠速不稳；③加速无力、耗油增加
排气再循环阀（EGR 阀）	控制废气引入燃烧室的量，从而降低发动机的温度，以减少 NO_x 排放量	①发动机温度过高；②发动机不易启动；③发动机无力、耗油量大；④爆震；⑤加速不良；⑥排气中 NO_x 含量高；⑦减速熄火
排气再循环阀位置传感器	EGR 阀位置传感器是以电位计的型式将 EGR 阀的位置信号输入电脑，以控制 NO_x 排放量	①怠速不稳，易熄火；②有害气体排放量过高（NO_x）；③发动机性能不佳
活性炭罐电磁阀	发动机启动后，电脑指令炭罐电磁阀动作，使炭罐内的燃油蒸气经由电磁阀进入燃烧室	①发动机性能不佳；②怠速不良；③空燃比不正确
爆震传感器	爆震传感器侦测到爆震信号，将信号送入电脑，以修正点火正时	①发动机爆震，特别是加速时爆震；②点火正时不准，发动机工作不良
点火信号发生器 — 磁感应式	点火信号发生器利用磁感应产生脉冲点火信号，送入电脑或点火器，以激发高压	①发动机无法启动；②发动机工作不良，运转不佳；③怠速不稳；④间歇性熄火；⑤发动机不易启动；⑥高压火无力
点火信号发生器 — 霍尔式	点火信号发生器利用霍尔效应产生脉冲点火信号送入电脑或点火器，以激发高压	
点火信号发生器 — 光电式	通过光电效应产生脉冲信号送入电脑或点火器，以激发高压电的产生	
曲轴位置传感器	利用电磁感应（或霍尔效应或光电效应）将曲轴上止点信号输入电脑，作为点火正时与喷油正时的修正信号	①发动机无法启动或启动困难；②加速不良；③怠速不稳；④容易熄火，间歇性熄火
可变凸轮轴电磁阀	电脑感知各传感器送入的信号，适时地启动电磁阀，以利用机油压力改变凸轮轴角度，调整进排气门开闭时间	①怠速不稳，引起抖动；②发动机运转无力；③引起三元催化转换器损坏；④产生爆震
电动燃油泵	燃油泵在接通点开关后，可运转 5～9s，以补充系统初始压力；启动后，向系统连续供油	①发动机启动困难，甚至无法启动；②发动机起动后熄火或运转途中熄火；③发动机运转无力，汽车加速性差
燃油滤清器	燃油滤清器用来滤去燃油中的杂质	①发动机无法启动，或启动困难；②发动机工作不良，运转不稳；③发动机运转中有"咯噜"现象；④喷油器堵塞；⑤发动机运转无力，汽车加速性差
燃油压力调节器	燃油压力调节器用以调整系统压力，使其稳定供油	①启动困难、怠速不稳易熄火；②运转无力、供油不足；③发动机排气冒黑烟

续表

元件名称	功能	故障现象
喷油器	根据电脑发出的喷油脉冲信号，喷出适量的燃油	①发动机启动困难，或无法启动；②发动机工作不稳、抖动；③急速不稳；④容易熄火；⑤排气冒黑烟，排污增加
车速传感器	用以检查车速，其信号送入电脑用以修正喷油量	①ABS防抱死制动装置不工作；②巡行控制不工作；③发动机运转不良，无力；④无高速断油和急减速断油控制
变速器电磁阀	根据电脑信号控制自动变速器的工作状态	①车辆无法行驶；②变速器换挡困难；③行驶时变速器将锁定在某一挡位（如宝马车种锁定在三挡）

2.2.2 发动机电控系统主要传感器故障码诊断与检测

(1) 空气计量装置

空气计量装置除进气歧管压力/温度传感器外，还有热线式空气流量计、热膜式空气流量计、卡门涡流式进气流量传感器和叶片式进气流量传感器等，其检测方法，参照车型维修手册进行。进气歧管压力/温度传感器的故障码P0106、P0107、P0108、P0112、P0113检查如下。

① 故障原因分析　见表2-2。

表2-2　故障原因分析表

故障码	故障说明	故 障 原 因
P0106	MAP/TPS合理性	(1)MAP传感器故障 (2)传感器测量孔堵塞 (3)MAP传感器与ECM之间的线束损坏 (4)连接不良
P0107	进气歧管压力过低或断路	(1)歧管压力传感器端子A、B或D线路断路 (2)歧管压力传感器端子A与D短路 (3)歧管压力/温度传感器有故障 (4)发动机ECM有故障 (5)MAP与ECM之间开路
P0108	进气歧管压力过高	(1)歧管压力/温度传感器端子A或端子B与其他+12V短路 (2)歧管压力/温度传感器有故障 (3)发动机ECM有故障
P0112	进气歧管温度过低或断路	(1)歧管压力/温度传感器端子C与端子B或其他+12V短路 (2)歧管压力/温度传感器端子C与ECM开路 (3)歧管压力/温度传感器有故障 (4)发动机ECM有故障 (5)温度传感器与ECM之间开路
P0113	进气歧管温度过高	(1)歧管压力/温度传感器端子C与端子D短路 (2)歧管压力/温度传感器有故障 (3)发动机ECM有故障

② 检查电路　如图2-2所示。

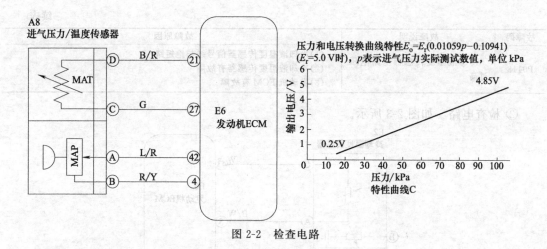

图 2-2 检查电路

③ 进气歧管压力传感器检查步骤 见表 2-3。

表 2-3 进气歧管压力传感器检查步骤

1. 检查发动机 ECM	
(1)点火开关转至 ON 位置,检测发动机 ECM 连接器端子 4 输出电压,应为 5V 左右	
若正常,则进行下一步检查	若不正常,则检查并更换发动机 ECM
(2)检测发动机 ECM 连接器端子 42 输入电压,应为 0.1~5V 之间。进气压力为 40kPa 时,输入电压为 1.52~1.68V;进气压力为 94kPa 时,输入电压为 4.44~4.60V	
若正常,则检查并更换发动机 ECM	若不正常,则进行下一步检查
2. 检查进气歧管压力/温度传感器与发动机 ECM 之间的线束和连接器	
(1)检测进气歧管压力/温度传感器连接器端子 A 与发动机 ECM 连接器端子 42 间的电阻,应小于 1Ω (2)检测进气歧管压力/温度传感器连接器端子 B 与发动机 ECM 连接器端子 4 间的电阻,应小于 1Ω (3)检测进气歧管压力/温度传感器连接器端子 A 和 B,是否与 +12 电源或地短路	
若正常,则更换进气歧管压力/温度传感器	若不正常,则修理或更换线束和连接器

④ 进气歧管温度传感器检查步骤 见表 2-4。

表 2-4 进气歧管温度传感器检查步骤

1. 检查进气歧管压力/温度传感器	
检测进气歧管压力/温度传感器连接器端子 C 和 D 之间的阻值,在进气温度为 20℃时,电阻为 2428Ω 左右;在进气温度为 60℃时,阻值为 594.4Ω 左右	
若正常,则进行下一步检查	若不正常,则更换歧管压力/温度传感器
2. 检查发动机 ECM 和进气歧管压力/温度传感器间的线束和连接器	
若正常,则检查并更换发动机 ECM	若不正常,则修理或更换线束和连接器

(2)冷却液温度传感器

冷却液温度传感器故障码 P0117、P0118 的检查如下。

① 故障原因分析 见表 2-5。

表 2-5 故障原因分析表

故障码	故障说明	故障原因
P0117	冷却液温度传感器电路电压过低或断路	(1)冷却液温度传感器端子 A 与 C 短路,或与 ECM 开路 (2)冷却液温度传感器有故障 (3)发动机 ECM 有故障 (4)冷却液温度传感器与 ECM 之间开路

续表

故障码	故障说明	故障原因
P0118	冷却液温度传感器电路电压过高	(1)冷却液温度传感器信号线与地短路 (2)冷却液温度传感器有故障 (3)发动机ECM有故障

② 检查电路 如图2-3所示。

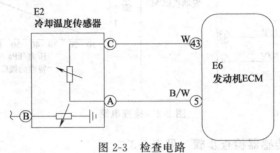

图2-3 检查电路

③ 检查步骤 见表2-6。

表2-6 检查步骤

1.检查发动机ECM和冷却液温度传感器间的线束和连接器	
若正常,则进行下一步检查	若不正常,则修理或更换线束和连接器
2.检查冷却液温度传感器	
脱开冷却液温度传感器连接器,检测冷却液温度传感器端子A和C间的电阻,冷却液温度在20℃时,电阻应为3508~3514Ω,冷却液温度在80℃时,电阻应为331~337Ω	
若正常,则检查和更换发动机ECM	若不正常,则更换冷却液温度传感器

(3) 节气门位置传感器

有多种,按结构和工作原理不同分为电位计式和霍尔式,按输出信号特点不同分为开关式、线性式和综合式,按输出信号线路数量不同分为单信号式和双信号式。现在应用最广的是线性式节气门位置传感器。其故障码P0122、P0123检查如下。

① 故障原因分析 见表2-7。

表2-7 故障原因分析

故障码	故障说明	故障原因
P0123	节气门位置传感器电路电压过高	(1)节气门位置传感器端子C与A或+12V短路,或与ECM开路 (2)节气门位置传感器有故障 (3)发动机ECM有故障
P0122	节气门位置传感器电路电压过低或断路	(1)节气门位置传感器端子C与B短路 (2)节气门位置传感器有故障 (3)发动机ECM有故障

② 检查电路 如图2-4所示。

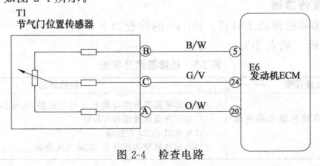

图2-4 检查电路

③ 检查步骤　见表 2-8。

表 2-8　检查步骤

1. 检查节气门位置传感器	
(1) 脱开节气门位置传感器连接器 (2) 测量节气门位置传感器端子间电阻 ①端子 A 与端子 B 间的电阻应为 3~12kΩ ②全闭时端子 C 与端子 B 间的电阻应为 0.21~0.84kΩ ③全开时端子 C 与端子 B 间的电阻应为 2.7~12kΩ	
若正常，则进行下一步检查	若不正常，则更换节气门位置传感器
2. 检查节气门位置传感器和发动机 ECM 线束连接器	
(1) 检查节气门位置传感器与发动机 ECM 间线束连接是否开路 (2) 检查节气门位置传感器端子 A 和端子 C 是否与车身或 +12V 短路	
若正常，则更换发动机 ECM	若异常，则修理或更换线束或连接器

(4) 氧传感器

其故障码 P0131、P0132、P0133、P0134、P0135、P1167、P1171 检查如下。

① 故障原因分析见表 2-9。

表 2-9　故障原因分析

故障码	故障说明	故障原因
P0131	前氧传感器电路电压低	(1) 前氧传感器端子 A、B 与 ECM 开路 (2) 前氧传感器与 ECM 之间的线束对地短路 (3) 油泵、供油管路或喷油器阻塞造成的喷油量不足 (4) 燃油压力调节器损坏 (5) ECM 至发动机机体的接地不良 (6) 进气真空泄漏 (7) 排气管漏气 (8) 燃油污染
P0132	前氧传感器电路电压高	(1) 后氧传感器端子 B 与 +5V 或 +12V 短路 (2) 燃油压力过高 (3) 喷油器泄漏 (4) 燃油压力调节器损坏
P0133	前氧传感器响应慢	(1) 燃油污染 (2) 机油消耗量过大 (3) 氧传感器故障
P0134	前氧传感器活动性不足或断路	(1) 前氧传感器端子 B 与 ECM 之间开路 (2) 前氧传感器加热线路或加热器故障 (3) 排气泄漏 (4) 燃油污染 (5) 机油消耗量过大
P0135	前氧传感器加热器电路不工作	(1) 前氧传感器端子 C 与 ECM 之间的线束对电源或地短路 (2) 前氧传感器 C、D 端子线束端接触不良 (3) 加热器损坏
P1167	前氧传感器在 DFCO 模式下空燃比指示浓度	(1) 前氧传感器端子 B 与 ECM 之间的线束与电源短路 (2) 燃油压力过高 (3) 喷油器泄漏 (4) 燃油压力调节器损坏
P1171	前氧传感器在 PE 模式下空燃比指示浓度	(1) 前氧传感器端子 B 与 ECM 之间的线束与地短路 (2) 油泵、供油管路或喷油器阻塞造成的喷油量不足 (3) 燃油压力调节器损坏 (4) ECM 至发动机机体的接地不良 (5) 进气真空泄漏 (6) 燃油污染 (7) 排气管路漏气

② 检查步骤　见表2-10。

表2-10　检查步骤

1. 检查1#氧传感器	
(1)脱开1#氧传感器连接器	
(2)测量1#氧传感器端子间的电阻	
①端子A或B与C或D间的电阻应大于10kΩ	
②在温度为21℃时,端子C与D间的电阻应为(9.6±1.5)Ω	
若正常,则进行下一步检查	若异常,则更换加热型前氧传感器
2. 检查1#氧传感器和发动机ECM线束连接器	
(1)检查1#氧传感器端子与发动机ECM线束连接是否开路	
(2)检查1#氧传感器端子是否与车身或+12V短路	
若正常,则更换发动机ECM	若异常,则修理或更换线束或连接器
3. 若更换发动机ECM后故障仍然存在,则检查供油系统是否正常	

③ 检查电路　如图2-5所示。

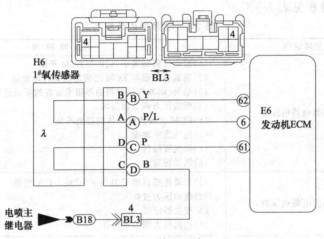

图 2-5　检查电路

故障码 P0137、P0138、P0140、P0141 检查如下。

① 故障原因分析　见表2-11。

表2-11　故障原因分析

故障码	故障说明	故障原因
P0137	后氧传感器电路电压低	(1)后氧传感器端子B与ECM之间的线束与地短路 (2)线束连接不良
P0138	后氧传感器电路电压高	(1)后氧传感器端子B与ECM之间的线束与电源短路 (2)线束连接不良 (3)传感器故障
P0140	后氧传感器活动性不足或断路	(1)线束连接不良 (2)氧传感器与ECM之间的线束断路 (3)氧传感器故障
P0141	后氧传感器加热器电路不工作	(1)后氧传感器端子C与ECM之间的线束对电源或地短路 (2)后氧传感器C、D端子线束端接触不良 (3)加热器损坏

② 检查步骤　见表2-12。

表 2-12 检查步骤

1. 检查 2# 氧传感器	
(1)脱开 2# 氧传感器连接器 (2)测量 2# 氧传感器端子间的电阻 ①端子 A 或 B 与 C 或 D 间的电阻应大于 $10k\Omega$ ②在温度为 21℃时,端子 C 与 D 间的电阻应为 $(9.6\pm1.5)\Omega$	
若正常,则进行下一步检查	若异常,则更换加热型后氧传感器
2. 检查 2# 氧传感器和发动机 ECM 线束连接器	
(1)检查 2# 氧传感器端子与发动机 ECM 线束连接是否开路 (2)检查 2# 氧传感器端子是否与车身或+12V 短路	
若正常,则更换发动机 ECM	若异常,则修理或更换线束或连接器
3. 若更换发动机 ECM 后故障仍然存在,则检查供油系统是否正常	

③ 检查电路 如图 2-6 所示。

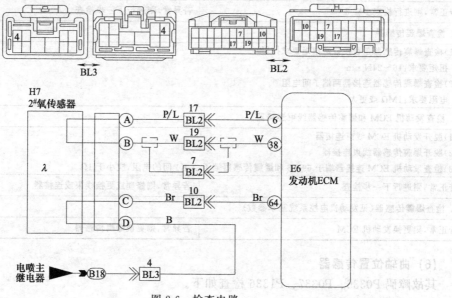

图 2-6 检查电路

(5) 爆震传感器

其故障码 P0325、P0327 检查如下。

① 故障原因分析 见表 2-13。

表 2-13 故障原因分析

故障码	故障说明	故 障 原 因
P0325	爆震控制系统故障	(1)连接不良 (2)爆震传感器与 ECM 之间的线束断路 (3)传感器故障
P0327	爆震传感器电路故障	(1)连接不良 (2)爆震传感器与 ECM 之间的线束断路 (3)传感器故障

② 检查电路 如图 2-7 所示。

③ 检查步骤 见表 2-14。

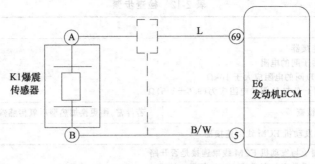

图 2-7 检查电路

表 2-14 检查步骤

1. 检查线束和连接器	
脱开发动机 ECM 线束连接器,检测端子 69-E6 与车身接地间电阻,应大于 1MΩ	
若正常,则进行检查步骤 3	若异常,则进行下一步检查
2. 检查爆震传感器	
(1)检查爆震传感器是否按规定扭矩要求拧紧 　扭矩要求:16~24N·m (2)检查爆震传感器连接器两端子间电阻 　电阻要求:1MΩ 或更大	
3. 检查发动机 ECM 和爆震传感器线束连接器	
(1)脱开发动机 ECM 线束连接器 (2)脱开爆震传感器线束连接器 (3)检查发动机 ECM 连接器端子 69-E6 和爆震传感器端子 A-K1 间的电阻,应小于 1Ω	
若正常,则进行下一步检查	若异常,则修理或更换线束或连接器
4. 检查爆震传感器(见发动机电控系统基本参数)	
若正常,则更换发动机 ECM	若异常,则更换爆震传感器

(6) 曲轴位置传感器

其故障码 P0336、P0337、P1336 检查如下。

① 故障原因分析　见表 2-15。

表 2-15 故障原因分析

故障码	故障说明	故　障　原　因
P0336	曲轴位置传感器电路性能问题	(1)电气线路连接不良 (2)干扰噪声 (3)曲轴位置传感器与 ECM 之间的线束故障 (4)目标轮故障 (5)ECM 故障
P0337	曲轴位置传感器电路故障	(1)线路有故障 (2)曲轴位置传感器与齿圈之间的气隙不符合规范 (3)曲轴位置传感器故障
P1336	曲轴齿讯未学习	车辆未执行齿讯学习程序

② 检查电路　如图 2-8 所示。

③ 检查步骤　见表 2-16。

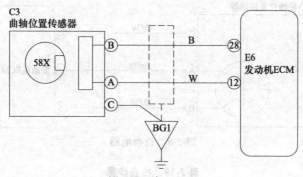

图 2-8 检查电路

表 2-16 检查步骤

1. 检查曲轴位置传感器	
(1) 脱开曲轴位置传感器线束连接器 (2) 检查端子 A 和 B 间的电阻，在 25℃±5℃时，阻值应为 560Ω±56Ω	
若正常，则进行下一步检查	若异常，则更换曲轴位置传感器
2. 检查发动机 ECM 和曲轴位置传感器线束连接器	
(1) 脱开曲轴位置传感器线束连接器 (2) 脱开发动机 ECM 线束连接器 　曲轴位置传感器端子 A 与发动机 ECM 端子 12 间电阻应小于 1Ω 　曲轴位置传感器端子 B 与发动机 ECM 端子 28 间电阻应小于 1Ω (3) 检查曲轴位置传感器 A、B 与车身是否短路	
若正常，则进行下一步检查	若异常，则修理或更换线束或连接器
3. 检查曲轴位置传感器安装情况	
曲轴位置传感器是否按规定扭矩要求拧紧 扭矩要求：6～10N·m	
若正常，则进行下一步检查	若异常，则重新正确安装曲轴位置传感器
4. 检查曲轴位置传感器信号齿盘（见发动机电控系统基本参数）	
若正常，则更换发动机 ECM	若异常，则更换曲轴位置传感器或信号齿盘

④ 故障码 P1336 检查　见表 2-17。

表 2-17 检查步骤

执行齿讯学习程序	
若异常，进行电气线路检查及零部件检查	

(7) 凸轮轴位置传感器

主要有霍尔式和光电式两种，以霍尔式为例的故障码 P0342 检查如下。

① 故障原因分析　见表 2-18。

表 2-18 故障原因分析

故障码	故障说明	故障原因
P0342	凸轮轴传感器电路无信号	(1) 线路故障 (2) 凸轮轴传感器损坏

② 检查电路　如图 2-9 所示。

③ 检查步骤　见表 2-19。

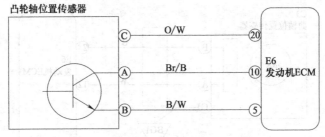

图 2-9 检查电路

表 2-19 检查步骤

1. 检查发动机 ECM 和凸轮轴位置传感器线束连接器	
（1）脱开凸轮轴位置传感器线束连接器	
（2）脱开发动机 ECM 线束连接器	
①凸轮轴位置传感器线束连接器端子 A 与发动机 ECM 连接器端子 10-E6 电阻应小于 1Ω	
②凸轮轴位置传感器线束连接器端子 B 与发动机 ECM 连接器端子 5-E6 电阻应小于 1Ω	
③凸轮轴位置传感器线束连接器端子 C 与发动机 ECM 连接器端子 20-E6 电阻应小于 1Ω	
若正常，则进行下一步检查	若异常，则修理或更换线束或连接器
2. 检查凸轮轴位置传感器安装情况（工作间隙要求：0.1～1.5mm）	
若正常，则进行下一步检查	若异常，则重新安装凸轮轴位置传感器
3. 检查凸轮轴位置传感器（见发动机电控系统基本参数）	
若正常，则更换发动机 ECM	若异常，则更换凸轮轴位置传感器

（8）燃油液位传感器

故障码 P0462、P0463 检查如下：

① 故障原因分析　见表 2-20。

表 2-20 故障原因分析

故障码	故障说明	故障原因
P0462	燃油液位传感器电路输入过低	（1）传感器与 ECM 之间的线束对地短路、断路 （2）线束连接不良 （3）燃油液位传感器损坏
P0463	燃油液位传感器电路输入过高	（1）传感器与 ECM 之间的线束对电源短路 （2）线束连接不良 （3）燃油液位传感器损坏

② 检查步骤　见表 2-21。

表 2-21 检查步骤

1. 检查线束和连接器	
脱开发动机 ECM 线束连接器及 BL3 连接器，用万用表测量端子 23-E6 与 3-BL3 间的电阻，看电阻是否小于 0.5Ω	
若正常，进行下一步检查	若异常，则更换发动机线束或修复发动机线束
2. 脱开仪表板线束上组合仪表的连接器 C7、BJ3；用万用表测量端子 3-BL3 与 C7-7 间、7-C7 与 1- BJ3，22-C7 与 2-BJ3 的电阻，看电阻是否小于 0.5Ω	
若正常，进行下一步检查	若异常，则更换仪表板线束或修复仪表板线束，更换线束后故障依然存在，则进行下一步检查
3. 脱开燃油泵线束连接器 F1，用万用表测量端子 2-BJ3 与 2-F1、1-BJ3 与 3-F1 之间的电阻，看电阻是否小于 0.5Ω	
若正常进行下一步检查	若异常，则更换地板线束或修复地板线束，更换线束后故障依然存在，则进行下一步检查

4. 更换组合仪表,用诊断仪读取故障码,看有无故障	
若正常,则更换组合仪表	若异常,进行下一步检查
5. 更换电喷ECM,用诊断仪读取故障码,看有无故障	
若正常,则更换电喷ECM	若异常,进行下一步检查
6. 更换燃油泵,用诊断仪读取故障码,看有无故障	
若正常,则更换燃油泵	

③ 检查电路 如图2-10所示。

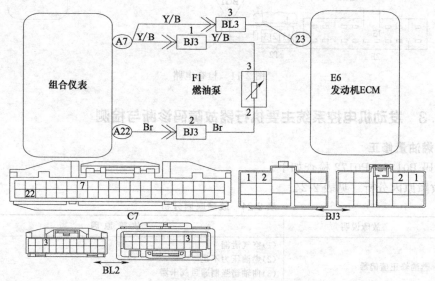

图2-10 检查电路

(9) 车速传感器

故障码P0502检查如下。

① 故障原因分析 见表2-22。

表2-22 故障原因分析

故障码	故障说明	故障原因
P0502	无车速信号	(1)车速传感器线路有故障 (2)车速传感器损坏

② 检查步骤 见表2-23。

表2-23 检查步骤

1. 检查车速传感器线束和连接器	
(1)点火开关转至ON,检测车速传感器连接器端子1-T2与车身间的电压,应为10~14V (2)检查车速传感器端子2-T2与车身间的电阻,应小于1Ω (3)检查车速传感器端子3-T2与发动机ECM端子3-E6间的电阻,应小于1Ω	
若正常,则进行下一步检查	若异常,修理或更换线束和连接器
2. 检查车速传感器信号	
将换挡杆置于空挡位置,举升车辆,将点火开关转至ON,将车速传感器连接器端子3-T2连接到示波器,转动车轮,检查信号输出,应为矩形方波电压信号(见组合仪表端电压A9-C7检测)	
若正常,则更换发动机ECM	若异常,则更换车速传感器

③ 检查电路 如图 2-11 所示。

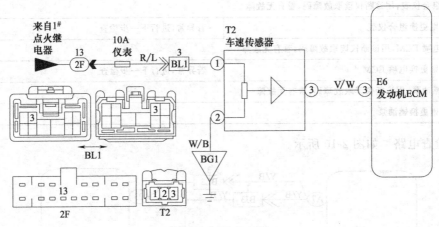

图 2-11 检查电路

2.2.3 发动机电控系统主要执行器故障码诊断与检测

(1) 燃油量修正

故障码 P0171、P0172 检查如下。

① 故障原因分析 见表 2-24。

表 2-24 故障原因分析

故障码	故障说明	故障原因
P0171	燃油修正值偏稀	(1)空气泄漏 (2)燃油压力不足 (3)曲轴箱强制通风阀卡滞 (4)喷油器阻塞
P0172	燃油修正值偏浓	(1)进气系统阻塞 (2)喷油器泄漏 (3)燃油压力过高

② 故障码 P0171 检查步骤 见表 2-25。

表 2-25 检查步骤

1. 检查自节气门体后的进气系统是否漏气	
若正常,进行下一步检查	若异常,更换相关零部件或对其进行修复
2. 检查燃油压力	
若正常,进行下一步检查	若异常,检查燃油管路及燃油泵
3. 检查曲轴箱通风阀	
若正常,进行下一步检查	若异常,更换曲轴箱通风阀
4. 检查喷油嘴	
若正常,更换 ECM	若异常,更换喷油嘴

③ 故障码 P0172 检查步骤 见表 2-26。

表 2-26 检查步骤

1. 检查进气系统是否有堵塞,若正常,进行下一步检查,	若异常,更换相关零部件或疏通进气系统
2. 检查燃油压力,若正常,进行下一步检查	若异常,检查燃油管路及燃油泵
3. 检查喷油嘴,若正常,更换 ECM	若异常,更换喷油嘴

(2) 喷油器

故障码 P0201、P0202、P0203、P0204 检查如下。

① 故障原因分析 见表 2-27。

表 2-27 故障原因分析

故障码	故障说明	故障原因
P0201	1 缸喷油器电路故障	(1) 喷油嘴线束故障 (2) 喷嘴损坏
P0202	3 缸喷油器电路故障	(1) 喷油嘴线束故障 (2) 喷嘴损坏
P0203	4 缸喷油器电路故障	(1) 喷油嘴线束故障 (2) 喷嘴损坏
P0204	2 缸喷油器电路故障	(1) 喷油嘴线束故障 (2) 喷嘴损坏

② 检查电路 如图 2-12 所示。

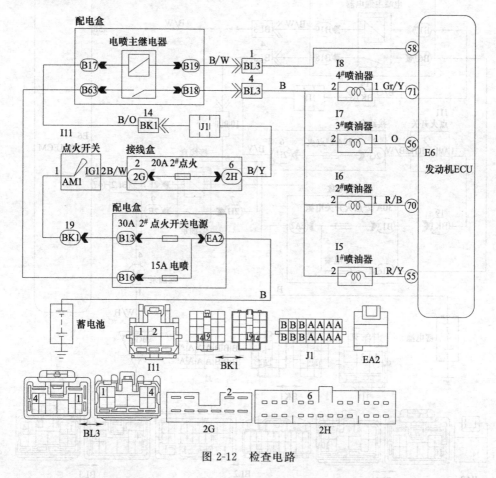

图 2-12 检查电路

③ 检查步骤 见表 2-28。

(3) 燃油泵

故障码 P0230 检查如下。

① 故障原因分析 见表 2-29。

表 2-28　检查步骤

1. 检查喷油器	
检测喷嘴两端子间静态电阻,应为 12Ω±0.4Ω	
若正常,则进行下一步检查	若异常,则更换喷油器
2. 检查线束和连接器(ECM—喷油器)	
(1)检查喷油器端子 1 与发动机 ECM 是否开路	
(2)检查喷油器端子是否与车身或+12V 短路	
若正常,则更换发动机 ECM	若异常,则修理或更换线束或连接器

表 2-29　故障原因分析

故障码	故障说明	故障原因
P0230	燃油泵继电器故障	(1)油泵继电器线束故障 (2)继电器故障

② 检查电路　如图 2-13 所示。

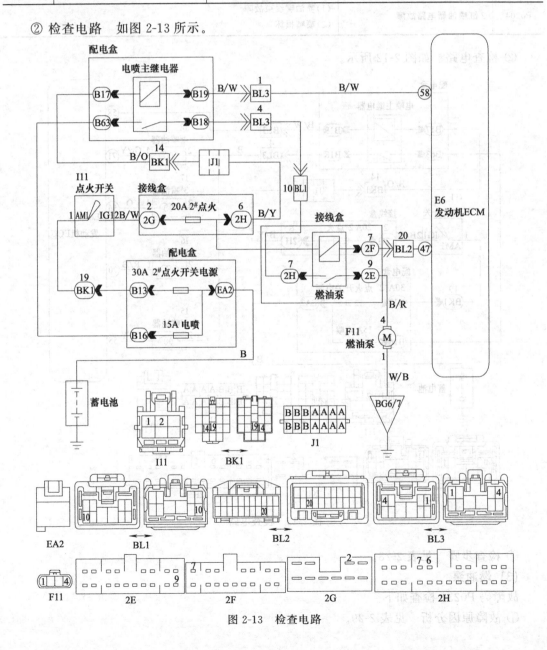

图 2-13　检查电路

③ 检查步骤　见表 2-30。

表 2-30　检查步骤

1. 检查线束和连接器	
(1)检查燃油泵继电器是否损坏	
(2)检查继电器控制端 7-2F 是否与发动机 ECM 端 47-E6 开路	
(3)检查继电器控制端 7-2F 是否与+12V 短路	
若正常,则进行下一步检查	若异常,则修理或更换线束或连接器
2. 检查燃油泵(见发动机电控系统基本参数)	
若正常,则更换发动机 ECM	若异常,则检修燃油泵

(4) 点火故障——失火

故障码 P0300 检查如下。

① 故障原因分析　见表 2-31。

表 2-31　故障原因分析

故障码	故障说明	故障原因
P0300	失火	(1)点火系统故障 (2)空气泄漏 (3)曲轴位置传感器气隙不正确 (4)点火正时不正确 (5)喷油器故障 (6)燃油压力不正确 (7)发动机压缩比不正确 (8)ECM 有故障

② 检查步骤　见表 2-32。

表 2-32　检查步骤

1. 检查点火系统	
若正常,进行下一步检查	若异常,则进行相关零部件的更换
2. 检查进气系统	
若正常,进行下一步检查	若异常,则进行相关零部件的更换
3. 检查曲轴位置传感器气隙(正常 0.3~1.5mm)	
4. 检查点火正时(当曲轴位置传感器处于飞轮第 20 齿下降沿时,1、4 缸活塞正好处于上止点)	
若正常,进行下一步检查	若异常,则调整点火正时
5. 检查喷油器	
若正常,进行下一步检查	若异常,更换喷油器
6. 检查燃油压力(正常压力 350kPa±7kPa)	
若正常,进行下一步检查	若异常,则进行燃油系统检修
7. 检查发动机压缩比(正常压缩比 9.5∶1)	
若正常,进行下一步检查	若异常,则检查发动机本体
8. 更换发动机 ECM	
若正常,则更换 ECM	

(5) 点火线圈

故障码 P0351、P0352 检查如下。

① 故障原因分析　见表 2-33。

表 2-33 故障原因分析

故障码	故障说明	故 障 原 因
P0351	1# 点火线路故障	(1) 点火线圈与 ECM 之间的点火控制线路发生短路或断路故障 (2) 点火线圈供电线路断路 (3) 点火线圈故障
P0352	2# 点火线路故障	(1) 点火线圈与 ECM 之间的点火控制线路发生短路或断路故障 (2) 点火线圈供电线路断路 (3) 点火线圈故障

② 检查步骤 见表 2-34。

表 2-34 检查步骤

1. 检查发动机 ECM 和点火线圈线束连接器	
(1) 1# 和 2# 点火线圈连接器端子 2 在点火开关转至 ON,电压应该为 10~14V (2) 脱开点火线圈线束连接器 (3) 脱开发动机 ECM 线束连接器 ① 1# 点火线圈连接器端子 1 与发动机 ECM 线束连接器端子 32-E6 电阻应小于 1Ω ② 2# 点火线圈连接器端子 1 与发动机 ECM 线束连接器端子 52-E6 电阻应小于 1Ω	
若正常,则进行下一步检查	若异常,则修理或更换线束或连接器
2. 检查点火线圈(见发动机电控系统基本参数)	
若正常,则更换发动机 ECM	若异常,则更换点火线圈

③ 检查电路 如图 2-14 所示。

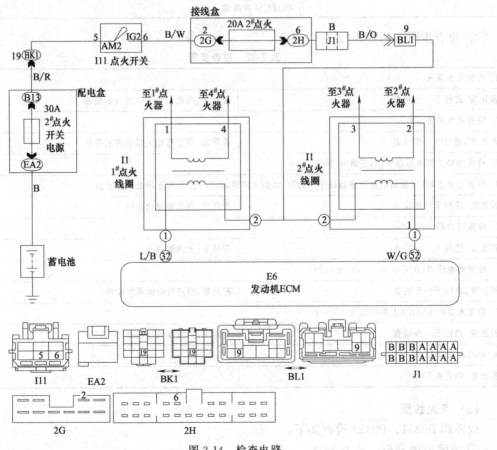

图 2-14 检查电路

(6) 三元催化器

故障码 P0420 检查如下。

① 故障原因分析　见表 2-35。

表 2-35　故障原因分析

故障码	故障说明	故障原因
P0420	催化器效率低于阈值	催化器性能劣化

② 检查步骤　见表 2-36。

表 2-36　检查步骤

更换三元催化器	
若正常,则更换三元催化器	若异常,则进行电气线路检查或其他零部件检查

(7) 炭罐清洗电路及电磁阀

故障码 P0443 检查如下。

① 故障原因分析　见表 2-37。

表 2-37　故障原因分析

故障码	故障说明	故障原因
P0443	炭罐清洗电路故障	(1)炭罐电磁阀与ECM之间的控制电路对电源或对地短路、断路 (2)炭罐电磁阀损坏

② 检查步骤　见表 2-38。

表 2-38　检查步骤

1. 检查炭罐电磁阀	
(1)脱开炭罐电磁阀线束连接器 (2)检查炭罐电磁阀两端子间的电阻,应为19～22Ω	
若正常,进行下一步检查	若异常,则更换炭罐电磁阀
2. 检查发动机ECM和炭罐电磁阀线束连接器	
(1)脱开炭罐电磁阀线束连接器 (2)脱开发动机ECM线束连接器 ①炭罐电磁阀连接器端子 A-A3 与 ECM 连接器端子 63-E6 间电阻应小于 1Ω ②点火开关转至 ON,短接电喷主继电器 B63、B18,炭罐电磁阀连接器端子 B-A3 与车身测量电压应该为 10～14V	
若正常,进行更换发动机 ECM	若异常,则修理或更换线束或连接器

③ 检查电路　如图 2-15 所示。

(8) 冷却风扇控制

故障码 P0480、P0481 检查如下。

① 故障原因分析　见表 2-39。

表 2-39　故障原因分析

故障码	故障说明	故　障　原　因
P0480	冷却风扇有故障	(1)线路有故障 (2)风扇有故障
P0481	左侧冷却风扇高速有故障	(1)左侧风扇线路有故障 (2)风扇2#继电器有故障

② 检查电路　如图 2-16 所示。

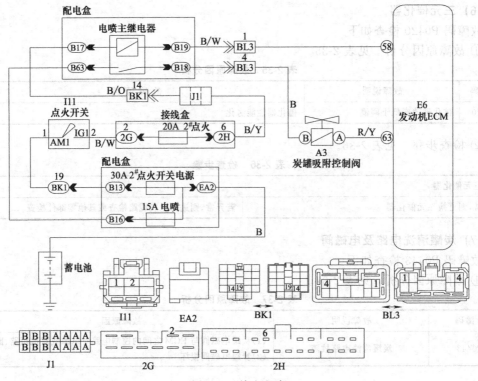

图 2-15 检查电路

③ 检查步骤 见表 2-40。

表 2-40 检查步骤

1. 检查冷却风扇电机	
脱开冷却风扇电机线束连接器,检查风扇电机是否正常	
若正常,进行下一步检查	若异常,则更换冷却风扇电机
2. 检查冷凝器风扇电机	
脱开冷凝器风扇电机线束连接器,检查风扇电机是否正常	
若正常,进行下一步检查	若异常,则更换冷凝器风扇电机
3. 检查风扇继电器	
检查风扇 1#继电器、2#继电器、3#继电器是否有故障	
若正常,则进行下一步检查	若异常,则更换继电器
4. 检查线束和连接器	
(1)脱开发动机 ECM 线束连接器,将点火开关转到 ON,用万用表检测 ECM 连接器端子 67-E6 和端子 50-E6 与车身的电压,应为 9～14V	
若正常,则进行下一步检查	若异常,则修理或更换线束或连接器
(2)将发动机 ECM 线束连接器端子 67-E6 与车身连接,冷却风扇应低速运转,冷凝器风扇工作	
若正常,则进行下一步检查	若异常,则进行第 5 步检查
(3)保持(2),将发动机 ECM 线束连接器端子 50-E6 与车身连接,冷却风扇应高速运转,冷凝器风扇工作	
若正常,则更换发动机 ECM	若异常,则进行下一步检查
5. 检查风扇和继电器间的线束和连接器	
若正常,则更换发动机 ECM	若异常,则修理或更换线束或连接器

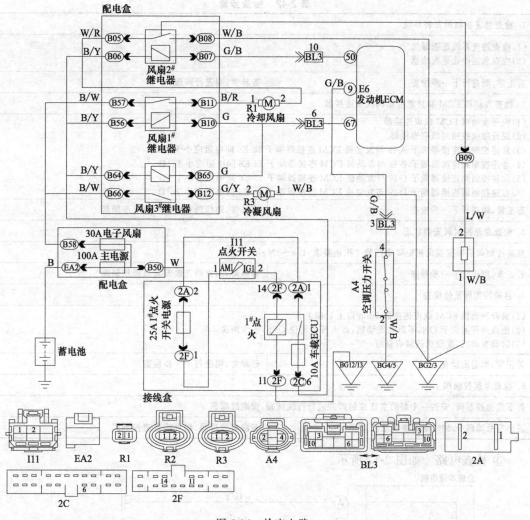

图 2-16 检查电路

(9) 怠速控制

故障码 P0506、P0507、P0563 检查如下。

① 故障原因分析 见表 2-41。

表 2-41 故障原因分析

故障码	故障说明	故障原因
P0506	怠速控制系统故障——转速过低	(1)怠速控制阀线路故障,端子接错 (2)进气系统漏气、怠速阀孔堵塞 (3)阀体损坏 (4)怠速阀故障 (5)点火系统故障
P0507	怠速控制系统故障——转速过高	(1)怠速控制阀线路故障 (2)端子接错 (3)阀体损坏 (4)怠速阀故障

② 检查步骤 见表 2-42。

表 2-42 检查步骤

1. 检查怠速控制阀安装环境	
(1)检查进气系统是否漏气 (2)检查怠速阀孔是否堵塞	
若正常,则进行下一步检查	若异常,则进行修理
2. 检查发动机 ECM 和怠速控制阀线束连接器	
(1)脱开发动机 ECM 线束连接器 (2)脱开怠速控制阀线束连接器 (3)怠速控制阀连接器端子 A-I9 与发动机 ECM 连接器端子 34-E6 间电阻应小于 1Ω (4)怠速控制阀连接器端子 B-I9 与发动机 ECM 连接器端子 33-E6 间电阻应小于 1Ω (5)怠速控制阀连接器端子 C-I9 与发动机 ECM 连接器端子 53-E6 间电阻应小于 1Ω (6)怠速控制阀连接器端子 D-I9 与发动机 ECM 连接器端子 54-E6 间电阻应小于 1Ω	
若正常,则进行下一步检查	若异常,则修理或更换线束或连接器
3. 检查怠速控制阀安装状态	
怠速控制阀是否按规定扭矩要求拧紧　扭矩要求:1.8~3N·m	
若正常,则进行下一步检查	若异常,则重新正确安装怠速控制阀
4. 怠速控制阀复位检查	
(1)脱开发动机 ECM 线束连接器 5min 以上后接上 (2)把点火开关置于 ON,不启动发动机,点火开关回位 OFF,连续两次 (3)启动发动机,发动机运转应良好	
若正常,则退出检查	若异常,则进行下一步检查
5. 检查怠速控制阀	
拆下怠速控制阀,安装一个好的怠速控制阀并进行行驶试验,读取故障码	
若仍有故障码 P0506,则更换发动机 ECM	若没有故障码,则更换怠速控制阀

③ 检查电路　如图 2-17 所示。

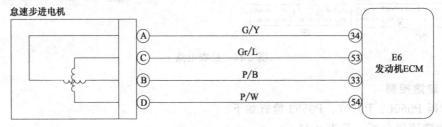

图 2-17　检查电路

(10) 电源电路

故障码 P0562、P0563 检查如下。

① 故障原因分析　见表 2-43。

表 2-43　故障原因分析

故障码	故障说明	故　障　原　因
P0562	系统电压过高	(1)使用的蓄电池不符合要求 (2)发电机线路故障 (3)发电机调节器故障 (4)ECM 内部损坏
P0563	系统电压过低	(1)使用的蓄电池不符合要求 (2)发电机线路故障 (3)发电机调节器故障 (4)ECM 内部损坏

② 检查电路 如图 2-18 所示。

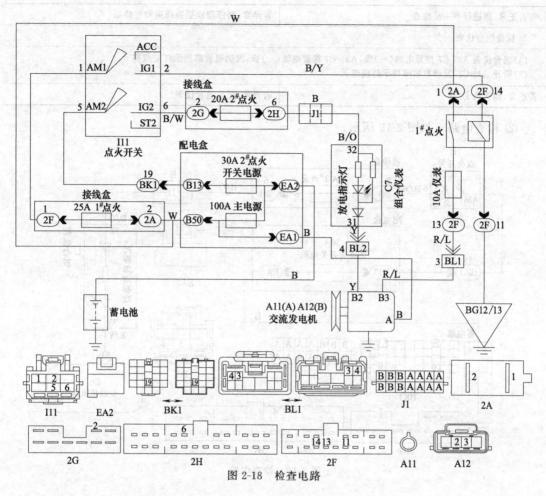

图 2-18 检查电路

③ 检查步骤 见表 2-44。

表 2-44 检查步骤

1. 检查蓄电池是否符合规格	
若正常，则进行下一步检查	若异常，则更换蓄电池
2. 检查发电机及其线束和连接器	
脱开发电机 A12 线束连接端子，将点火开关转至 ON，检测发电机连接端子 B3-A12 与车身间的电压，应与蓄电池电压相同	
若正常，则发电机电压调节器故障，更换发电机	若异常，则修理或更换线束和连接器

（11）发动机 ECM 和组合仪表线路

故障码 P0650 检查如下。

① 检查步骤 见表 2-45。

表 2-45 检查步骤

1. 检查发动机 ECM 和组合仪表线束连接器
(1)脱开发动机 ECM 线束连接器，脱开组合仪表线束连接器，检查发动机 ECM 连接器端子 31-E6 与组合仪表连接器端子 A33-C7 间的电阻，应小于 1Ω
(2)检查线束连接器是否与车身短接

若正常,则进行下一步检查	若异常,则修理或更换线束和连接器
2. 检查组合仪表	
(1)组合仪表 A32-C7 接蓄电池(+)极,A31-C7 接蓄电池(-)极,发动机故障指示灯应点亮 (2)断开 A31-C7,发动机故障指示灯应熄灭	
若正常,则更换 ECM	若异常,更换组合仪表

② 检查电路 如图 2-19 所示。

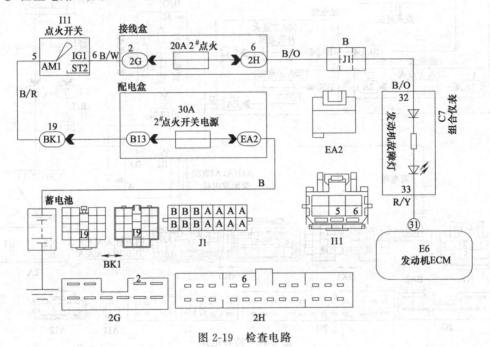

图 2-19 检查电路

(12) 空调控制机线路

故障码 P0532 检查如下。

① 故障原因分析 见表 2-46。

表 2-46 故障原因分析

故障码	故障说明	故障原因
P0532	空调压力电路电压高	(1)空调压力传感器与 ECM 之间的线束对电源短路 (2)空调压力传感器故障

② 检查步骤 见表 2-47。

表 2-47 检查步骤

1. 检查鼓风机	
发动机怠速,打开空调鼓风机,检查发动机怠速是否提升大约 100r/min 左右	
若正常,则进行下一步检查	若异常,则检查相应的线束和连接器
2. 检查空调压力开关	
脱开空调压力开关线束连接器,脱开发动机 ECM 线束连接器,检查空调压力开关连接器端子 4-A4 与发动机 ECM 端子 9-E6 间电阻,应小于 1Ω	
若正常,则进行下一步检查	若异常,则修理或更换线束和连接器

续表

3. 若空调无法启动	
(1)脱开 A/C 控制模块(控制器)线束连接器	
(2)脱开发动机 ECM 线束连接器	
自动空调:	
(1)检查 A/C 控制模块连接器端子 A33-C11 与发动机 ECM 端子 8-E6 间的电阻,应小于 1Ω	
(2)检查 A/C 控制模块连接器端子 A32-C11 与发动机 ECM 端子 46-E6 间的电阻,应小于 1Ω	
手动空调:	
(1)检查 A/C 控制器连接器端子 1-A16 与发动机 ECM 端子 8-E6 间的电阻,应小于 1Ω	
(2)检查 A/C 放大器连接器端子 7-A16 与发动机 ECM 端子 46-E6 间的电阻,应小于 1Ω	
若正常,则检查空调系统(见空调系统)	若异常,则修理或更换线束或连接器

③ 检查电路　如图 2-20 所示。

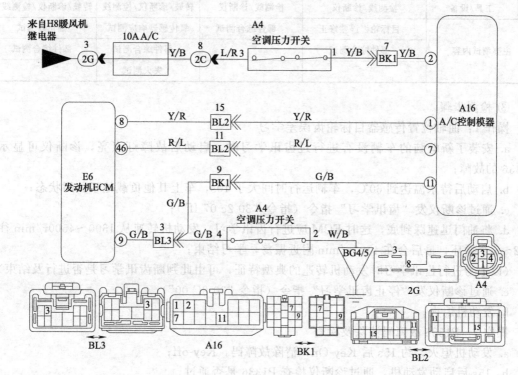

图 2-20　检查电路

(13) 更换 ECM 后的检测流程

① 检测流程图　如图 2-21 所示。

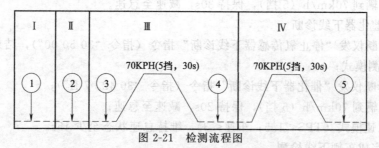

图 2-21　检测流程图

注:虚线所示为静态工况,即车速为 0,发动机转速保持在怠速工况

② 流程图说明　见表 2-48。

表 2-48　流程图说明

测试阶段		阶段Ⅰ	阶段Ⅱ	阶段Ⅲ	阶段Ⅳ
测试类型		ECM 随车测试	ECM 随车测试	ECM 随车测试	ECM 随车测试
测试时间		250～300s	60～80s	150～200s	150～200s
行驶模式		静态（发动机运转）	静态（熄火，再起动）	动态（驾驶）	动态（驾驶）
执行操作		①	②	③④	⑤
测试条件	发动机冷却液温度	ECT＜35℃（发动机冷态）	ECT＞70℃	ECT＞70℃	ECT＞70℃
	车速	0	0	0～70km/h	0～70km/h
	转速	700～5000	700～3000	700～3000	700～3000
	工具/设备	检测线/诊断仪	检测线/诊断仪	转鼓/诊断仪/检测线	转鼓/诊断仪/检测线
主要测试内容		目标轮齿误差修正	部件综合测试	氧传感器响应测试	催化器测试
		部件综合测试		部件综合测试	部件综合测试
				失火测试	

③ 检测步骤

操作1：曲轴位置传感器目标轮齿误差学习

a. 安装了新电脑的车辆没有进行过齿讯学习时，启动后故障灯点亮，诊断仪可显示 P1336 的故障；

b. 启动后待水温达到60℃，车辆运行时间大于10s，车上其他负载处于关闭状态；

c. 通过诊断仪发"齿讯学习"指令（指令"30 2c 07 ff"）；

d. 将油门迅速踩到底，这时ECM应进行齿讯学习，发动机转速从1300～4500r/min 往复2～5个循环，最后会在4500r/min附近振荡，学习结束；

（以上为进行齿讯学习时发动机转速的典型特征，可由此判断齿讯学习是否进行及结束）

e. 通过诊断仪发"停止齿讯学习"指令（指令"30 2C 00"）；

f. 发动机熄火。

操作2：P1336故障码清除及检查

a. 发动机熄火，约15s后Key-On，清除故障码，Key-off；

b. 15s后启动发动机，通过诊断仪检查 P1336 是否通过。

操作3：氧传感器下线诊断

a. 检查是否存在故障码，若存在故障码，必须清除故障码后再进行诊断；

b. 通过诊断仪发送"氧传感器下线诊断"指令（指令"30 50 07 ff"）；

c. 加速车辆到70km/h（5挡），保持30s，减速至怠速。

操作4：催化器下线诊断

a. 通过诊断仪发"停止氧传感器下线诊断"指令（指令"30 50 00"），结束氧传感器响应诊断下线检测模式；

b. 通过诊断仪发"催化器下线诊断"指令（指令"30 42 07 ff"）；

c. 加速车辆到70km/h（5挡），保持20s，减速至怠速；

d. 进入怠速模式（TPS＜1.5；车速＜3），维持怠速状态至少15s。

操作5：完成车辆下线检测

a. 通过诊断仪发"停止催化器下线诊断"指令（指令"30 42 00"）结束催化器诊断下线检测模式；

b. 通过诊断仪读取催化器储氧时间（PID 1509），若储氧时间为标定的最大值（6s），则可认为催化器诊断通过；

c. 通过诊断仪读取所有故障码的诊断信息，填写车辆下线 OBD 检验报告。

2.3 进气系统故障诊断与检测

进气系统由两部分组成：一是纯气道部件，如空气滤清器、进气连接管、进气管（亦称进气室）、进气歧管、空气阀、气门等；二是机电一体化部件，是电子控制系统的测量装置或执行机构（如进气歧管压力传感器或空气流量计、怠速控制阀、节气门驱动电机等），个别车辆装有可变进气道装置、进气增压装置、可变配气机构等。

进气控制主要就是两方面的控制，一是改变进气量，控制发动机转速；二是改变进气路径、进气时刻和进气压力，提高进气效率。

2.3.1 进气系统的故障机理

进气系统的主要故障有进气管路漏气、进气不畅、局部堵塞或空气计量不准，节气门控制、怠速阀控制、可变进气控制、可变配气控制、涡轮增压控制不良等，其故障会导致混合气过浓或过稀，引起发动机不能启动，启动后怠速不稳，加速不良，减速熄火，排放异常等故障症状。

(1) 进气管路漏气主要原因

进气支管紧固螺栓紧固力矩不均、支管垫破损、真空管路老化或破损、节流阀体漏气等。

(2) 进气不畅或局部堵塞主要原因

空气滤清器堵塞、进气软管变形、节流阀体脏、节气门驱动电机及控制电路故障、油门踏板位置传感器故障、怠速气道脏、怠速控制阀或步进电机故障、气门积炭过多等。

(3) 空气计量不准主要原因

空气计量装置故障、节气门位置传感器故障、节气门驱动电机及控制电路故障、油门踏板位置传感器故障、进气管路漏气、进气温度传感器故障等。

2.3.2 进气系统的故障诊断与检测

(1) 进气系统气道的基本检测

主要检测进气管路、真空管路的各零部件的畅通、漏气、堵塞、老化、油污、装配质量等。必要时，进行维护。个别车辆清洗节流阀体后，要按维修手册上的要求进行匹配。

(2) 进气系统主要零部件的故障诊断与检测项目

热线式（热模式）空气流量计或进气歧管压力传感器、节气门位置传感器、怠速电磁阀或怠速步进电机、节气门驱动电机、油门踏板位置传感器、ECU 及控制电路故障，可变进气道装置控制机构，进气增压装置控制机构等。其检测诊断方法参照上节内容或具体车型维修手册。

典型故障案例

[案例1] 进气门故障案例

故障现象 一辆一汽大众宝来 1.6 轿车，用户反映发动机怠速抖动、加速无力，不能达到最高设计车速。

故障诊断与排除 根据该车的故障症状，先连接故障诊断仪对发动机电控系统进行了检测，但未发现故障码存储。然后对该车燃油系统进行了检查，结果发现燃油系统压力正常，喷油器也没有任何问题。既然燃油系统正常，又检查了点火系统的工作情况，结果各缸高压点火均正常。在检查过程中，感觉是个别汽缸不工作，于是决定测量汽缸压力。经测量，得知1、3、4缸压力正常，2缸压力明显偏低，说明2缸存在密封不良情况。拆下汽缸盖检查，发现2缸3个进气门中两侧的2只气门杆已经变形。

根据检查结果，可以判定产生该车故障的原因是，该车使用了含有水分的劣质燃油，导致燃烧室温度过高。当燃烧室温度过高后，因铝活塞的熔点只有600～700℃，使得活塞顶部烧蚀变形。而该车的进气门之所以会变形，是因为宝来该款5气门发动机的气门杆直径较细，气门颈部更细，使得气门散热效率降低。当气门受热后，造成气门杆变形，从而导致气门密封不严。

在更换损坏的气门并修复气门座圈后装复，试车故障排除。

[案例2] 直动式节气门故障案例

故障现象 有一辆东风标致307 2.0L轿车，搭载自动变速器，该车最近频繁出现怠速不稳（有规律的忽高忽低）及低速行车熄火的故障。请问为什么会出现这种故障，又会是什么原因所致？

故障诊断与排除 对于所反映的故障，一般多是电子节气门的问题，主要是节气门过脏。由于国内的燃油品质参差不齐，另外，由于有些地方交通较为拥堵，导致车辆多数情况下只能在低速状态下行驶，主进气道易受空气中的灰尘及油质的影响，形成油泥黏在主气道，正常怠速时，进气受到阻碍，进气量减少导致转速下降，电控单元为了控制怠速转速，将不断指令怠速电机开大节气门的角度，当油泥堆积过厚时，会形成一个死区，即节气门有开度而无进气流量的阶段。而当节气门翻板再有一个较小的增量越过死区时，会有一个较大的进气流量通过，已不再是线性的缓慢的进气控制。这种进气量的突变，造成怠速转速突然升高，电控单元便指令电机关小进气量。当节气门翻板刚刚进入死区时，进气量又突然变得很小，转速又下滑，电机又开大节气门。由于此时进气控制不是线性控制，而是突变控制，怠速转速必然忽高忽低，形成有规律的游车现象。因此电子节气门处产生油泥过多时，便会导致发动机在低速状态下进气不足，从而造成发动机出现怠速不稳及低速行驶熄火的故障，此时需要对电子节气门进行清洗。在清洗节气门后，需要利用故障诊断仪对发动机电控系统进行检测，同时需要对电子节气门进行初始化，其实就是对发动机控制单元和电子节气门进行匹配。当然，也需要对自动变速器控制单元和发动机电子节气门进行匹配。

另外，还应该对发动机控制单元的版本进行检查，如果版本较低，则需要对发动机控制单元软件进行升级。

这种怠速游车现象在直动式节气门的车型中较常见。

[案例3] 电子节气门线路故障案例

故障现象 有一辆奇瑞A5轿车，EPC（电子节气门）指示灯点亮，发动机启动后第一次踩踏油门没有反应，车辆在行驶中伴有加速不良现象。请问为什么会出现这种故障，又会是什么原因所致？

故障诊断与排除 该轿车装用电子节气门，EPC指示灯点亮说明电控节气门系统工作不良。读取故障码：发现有P2122、P0105、P0106共3个故障码，清除故障码后，只要一踩油门，上述3个故障码又会重现。观察数据流发现，加速踏板位置传感器1的信号电压为0.08V（正常值为0.74V），查阅技术资料，发现加速踏板位置传感器1的"6"号端子接线和进气压力传感器"3"端子接线均与发动机控制单元"33"号端子接线连接，提供5V参考电压，故障原因可能是控制单元"33"端子的连线存在故障。检查发动机电控单元"33"端子与加速踏板位置传感器1、进气压力传感器之间的线路，发现此线路在发动机控制单元附近受到挤压变形，导致短路。将导线短路部位包好后，试车，正常，重新清除故障码，故障排除。

回顾总结 发动机控制单元"33"号端子接线连接短路，导致加速踏板位置传感器1、进气压力传感器供电电压接近0V，从而形成故障码P2122、P0105和P0106，EPC指示灯点亮，控制发动机进入降级模式，表现为车辆动力性能不良。

[案例4] 可变配气相位故障案例

故障现象 有一辆2013年产的一汽大众迈腾1.8 TSI轿车，搭载装配涡轮增压缸内直喷发动机，行驶里程18000km，用户反映，怠速抖动，但在冷车高怠速或发动机转速超过1500r/min时故障症状不明显，请问为什么会出现这种故障，又会是什么原因所致？

故障诊断与排除 读取故障码，连接故障诊断仪VAS5051对车辆进行检测，显示为发动机控制单元、ABS控制单元均存储了故障码。发动机控制单元存储的故障码含义为"凸轮轴位置传感器、发动机转速传感器布置错误"，ABS控制单元存储的故障码含义为"请检查发动机控制单元故障存储器"。

查阅维修资料，一汽大众迈腾1.8L TSI发动机装备了可变进气装置，当发动机转速为3500r/min以上时，发动机控制单元向可变进气道电磁阀N156供电，电磁阀打开，为进气翻板真空单元提供真空，真空单元在真空的控制下，将进气翻板转到全开位置，进气翻板位置的变化，由进气翻板电位计G336将信号反馈给发动机控制单元。

检查进气翻板电位计G336及其线路，根据存储的进气翻板电位计G336故障码，使用V.A.G1594线束诊断盒检查进气翻板电位计及线路，发现进气翻板电位计及线路良好。

检查进气翻板工作状态，因为进气翻板电位计G336是将进气翻板的状态反映给发动机控制单元的，如果与其相关联的部件（如真空单元）出现故障导致翻板不能正常开启，也有可能存储G336的故障码，仔细观察此车的发动机在各工况下的状态，发现了另一个故障现象：正常车辆只要急踩加速踏板，进气翻板真空单元立即动作，进气翻板立即打开。而此车稍微迟钝一下才能打开，有时还不能完全打开，只有踩住油门踏板不动作时才能完全打开。说明进气翻板反应迟钝。

诊断进气翻板反映迟钝的原因有：进气系统真空度低，真空管路存在漏气现象，进气翻板真空单元存在漏气现象，进气翻板控制电磁阀开启角度小，进气翻板运动阻力过大等。使用专用工具V.A.G1368真空表检查进气系统真空度，显示数值与正常车辆相同，用手拨动进气翻板感觉阻力不大，将进气支管与正常车辆置换，故障依旧；启动发动机，用手感觉一下真空单元上连接的管路内的真空，总是感觉没有其他车的真空吸力大。

该车型的真空由真空泵产生，主要供给制动真空助力器和进气翻板真空单元。制动真空助力器真空管里有两个单向阀，检查真空管里的单向阀正常，试着更换真空管，试车发现故障消失。仔细观察真空管，发现此管道进气翻板真空单元的出口处的管路内径过小，管内的橡胶有粘连的情况。用细针将粘连处的真空管内径捅大，再装复试车，故障现象消失。重新清除故障码，故障排除。

回顾总结 由于真空管出口过小，导致急加速时，真空单元得不到足够的真空，因此出现了进气翻板动作迟钝的故障现象。当发动机转速达到3500r/min以上时，发动机控制单元向可变进气道电磁阀N156供电，目的是将进气翻板完全打开，但此车的进气翻板并没有完全打开，于是进气翻板电位计向发动机控制单元传递了一个翻板未完全打开的信号，所以，发动机控制单元认为是进气翻板电位计出现了故障，就存储了进气翻板电位计故障码。

2.4 燃油系统故障诊断与检测

发动机燃油系统由燃油供给系统和燃油喷射系统组成，发动机不同工况和进气量大小要求燃油系统在正确的时刻向发动机汽缸提供精确计量的燃油，形成精确空燃比的混合气，满足发动机的动力性、经济性和排放性的要求。燃油系统由燃油箱、燃油、油位传感器及信号线路、燃油泵及控制电路、油管、燃油滤清器、燃油总管、喷油器及控制电路、油压调节器、回油管、燃油蒸气回收利用装置及控制阀（活性炭罐）、ECU及线路等组成。如图2-22所示。

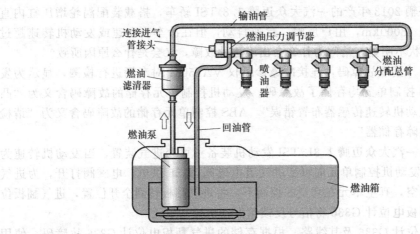

图 2-22 燃油系统基本组成

2.4.1 燃油供给系统的故障机理

燃油供给系统的主要故障原因为：燃油标号低，燃油有水或杂质，管路渗漏，燃油泵工作不良，进油不畅或局部堵塞，油压调节器工作不良，脉动衰减器工作不良，油压低、喷油器漏油、喷油器喷油量不均等，其故障会导致不供油、混合气过浓或过稀，引起发动机不能启动，启动后怠速不稳，加速不良，减速熄火，排放异常等故障症状。

① 燃油管路漏油主要有如下原因：

燃油管路紧固螺栓力矩不均、管路接头或密封圈老化或破损、燃油泵回油阀渗漏、喷油器密封性下降等。

② 供油不畅或局部堵塞主要有如下原因：

燃油滤清器堵塞、油管变形、燃油泵集滤器脏、油箱杂质多、油泵及控制电路故障、燃油压力调节器故障、喷油器及控制电路故障等。

③ 燃油喷射系统的主要故障是喷油不正时和喷油脉宽不良，主要原因为：进气流量信号、进气压力信号、曲轴位置信号、凸轮轴位置信号、节气门位置信号、冷却液温度信号、进气温度信号、空燃比信号、ECU或PCM工作不良、喷油器堵塞等引起。

2.4.2 燃油供给系统检修注意事项

① 定期检查燃油管路及接头处是否有破裂、挤伤、渗漏等现象。

② 发动机熄火后，启动燃油泵，测量静态燃油压力一般应在245kPa（车型不同，其标准值也不同）。夹住回油管使其不回油，此时，燃油管内压力应在390kPa。在这一状态下，

仔细检查燃油系统各部位有无泄漏。

注意：只能用合适的夹子夹住回油软管，不能折弯软管卡住回油，这样可能会折裂回油软管。测量静态油压结束后，过5min再观察油压表指示的油压。此时压力称为系统保持压力。其值应不低于147kPa。

③ 在拆卸油管时，由于供油管中存在余压，会有大量燃油溢出。因此，在拆卸前，可将燃油泵电源线断开，再启动发动机，直至发动机自然停机，用完油路中剩余燃油再拆卸油管。在拆卸时，应注意用棉纱擦净滴油，以防止检修电器时打火，发生危险。

④ 在组装燃油回路零部件时，所使用的各种垫片应更换新件；尤其是喷油器上的O形密封垫圈是一次性零件，不能重复使用。各接头需涂润滑油时，应涂一薄层汽油，不能涂抹机油、钙脂等其他润滑油，其接头的拧紧力矩应符合规定。

⑤ 电动燃油泵损坏后一般无法代用或修复，必须更换专用的电动燃油泵。

⑥ 维修后，应检查燃油系统是否漏油。

⑦ 故障判断要慎重，应注意与点火系统、排放控制系统等的故障加以区别。

⑧ 在检查喷油时，一定要了解喷油器是高电阻型还是低电阻型。低电阻喷油器的控制电路中串有一只大功率附加电阻，阻值一般为$5\sim7\Omega$。

高电阻型喷油器（电阻一般为$12\sim14\Omega$），可直接接蓄电池来进行喷油器的喷油性能检查，低电阻喷油器（电阻一般只有$2\sim3\Omega$），则不可采用这种方式，因电流过大会烧坏喷油器，必须采用专门的连接器与蓄电池连接；如果采用普通导线，则需串联一个$8\sim10\Omega$的电阻。同时避免在喷油器线圈两端长期施加蓄电池电压。

2.4.3　燃油供给系统及主要部件的故障检查

(1) 燃油压力的检查

如油压不正常，通常需要检测燃油压力。检测油压前，要释放系统油压，再安装油压表，并预置燃油压力，其后再测量静态油压、工作油压、保持油压。

① 释放燃油压力　如上所述。

② 安装燃油表　若油路中有油压检测阀的将油压表直接安装在油压检测阀上；若没有油压检测阀的拆下燃油滤清器后的进油管，将三通管串接在进油管中，然后在三通管上接好油压表。

③ 预置燃油压力　安装油压表进行油压检测前或燃油管路维修后，均需预置燃油压力，以便检测或启动车辆，多数车将点火开关置"ON"即可；个别车辆需拔下油泵继电器，短接电源端和油泵控制端，接通点火开关，人为接通油泵运转建立油压。

④ 测量燃油压力

a. 测量静态油压。通常利用故障诊断仪执行器测试功能，或用跨接线接通电源端与燃油泵控制端，点火开关置"ON"位，燃油泵运转；油压应于规定值相符，缸外顺序喷射车辆一般约为300kPa，缸内喷射车辆一般约为$3\sim4$MPa。若油压过高，应检查油压调节器或回油管；若油压过低，应检查油量是否充足，检查燃油泵、油压调节器、燃油管路等是否泄漏，检查燃油泵滤网或燃油滤清器是否堵塞。

b. 测量保持油压。检测燃油泵停转$5\sim10$min后的系统油压，油压下降值应与规定值相符，一般不大于100kPa。若油压过低，说明燃油系统有泄漏。目测检查燃油管路是否泄漏；夹住回油管，若油压正常，说明燃油压力调节器泄漏；若油压仍然过低，同时夹住回油管和进油管（燃油泵和油压表之间的进油管），若油压正常，说明燃油泵泄漏；若油压仍然过低，说明喷油器泄漏。

c. 测量工作油压。测量急速时的油压和断开燃油压力调节器真空管路后的油压，应与规定值相符，否则，说明燃油压力调节器或真空管路有故障。

测量急速时的油压和夹住回油管后的油压，油压应升高 2~3 倍，若油压升高过低，说明燃油泵有故障。

测量急速时的油压和急加速至 3000r/min 的油压，油压下降值不高于固定值（约 20kPa）。若油压过低，说明燃油滤清器或燃油泵滤网脏或堵。

一些新型轿车采用了无回油管燃油供给系统和半回油管燃油系统，通常采用内置式燃油压力调节器或电子燃油压力调节器，其工作油压测量方法略有不同，请参照维修手册进行。

d. 电动燃油泵工作情况检查。其检查方法是：打开点火开关置于"ON"位（不要启动发动机），这时从油箱处应能听到燃油泵的运转声音。若听不清运转的声音，可用手捏住汽油软管应能感到输油压力。否则，表明电动燃油泵不工作，应检查电动燃油泵电源熔丝、继电器和控制线路有无故障。如果都正常，则应拆检电动燃油泵。

e. 电动燃油泵压力和保持压力的测量。其测量方法是：蓄电池电压应在 12V 以上，拆下蓄电池负极电缆，释放燃油系统的油压，接上油压表。在重新接上蓄电池负极电缆之后，用跨接线将电动燃油泵的两个检测孔短接；然后打开点火开关，让燃油泵工作，并读取油压表的油压，其值应符合规定。如果高于规定值，应更换压力调节器；如果低于规定值，则应检查输油软管和连接处有无漏油，以及燃油泵、汽油滤清器和汽油压力调节器等。在点火开关关闭 5min 后，油压表上的压力，应保持在规定范围内，其值一般不低于 147kPa。若油压过低，应检查燃油泵保持压力、油压调节器保持压力及喷油器有无泄漏。检查发动机急速燃油压力时，应拆下插座上的跨接导线，然后启动发动机，将真空软管从汽油压力调节器上拆下，并塞住。这时油压表上的油压和将真空软管重新接到汽油压力调节器时的油压，均应符合规定；否则应检查真空软管和汽油压力调节器。接着，关闭点火开关，在发动机停止 5min 后，油压表显示的油压应保持在规定的压力范围内；否则应检查汽油压力调节器和喷油器。如果其他部分均完好，则应更换电动燃油泵。

(2) 燃油泵及其控制电路的常见故障诊断与检测（见表 2-49）

表 2-49 燃油泵及其控制电路的常见故障诊断与检测

故障部位	对电控燃油喷射系统的影响	对电控发动机的影响
安全阀漏油或弹簧失效	供油压力偏低，供油量不足	发动机工作不平稳或不工作发动机加不起速，发动机无力
单向阀漏油	输油管路不能建立残压	发动机启动困难
进油滤网堵塞	供油不足，燃油泵有时发出尖叫声	发动机高速"打嗝"、无高速、加速不良、严重时急速不稳
电动机烧坏	无燃油供应	发动机不工作
油泵磨损	泵油压力不足	发动机启动困难、动力不足、加速不良

① 燃油泵工作不良的常见故障原因　燃油泵工作不良造成电控发动机不能启动、启动后随即熄火或加速不良、动力不足等故障。造成燃油泵工作不良的原因有：

a. 燃油泵滤网堵塞、单向阀泄漏、安全阀泄漏、泵体磨损、泵体卡滞等；

b. EFI 主继电器故障；

c. 燃油泵继电器故障；

d. 空气流量计燃油泵开关触点接触不良；

e. ECU 或转速传感器故障（空气流量计不带燃油泵开关或 D 型 EFI 系统）；

f. 线路插接器松动、接触不良，熔丝烧断，点火开关不良；

g. 燃油泵惯性开关或安全气囊中央传感器总成信号故障等（车辆碰撞能使燃油泵停转）；
h. 燃油泵控制电路参见图 2-23～图 2-26 所示，供故障检查时参考。

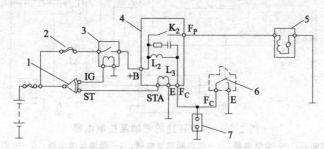

图 2-23 空气流量计带燃油泵开关的燃油泵控制电路
1—点火开关；2—熔断器；3—主继电器；4—燃油泵继电器；5—燃油泵；
6—燃油泵开关；7—燃油泵检查插孔

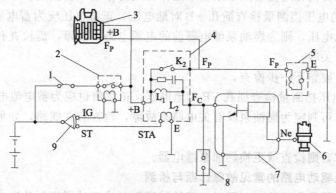

图 2-24 由 ECU 控制的燃油泵控制电路
1—熔断器；2—主继电器；3—检查插孔；4—燃油泵继电器；5—燃油泵；6—分电器；
7—ECU；8—燃油泵检查插孔；9—点火开关

② 故障检查方法　可用如下方法确定故障的具体部位：
a. 用一导线将燃油泵检查插孔短接，接通点火开关，看燃油泵工作与否。

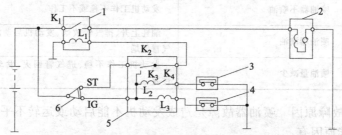

图 2-25 受机油压力和发电机控制的燃油泵控制电路
1—燃油泵继电器（Ⅰ）；2—燃油泵；3—机油压力开关；4—发电机控制开关；
5—燃油泵继电器（Ⅱ）；6—点火开关

若燃油泵工作，可判定为空气流量计燃油泵开关或燃油泵继电器至空气流量计之间的线路不良，需检查空气流量计燃油泵开关能否通路。如果能通路，则是有关线路有故障，检查线路和插接器，如果不能通路，则需要更换空气流量计。

对于由 ECU 控制燃油泵的 EFI 系统，则先检查转速与曲轴转角信号是否正常，如果信

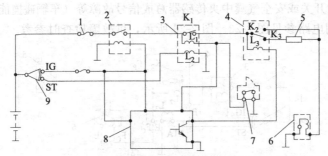

图 2-26 可控转速的燃油泵控制电路

1—熔断器；2—主继电器；3—电路断路继电器；4—燃油泵继电器；5—电阻器；
6—燃油泵；7—燃油泵开关；8—ECU；9—点火开关

号不正常更换转速信号传感器，如果信号正常，线路连接也无问题，则需要换ECU。

若将燃油泵检查插孔短接后燃油泵仍不工作，则需作下一步检查。

b. 用万用表的电压挡测量检查插孔＋B对地电压，正常电压应为蓄电池电压。

若电压低或无电压，则为燃油泵继电器前的电源电路有故障，需检查有关的熔断器、线路插头器、点火开关等。

若电压正常，则作下一步检查。

c. 用万用表电压挡测量检查插孔FP对地电压，正常值也应为蓄电池电压。

若电压正常，可判定为燃油泵及有关电路有故障，检查有关线路，如果无问题，则需更换燃油泵。

若电压不正常，则检查或更换燃油泵继电器。

(3) 喷油器及驱动电路的常见故障诊断与检测

喷油器故障主要分为喷油正时不对、喷油脉宽不对或喷油器喷射角度、喷油量不准故障等。喷油器故障点见表2-50。

表 2-50 喷油器故障点

故障部位	对电控燃油喷射系统的影响	对电控发动机的影响
喷油器阀胶结、喷油器堵塞	喷油器不喷油或喷油量少、喷油器雾化不良	发动机动力下降、加速迟缓、怠速不稳容易熄火、发动机不能工作、发动机工作不稳
电磁线圈或内部线路连接处断路	喷油器不喷油	发动机工作不稳或不工作
喷油器密封不严	喷油器滴油	油耗上升、排气管放炮、发动机启动困难或不能启动，排气冒黑烟
喷油器阀口积污	喷油量减少	发动机工作不稳、进气管回火，发动机动力不足、加速性差

① 喷油器的故障原因　喷油器故障是造成发动机不能启动或运转不平稳的常见原因之一。其故障的可能原因有：

a. 喷油器电磁线圈不良或内部接线断脱；

b. 喷油器外串联电阻断路或漏电（低电阻电压驱动型喷油器）；

c. 线路断脱或插接器有接触不良之处；

d. 线路熔断器烧断；

e. 供电电压低；

f. 相关控制信号故障；

g. 电子控制器（ECU）有故障。

② 故障检查方法

a. 喷油器的就车检查。喷油器的工作情况可通过检查喷油器的工作声音和断油法检查。发动机热车后使其怠速运转。用手指接触喷油器,应有脉冲振动感觉;否则,说明喷油器工作不正常,须对喷油器或电控单元输出的喷油器信号做进一步检查。在采用断油检查方法时,若拔下某缸喷油器线束插头后,停止喷油,发动机转速有明显下降,则说明该喷油器工作正常;否则,说明喷油器不工作或工作不良,须作进一步检查。如果喷油器针阀完全卡死,则应更换喷油器。

b. 喷油器电磁线圈电阻的检查。其检查方法是:拔下喷油器线束插头,用万用表测量喷油器两接线柱间的电阻。如正常,应能导通,并且20℃时,对于高电阻喷油器,其阻值应为12~16Ω;对于低阻喷油器,其阻值应为2~5Ω。否则,应予以更换。

c. 喷油量检查:喷油嘴清洗后,测量值为喷油量55~70mL/15s,误差小于10mL;

d. 泄漏量检查:3min一滴为正常。

e. 喷油状况检查:如图2-27所示为喷油器的各种喷油状况。

f. 喷油器外观检查,进出口密封圈等。

(a) 正常喷油状况　　(b) 不正常喷油状况(一)

(c) 不正常喷油状况(二)

图 2-27　喷油器喷油状况图

③ 喷油器控制电路的检查　以图2-28~图2-31所示的喷油器驱动电路为例,喷油器控制电路的检查方法如下:

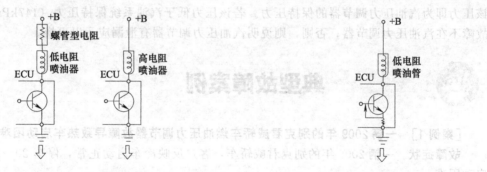

图 2-28　电压控制型　　　　　　　　　　　图 2-29　电流控制型

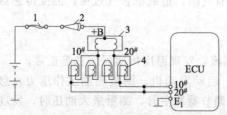

图 2-30　喷油器驱动电路的检查(分组喷射)
1—熔断器;2—点火开关;3—电阻器;
4—喷油器

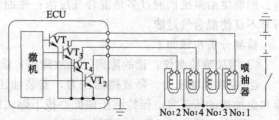

图 2-31　喷油器驱动电路的检查
(顺序多点喷射)

a. 用万用表欧姆挡检查串联电阻是否正常（无串联电阻的则无此步诊断）。若电阻不正常或不通，则更换串联电阻；若电阻正常则作下一步检查。

检查喷油器及其与 ECU 的连接线路。若喷油器或线路不良，更换或检修不良处；若喷油器和线路均良好，则需更换 ECU。

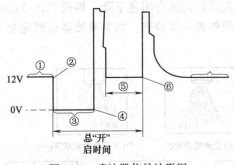

图 2-32　喷油器信号波形图

b. 喷油器信号波形分析如图 2-32 所示：

(a) ECU 控制喷油器断路，不工作；

(b) ECU 控制喷油器接地，喷油器开始启动，喷油器线路中有约 4A 电流；

(c) 打开模式约 0V 电压；

(d) 打开模式向保持模式转变，电流减小，线圈产生自感电压，约为峰值电压；

(e) 保持模式保持喷油器打开状态，电流约为 1A；

(f) ECU 控制断开喷油器的接地，喷油器线圈产生 30～70V 的峰值电压。

(4) 燃油压力调节器故障诊断与检测

① 燃油压力调节器工作情况的检查　其检查方法是：用油压表测量发动机怠速运转时的汽油压力，然后拔下汽油压力调节器上的真空软管，并检查汽油压力。此时汽油压力应升高 50kPa 左右。如压力变化不符合要求，则说明汽油压力调节器工作不良，应更换。

② 燃油压力调节器保持压力的检查　当燃油系统保持压力不符合标准值（低于 147kPa）时，应作此项检查。其检查方法是：将油压表接入燃油管路，用一根导线将电动燃油泵的两个检测插孔短接。打开点火开关，让电动燃油泵运转 10s，然后关闭点火开关，取下导线。接着将汽油调节器的回油管夹紧（用包上软布的钳子）。5min 后观察汽油压力，该压力即为汽油压力调节器的保持压力。若该压力低于汽油系统保持压力（147kPa），说明故障不在汽油压力调节器；否则，则说明汽油压力调节器有泄漏应予以更换。

 ## 典型故障案例

[案例 1]　一辆 2009 年的别克君威轿车燃油压力调节器故障导致热车启动困难

故障症状　一辆 2009 年的别克君威轿车，客户反映冷车启动正常，停车 20～30min 后启动困难。

故障诊断　技术人员判断故障症状为：冷车启动正常，热车启动困难。分析故障原因有：燃油供给系统供油过多是混合气过浓；燃油管路有气阻，造成混合气过稀；温度传感器信号不良使混合气过浓。

检测分析步骤如下：

① 用故障检测仪：读故障码，无故障码；读数据流，发现温度传感器信号等正常。

② 检测燃油压力：释放燃油压力，安装油压表，启动发动机，测量燃油工作压力，怠速和急加速油压正常；保持油压偏低；拔下燃油压力调节器真空管，测量最大油压时，发现在调节器真空管口处残留有泄漏的燃油。

③ 油压调节器真空管口处残留有泄漏的燃油和保持油压偏低，初步判断故障为油压调节器膜片破裂漏油。

车辆修理 拆下燃油压力调节器,更换新件,进行试车,故障排除。

回顾总结 燃油压力调节器膜片破裂漏油,导致燃油压力偏低,而燃油由真空管路进入进气支管进入汽缸,导致混合气偏浓。冷车时,需要浓混合气,所以能顺利启动,热车时,燃油雾化好,因混合气过浓而导致启动困难。

[案例2] 一辆赛欧轿车燃油泵故障导致发动机工作中容易熄火且加速性能不稳定

故障症状 一辆赛欧轿车,客户反映发动机工作中容易熄火且加速性能不稳定,有时急加速无力,慢加速难超过3000r/min,发动机熄火后,再次启动又正常。

故障诊断 自诊断显示系统正常。技术人员拆下一只火花塞检查,中心电极周围呈灰褐色,点火系统正常。发动机易熄火应是混合气空燃比间歇性过稀所致,造成混合气空燃比间歇性过稀有两个原因,一是间歇性真空泄漏,二是间歇性供油不足。经检查无间歇性真空泄漏,于是检查燃油系统。拆卸燃油泵总成,发现有俗称玻璃胶状的黏稠物及大量积垢堵在汽油泵吸油口和油泵滤网上,故障点是汽油泵吸油口和油泵滤网脏堵。

车辆修理 清理燃油泵总成上的杂物,清理燃油箱,更换汽油滤清器,进行试车,故障排除。

回顾总结 汽油泵吸油口和油泵滤网脏堵,导致燃油泵正常运转一段时间后供油不足,使混合气突然过稀,发动机熄火。燃油泵因发动机熄火而停止运转后,积垢在自身重力作用下局部脱离燃油泵,使一定量的燃油重新泵出,如此反复出现了发动机运转正常、熄火、恢复正常的故障症状。

2.5 汽缸密封性检测

汽缸的密封性能可通过检测汽缸压缩压力、曲轴箱窜气量、汽缸漏气量(率)及进气管真空度进行综合诊断。汽缸漏气量(率)、曲轴箱窜气量检测,一般用作辅助诊断。国家标准规定:在用汽车发动机各缸压力不少于原设计标准的85%,每缸压力与各缸平均压力差:汽油机不大于8%,柴油机不大于10%。实际维修过程中,各缸缸压差应不大于3%(极限10%)。如桑塔纳发动机的缸压为1~1.3MPa。

汽缸压缩压力是指四冲程发动机压缩终了时的压力。汽缸压力与机油黏度、汽缸活塞组配合情况、配气机构调整的正确性和汽缸垫的密封性等因素有关。所以,测量发动机汽缸的压力,可以诊断汽缸、活塞组的密封情况,活塞环、气门、汽缸垫密封性是否良好和气门间隙是否适当等。

2.5.1 汽缸压缩压力的检测

(1) 用普通汽缸压力表检测

汽缸压力表是一种气体压力表,由表头、导管、单向阀和接头等组成,如图2-33所示。接头有两种形式。一种为螺纹接头,可以拧紧在火花塞上或喷油器螺纹孔中;另一种为锥形或阶梯形的橡胶接头,可以压紧在火花塞或喷油器的孔上,接头通过导管与压力表相通。导管也有两种:一种为软导管,一种为金属硬导管,软导管用于螺纹管接头与压力表的连接。硬导管用于橡胶接头与表头的连接。

① 缸压检测注意事项

a. 不能在凉车时测缸压。由于温度和大气压等因素的影响,只有在发动机达到正常的工作温度时测得的缸压才具有实质性的参考价值。

b. 对于电喷车在测试中必须拆下燃油泵保险或其他继电器、保险再测量,否则往往会导致"淹缸"以及缸压偏低。

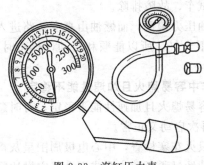

图 2-33 汽缸压力表

c. 测试过程中，必须将节气门、阻风门全部打开。否则会由于燃烧室内进气量不足，从而导致缸压偏低。

d. 由于缸压测量具有一定的偶然性，只测一次往往不准确，只有经过 2～3 次测试然后取其平均值，测试结果才有效。

e. 测试中启动机运转时间不能过长或过短。时间过长会过多消耗电能和损害启动机，过短则会达不到测试标准。

② 检验条件 由于汽缸压力受很多因素影响较大，所以，测量汽缸压力，必须在下列条件下进行：

a. 蓄电池电力充足。

b. 用规定的力矩拧紧汽缸盖螺栓。

c. 彻底清洗空气滤清器或更换新的空气滤清器。

d. 发动机达到正常的工作温度（水温 80～90℃，油温 70～90℃）。

e. 用启动机带动卸除全部火花塞的发动机运转，转速为 200～300r/min，或按原厂规定。

③ 检测方法

a. 先用压缩空气吹净火花塞周围的脏物。

b. 拆下全部火花塞。对于汽油机还应把点火系统次级高压线拔下并可靠搭铁，以防止电击或着火。

c. 把专用汽缸压力表的锥形橡皮头插在被测量汽缸的火花塞孔内，扶正压紧。

d. 将节气门（有阻风门的还包括阻风门）置于全开位置，用启动机带动曲轴转动 3～5s（不少于 4 个压缩行程），待压力表表针指示并保持最大压力读数后停止转动。

e. 取下压力表，记下读数。按下单向阀使压力表指针回零。按此法依次测量各缸，每缸测量次数不少于 2 次，每缸测量结果取算术平均值，与标准值相比较，分析结果，判断汽缸工作状况。

④ 结果分析

a. 若测得的结果超出原厂标准，说明燃烧室内积炭过多，汽缸垫过薄或缸体和缸盖结合平面经多次维修磨削过多造成。

b. 测得的结果如低于原厂标准，说明汽缸密封性变差，可向该缸火花塞孔内注入 20～30mL 机油，然后用汽缸压力表重测汽缸压力。

c. 第二次测得的压力值比第一次高，接近标准压力，表明是汽缸活塞环、活塞磨损过大或活塞环对口、卡死、断裂及缸壁拉伤等原因造成汽缸密封不严。

d. 第二次测得的压力值与第一次略同，即仍比标准压力低，说明进、排气门或汽缸衬垫密封不良。

e. 两次结果均表明某相邻汽缸压力都相当低，说明是两相邻处的汽缸衬垫烧损窜气。

另外，在测量汽缸压力后，针对压力低的汽缸，常采用如下简易办法：

a. 拆下滤清器，打开散热器盖、加机油口和节气门，用一条胶管，一头接在压缩空气气源（600kPa 以上），另一头通过锥形橡皮头插在火花塞或喷油器孔内。

b. 摇转发动机曲轴，使被测汽缸活塞处于压缩终了上止点位置，然后将变速器挂入低速挡，拉紧驻车制动器。

c. 打开压缩空气开关，注意倾听发动机漏气声。如果在进气管口处听到漏气声，说明进气门关闭不严；如果在排气消声器口处听到漏气声，说明排气门关闭不严。如果在散热器加水口处看到有气泡冒出，说明汽缸垫不密封造成汽缸与水套沟通；如果在加油口处听到漏气声，说明汽缸活塞配合副磨损严重。

d. 测量结果，还与曲轴转速有关。如发动机汽缸压力与曲轴转速的关系曲线，只有当曲轴转速超过 1500r/min 以后，汽缸压力曲线才变得比较平缓。但在低速范围内，即在检测条件中由启动机带动曲轴达到的转速范围内，即使较小的 Δn，也能引起汽缸压力的较大变化值 Δp。如图 2-34 所示。

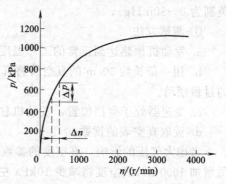

图 2-34　缸压与转速关系图

(2) 用汽缸压力检测仪检测

① 压力传感器式汽缸压力检测仪　它是利用压力传感器拾取汽缸内的压力信号，经 A/D 转换器进行模、数转换，在显示装置上显示出汽缸压力。测量时，卸下被测汽缸的火花塞，旋上仪器配置的传感器，用启动机带动曲轴旋转 3～5s，读出显示数值即为该汽缸压力值。

② 启动电流式汽缸压力检测仪　这种检测仪的工作原理是：启动机产生的扭矩是启动机电流的函数，而扭矩又与汽缸压缩压力成正比。所以，启动电流的变化和汽缸压缩压力之间存在着相应关系。测量与某汽缸压缩压力相对应的启动电流值，就可以确定该缸压缩压力的大小。

有些仪器，如元征 EA-2000 型发动机综合性能检测仪，可以把启动电流的波形变成柱方图来更直观地显示各缸的汽缸压力。检测时，启动发动机，仪器自动全部断油，屏幕上显示出发动机转速、启动电流，同时绘出启动电流曲线和相对汽缸压力的柱方图。如图 2-35 所示。

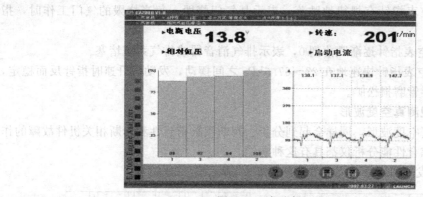

图 2-35　波形直方图

③ 电感放电式汽缸压力检测仪　这种检测仪是通过检测点火系二次电压来确定汽缸压力的仪器，只适用于汽油机。点火线圈次级电感放电电压和汽缸压缩压力之间具有近乎直线的对应关系，因此，取得各缸信号经处理电路进行变换处理后，即可显示出汽缸压缩压力。

2.5.2　进气真空度的检测

进气管真空度是衡量发动机技术状况的综合参数，发动机进气歧管真空度随汽缸活塞组的磨损而变化，并与配气机构零件状况以及点火系和供油系的调整有关，利用真空表，检测汽油机进气管的真空度，可以表征汽缸活塞组和进气管的密封性。

(1) 用真空表检测

真空表由表头和软管构成，软管一头固定在表头上，另一头接在节气门后方的进气管接头上用于取真空。表头的量程为 0～101.325kPa（旧式表头量程：公制为 0～760mmHg，英制为 0～30inHg）。

① 测试方法

a. 发动机预热达到正常的工作温度。

b. 用一条长约 30cm 的真空管将真空表接到进气歧管处，选择这个长度是为了阻止表针的过量摆动。

c. 变速器处于空挡位置，发动机怠速运转。

d. 读取真空表的读数。

考虑大气压的影响，真空度的参数标准应根据测量地点的海拔高度进行修正。一般海拔每增加 1000m，真空度将减少 10kPa 左右。

② 检测结果分析

a. 在相当于海拔高度的条件下，发动机怠速运转时，真空表指针稳定的指在 57～71kPa 范围内，表示正常。

b. 迅速开启并立即关闭气门时，表针能随之在 6.8～84kPa 之间摆动，则进一步说明汽缸密封良好。

c. 怠速时，真空表指针在 50.6～67.6kPa 之间摆动，表示气门黏滞或点火系有问题。

d. 怠速时，若真空表指针低于正常值，主要是活塞环、进气管衬垫漏气造成的，也可能与点火过迟或配气过迟有关。此种情况下，若突然开启并关闭节气门，指针会回落到，但回跳不到 84kPa。

e. 怠速时，真空表指针在 33.8～74.3kPa 之间缓慢摆动，且随发动机转速升高加剧摆动，表示气门弹簧弹力不足、气门导管磨损或汽缸衬垫泄漏。

f. 怠速时，真空表指针有规律地跌落，表示某气门烧毁。每当烧毁的气门工作时，指针就跌落。

g. 怠速时，真空表指针逐渐跌落到 0，表示排气消音器或排气系统堵塞。

h. 怠速时，真空表指针快速地在 27～67.6kPa 之间摆动，发动机升速时指针反而稳定，表示进气门杆与其导管磨损松旷。

(2) 用示波器观测真空度波形

用示波器观测真空度波形，同样会起到分析、判断汽缸密封性和诊断相关机件故障的作用。一般的发动机综合性能分析仪都具有这种功能。

① 四缸和六缸发动机标准真空度波形如图 2-36 所示。

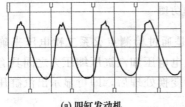
(a) 四缸发动机

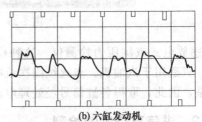
(b) 六缸发动机

图 2-36　四缸和六缸发动机标准真空度波形图

② 故障波形　如图 2-37 所示。

(3) 性能试验

① 启动测试 为了使测试结果精确，需保持发动机在热车时进行。如发动机因故障无法着车，也可在冷车时测量，但精确度会降低。测量时关闭节气门，切断点火系统，连接真空表于节气门后方的进气歧管上，启动发动机，观察真空表数值应在 11～21kPa 之间，如果低于 10kPa，可能原因如下：

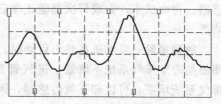

图 2-37 四缸故障波形图

发动机转速过低（启动机无力），活塞环磨损（密封不严），节气门卡滞或烧蚀，进气歧管漏气，过大的急速旁通气路等。

② 急速测试 一台性能良好的发动机急速运转时，真空表数值应稳定在 60～70kPa 之间。

a. 低而稳定的真空。如果真空读数低于正常数值且稳定，可能原因如下：点火正时推迟，配气正时延迟（过松的正时齿带或正时链条），凸轮轴升程不足。

b. 摆动的真空。在急速时如果真空表数值从正常值下降而又返回，有节奏地来回摆动。可能原因为：个别气门发卡或某一凸轮轴严重磨损，如真空表在 52～67kPa 之间摆动，可能的原因为：气门弹簧硬度不够。如真空表在 38～61kPa 之间来回摆动，原因通常为：气门漏气，汽缸垫损坏，活塞损坏，缸筒拉伤。

③ 背压测试 排气系统内阻力越大，其压力就越高，这一压力被称为背压。

a. 真空表接于节气门后的进气歧管内，启动发动机急速运转并记录这一数值，提高发动机转速至 2500r/min，此时真空表数值应等于或接近急速时真空数值，让节气门快速回到急速状态，此时真空读数应先快速增加然后又回落。也就是说，从起初高于急速时读数约 17kPa 的读数，快速回落到原始的急速读数。

b. 如果发动机在 2500r/min 时，真空数值逐渐低于急速数值或在从 2500r/min 猛然降到急速时，真空表读数没有增加，说明排气系统内背压过高，其排气阻力过大。可能是转换器堵塞，排气管与消声器堵塞。

典型故障案例

[案例 1] 排气管故障

故障现象 一辆富康 988 轿车，停放了一个晚上，第 2 天早晨无法启动，发动机转动正常，但无着车迹象。

经测试高压火花发现有强烈的火花输出，拔下喷油器插头，插入试灯，启动发动机时，试灯闪亮，看来电控系统基本正常。卸下火花塞，发现 4 个火花塞上面全是汽油，已经淹缸了。更换 4 个火花塞之后试车，发动机有着火迹象，随后再无任何反应。再次拆检火花塞，发现上面还是有汽油，经过多次更换火花塞，依然如故，卸下 4 个火花塞启动发动机，逐缸测量汽缸压力，缸压均在 820kPa 以上，分别检查了燃油品质、配气正时还是一无所获。

故障分析 一般情况下，发动机只要燃油雾化正常，高压火花正常，汽缸压力正常，发动机就能正常工作，但该车在以上几方面似乎并无异常，究竟是什么原因造成该车无法启动呢？该车在停放之前一切正常，一夜之后就出现了故障，莫非是排气管堵塞了（当时天气比较冷）？为了证实该想法，在节气门后连接真空表，启动发动机，发现真空表指针在启动时的一瞬间跳动到 10kPa 上，随后数值指示到零。为了更进一步确认故障部位，卸下了氧传感器。再次试车，发现每次都能正常启动。卸下排气管，发现排气管尾节的最低处已被冰块堵严。

故障排除 发动机在热车启动时，真空应在 11～21kPa 之间，最低也不应低于 10kPa，即便是冷车排气系统不堵塞，进气管真空度也应在 10kPa 以上。遇到这种情况时如果怀疑排气系统堵塞，可以卸下氧传感器，因为通过氧传感器座孔对排气背压进行调整，支持发动机着火是没有问题的。

[案例2] 气门漏气故障

故障现象 一辆丰田卡罗拉轿车，发动机怠速不稳，有点冒黑烟，在起步时需连续抖动油门方可起步，当车速达到 40km/h 后加速性能好转。接车后修理工几乎把所有的电控部件都快换完了，已反复修理多次但是故障依旧。

故障分析 接手该车后试车，在起步过程中踩了一脚制动，发现制动踏板发硬。进行反复测试，感觉好像真空助力器不起作用。看来加速无力与制动不灵有着直接关系。进行全面的目视检查，不存在真空管脱落和真空泄漏的情况。卸下火花塞测量汽缸压力，均在 850～950kPa 之间，连接真空表于节气门后，启动发动机怠速运转，真空数值在 37～50kPa 之间来回摆动，可能是因为节气门关闭不严造成的，因为此数值已经低于标准的数值。

故障排除 拆检缸盖，发现 4 个汽缸 16 个气门中有 2 个缸的进气门和 1 个缸的排气门有着不同程度的漏气。更换一套气门之后，故障完全排除。

此车正常怠速时应稳定在 61kPa，此数值已经远远低于标准数值，一般人会有 2 个问题：其一是为什么气门漏气而缸压正常。因为在测量时发动机连续运转，在漏气量不是很大时，汽缸压力不会降低太大。其二是为什么低速无力而中速以上正常。因为在起步时，发动机各汽缸充气量少，而此时由于发动机负荷增大，气门运动速度低，造成漏气量大。而在高速时，由于气门速度加快，漏气量相对减少，功率下降不大，所以高速行车时感觉没有明显异常。

2.6 点火系统故障诊断与检测

汽油发动机的混合气是由高压电火花点燃的，而产生电火花的功能是由发动机点火系统完成的，其功能有两方面，一是将汽车电源的低电压转变为高电压，再按照点火顺序送至各缸火花塞，在压缩终了，产生电火花，点燃混合气；二是能够根据发动机工况的变化，进行点火时刻和点火能量的控制，实现可靠而准确的点火。

点火控制技术水平的高低与其性能的好坏直接影响汽油发动机的动力性、经济性和排放性能。汽油发动机点火控制系统由微机控制点火系统和发动机爆震控制系统两个子系统组成，两个子系统相互配合，能将点火提前角控制在最佳值，使燃油混合气燃烧后产生的温度和压力达到最大值，在显著提高动力性的同时，还能提高经济性和减少有害气体的排放量。

根据点火系统初级电路的不同，点火系统可分为传统点火系统（现运行车辆基本淘汰），有触点普通电子点火系统（如老普通桑塔纳轿车）、无触点普通电子点火系统（如图 2-38 所示），微机控制点火系统；根据点火系统次级电路的不同，微机控制点火系统可以分为有分电器点火系统，无分电器点火系统；微机控制无分电器点火系统又可以分为同时点火系统（如图 2-39 所示）和单独点火系统（如图 2-40 所示）。

2.6.1 电子点火系统故障检查注意事项

① 在发动机启动和工作时，不要用手触摸点火线圈高压线和分电器等，以免受电击。

② 在检查点火系统电路故障时，不要用刮火的方式来检查电路的通断，否则容易损坏电子元器件。电路通断与否应该用万用表电阻挡来进行检查判断。

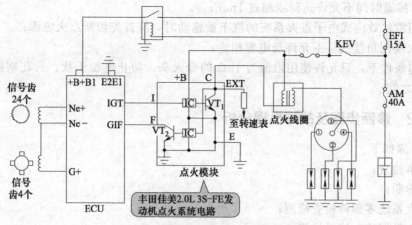

图 2-38 有分电器普通电子点火系统

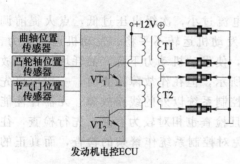

图 2-39 微机控制同时点火系统

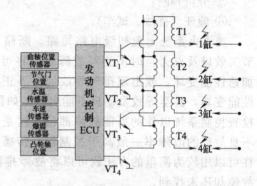

图 2-40 微机控制单独点火系统

③ 进行高压试火时,用绝缘的橡胶夹子夹住高压线束,将高压导线插入一只备用火花塞(试火器),然后将火花塞外壳搭铁,从火花塞电极间观察是否跳火。注意避免由于过电压而损坏电子点火控制器。

④ 在点火开关接通的情况下,不要作连接或切断线路的操作。

⑤ 在拆卸蓄电池时,必须确认点火开关和其他所有的用电设备都已关闭,才能进行拆卸。

⑥ 安装蓄电池时,一定要辨清正负极,千万不能接错,蓄电池极性与线夹的连接一定要牢固,否则容易损坏电子设备。

⑦ 在检查点火信号发生器(曲轴位置传感器)时应注意:

a. 对于磁感应式的,在打开分电器盖时,注意不要让垫圈、螺钉之类的金属物掉入其内。在检查导磁转子与定子之间的气隙时,并注意不要硬塞强拉。

b. 对于光电式的,不要轻易打开分电器盖子,在确需打开检查时,要注意避免灰尘对发光、光敏元件和遮光转子的污损。

⑧ 在用干电池模拟点火信号检查电子点火控制时,测量动作要快,干电池连接的持续时间,一般不要超过5s。

⑨ 霍尔效应式电子点火系统,在检查维修时可能会产生高压放电现象,造成对人身和点火系统本身的意外损害,所以必须注意以下几点:

a. 进行任何检查和维修前,应切断电源;

b. 当使用外接电源供维修使用时,应严格限制其电压不应大于16V,当电压达到16~

16.5V时,接通时间不允许达到或超过1min;

c. 装用霍尔效应式电子点火系统的汽车被拖动时,应首先切断点火电源;

d. 点火线圈负接线柱不允许与电容相连;

e. 任何条件下,只允许使用阻值为1kΩ的分火头,防止电磁干扰;火花塞插头阻值应在1~5kΩ之间。

2.6.2 诊断步骤及故障机理分析

诊断步骤如下。

① 基本检查;
② 自诊断;
③ 点火系统零部件检查检测;
④ 点火数据流、波形检测;
⑤ 分析判断;
⑥ 验证(排故、试车)。

当点火系统出现初级电路短路、断路,初级电流过小,次级电压过低,点火提前调节失效以及点火正时不当等故障时,将可能造成发动机运转不平稳、发动机运转无力、加速性能变坏,或出现排气管放炮等不正常现象,使发动机动力下降、油耗增加、排放性能变坏,甚至导致发动机不能启动。如图2-41所示,但在作故障检查时,一般应该先检查控制系统以外的可能故障部位。这是因为,控制系统以外的线路故障、元器件性能不良故障的故障率一般高于控制器、传感器等,且检查也相对较为容易,先行检查,往往可以用较为简单的方法就可以将故障排除,避免对控制系统作繁杂的检查,而真正的故障却还未找到。

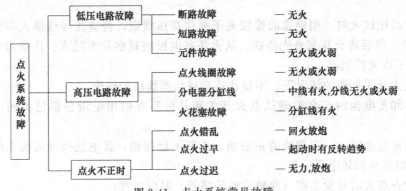

图2-41 点火系统常见故障

微机控制系统一般都有故障自诊断功能,在检查前,读取所有的故障码,就可以按代码所指示的故障区域进行故障检查,使故障的诊断快捷、准确。对故障可能的原因应心中有数,避免故障检查的盲目性。点火系统主要零部件故障见表2-51。

2.6.3 电子点火系统主要装置故障诊断与检测

(1) 点火传感器(信号发生器)故障诊断与检测

点火传感器如发生故障时,会使点火信号发生器输出的信号过弱或无信号而不能触发电子点火器工作,造成整个点火系统不起作用。磁电式传感器的静态检查主要是气隙检查和传感线圈的检查。

表 2-51 点火系统主要零部件故障

零件名称	功　能	零部件常见故障	车辆故障现象
火花塞	以电极之间的电弧形式将点火能量输入燃烧室,从而使燃烧室内的混合气燃烧	积炭、陶瓷绝缘体破裂、电极间隙过大或过小、电极烧蚀、跳火性能下降等	不能启动、急速不稳、加速不良(发窜)、熄火、排放超标等
高压线	输送高压电	断路或短路	
分电器	按照正确的顺序并以正确的正时向汽缸的火花塞提供高压电		
点火线圈	将蓄电池或发电机输出的低压电转变为高压电,使火花塞间隙产生足够强度的电火花	线圈断路或短路、点火线圈老化导致点火性能下降	
点火控制块(ICM)	放大点火信号传感器或ECU的点火信号后,控制点火线圈初级电路的通断	工作不良	
点火信号传感器	向ECU或点火模块发送脉冲点火信号,以激发高压的产生		
线路	传输电信号	断路或传输不良	

a. 气隙的检查。其检查方法是:将信号转子的凸齿与传感线圈的铁芯对齐,用塞尺检查之间的气隙。气隙一般为 0.2～0.4mm,若不合适应进行调整。有的无触点分电器此气隙是不可调的,只能更换传感器。

b. 传感线圈的检查。其检查方法是:用万用表的电阻挡测量分电器信号输出端(感应线圈)的电阻,其阻值一般在 250～1500Ω 范围内,但也有在 130～190Ω 范围内。若电阻无穷大,则说明线圈断路;若感应线圈电阻过大、过小,都需要更换点火传感器总成。感应线圈输出的交流电压,可用高灵敏度的交流电压挡进行测量,其值应为 10～15V。

(2) 点火器(点火电子模块)故障诊断与检测

电子点火器故障将使点火线圈初级电流减小或断流不彻底,造成火花弱、不能点火,导致热车时失速,不能发动,高速或低速时熄火。其故障检查方法是:

a. 高压试火法。如果已确定点火传感器良好,可以直接用高压试火的方法来检查。将分电器中央高压线拔出,使高压线端距发动机缸体 5mm 左右(或将高压线插入一备用火花塞并使其搭铁),启动发动机,看是否跳火。如果火花强,说明电子点火器良好;否则,说明电子点火器有故障。

对于磁电式传感器,可打开分电器盖,用螺钉旋具将导磁转子与铁芯间作瞬间短路,看高压线端是否跳火。否则,说明电子点火器有故障。对于光电式或霍尔效应式点火传感器,可在拆下分电器后,用手转动分电器轴时看有无跳火来判断点火器是否良好。

b. 模拟点火信号检查。可利用一只 1.5V 的干电池,将正极的探针触及点火器信号输入接点,然后提高触点。这时点火线圈应产生高压跳火。如果点火开关和有关电路都已接通,但仍无高压电跳火,则表明点火器有故障,应予以更换。

与霍尔效应传感器相配的电子点火器用干电池接通和断开来模拟点火信号,有的因为其输入端子的触发电压较高,需用两节干电池串联来模拟信号电压。也可以用蓄电池的单格电池来模拟信号压力。

c. 点火器的加温检查。在检查间断性出现的故障时,可采用这种方法。在检查时,可模拟发动机运转时其舱内的温度情况,用灯泡或电吹风对其加温,这样便于发现故障。但必须注意:加温时温度不可太高,一般只允许加温到其正常工作时的温度,否则会损坏点火器。

(3) 点火线圈故障诊断与检测

点火线圈的故障检查方法有直观检查和用万用表检查两种方法。

直观检查：主要检查点火线圈的绝缘盖有无脏污、破裂，接线柱是否松动、锈蚀。若有脏污、锈蚀，需清洁后再作检查；若绝缘盖有破损，则应更换点火线。

用万用表检查：一般测量其初级绕组和次级绕组的电阻。其值应符合标准值，否则说明点火线圈有故障，应更换点火线圈。

绝缘电阻的测量方法为：用万用表的电阻挡测量点火线圈的绕组接柱（任何一个）与外壳之间的电阻，其值应不少于 $50k\Omega$。

(4) 点火提前角故障诊断与检测

通常把发动机发出功率最大和油耗最小的点火提前角称为最佳点火提前角。发动机工况不同，需要的点火提前角也不同，怠速时，点火提前角是为了怠速运转平稳；部分负荷时，点火提前角是为了减少燃油消耗量和有害气体排放；大负荷时的最佳点火提前角是为了增大输出转矩，提高动力性。

点火提前角是由初始点火提前角、基本点火提前角和修正点火提前角组成。初始点火提前角是由发动机正时齿轮及传动装置决定的，是由曲轴位置传感器的初始位置来判断，一般设定为上止点前10°左右，如桑塔纳2000Gli型轿车为BTDC8°。基本点火提前角是发动机最主要的点火提前角，是由发动机的曲轴位置、转速、负荷、工况、真空度、油耗、排放等多参数综合影响，各发动机依据台架试验确定的存储在 ECU 中的点火提前角三维数据 MAP 决定的。工作时，各传感器信号输入 ECU，即可从 ECU 的 ROM 中查询到相应的基本点火提前角，从而对基本点火提前角进行控制。修正点火提前角的控制项目主要有暖机修正、怠速修正、爆震闭环控制等。暖机修正的主要影响因素是在怠速触点闭合时的冷却液温度、进气温度变化时的修正；怠速修正的主要影响因素是在怠速运转时，由于负荷的变化，ECU 将怠速转速调整到设定的目标转速，如空调开关、动力转向开关等；爆震修正的主要因素是在爆震的临界点或轻微的爆震时，发动机热效率最高，动力性、经济性最好，因此，利用点火提前角闭环控制系统能够有效地控制点火提前角，从而使发动机工作在爆震的临界点状态。

点火正时的检测方法有点火正时灯检测法、波形检测法、数据流读值法等方法。

点火正时的检测内容有正时齿轮及传动装置的检测，各相关传感器性能的检测，各相关执行器性能的检测等。

2.7 怠速控制系统故障诊断与检测

2.7.1 怠速控制故障机理

在汽车有效使用期内，发动机老化、汽缸积炭、火花塞间隙变形和冷却温度变形等都会引起怠速转速发生变形。当发动机怠速运转时，由于空调压缩机、动力转向助力泵、发电机等负荷的变形也会引起怠速转速发生波动，因此，随时需要对发动机怠速进行调整，燃油喷射发动机都配置有怠速控制系统。怠速控制不良会引起发动机启动困难、怠速不稳、容易熄火或加速困难等故障。

(1) 怠速控制机理

怠速控制就是怠速转速的控制，怠速转速是指发动机无负荷（对外输出功率）情况下的稳定运转状态。要求发动机启动后，暖机快怠速和自动维持怠速时，在各类目标转速下稳定运行。其控制内容如下。

① 启动后控制：加浓，高怠速。
② 暖机过程控制：加浓，高怠速。
③ 负荷变化控制：保持稳定怠速。
④ 减速时控制：保持稳定怠速。

(2) 怠速控制装置分类

怠速控制系统的执行器主要有如下形式：
① 石蜡式暖机阀；
② 双金属片式怠速控制阀；
③ 电磁真空式怠速控制阀；
④ 旋转滑阀怠速阀；
⑤ 脉冲电磁式怠速阀；
⑥ 步进电机式怠速控制阀；
⑦ 电子节气门体怠速控制；
⑧ 直动推杆式。

怠速控制系统的各类传感器，如温度传感器、空调开关、转向角度、车速传感器等分别在不同的电控章节中有介绍，故本节只介绍主要怠速执行器。

2.7.2 基本怠速检查与调整

(1) 怠速的控制

EFI怠速控制：ECU根据输入信号控制怠速控制阀（调整器）控制空气旁通道（多数），或直接控制节气门（直动式、电子节气门，无旁通道）。

(2) 怠速调整

EFI：旁通道装有怠速调整螺钉可以调整，有的需要通过可变电阻调整；节气门初始位置调整螺钉（一般不用）。

(3) 典型车型举例

① Tercel车系发动机怠速检查与调整（3E-E，5E-FE脚）
  a. 拆怠速控制电磁阀线头；
  b. 启动发动机2500r/min，保持2min，然后降回怠速；
  c. 检查怠速应在750～800r/min；
  d. 如果不在此范围，则调整怠速螺钉修正发动机。

② Paseo车系发动机怠速检查与调整
  a. 启动发动机2500r/min，保持2min，然后降回怠速；
  b. 跨接TE1与E1，检查怠速应在750r/min；
  c. 如果不在此范围，则调整怠速螺钉修正发动机。

③ HONDA车系基本怠速检查与调整
  a. 启动发动机，在无负荷下，加速到3000r/min，等到散热风扇；
  b. OFF，将IAC线拔掉，再启动，加速到1000r/min，然后慢慢放油门到怠速；
  c. 标准规格，ACCORD：500～600r/min；CIVIC：370～470r/min；如果不标准，需调整怠速调整螺钉；
  d. 熄火，装回IAC，清除故障码；
  e. 再发动，检查基本怠速，ACCORD：650～750r/min；CIVIC：650～750r/min。

④ ACURA车系基本怠速检查与调整

a. INTEGRA/VIGOR 车急速调整

（a）启动发动机，等到散热风扇，再熄火；

（b）将 IAC 线拔掉，再启动，加速到 1000r/min，保持 1min，此时 N 挡位置；

（c）恢复到急速运转，关闭全车电路，检查基本急速：INTEGRA：430～530r/min；VIGOR：500～600r/min；

（d）如果不标准，需调整急速调整螺钉；

（e）熄火，装回 IAC，清除故障码；

（f）再发动，检查基本急速，650～800r/min。

b. LEGEND 车急速调整

（a）启动发动机，等到散热风扇，再熄火；

（b）将诊断座跨接，观察 ECU 上黄色 LED，如果指示灯熄灭急速正常；如果闪烁，顺时转急速螺丝 1/4 转，如果 LED 没有灭，继续转 1/4 转，再等待 30s，直到熄灭。

⑤ 桑塔纳时代超人汽车基本急速检查

a. 检查条件：水温，80℃、风扇不转、断开全部用电设备；

b. 检查：解码器；

c. 基本急速：(800±30)r/min；

d. 不能调整，由 ECU 控制。

2.7.3 急速控制的主要零部件故障诊断与检测

(1) 脉冲电磁式急速阀

应用车型有：大众、奥迪、宝马、福特、马自达等，是占空比控制方式，即通过改变阀芯开启与关闭的时间来调节旁通进气量。

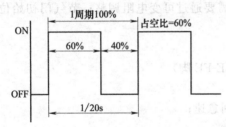

图 2-42 脉冲电磁阀控制原理

① 控制原理：控制方式，如图 2-42 所示。

② 检测参数：

a. 万用表测占空比：0～100%。

b. 万用表测电阻：10～15Ω。

c. 示波器测波形：方波。

(2) 步进电机式急速控制阀

① 工作原理如图 2-43 所示，是由步进电机、轴向移动螺杆（丝杆）、阀芯、阀座等组成。

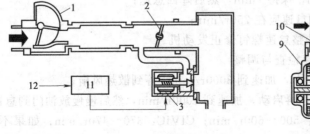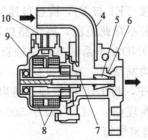

图 2-43 步进电机式急速控制阀工作原理图

1—空气流量传感器；2—节气门；3—急速控制阀；4—旁通空气道；5—阀芯；6—阀座；7—螺杆；8—定子绕组；9—永磁转子；10—线束插座；11—电子控制器 ECU；12—传感器信号

② 控制项目

a. 启动初始位置的确定：为了改善启动性能，点火开关关闭后，ECU 将怠速控制阀全部打开（125 步），ECU 的 M-REL 端子供电，设定后，继电器断电。

b. 启动控制：启动发动机时，因为怠速控制阀预先设定在全开位置，所以，进气量较大，发动机容易启动。启动后，发动机转速达到固定值时，ECU 开始控制怠速控制阀，将阀门关小到一定位置（55 步），使怠速转速稳定。

c. 暖机控制（快怠速）：在暖机过程中，根据冷却液温度信号，ECU 怠速控制阀门的开度，使发动机转速达到暖机怠速，当冷却液温达到 70℃ 及以上时，暖机控制（快怠速）结束。

d. 发动机转速变化的预控制：当节气门怠速触点接通、急减速、空调开关、空挡启动开关、动力转向开关等接通或断开时，在发动机转速出现变化前，ECU 将怠速控制阀开大或关小一个设定位置。

e. 电器负载增大时的怠速控制：电器增多时，引起供电电压降低。为保证 ECU 供电，阀开度增大，发动机负荷增大。

f. 学习控制：性能反馈修正。

③ 控制电路图（丰田车系）　如图 2-44 所示。

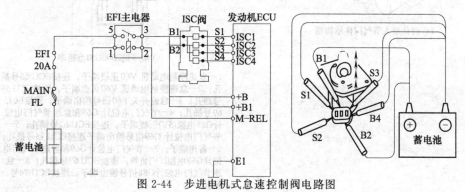

图 2-44　步进电机式怠速控制阀电路图

④ 参数检测

a. 万用表检测电阻：10～50Ω。

b. 万用表检测电压：12V。

c. 示波器测波形：方波，占空比。

d. 工作情况测量阀伸出：B1、B2 接电源，S1、S2、S3、S4 依次接地。

e. 解码器数据流：步数，冷车 55 步，热车 52 步，接通 A/C 为 63 步（0～125 步）。

f. 关闭点火：有明显声响。

g. 发动、打开电器：有明显声响。

h. 冷车快怠速：1400r/min。

(3) 节气门体怠速控制（时代超人）

时代超人的节气门体怠速控制装置由节气门电位计、节气门定位电位计、怠速开关、节气门定位器等组成。其结构及电路图如图 2-45 (a)、(b)、(c) 所示。F60 怠速开关仅在关闭时接通；G69 反映节气门工作范围内位置；G88 反映节气门怠速范围内位置，与 V60 连接。V60 损坏，紧急运行弹簧将节气门怠速拉到一定位置。

其主要检测内容如下：

① 万用表检测：活动节气门，怠速开关，通断检测（断电）；拔下插头，通电，在

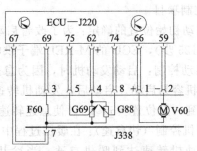

(b) 时代超人节气门体电路图

F60—怠速开关； G69—节气门电位计；
G88—怠速节气门电位计； J220—ECU；
J338—节气门控制组件； V60—怠速控制电动机

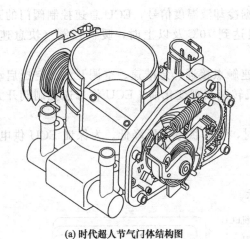

(a) 时代超人节气门体结构图

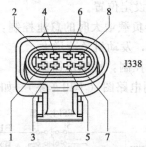

(c) 桑塔纳2000GSI型轿车

1—怠速控制电动机 V60正极端子，连接ECU 66号插孔；2—怠速控制电动机 V60负极端子，连接ECU 59号插孔；3—怠速开关 F60信号输出端子，连接ECU 69号插孔；4—节气门电位计 G69和怠速节气门电位计G88电源(5V)正极端子，连接ECU 62号插孔；5—节气门电位计 G69信号输出端子连接ECU 75号插孔；6—备用端子；7—节气门电位计G69和怠速节气门电位计G88电源(5V)负极，连接ECU 67号插孔；8—怠速节气门电位计G88信号输出端子，连接ECU 74号插孔

图 2-45　时代超人节气门体图及控制电路图

ECU 这边测第 4 端子，电压应大于 4.5V（近 5V）；活动节气门，5、7 端子电压应在 0.5～4.9V 之间（开度大，电压大）。

② 示波器检测：如图 2-46 所示。

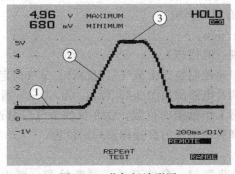

图 2-46　节气门波形图

a. 节气门怠速电压值；
b. 加速转动节气门，查看有无断讯现象；
c. 最高电压位置。

③ 用诊断仪检测。用 V.A.G1552 或金奔腾诊断仪检测时代超人车节气门电位计（即节气门开度传感器）信号电压和怠速触点开闭情况的操作如下：

输入"1"→"01"→"08"→"004"，进入怠速稳定有关数据检测，显示：

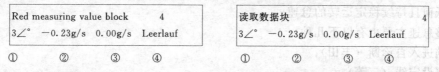

区域①：节气门开度，怠速时，0°～5°正常，大于5°有故障，故障原因：节气门控制部件没有基本设定，节气门拉索调整不当，节气门控制部件坏；

区域②：怠速空气质量测量值（空挡位置），−1.70～+1.70g/s 为正常；

区域③：怠速空气质量测量值（自动变速器用，手动变速器总显示"0.00"）；

区域④：工作状态，Leerlauf：怠速，其他显示：怠速开关打开。

输入"1"→"01"→"04"→"098"，进入节气门控制部件匹配检测，显示：

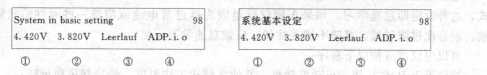

区域①：节气门电位计（节气门位置传感器）电压，0～5V 正常；

区域②：节气门定位电位计电压，0～5V 正常；

区域③：工作状态，Leerlauf：怠速，其他显示：怠速开关打开；

区域④：匹配状态。（ADP＝自适应）

④ 基本设定的条件：

a. 节气门转动灵活，不能有油泥沉积等现象。
b. 节气门拉索调整适当。
c. 蓄电池电压正常，不能过低。
d. 节气门控制组件导线或插接器接触良好。
e. 在进行匹配操作时，水温80℃以上，不能启动发动机，不能关闭点火开关，也不能踩下加速踏板。

 ## 典型故障案例

[案例] 皇冠轿车怠速不稳

故障现象 冷启动困难，启动后怠速运转不稳，热车后怠速运转正常。

故障排除 这种现象初步判断是怠速步进电动机影响的故障，需进行拆检。

关闭点火开关，拆下步进电动机，发现步进电动机的头部锥形阀及阀座有油污堵塞怠速进气道，用清洗剂将油污洗净吹干，装好步进电动机，启动发动机，怠速运转平稳，故障消除。

2.7.4 电脑控制系统学习设定

在维修电脑控制汽车时,经常发现一些故障是因拆过蓄电池或更换控制电脑后引起的,这时需要按一定程序或用专用仪器重新设定。

(1) 基本怠速

基本怠速是指在急速补偿装置全关状态下,完全由节气门开度或空气旁通道来保持发动机的最低而且持续稳定运转的怠速。

调整怠速主要由有以下几种:

电脑进入自诊断(丰田);

跨接设定线(三菱);

拆下节气门位置传感器或怠速电机接头(日产)。

(2) TPS 设定值

TPS 设定值是指节气门开关或位置传感器在怠速时应有的信号电压值。在拆过蓄电池或清洗节气门体后,应用专用仪器重新设定,否则会产生怠速太高、高速不稳。

(3) 怠速学习

电脑记忆资料消失或不正确时,必须以特定步骤或程序,重新建立怠速运转状况资料模式,这种设定即怠速学习。如果车辆仅仅是因为拆过蓄电池或清洗一些元件后,就出现耗油、混合比过浓过稀、怠速不稳等症状,应做怠速学习记忆。

可以用仪器或按以下程序:

挡位置于 P 或 N 挡;启动发动机,并使之到达工作温度,使冷却风扇运转;

将挡位置于 N 挡,维持怠速 1min,再移到 D 挡,维持怠速 1min;

路试,使节气门开度保持在 21%~50% 范围内加速,提升挡位到最高位;再使车辆保持在 80~100km/h 的车速匀速行驶几分钟,怠速运转 1min;重复路试步骤几次。

(4) 换挡点

依据发动机负荷条件,确认与某个最佳自动变速箱挡位对应的车速及转速。如果因拆过蓄电池或变速器,而出现换挡冲击的现象,应做电脑学习记忆,可以参照(3)的程序。

(5) 程式设定(PROGRAM)

指主电脑从原厂供货时,未将存储器的资料输入确认,必须利用专用仪器输入程式资料设定。

(6) 程式再设定(REPROGRAM)

主电脑中的存储器资料可能因错误或有新修正资料,而利用专用仪器重新整理电脑记忆资料的设定。

(7) 确认码设定(CODING)

指新的主电脑可提供多种车型使用。当要使用时,必须利用专用仪器输入一级确认代码的设定。

(8) 再确认设定(RECODING)

指主电脑已使用在车上,但因系统变更或自修正,要重新改定确认码的设定来改变主电脑的控制模式。

(9) 网络学习设定

是指全车系中有数个电脑之间均有连线,但因电源曾经中断或资料连线中断,而必须使各电脑之间恢复正确连线的特定步骤程序的设定作业。

(10) 网络省电设定

全车的电脑,在断开点火开关 60~180s 后即会进入省电模式,最大耗电量在 0.3A 以下，如果超过，必须依据一定程序来设定恢复网络省电模式。

比如：奥迪/大众车系拆过 ECT、ECU 或更换 TPS、节气门体等元件，须做学习设定；日产/INIFTI 电脑控制控制元件及变速器作用元件可能有磨损，为修正补偿这些状况，须做急速学习。

2.8 排放系统故障诊断与检测

汽车为人类造福的同时，也带来了大气污染的问题，汽车排放对自然和人类危害最大的有害物质主要有 CO、NO_x、HC、光化学烟雾和炭烟。为了减少汽车有害物质的排放，要求发动机各系统要用良好的工作状况外，汽车上目前应用了检测 NO_x、HC 浓度传感器和较多控制技术，按控制方式的不同，分为机内净化、机外净化和污染源封闭循环净化三类。

机内净化是从进气系统着手，通过改善混合气质量（如汽油机：$\lambda = 14.7$）来减少有害物质的产生。这类装置或系统有：进气温度自动调节装置、废气再循环系统、可变气门定时控制（VVT-i）系统、进气支管真空度控制阀等。

机外净化是对发动机排出的废气进行再净化处理，转换成无害的水（H_2O）、二氧化碳 CO_2、氮气 N_2 等气体，这类控制装置有三元催化转换装置、二次空气供给装置、热反应器、氧化触媒转换器等。

污染源封闭循环净化装置是对曲轴箱、气门室的气体及燃油蒸气等碳氢化合物 HC 实施封闭处理，阻止其排入大气。这类装置有：曲轴箱强制通风装置（图 2-47）、活性炭罐和燃油蒸气回收系统（FEC）等。

上述部件的故障必然会导致排放异常，故排放系统的故障诊断主要集中在排放检测和排放控制装置。

发动机正常工作时，排气管排出的废气是无色透明的气体，只有在短时间内，即接近全负荷运转或启动时，废气才呈现灰色或深灰色。

所谓汽车异常排烟，指的是排气的颜色为黑色、蓝色或白色。

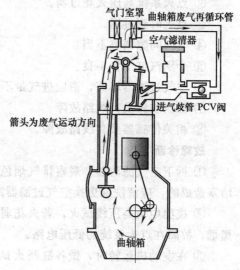

图 2-47 强制式曲轴箱通风系统示意图

2.8.1 汽油机排放故障诊断与检测

(1) 排气管排蓝烟

故障现象 汽车在运行过程中排气冒蓝烟，机油量消耗过大。

故障原因

① 油底壳油面过高或机油压力过高。
② 活塞环装错或磨损、损坏。
③ 汽缸与活塞之间配合间隙过大。
④ 曲轴箱通风装置不良。
⑤ 气门杆与气门导管的配合间隙过大。
⑥ 气门油封损坏。
⑦ 其他技术方面，如涡轮增压系统等。

故障诊断

① 检查发动机机油量及机油压力。若油面过高应放掉部分机油。机油压力过高，则应

检查油路是否堵塞、机油泵限压阀是否损坏。

② 当踩下加速踏板发动机高速运转时，排气管大量排出浓蓝烟，机油加注口也大量冒蓝烟或脉动冒烟，说明汽缸与活塞、活塞环磨损过大，或活塞环装反或对口，应拆下活塞连杆组进行检查分析，对症检修。

③ 若发动机大负荷运转时，排气管冒浓蓝色烟，但加机油口并不冒烟，则故障为气门杆与气门导管的配合间隙过大或气门油封损坏，使机油窜入燃烧室烧掉，应更换气门油封、气门或气门导管。

④ 检查曲轴箱通风情况，曲轴箱强制通风系统阻塞、通风流量控制阀装反、失效或丢失，也可能导致排气管冒蓝色烟。

(2) 排气管排黑烟

故障现象　发动机动力不足，混合气燃烧不完全，排气管排黑烟、放炮，油耗增加，汽缸内大量积炭。

故障原因

① 混合气过浓。
② 点火系统高压火花过弱。
③ 点火时刻过迟。
④ 气门间隙调整不当。
⑤ 个别汽缸工作不良。
⑥ 空气过滤器堵塞，造成进气量不足。
⑦ 控制装置及其线路故障。
⑧ 相关传感器及其线路故障。

故障诊断

① 拆下空气滤清器，观察排气烟色。若排黑烟情况好转，则故障是空气过滤器脏污或堵塞造成的，应清洗或更换空气过滤器滤芯。

② 拔出中央高压线试火，若火花弱，则是点火能量不足导致混合气不能完全燃烧而排黑烟，故障在点火系统的低压电路。

③ 在发动机运转时，做各缸断火试验。如果火花正常，则应检查汽缸压力是否过低。导致汽缸压力过低的因素有活塞环卡滞或磨损、汽缸磨损、气门磨损、积炭导致关闭不严等，应视情况进行修理排除。

④ 检查点火正时，若过迟应进行调整。

⑤ 若汽车在行驶时，随着车速的提高，油门开度的加大，排气冒黑烟、放炮现象越来越严重，拆下火花塞检查，火花塞湿，故障为混合气过浓。

⑥ 相关传感器、线路、控制装置故障按电控检测程序进行故障诊断与排除。

(3) 排气管冒白烟

故障现象　发动机运转不均匀，排气管冒白烟。

故障原因

① 汽油或机油中含有水。
② 发动机汽缸体或汽缸盖有裂纹。
③ 汽缸盖螺栓拧紧力矩不足或扭力不均，汽缸垫损坏使冷却液进入燃烧室。
④ 天气温度低，燃烧水蒸气遇冷变白烟。

故障诊断

① 检查汽油和机油是否掺杂有水。

② 冷车时取下水箱盖，启动发动机，若水箱口的冷却液呈沸腾状态并排出大量气泡，故障为汽缸垫损坏，致使水道与汽缸相通，应更换汽缸垫。

③ 若油底壳油平面上升且机油呈乳状，说明汽缸盖或汽缸体有裂纹，拆下汽缸盖，对汽缸盖与汽缸体进行检修。

2.8.2 柴油机排放故障诊断与检测

(1) 排黑烟

故障现象 发动机动力不足，运转不稳，排气管排黑烟，加速时出现敲击声。

故障原因

① 空气过滤器严重堵塞，造成进气量不足。

② 喷油泵供油量过多或各缸供油不均匀度过大。

③ 喷油器喷雾质量不佳或喷油器滴油。

④ 供油时间过早。

⑤ 汽缸压缩压力不足。

⑥ 柴油质量低劣。

⑦ 控制装置及其线路故障。

⑧ 检测传感器及其线路故障。

故障诊断

① 拆检滤芯是否堵塞。

② 测试喷油泵的性能，必要时，进行清洗或更换之。

③ 测试喷油器性能，必要时，进行清洗或更换之。

④ 检测汽缸压力，使之符合标准规定，否则，进行修复。

⑤ 相关传感器、线路、控制装置故障按电控检测程序进行故障诊断与排除。

(2) 柴油机排白烟

故障现象 发动机动力不足，运转不均匀，排气管排出大量白烟。

故障原因

① 供油时间过迟。

② 柴油中有水或因汽缸垫烧穿、缸套缸盖破裂漏水等原因造成汽缸进水。

③ 汽缸温度过低或汽缸压缩压力不足。

④ 喷油器喷雾质量不佳等。

故障诊断

① 相关零部件故障按维修手册进行排除。

② 相关传感器、线路、控制装置故障按电控检测程序进行故障诊断与排除。

2.8.3 典型零部件故障诊断与排除

(1) 废气再循环控制系统故障检查

废气再循环控制系统由电脑、三通电磁阀、废气再循环、废气调整阀及废气干道和真空管道组成。如图 2-48 所示，系统中的任一部件损坏都会造成系统工作不正常，导致急速运转不稳或增加排放污染。

① 废气再循环系统工作检查　其检查方法是：发动机启动后，让其怠速运转。将手指伸入废气再循环阀，按在膜片上，检查废气再循环阀有无动作。在冷车状态，踩下加速踏板，使发动机转速上升到 2000r/min 左右，此时废气再循环阀应不开启，手指上应感觉不到膜片的动作。在热车状态（冷却液温度高于 85℃）踩下加速踏板，使发动机转速上升到 2000r/min 左右，此时废气再循环阀应开启，手指应可感觉到膜片的动作。否则，说明系统工作不正常，应进一步检查系统各部件。

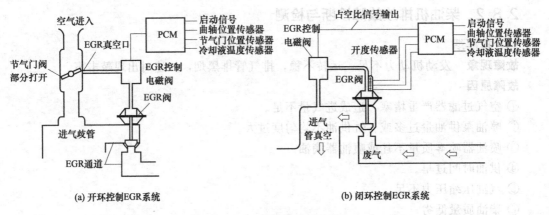

图 2-48　废气再循环系统

② 废气再循环阀的检查　其检查方法是：启动发动机，让其怠速运转，拆下废气再循环的真空软管，接上手动真空泵。然后抽气，将真空直接加到废气再循环阀的膜片室。这时如果发动机怠速不稳或熄火，则说明废气再循环阀工作正常；否则，说明废气再循环阀损坏，应更换。

③ 废气再循环电控真空开关阀的检查　其检查方法是：对着电控真空开关阀上的真空软管口吹气，两个接口应相通；通电后，对着与废气再循环阀连接的管口吹气，这时两者不应相通，而通大气。拔下开关阀的线束插头，在其插座上用万用表测量开关阀电磁线圈的电阻，其阻值应为 30~40Ω。若检查中有异常或电磁线圈短路、断路，则应更换废气再循环电控真空开关阀。

④ 废气真空调节阀的故障检查　其检查方法是：拆下阀体上部各管口的真空软管，用手指堵住通向进气管的两个管口，并向其对侧的一个管口吹气，应畅通无阻。接着将通向进气管的两根真空软管装上，并启动发动机。当发动机转速保持在 2500r/min 时，再向管口吹气，应感到气流严重受阻。如有异常，则应更换调节阀。

(2) 活性炭罐电磁阀（ACF 阀）检测

为了防止燃油箱向大气排放燃油蒸气而污染大气环境，在发动机控制系统中采取了由发动机控制单元（ECU）控制的活性炭罐蒸发污染控制装置。

当燃油受热或大气压力降低（海拔高度增加）时，燃油箱中将形成燃油蒸气，经过燃油管将燃油蒸气存储在活性炭罐中。发动机工作时，ECU 根据发动机转速、温度、空气流量等信号，控制炭罐电磁阀的开闭。当打开时，空气从活性炭罐大气入口处被吸进炭罐，冲洗活性炭罐，延长活性炭罐寿命，并与燃油蒸气混合送至发动机燃烧。发动机工作时的燃油量包括喷油器喷射油量和来自燃油箱的蒸发控制燃油蒸气量。

时代超人车燃油箱蒸发控制原理如图 2-49 所示，活性炭罐电磁阀（ACF 阀）结构及线路如图 2-50、图 2-51 所示。

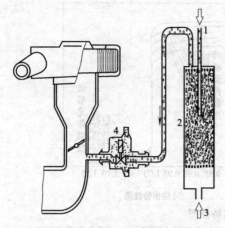
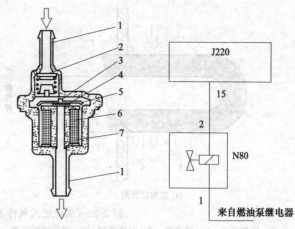

图 2-49 时代超人车燃油箱蒸发控制原理
1—燃油蒸气；2—活性炭罐；
3—空气；4—控制阀

图 2-50 活性炭罐电磁阀结构
1—管接头；2—单向阀；
3—膜片弹簧；4—密封元件；
5—电磁衔铁；6—密封座；
7—电磁线圈

图 2-51 电磁阀线路图

① 万用表检测 活性炭罐电磁阀（ACF 阀）线圈阻值测试：拔下 ACF 阀的电线插头，用万用表测量电磁阀两插头间的电阻，标准值是 22～30Ω，如果数值不在此范围内，更换新的 ACF 阀。

活性炭罐电磁阀（ACF 阀）供电电压测试：ACF 阀的电源供应也由燃油泵继电器控制。在附加保险丝（30A）良好条件下，拔下 ACF 阀的插头，用万用表或发光二极管试灯连接插头 1（燃油泵继电器来的火线）和发动机搭铁，启动发动机，应有电源电压或发光二极管亮。

② 诊断仪检测 测试活性炭罐电磁阀（ACF 阀）泄漏。

当没有信号时，电磁阀关闭。拔下活性炭罐电磁阀连接软管，连接电磁阀插头，用 V.A.G1552 或金奔腾诊断仪控制活性炭罐动作。

输入"1"→"01"→"03"，进入最终诊断，显示：

| Final control diagnosis → | 最终控制诊断 → |
| Injection value cy1.1—N30 | 第1缸喷嘴—N30 |

按"→"键，选择活性炭罐电磁阀 N80 测试。

最终控制诊断进行时应听到咔嗒响声，对准电磁阀进气孔吹气，检查阀的开、闭是否良好，如果阀闭合时有泄漏，更换新的活性炭罐电磁阀。

(3) 氧传感器故障检查

氧传感器失效后，会使发动机怠速运转不稳、油耗增加、排气冒黑烟。常见故障是氧传感器堵塞中毒而失效。氧传感器有加热式（三线式、四线式）和非加热式（单线式）等。

① 氧化锆式氧传感器检测 其特性图如图 2-52 所示。

a. 工作原理

利用元件内外之间的氧浓度差产生电压，在 0.1～0.9V 之间变化；

混合气稀时，废气氧浓度大，氧浓度差小，输出 0.45V 以下（0.1V）；

混合气浓时，废气氧浓度小，氧浓度差大，输出 0.45V 以上（0.9V）；

一般最佳工作温度：400℃。

b. 闭环控制原理如图 2-53 所示，怠速、全负荷、减速断油、启动、低温除外。

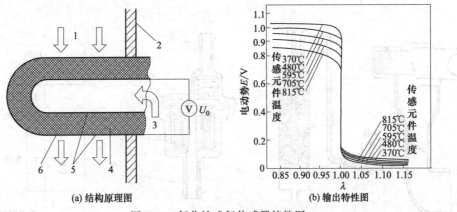

图 2-52　氧化锆式氧传感器特性图

1—尾气排放；2—固定套；3—空气通道；4—氧化锆陶瓷体；5—内外表面铂电极层；6—多孔氧化铝保护层

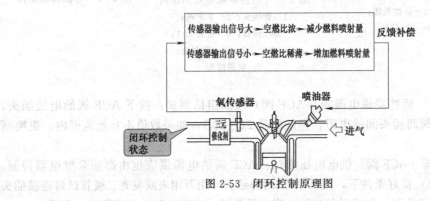

图 2-53　闭环控制原理图

c. 氧化锆式氧传感器控制电路如图 2-54～图 2-56 所示，有三种：单线式、三线控制式、加热式等。

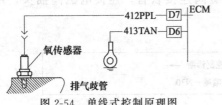

图 2-54　单线式控制原理图

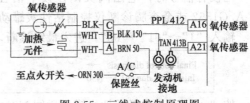

图 2-55　三线式控制原理图

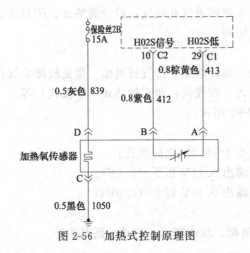

图 2-56　加热式控制原理图

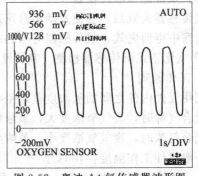

图 2-57　奥迪 A4 氧传感器波形图

d. 故障诊断与检测
(a) 电压。测信号电压：0.1～09V；加热器电压：电源电压或工作电压。
(b) 电阻。加热器电阻：4～40Ω。
(c) 波形。用示波器测反馈电压，通常，在正常工作温度下，发动机测试转速为2500r/min时，其波形频率不少于8次/10s；怠速时，不少于3～6次/10s，其反馈电压值在0～0.9V之间，以0.45V为基准。如图2-57所示，以奥迪A4为例，其反馈电压值在0.7～1.6V之间，它是以1.15V为基准的。
(d) 300～600mV的杂波为正常，严重杂波的原因：汽缸点火不良，发动机零部件老化，系统性故障如点火、喷油、进气、排气等。
e. 故障波形的主要影响因素有：
(a) 三要素：最大电压：0.9V，最低电压：0.1V，反应快慢：大于或等于8次/10s为正常。
(b) 最低电压过小：混合气过稀，真空泄漏、喷油器故障。
(c) 浓变稀响应时间过长。
(d) 混合气过浓：持续高压，喷油脉冲不对、修改信号故障等。
(e) 大量浓/稀过渡段：火花塞故障、高压线断路、喷油器泄漏、喷油器某缸不工作等。
f. 双氧传感器特性图如图2-58所示，是催化转换正常的标准波形和催化转换异常波形对比。

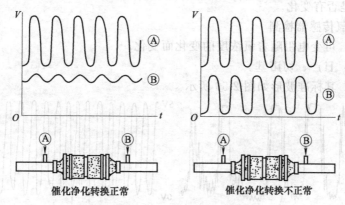

图2-58 主、副氧传感器波形图

g. 数据流（以大众车型为例）：
(a) 测试λ传感器工作情况。
输入"1"→"01"→"08"→"003"，进入基本功能数据检测，显示：

区域①：发动机转速。
区域②：电瓶电压。
区域③：冷却液温度，80～105℃为正常，小于80℃为发动机暖机。
区域④：进气温度。
在区域③中冷却液温度必须大于80℃才能检查λ传感器工作情况。
输入组号"007"，进入λ控制和ACF（活性炭罐电磁阀）系统，显示：

区域①：混合气λ控制，-10%～+10%为正常，正值（+%）说明预先设定的基本喷油时间太短，为了达到λ=1混合气成分，实际电脑修正增加喷油时间的百分比（%）；负值（-%）说明预先设定的基本喷油时间太长，为了达到λ=1混合气成分，实际电脑修正喷油时间减少的百分比（%）。

区域②：λ传感器信号电压，标准应从0.1～1.0V范围内跳动。如果信号电压维持在0.45～0.50V不变，说明信号断路，维持在0.0～0.3V，说明λ传感器记录混合气太稀，维持在0.7～1.0V，说明λ传感器记录混合气太浓。

区域③：活性炭罐电磁阀N80占空比。

区域④：油箱净化系统动作时混合气修正因素。

(b) 测试λ控制作用。

当进气系统有泄漏，喷油器雾化不良等造成λ值偏离1，但由于λ控制起作用，补偿解决使λ=1，可以通过检查λ调节值来证实：

输入"1"→"01"→"08"→"099"，检查λ值在标准值范围内。

区域③：混合气λ控制，-10%～+10%为正常。

按4键和8键在"基本设定"（λ控制关闭）和"读数据块"（λ控制打开）来回变化，判断发动机性能是否有变化。

② 氧化钛式氧传感器检测

a. 工作原理：可变电阻随着氧浓度的变化而变化。

b. 适用车型：日产、切诺基。

c. 检测波形：其标准波形如图2-59所示。

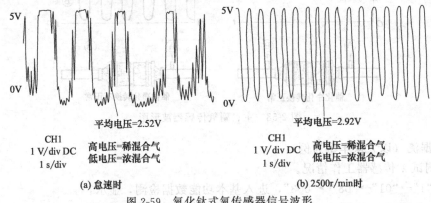

图 2-59 氧化钛式氧传感器信号波形

(4) 三元催化转换器的检修

在正常情况下，三元催化转换器的有效寿命为80000km左右，其工作要求比较严格，使用不当，会造成其失效或损坏，早期失效或损坏形式、原因及对发动机的影响见表2-52。

若检查催化转换器的外观为良好，但仍怀疑三元催化转换器有问题时，一定要及时检测三元催化转换器的性能。

① 通过氧传感器信号波形检测 判断依据如图2-58所示。

② 通过尾气检测 排放检测前要先预热。由于三元催化转换器只有达到正常温度后才能发挥催化作用，因此在对车辆作排放检测前，一定要对发动机进行充分预热（冷却液温度

达到 90℃或参考维修手册)。

表 2-52 早期失效或损坏形式、原因及对发动机的影响

失效形式	机理分析	失效原因	对发动机性能影响
催化转换器过热	催化器工作时,会产生大量的热量,如果汽缸混合气燃烧不完全,就会在排气管内燃烧,将会导致转换器由于工作温度过高而失效、催化剂脱落或载体破裂	急速时间过长(最好不超过10min)、点火时刻不准、个别汽缸不工作、火花塞点火不良、混合气过浓	发动机动力不足,急加速时废气返流,尾气气味呛人,启动困难,发动机过热、尾气超标
催化转换器中毒	催化剂对硫、铅、磷、锌等元素非常过敏,不合格的燃油、润滑油、添加剂在燃烧后形成氧化物颗粒易被吸附在催化剂表面,引发"催化转换器中毒"	使用低标号燃油、使用低标号润滑油或添加不合格添加剂	
表面积炭、堵塞	尾气中的炭烟附着在催化剂的表面,造成无法与 CO、HC 接触,长期以来,便使载体的孔隙堵塞,影响其转换效能	发动机燃烧室发生积炭故障	
氧传感器失效	导致空燃比失准,催化转换器效率降低	氧传感器中毒、积炭、加热器电阻丝烧断、内部线路断脱	
催化器陶瓷芯破损	陶瓷元件受到剧烈磕碰可能导致磁芯破损并报废	剧烈磕碰或拖底	行驶异响、加速无力、排放超标

当发动机急速运转、变速器在空挡时,把废气分析仪的探测头插入排气尾管进行快速检测。观察读数,如果读数在发动机说明书的范围内,说明催化剂仍在工作,如一项或两项(HC 和 CO)读数超过规定,说明催化剂可能已经失效。某些汽车在三元催化转换器前的排气系统中,有一个可插入废气分析仪测头的连接装置。这样可以通过测量三元催化转换器前、后废气中的有害气体量来判断催化转换器的有效性。如在三元催化转换器前、后测得的读数相同。说明催化转换器已不起作用,应查出其失效的原因,然后再进行维修或更换。

③ 测量排气背压 如排气背压比标准值高,可能是三元催化转换器堵塞,应及时清洗或更换。

典型故障案例

[案例 1] EGR 阀故障

故障现象 一辆本田雅阁行驶 154300km,司机反映该车发动机技术状况一直良好,自从发动机故障灯亮后,急速时,发动机便开始抖动,排气中有轻微黑烟,且越来越严重。

故障诊断 读故障码:故障码显示"12"。

故障分析 故障码显示为废气再循环电控阀位置传感器故障,可能是废气再循环电控阀位置传感器电路或传感器存在故障。

故障排除 检查真空软管无破损、无漏气,正常;检测 EGR 电磁阀端子接触良好、无污物,正常;检测 EGR 电磁阀电阻为 38Ω,正常;检测 EGR 电磁阀工作电压正常;在 EGR 机械阀膜片上方施加 31kPa 的真空,导通,不施加时,漏气,故障为 EGR 机械阀关闭不严所致。拆检发现其积炭严重。清除 EGR 阀上积炭后重新装车,执行清除故障码,试车时,急速无抖动、无黑烟,故障排除。

[案例 2] 氧传感器假码故障

故障现象 一辆 S320 急速抖动,急加速不良。

故障检测与诊断

① 读故障码:24—氧传感器故障;36—空燃比控制超出最大限值。

② 检测氧传感器:4 个端子线。加热元件电阻为 7Ω,电压为 13.7V,正常。信号始终

为 0.1~0.2V，没有变化，不正常。氧传感器至控制单元无断路、短路，正常。

③ 初步判断为传感器无法反馈正确的信号，但根据氧传感器的特殊性，需要检查其他的项目。

④ 用元件测试功能：测试执行元件工作的情况均正常。

⑤ 用仪器的空燃比修正功能，发现当混合气加浓时，发动机急速抖动减轻（也可以证明传感器好的），判断混合气过稀，混合气过稀的主要原因有：供油系统、进气系统故障。

故障分析

① 氧传感器的故障码为虚假。

② 表示其他故障的作用结果：系统堵塞、进气漏气、火花塞型号错等。

③ 要综合考虑进气、配油、点火、汽缸密封性等各种原因。

故障排除

① 检查供油。检查供油压力为 0.34MPa 油压正常；检查喷油器雾化，发现堵塞，清洗后有好转。

② 检查进气系统。真空、流量计、节气门，发现真空管老化脱落，更换后，发现基本稳定，但是，偶尔抖动。

③ 检查点火系统，发现高压正常，点火延续时间过短，发现火花塞型号为 F8DC4 (BOSCH)，而要求为 F8DCO，更换后，车辆正常。

[案例 3] 炭罐电磁阀故障

故障现象 一辆帕萨特 B5 1.8T 自动挡车，司机反映该车发动机热车有时不好着车，着车后发动机运转不稳定，冷车启动却正常。

故障诊断 读故障码，显示 16825 P0441 035：燃油蒸发控制系统炭罐油气量不正常，当前码；17544 P1136 035：混合气自适应过稀/偶发，当前码。

故障分析 可能是 EVAP 系统连接软管漏气、炭罐电磁阀电路故障或电磁阀本身故障。

故障排除 检查连接软管无漏气、无破损，正常。检查炭罐无破损、无漏气，正常。检测电磁阀：查端子，接触良好、无污物，查电阻为 25Ω 正常，工作电压正常；脱开电磁阀插头，向进气口吹气，导通，不通电应不导通。问题为电磁阀常开故障。

更换炭罐电磁阀，重新试车，故障没有再现。

[案例 4] 三元催化转换装置堵塞故障

故障现象 一辆现代索纳塔轿车，行驶无力，猛加油时发动机发闷，动力明显不足，试车中，发动机熄火，且不能马上启动。

故障诊断 读故障码和数据流均正常。

故障分析 可能故障有进气不畅、点火电路、油路或排气问题。

故障排除 检查进气系统正常；检查点火系统，无漏电、破损、供电正常；检查喷油系统，喷油器无堵塞、喷油量符合要求；检查排气背压，背压超标，进一步检查，发现转换器堵塞，更换后，试车，车辆正常。

2.9 润滑、冷却系统故障诊断与检测

发动机润滑系统常见故障为机油压力过低、机油压力过高、机油质量异常及机油消耗过大等。其系统主要零部件及组成如图 2-60 所示。

2.9.1 润滑系统故障诊断与检测

(1) 机油压力过低

故障现象 发动机在正常温度和转速下，机油压力表读数始终低于标准值。

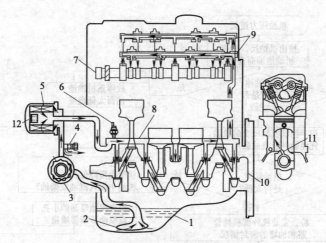

图 2-60 全流过滤式机油路
1—油底壳；2—机油集滤器；3—机油泵；4—限压阀；5—机油滤清器；6—机油压力传感器；
7—凸轮轴；8—主油道；9—摇臂轴；10—曲轴；11—连杆大头喷油孔；12—旁通阀

故障原因 油压过低有润滑系统的原因，也有非润滑系统的原因。

① 机油油面过低、黏度过小或变质、混入汽油、冷却液等。

② 机油压力指示有误。如油压表、传感器、油压开关、油压指示灯、油压报警器失效等。

③ 油底壳漏油、放油螺塞漏油，机油管道、接头漏油、堵塞等。

④ 机油泵工作不良，机油泵进油滤网堵塞等。

⑤ 机油限压阀调整不当、卡滞，或限压阀弹簧过软、折断。

⑥ 机油集滤器、滤清器堵塞，密封衬垫损坏漏油，旁通阀堵塞等。

⑦ 发动机各轴承轴颈配合间隙过大，轴承盖松动，造成泄油量过大，导致机油压力过低。

⑧ 发动机过热。

故障诊断

① 试车检查，利用机油压力表、报警灯或报警器确诊。

② 检查机油油面、机油黏度和油质。

③ 区分机油压力指示系统和润滑系统油路故障。

④ 检查机油滤清器的滤芯、旁通阀是否堵塞，机油滤清器是否漏油等。

⑤ 对于外装式限压阀，应进行检查和调整。

⑥ 拆检机油泵，检查机油泵齿轮副的端面间隙、径向间隙和啮合间隙，并进行油压、泵油量等性能检测。

⑦ 检查曲轴主轴承和连杆轴承、凸轮轴轴承等配合间隙。

机油压力过低的故障诊断流程如图 2-61 所示。

(2) 机油压力过高

故障现象 发动机在正常温度和转速下，机油压力表读数始终高于规定值。

故障原因

① 机油黏度过大，机油量过多。

② 油压表、传感器及油压指示装置失效。

③ 机油压力限压阀调整不当或卡滞。

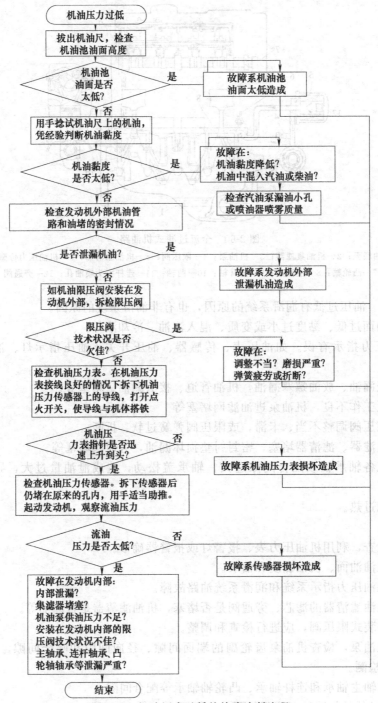

图 2-61 机油压力过低的故障诊断流程

④ 机油滤清器滤芯堵塞,且旁通阀开启困难。
⑤ 润滑油道、汽缸体主油道堵塞、积垢过多。
⑥ 发动机各轴承间隙过小。

故障诊断

① 试车检查,根据故障症状进行分析和诊断。

② 检查油面高度，若油面正常，应检查机油黏度、牌号是否符合要求。

③ 检查油压指示系装置。若接通点火开关就有压力指示，则说明油压表或传感器有故障，检查方法同前。

④ 检查、调整限压阀，对于与机油泵一体的限压阀，则应拆检机油泵。

⑤ 拆检发动机，检查、清洗润滑油道，并用压缩空气吹通；同时检查曲轴主轴承、连杆轴承、凸轮轴轴承等各配合间隙是否过小。

机油压力过高的故障诊断流程如图 2-62 所示。

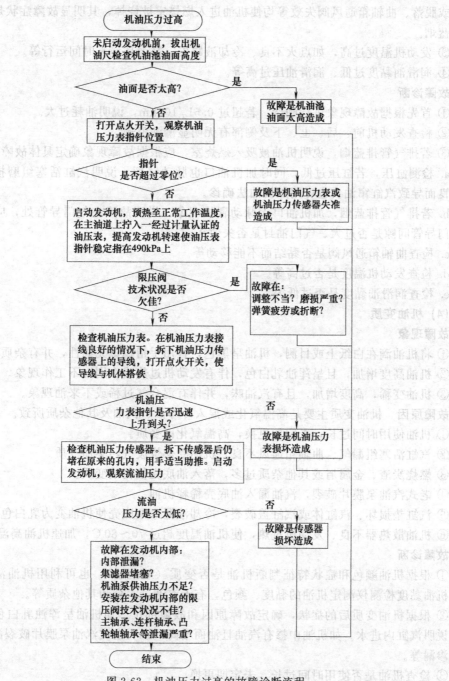

图 2-62　机油压力过高的故障诊断流程

(3) 机油消耗多

故障现象 机油消耗超过 0.1～0.5L/100km，排气管大量排蓝烟，积炭增加，火花塞油污现象严重等。

故障原因

① 气门室盖、油底壳、放油塞、正时齿轮（链轮、带轮）、曲轴前后油封、凸轮轴油堵、机油滤清器等各部位的油封或密封垫损坏漏油。

② 活塞环与汽缸壁间隙过大、活塞环密封不良、气门与气门导管间隙过大、气门油封失效或脱落、曲轴箱通风阀失效等均使机油进入燃烧室被烧掉，其明显故障症状是排气管大量排蓝烟。

③ 发动机温度过高，如点火不良、冷却液缺失、高温环境长时间运行等。

④ 润滑油黏度过低、润滑油压过高等。

故障诊断

① 首先根据故障现象进行确诊。若超过 0.5L/100km，说明油耗过大。

② 检查发动机前、后、上、下及侧部有无明显漏油痕迹。

③ 若排气管排蓝烟，说明机油被吸入燃烧室，应根据故障现象确定具体故障部位。

a. 检测缸压，若缸压过低，同时加机油口也脉动冒烟，说明汽缸活塞组磨损过大、密封不良而导致汽缸窜油。也可用加机油法确诊。

b. 若排气管排蓝烟，加机油口无脉动冒烟现象，说明故障在气门导管处，应检查气门与气门导管间隙是否过大、气门油封是否失效等。

c. 检查曲轴箱通风阀是否黏结而不能移动等。

d. 检查发动机温度是否过高等。

e. 检查润滑油黏度是否过低等。

(4) 机油变质

故障现象

① 将机油滴在白纸上或目测，机油呈黑色，且用手指捻试无黏性，并有杂质感。

② 机油高度增加，且呈浑浊乳白色，伴有发动机过热或个别缸不工作现象。

③ 机油变稀，高度增加，且有汽油味，并伴有混合气过稀或不来油现象。

故障原因 机油变质主要是高温氧化或混入冷却液、汽油及其他杂质所致。

① 机油使用时间过长，未定期更换，高温氧化而变质。

② 汽缸活塞组漏气、曲轴箱通风不良，机油受燃烧废气污染而变质。

③ 燃烧炭渣、金属屑或其他杂质过多，落入油底壳使机油变质。

④ 老式汽油泵膜片破裂，汽油漏入油底壳稀释机油。

⑤ 汽缸垫损坏、汽缸体或汽缸盖破裂，冷却液漏入油底壳使机油变为乳白色。

⑥ 机油散热器不良、发动机过热，使机油温度超过 70～80℃，加速机油高温氧化。

故障诊断

① 根据机油颜色和症状特征判断机油是否变质（经验法），也可利用机油清净性分析仪、机油黏度检测仪测定机油的黏度、颜色，有无汽油、水分和其他杂质等。

② 根据机油变质后的症状，确定故障原因和故障部位。如机油呈浑浊乳白色且油面增高，说明汽缸内进水。如机油中掺有汽油且油面增高，说明老式汽油泵膜片破裂漏油、缸内燃油渗漏等。

③ 检查机油是否使用时间过长，未定期更换。

④ 检查机油滤清器滤清效果是否良好。

⑤ 检查曲轴箱通风阀是否失效。
⑥ 检测缸压,判断汽缸活塞组是否漏气窜油。

2.9.2 冷却系统故障诊断与检测

发动机冷却系统的常见故障为冷却液温度过高(发动机过热)、冷却液温度过低或升温缓慢、冷却液消耗过大等。其主要零部件组成如图 2-63 所示。

(1) 冷却液温度过高(发动机过热)

发动机温度过高,易引起早燃、爆震、排放异常,严重时,导致发动机拉缸,砸瓦,连杆折断,捣缸等重大故障。

故障现象 运转中的汽车,水温表指针经常指在 100℃ 以上或指针长时间处在红色警告区,或水温警示灯闪亮,并伴随有冷却液沸腾现象,且发动机易产生突爆或早燃,熄火困难等。

故障原因

① 冷却液液面过低,循环水量不足,或冷却系严重漏水。

② 冷却液中水垢过多,致使冷却效能降低。

③ 冷却液温度表或警示灯指示有误,如感应塞损坏、线路搭铁、脱落或指示表失灵等。

④ 百叶窗没有完全打开。

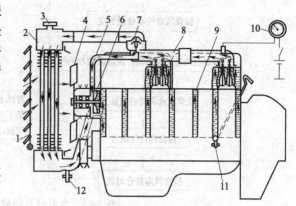

图 2-63 冷却系统组成
1—百叶窗;2—散热器;3—散热器盖;4—散热风扇;
5—风扇离合器;6—水泵;7—节温器;8—水道;9—水套;
10—水温表;11—缸体排水阀;12—散热器排水阀

⑤ 散热器芯管堵塞、漏水、水垢过多或散热器片变形导致冷却效果下降。

⑥ 风扇皮带松弛或因油污打滑,风扇离合器失效,温控开关、风扇电动机损坏,叶片变形等。

⑦ 水泵泵水量不足,水泵皮带过松或油污打滑,轴承松旷,水泵轴与叶轮脱转,水泵叶轮、叶片破损,水泵密封面、水封漏水,水泵内有空气等。

⑧ 节温器失效,不能正常开启,致使冷却液大循环工作不良。

⑨ 冷却水套、分水管等积垢过多、堵塞、锈蚀等。

⑩ 点火过迟或过早、混合气过稀或过浓、润滑不良等。

⑪ 压缩比过大、缸压过高、突爆或进、排气不畅等。

⑫ 使用不合理,如经常超负荷工作等。

故障诊断 在诊断过程中,应视具体故障症状进行分析和判断,如图 2-64 所示。

① 检查冷却液液面高度,检查其规格、牌号是否符合要求,检查液质。检查冷却液中锈皮或水垢是否过多等。

② 检查百叶窗能否完全打开。

③ 检查冷却液指示装置。就车诊断时,将感应器中心电极与发动机机体搭铁,若搭铁后水温表指针摆动,说明水温表良好,感应塞有故障,否则说明水温表有故障。

④ 检查风扇皮带是否过松、叶片有无变形、风扇离合器是否失效等。对电动风扇,应先检查温控开关,若将其短接后风扇立即转动,说明温控开关损坏;若风扇仍然不转,应检查线路熔断器、继电器、电动机等是否损坏。

⑤ 检查散热器是否变形、漏水，并触试散热器，检查其各部温度是否均匀。

⑥ 触摸散热器及上下通水管，若温度较低，说明节温器大循环阀门打不开，应拆检节温器。

⑦ 检查水泵。

⑧ 检查发动机点火系、供给系、机械方面、润滑系及使用方面的故障。

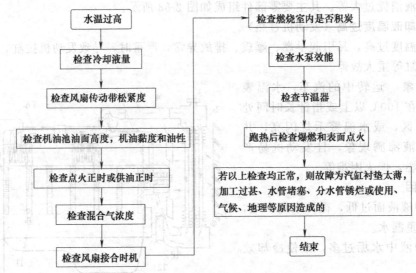

图 2-64　水温过高的故障诊断流程

(2) 冷却液温度过低或升温缓慢

故障现象　运行中的汽车，水温表指示经常指在 75℃ 以下（水温过低），或发动机工作时，水温表指示长时间达不到 90～100℃ 正常位置（升温缓慢）。

故障原因　冷却液温度过低或升温缓慢的主要原因为节温器不良、水温指示装置失效。

① 水温表或水温感应器损坏，指示有误。

② 在冬季或寒冷地区行驶时，未关闭百叶窗或未采取车身保温措施。

③ 节温器漏装或阀门黏结不能闭合。

④ 其他相关零部件故障。

故障诊断

① 若环境温度较低，应检查百叶窗是否关闭，是否采取了保温措施。

② 检查水温表、传感器及线路是否正常。

③ 拆检节温器，损坏应更换。

(3) 冷却液消耗过多

故障现象　发动机有漏水现象，冷却液液面下降过快，须经常添加冷却液。

故障原因

① 散热器损坏，水泵密封不良，管路接头损坏、松动等造成冷却系外部渗漏。

② 汽缸垫损坏、缸体缸盖水套破裂、汽缸盖翘曲、缸盖螺栓松动等造成冷却系内部渗漏。

故障诊断

① 检查冷却系有无外部渗漏现象。由于发动机冷却液往往加有染料着色，外部渗漏部位较为明显，应重点检查软管、接头、散热器芯和水泵等部位。

② 检查冷却系有无内部渗漏。一般内部渗漏时会伴随有发动机无力、排气管排白烟、

散热器有气泡、机油液面升高、机油呈乳白色等现象,应拆检缸体、缸盖和缸垫。

2.10 发动机异响故障诊断与检测

正常发动机运转转速是均匀的,运转声是轻微的,有节奏的机械振动和排气声音是正常的,当正常的发动机转速发生变化时,表现为连续的声音强弱变化,转速过渡圆滑而不间断。如果发动机在运转过程中,出现间歇且无规律的碰撞声、摩擦声和强烈的振抖声,即为异响。异响预示着发动机存在故障。异响的判断是比较困难的;一般凭经验确定异响部位和严重程度。

2.10.1 异响的基本概念

(1) 异响类型

① 机械异响:运动副配合间隙大或配合面有损伤,运转中引起冲击和振动造成。如曲轴主轴承响、连杆轴承响、凸轮轴轴承响、活塞敲缸响、活塞销响、气门脚响等。

② 燃烧异响:发动机不正常燃烧造成。如爆燃、回火声、排气管放炮声等。

③ 空气动力异响:在发动机进气口、排气口或运转风扇处、因气流振动造成等。

④ 电磁异响:由于电磁元件内磁场交变引起机械或空间容积变化产生的振动造成。

(2) 异响的影响因数

① 转速:一般转速高,机械异响大,但部分机械异响在一定转速下异响明显。见表2-53。

表 2-53 异响与发动机转速的关系

异响特征	产生异响的原因
异响在发动机急加速时出现,维持高速运转时声响仍然存在	①连杆轴承松旷、轴瓦烧熔、尺寸不符合要求而松动;②曲轴轴承松旷、轴瓦烧熔;③活塞销折断
维持某转速时声响紊乱,急加速时相继发出短暂的声响	①凸轮轴正时齿轮破裂、固定螺丝松动;②活塞销衬套松旷;③凸轮轴轴向间隙过大或其衬套松旷
异响只在急速或低速时存在	①活塞与汽缸壁间隙过大;②活塞销装配过紧或连杆轴承装配过紧;③挺柱与其导孔间隙过大;④凸轮磨损;⑤启动爪松动,引起皮带轮发响

② 负荷:有些异响与发动机负荷大小有关,一般负荷大异响就大。如曲轴主轴承、连杆轴承、活塞敲缸等。见表2-54。

表 2-54 异响与发动机负荷的关系

异响特征	产生异响的原因
低温时发响,温度升高后响声减轻至消失	①活塞与气缸壁间隙过大;②活塞因主轴承机油槽深度、宽度失准或机油压力过低而润滑不良
温度升高后有声响,温度降低后声响减轻或消失	①过热引起早燃;②活塞反椭圆;③活塞椭圆度过小;④活塞与气缸壁间隙过小;⑤活塞变形;⑥活塞环各间隙过小

③ 温度:有些异响与温度有关。如发动机过热产生爆燃,活塞敲缸响在热机后响声减少或消失。

④ 润滑条件:在润滑条件不良时,机械异响比较大。

⑤ 异响与发动机其他故障的关系,见表2-55。

表 2-55　异响与发动机其他故障的关系

故障现象	产生异响的原因
曲轴轴承径向间隙过大或轴瓦合金烧损脱落	机油压力下降,机体振抖
连杆轴承松旷	机油压力下降
进、排气门卡滞不能关闭	个别汽缸不工作,功率下降,机体抖动,若排气门卡滞,排气管会出现"喘气"声,怠速不稳
活塞与汽缸壁间隙过大,活塞环对口或抱死	机油加注口脉动冒烟,排气管冒浓蓝烟,机油消耗多,机油品质恶化,燃油消耗多而功率下降
点火正时不准	燃油消耗多,功率下降,点火过早引起"爆震",点火过迟引起排气管"放炮"

⑥ 异响听诊部位和振动区域。常见异响在发动机上引起振动的区域为汽缸盖部位、汽缸体中上侧部位、汽缸体下侧部位、油底壳与曲轴箱分界面部位及正时齿轮室部位和加机油口部位(或曲轴箱通风管口部位)。

⑦ 伴随现象。发动机出现异响时,常常伴随有其他故障现象出现。如机油压力降低、排气管排烟颜色异常、功率下降、运转无力、燃油消耗过大、个别缸不工作或工作不良、振抖、运转不稳定、回火、放炮、机油变质、排气管有"突突"声、加机油口脉动冒烟等。

(3) 异响的确诊过程

根据异响出现的时机和连贯性存在的时间来看,异响一般都分别存在于怠速或低速运转期间和高速运转期间。

① 当异响出现在怠速或低速运转期间。可依以下顺序进行诊断:

a. 用单缸断火法检查异响与缸位是否有关联。若某缸断火后异响有明显的变化,说明故障在该缸。

b. 若某缸断火后异响并无明显的变化,说明异响与缸位并无关系。继而应逐缸检查异响与工作循环是否有关联,判定故障出在哪一机构,见表 2-56。

c. 进而再逐渐提高发动机转速,听察异响有无变化,根据异响随转速的变化,判断运动机制耗损的程度。

d. 此外,在诊断过程中,还应注意观察发动机温度的变化对异响的影响。

表 2-56　异响与发动机断火的变化关系

异响特征	产生异响的原因
某缸断火后异响消失或减轻(称为"上缸")	①活塞敲缸;②连杆轴承松旷;③活塞环漏气;④活塞销折断
某缸断火后声响加重,或原来无声响断火后出现声响(称为"反上缸")	①活塞销铜套松旷;②活塞裙部锥度过大,活塞间隙过小;③活塞销窜出;④连杆轴承盖固定螺栓松动或轴瓦合金烧熔脱落;⑤飞轮固定螺栓松动

② 当异响出现在高速运转期间,可依以下顺序进行诊断:

a. 从低速逐渐提高发动机转速,直至高速运转。在此过程中,注意异响出现的时机。

b. 当异响出现后,使发动机稳定于该转速运转,仔细听察异响,利用单缸断火法查明缸位。

c. 若难以查明缸位,则应听察该异响分布的区域。

d. 若从低速逐渐提高转速的过程中,并不出现异响,却在急加速或急减速时出现异响,则用单缸断火法并配以速度的急剧变化,即可判明异响发生在哪个缸位。

通过上述诊断,基本可查明异响与发动机的负荷、工作循环、转速和温度之间的关系。

如若异响与某种异响的特性相符合,即可作出诊断结果。此外,在诊断过程中还应听察异响引起的振动部位及伴同的其他故障现象,注意机油压力、机油加注口和排气管等处的变化，辅以诊断故障，从而得出确诊的结果。

2.10.2 发动机主要零部件异响故障诊断与检测

(1) 配气机构异响的故障诊断

配气机构的结构形式有：上置式（顶置式）、下置式两种，下置式结构组成如图 2-65 所示。

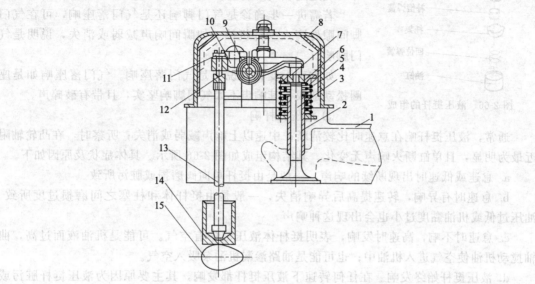

图 2-65 配气机构的组成

1—缸盖；2—气门导管；3—气门杆；4—气门外弹簧；5—气门内弹簧；6—气门弹簧垫；7—气门锁片；8—气门室盖；9—气门摇臂轴；10—气门摇臂；11—气门间隙调整螺钉；12—推杆；13—推杆调整螺钉；14—挺杆；15—凸轮

① 气门响：（气门脚响，气门落座响）

故障现象

a. 发动机在急速时发出连续的金属敲击声（嗒、嗒）；数只气门响时，声音杂乱。在气门室处响声明显。

b. 转速增加，响声有增加；负荷提高，响声不变。

c. 单缸断火响声不变。

d. 温度变化响声变化不大。

e. 机油压力不降低。

故障原因 气门间隙过大，气门脚处润滑不良，气门座圈松动。

② 气门座圈响

故障现象

a. 在冷车初启动时易出现气门座圈响。

b. 火花塞跳火一次，发响一次，中速响声清晰，单缸断火响声不变。

c. 异响出现时常伴随有个别缸不工作现象，声响消失后汽缸工作恢复正常。

故障原因

a. 气门座圈材料的热膨胀系数过小。

b. 气门座圈与缸体镶配过盈量过小。

故障诊断

a. 拆下气门室盖，在气门处听诊。当声响出现时，如果伴有个别缸不工作现象且声音消失后汽缸又恢复正常，则可确诊为此缸的气门座圈松脱，与承孔碰撞产生异响。

b. 利用汽缸压力表逐缸测量汽缸压力，压力过低的缸即为异响缸。

当用厚薄规插入气门脚间隙处致使响声减弱或消失时，即可确定是该气门响，且由间隙太大造成。

若需进一步确诊是气门脚响还是气门落座响，可在气门脚间隙处滴入少许机油。如瞬间响声减弱或消失，说明是气门脚响。

如响声无变化，说明是气门落座响。气门落座响如是座圈松动造成，其响声不如气门脚响坚实，且带有破碎声。

③ 液压挺杆响

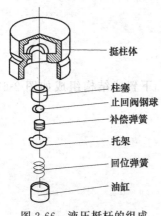

图 2-66 液压挺杆的组成

通常，液压挺杆响在怠速时比较清晰；中速以上响声减弱或消失；听察时，在凸轮轴附近最为明显，且单缸断火响声无变化。其结构组成如图 2-66 所示。具体症状及原因如下。

a. 怠速或低速时出现断续的响声，一般是由挺杆单向阀磨损或脏污所致。

b. 怠速时有异响，转速提高后异响消失，一般是由挺杆体和柱塞之间磨损过度所致。油压过低或机油黏度过小也会出现这种响声。

c. 怠速时不响，高速时发响，表明挺杆体液压油中有空气。可能是机油液面过高，曲轴搅动机油使空气进入机油中；也可能是油路渗漏机油泵吸入空气。

d. 液压挺杆始终发响。在任何转速下液压挺杆都发响，其主要原因为液压挺杆脏污或被沉积物卡住、机件严重磨损、机油压力过低等。

e. 在启动发动机时，液压挺杆往往会产生不大的响声（机油未充分进入液压挺杆）。如果在很短的时间（15s）内异响消失，则说明液压挺杆正常。若转速达到 2500r/min 以上，液压挺杆仍有异响，应首先检查和调整机油压力。若压力正常则更换液压挺杆。

(2) 曲柄连杆机构异响故障诊断

① 曲轴主轴承响

故障现象（如何判断？）

a. 急加速时发出沉重而有力的金属敲击声（刚、刚），响声在汽缸体下部。

b. 转速、负荷提高，响声增大。

c. 单缸断火响声变化不大，相邻两缸同时断火响声减弱。

d. 温度变化响声不变。

e. 机油压力明显降低。

故障原因

a. 主轴承间隙大或损伤（大瓦、曲轴主轴径损伤）。

b. 润滑不良是最大原因，如机油品质，机油压力。

故障诊断

在曲轴箱上与曲轴轴线平齐处，如果能听到沉重有力的响声，则可初步诊断为曲轴主轴承响。

采用双缸断火试验法分别使 1、2 缸，2、3 缸，3、4 缸……断火，如果响声减弱或消失，可诊断为曲轴主轴承响，且两断火缸之间的主轴承为发响轴承。如果分别使 1 缸和最末缸单缸断火，响声减弱或消失，则分别为曲轴最前端主轴承和最后端主轴承响。再观察机油压力，如果机油压力降低，可进一步诊断为曲轴主轴承响，且发响轴承配合间隙已大。

诊断流程如图 2-67 所示。

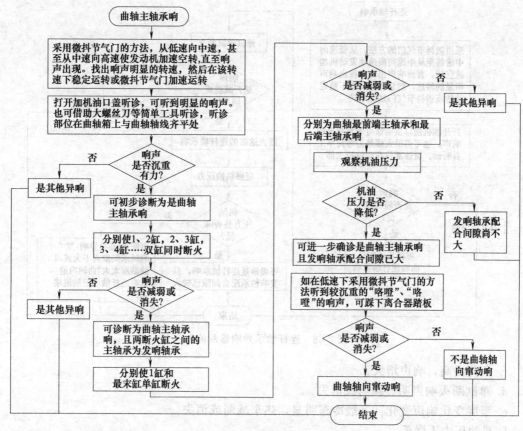

图 2-67 曲轴主轴承异响诊断流程

② 连杆轴承异响

故障现象

a. 急加速时发出轻而短促的金属敲击声（当、当），严重时怠速也可听见。
b. 负荷提高，响声增大。
c. 单缸断火响声明显减弱或消失，复火时立即出现（"上缸"现象）。
d. 温度变化响声不变。
e. 机油压力明显降低。

故障原因 连杠轴承间隙大或损伤（大瓦、曲轴主轴径损伤），润滑不良（最大原因是机油品质差，机油压力低）。

故障诊断 听诊部位在曲轴箱上部。如果能听到轻而短促的响声，则可初步诊断为连杆轴承响。

若采用单缸断火试验法分别使 1、2、3、4 缸……断火，如果响声减弱或消失，可诊断为断火之缸的连杆轴承响。再观察机油压力，如果机油压力降低，可进一步诊断为连杆轴承响，且发响轴承配合间隙已较大。诊断流程如图 2-68 所示。

③ 活塞敲缸异响

故障现象

a. 发动机在怠速或低速时，在缸体上部清晰的金属敲击声（嗒、嗒）。
b. 中速以上响声减弱或消失。

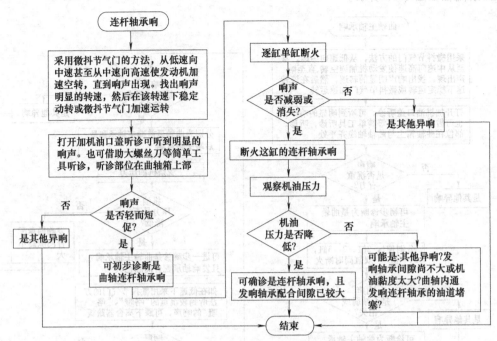

图 2-68 连杆轴承异响诊断流程

c. 负荷提高，响声增大。

d. 单缸断火响声明显减弱或消失。

e. 温度变化响声变化。一般冷车明显，热车减弱或消失。

f. 机油压力不降低。

故障原因 活塞敲击缸壁（间隙大，活塞装反，销过紧，活塞变形或损伤）。

活塞敲缸响诊断 如图 2-69 所示。逐缸单缸断火试验，如果响声减弱或消失，则为断火之缸活塞敲缸响。向发响的汽缸内注入一定数量的机油，转动曲轴数圈。拧上火花塞后立即启动发动机，重新听诊，如果响声减弱或消失，则最终确诊为活塞敲缸响。

④ 活塞销响

故障现象

a. 发动机在怠速、低速和从怠速向低速抖动节气门时，发出清脆连续的金属敲击声（嗒、嗒，同气门脚声音）。

b. 在严重时，随转速、负荷提高，响声增大。

c. 单缸断火响声明显减弱或消失，复火时立即出现。

d. 温度变化响声变化不大。

e. 机油压力不降低。

故障原因 活塞销与活塞销座，活塞销与连杆小头间隙过大。

故障诊断 听诊部位在曲轴箱上部。如果能听到清脆而连贯的响声，则可初步诊断为活塞销响。

采用逐缸单缸断火试验法分别使 1、2、3、4 缸……断火，如果响声减弱或消失，诊断为断火之缸的活塞销响；单缸断火后复火，如果响声立即恢复或连续出现两个响声可确诊为活塞销响。再观察机油压力，如果机油压力不降低，可进一步诊断为活塞销响。

诊断流程如图 2-70 所示。

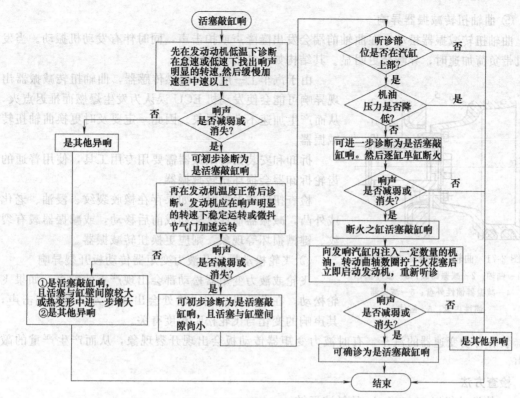

图 2-69 活塞敲缸异响诊断流程

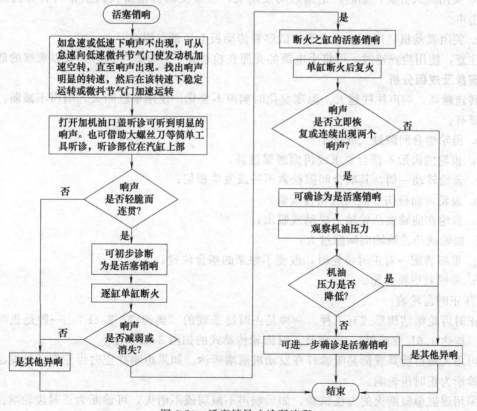

图 2-70 活塞销异响诊断流程

⑤ 曲轴扭转减振器异响

曲轴扭转减振器松动，在曲轴前端会发出隆隆声或拍击声，同时伴有发动机振动。当发动机带负荷加速时，异响会更明显。其结构如图 2-71 所示。

由于汽车上一般装有爆燃传感器，曲轴扭转减振器出现异响可能会使发动机 ECU 误认为发生爆燃而推迟点火，从而产生加速不良的现象。因此一定要及时更换曲轴扭转减振器。

拆卸和安装扭转减振器需要用专用工具，使用普通的齿轮拆卸器会损坏扭转减振器。

检查扭转减振器时，如果存在橡胶裂纹、浸油、老化或外凸，减振器惯性盘松动或前后移动，或减振器毂有裂纹、键槽损坏等现象，则应更换扭转减振器。

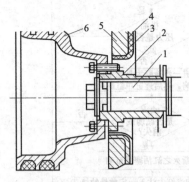

图 2-71 曲轴扭转减振器结构图
1—曲轴；2—减振器毂；3—缓冲垫；
4—减振器惯性外盘；5—减振器
惯性内盘；6—缸体

⑥ 飞轮松动异响及液力变矩器传动板开裂异响

飞轮或液力变矩器松动都会出现严重的响声。如果飞轮松动，在发动机后端飞轮处会出现较为沉重的拍击声，其声响的变化与飞轮松旷程度有关。

装有自动变速器的汽车，有时液力变矩器传动板会出现开裂现象，从而产生严重的敲击声。

检查方法

a. 使发动机以 2000r/min 的转速运转。

b. 关闭点火开关，然后再迅速启动发动机，听察发动机重新投入工作时有无沉闷的金属敲击声。

c. 关闭发动机，用一个检查镜，试察看传动板上是否有裂纹。

注意：使用检查镜时，可将手电筒的光照在检查镜上这样就可以看到难以观察的部位。

现象及成因分析

转速越高，响声往往越大。温度变化时响声不变化；使用单缸断火，响声不减弱。其成因主要有：

a. 齿轮啮合间隙过大或过小；

b. 齿轮的齿形不符合要求或齿面磨损甚；

c. 齿轮转动一周，其啮合间隙松紧不一或发生根切；

d. 齿轮齿面碰伤、脱层或轮齿断裂；

e. 齿轮在曲轴或凸轮轴上松动或脱出；

f. 曲轴或凸轮轴轴向间隙过大；

g. 重新装配一对正时齿轮时，改变了原来的啮合位置；

h. 未成对更换齿轮。

⑦ 正时齿轮响

正时齿轮组结构形式有三种，一种是正时链条式的（奥迪 A6 2.4L），一种是正时皮带式的（捷达 1.6L 发动机），一种是正时齿轮传动式的如图 2-72 所示。

可用大螺钉旋具或简易听诊杆在发动机前端听诊。如果声响在正时齿轮室盖处发出，可初步诊断为正时齿轮响。

采用逐缸单缸断火的方法试验，如果响声不减弱或不消失，可诊断为正时齿轮响。

a. 如果响声具有连续性：急速声中速时更为明显，高速时变得杂乱并带有破碎声，正

时齿轮室盖上有振动,则说明响声是正时齿轮啮合间隙太大造成的;

b. 如果响声为连续不断的声响,转速越高响声越大,则说明响声是正时齿轮啮合间隙太小造成的;

c. 如果响声是有节奏的"哽、哽、哽"的声响,转速越高时响声越大,则说明响声是正时齿轮啮合间隙不均造成的;

d. 如果响声为有节奏的急速时发出"嗒啦、嗒啦"的,中速以上时又变为紧凑的"嗒、嗒"的响声,则说明响声是齿轮有损伤或脱层造成,故障在曲轴正时齿轮上为连响,在凸轮轴正时齿轮上为间响;

e. 如果响声为急速时发出"咯啦、咯啦"的撞击声,中速以上变成"哇啦啦"的响声,正时齿轮室盖伴有振动,则说明响声是一对正时齿轮发生根切造成的。

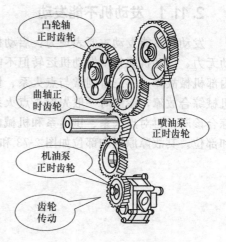

图 2-72 正时齿轮组图

⑧ 点火敲击响

故障现象 汽油机空转急加速或负荷较大时,发出尖锐、清脆的"嘎啦嘎啦"的金属敲击响,好像几个钢球撞击的声音,随转速升高而逐渐消失。

故障原因 主要原因为混合气过稀、汽油质量差、辛烷值太低、点火时间过早、压缩比过高、燃烧室积炭过多、发动机过热、负荷过大等。

故障诊断 路试是诊断点火敲击响常用的可靠方法。热车后以最高挡最低稳定车速行驶,然后将加速踏板急速踩到底,如在急加速中发出"嘎啦嘎啦"的强烈响声并长时间不消失,而当稍抬加速踏板时响声又会立即减弱或消失,再加速时又重新出现,即可确诊为点火敲击响。

2.11 发动机综合故障诊断

发动机综合故障也叫检测性故障,诊断时,需进行系统性分析如表 2-57 所示。

表 2-57 别克发动机常见综合故障现象、故障部位及检测顺序

故障现象 \ 故障部位	传感器/电控系统								燃油供给系统	点火系统	机械部分	TCC运行情况	废气系统	AT运行情况	冷却系统	排气系统	进气系统
	ECT	CKP	CMP	MAF	HO$_2$S	KS	TP	EGR									
发动机启动困难	1	2	3	4				5	6		7	8					
发动机喘振/工作粗暴			2	1				3	4		5		6	7			
功率不足、反应迟缓或发动机无力				2				3	1	5	6	8	7				4
发动机爆震/点火爆燃						5	1	2		4	7		6	3			
汽车发抖	2	3		5	1			4	6	7	8						
发动机熄火/失火	6						3	4	1	7	8	5	9				2
燃油经济性差	2	3						1	5	7	8	9			6		4
急速不稳或粗暴							3	4	1	6	7		8	5			2
发动机熄不了火																	
发动机回火		1	2	3					4	5	6	7				8	

注:TCC 为液力变矩器;AT 为自动变速器。

2.11.1 发动机不能发动

发动机不能发动主要表现为：启动机带不动发动机运转、启动机能带动发动机运转但转动无力、启动机能带动发动机运转但不能发动三种情况。前二者主要是启动系故障或发动机内部机械故障，第三者则常与点火系、供给系、机械内部故障有关，即常说的油路、电路、机械综合故障，诊断时一般先检查点火系，再检查供给系，最后考虑发动机内部机械故障，综合诊断。再对点火系、供给系和机械内部故障进行检测和诊断，最终查明故障的具体原因和部位。其故障原因和部位如图 2-73 和图 2-74 所示。

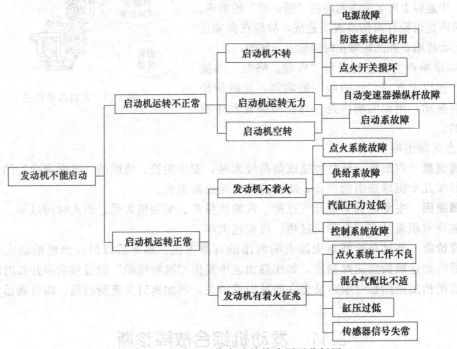

图 2-73　发动机不能启动的故障原因分析图

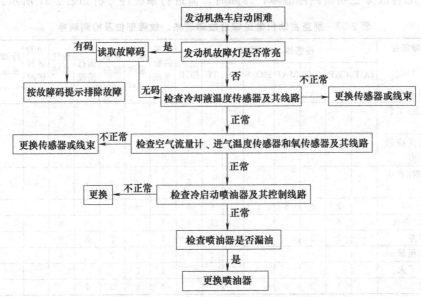

图 2-74　热车不易启动故障诊断流程图

2.11.2 发动机减速不良

发动机减速不良是指发动机在减速运转时发动机熄火的故障现象。如图 2-75 所示。

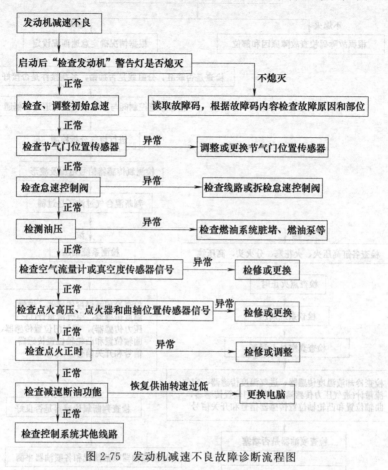

图 2-75 发动机减速不良故障诊断流程图

2.11.3 发动机怠速不良

发动机怠速运转时,如果可燃混合气配剂失调(如进气系统漏气或堵塞、燃油压力低、喷油不良等)、点火系故障引起个别缸工作不正常、传感器信号失常、控制装置异常等将导致无怠速、怠速过高、怠速不稳等故障。其故障诊断流程如图 2-76 所示。

2.11.4 发动机燃油消耗过大

发动机燃油消耗过大故障诊断流程如图 2-77 所示。

2.11.5 发动机动力不足

(1) 发动机动力不足机理

发动机动力不足是指发动机在无负荷时(如怠速时)运转基本正常,但有负荷运转时,加速缓慢,上坡无力,即使将加速踏板踩到底,仍感觉动力不足。发动机加速不良是指踩下加速踏板后,发动机转速缺乏及时的响应,有迟滞现象或加速轻微。二者有区别又有一定的联系。

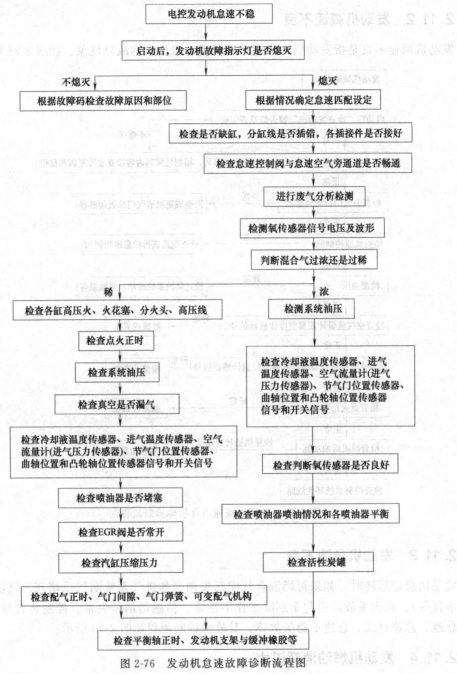

图 2-76 发动机怠速故障诊断流程图

(2) 发动机动力不足主要原因

发动机动力不足一般是由燃油供给系统故障（燃油压力过低、喷油器喷油不良）、点火系统故障（点火高压低或能量小、点火正时不正确）、电控系统（信号失常、控制器故障）、发动机机械系统故障（汽缸压缩压力低、配气正时）、进排气系统故障（进气系统堵塞、排气管堵塞）及与发动机无关的其他原因（传动系统、行驶系统和制动系统故障）等造成如图 2-78 所示。

(3) 发动机动力不足综合故障诊断流程

如图 2-79 所示。

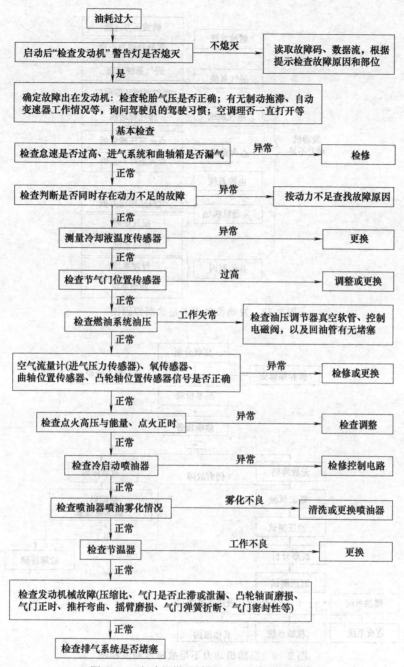

图 2-77 发动机燃油消耗过大故障诊断流程

① 动力不足症状观察

a. 观察发动机动力不足出现的时机。

b. 辅助检查，一般需要确保发动机之外的传动系统、行驶系统、制动系统等均无故障或不存在影响动力性的原因。

c. 接车后应向车主了解：最早出现动力不足的时间、动力不足时的发动机温度、该车行驶里程、车主经常驾驶的道路和习惯、该车保养情况、该车维修历史和该车是否加装设备等。

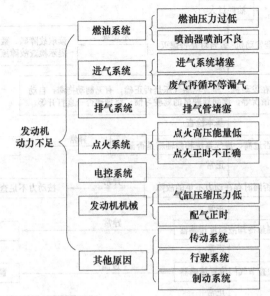

图 2-78 发动机动力不足诊断原因图

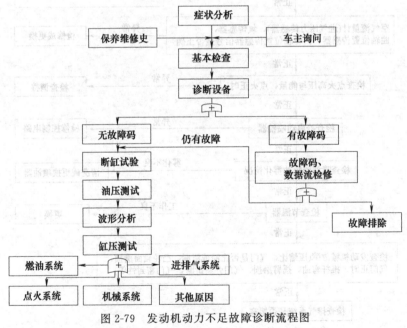

图 2-79 发动机动力不足故障诊断流程图

② 基本检查 主要对发动机外围的基本情况进行检查：

a. 将加速踏板踩到底，检查节气门能否全开。如果不能完全打开，调整节气门拉索或踏板。

b. 检查进气系统是否堵塞或漏气。检查空气滤清器、进气管道及各种真空软管有无堵塞或漏气，废气再循环系统是否有故障。

c. 检查排气系统是否堵塞。排气系统的背压一般控制在 2.5 个大气压以内。

d. 检查燃油系统供油是否正常：查燃油系统的压力、检查喷油器的运行情况。

e. 检查汽缸压力。

(4) 故障检查的一般步骤

① 将加速踏板踩到底，检查节气门能否全开。如不能全开，应调整节气门拉索或踏板。
② 检查空气滤清器有无堵塞。如有堵塞，应清洁或更换。
③ 用点火正时灯检查点火正时。在热车后的怠速运转中检查点火提前角，应为10°～15°或符合原厂规定，加速时点火提前角应能自动提前至20°～30°。如怠速时点火提前角不正确，应调整初始点火提前角。
④ 检查有无明显缺缸。可做单缸断火、断油试验。
⑤ 检查燃油压力。如压力过低，应进一步检查电动燃油泵、油压调节器、燃油滤清器等。
⑥ 拆卸喷油器，检查喷油量是否正常。如喷油量不正常或喷油雾化不良，应清洗或更换喷油器。
⑦ 检查废气再循环装置工作是否正常等。
⑧ 检查配气相位、气门间隙是否正确。
⑨ 检查排气是否不畅通、三元催化转化器是否堵塞。用真空表与排气背压表检查或拆检。
⑩ 测量汽缸压缩压力、检查气门积炭、拆检发动机等。

复习思考题

1. 简述现代汽油发动机的组成及工作原理。
2. 发动机常见故障症状有哪些？
3. 发动机故障诊断的常用方法有哪些？
4. 发动机故障诊断时的原则是什么？
5. 发动机故障诊断流程是什么？
6. 发动机故障诊断排除时的基本检查内容是什么？
7. 发动机各传感器失效会导致哪些故障症状？
8. 发动机各执行器失效会导致哪些故障症状？
9. 简述燃油供给系统和燃油控制系统的种类、作用及组成。
10. 简述燃油供给系统和燃油控制系统的常见故障及排除方法。
11. 燃油压力调节装置有几种？如何检测其工作性能？
12. 现代发动机进气系统有哪些先进技术应用？各优缺点是什么？
13. 简述进气系统的常见故障症状及排除方法。
14. 现代发动机的配气机构有哪些控制技术应用？
15. 影响汽缸进气量的主要因素有哪些？
16. 造成可燃混合气过浓、过稀的主要原因是什么？
17. 造成早燃、爆震、放炮的主要原因是什么？
18. 积炭对发动机的工作性能有何影响？
19. 专用检测仪的基本功能有哪些？
20. 怎样检测各传感器、执行器？
21. 用万用表、示波器怎样检测各传感器、执行器？
22. 喷油器需检测哪些项目？如何进行检测？
23. 燃油系统可能需检测哪些项目？如何进行检测？

24. 无触点点火系统由哪些零部件组成？常见故障症状是什么？如何进行检测？
25. 微机控制点火系统由哪些零部件组成？常见故障症状是什么？如何进行检测？
26. 怎样检查和调整点火正时？
27. 怎样检测点火系统的初级线路？
28. 怎样检测点火系统的次级电路？
29. 造成CO、HC排放异常的主要原因是什么？如何检测并排除？
30. 造成NO_x排放异常的主要原因是什么？如何检测并排除？
31. EGR阀和活性炭罐的作用是什么？其性能异常如何检测并排除？
32. 汽缸密封性的常用检测方法有几种？各优缺点是什么？
33. 造成汽缸密封性不正常的主要原因有哪些？故障原因是什么？
34. 造成三元催化转换装置性能异常的主要因素有哪些？如何检测并排除？
35. 润滑系统常见故障症状有哪些？造成原因是什么？如何检测并排除？
36. 冷却系统常见故障症状有哪些？造成原因是什么？如何检测并排除？
37. 拉缸、砸瓦、抱轴，甚至导致连杆折断、捣缸的主要原因是什么？
38. 发动机异响的特性与哪些因素有关？
39. 如何诊断发动机的各类异响？
40. 发动机冷车启动性能异常是什么原因？如何诊断？
41. 发动机热车启动性能异常是什么原因？如何诊断？
42. 发动机冷车怠速性能异常是什么原因？如何诊断？
43. 发动机热车怠速性能异常是什么原因？如何诊断？
44. 发动机加速无力是什么原因？如何诊断？
45. 发动机加速熄火是什么原因？如何诊断？
46. 发动机减速熄火是什么原因？如何诊断？
47. 编制发动机润滑油消耗量过大的故障诊断流程。
48. 编制发动机温度过高的故障诊断流程。
49. 编制发动机不易启动的故障诊断流程与故障排除的维修方案。
50. 编制发动机怠速不稳的故障诊断流程与故障排除的维修方案。

第3章 底盘故障诊断与检测

情境描述：

某汽车维修站接收了一辆威驰 1.5GL-i MT 型汽车，根据车主反映，车辆在紧急加速时，车辆提速响应慢，在上长坡的时候，车辆动力不足，并且车辆油耗最近比较高。

某汽车维修站接收了一辆行驶里程 79000km 的广州本田雅阁，根据车主反映，无论自动变速器挂上前进挡或倒挡，车辆均不能起步。

某汽车维修站接收一辆宝来乘用车，累计行驶 20000km，根据车主反映，高速行驶时出现前轮摆动现象。

针对此故障，请检测汽车技术状况。若需要修复该故障，请制订相关传动系统、行驶系统、转向系统、制动系统的修复方案并编制工艺流程。要求按照六步法（资讯、决策、计划、实施、检查、评估），紧密结合汽车维修企业实际过程诊断排除故障，在此过程中学习相关理论知识和检测诊断仪器的正确使用方法。

学习目标：

通过本情境学习，你将做到：

1. 叙述传动系统、行驶系统、转向系统、制动系统的组成和工作原理，针对所操作的汽车，进行各系统的实物与图纸对应关系的正确查找；
2. 描述各系统常见故障现象，分析故障原因；
3. 描述各系统常见故障的检测与修复方法，判定故障部位；
4. 根据维修手册，制定对各系统各部件的修复方案和工艺流程，完成各总成、各零部件的故障诊断及排除作业。

能力目标：

作为汽车维修企业的员工，应该具备的相关技能有：

1. 能正确使用常用检测诊断设备。
2. 能根据故障现象，正确分析故障发生的原因。
3. 能制定正确的故障诊断操作流程。
4. 通过检测和诊断能正确分析数据和制定维修方案。
5. 依据维修方案能正确判定故障部位和高效排除故障。
6. 安全、环保意识。

汽车底盘的技术状况直接影响汽车的动力性、经济性、安全性和操纵稳定性，它是由传动系统、转向系统、行驶系统和制动系统组成，在故障诊断与检测过程中，要综合考虑各总成的相互关联和影响才能找到真正的故障原因和故障部位。

3.1 底盘故障症状

汽车底盘故障症状从功能性、警示性和隐蔽（检测）性3种存在状态出发常见典型故障症状进行归纳和列举如下。

3.1.1 功能性故障症状

① 离合器工作不良。
② 手动变速器工作不良。
跳（掉）挡：行驶中动力突然中断。
乱挡：变速器无法正常进入挡位。
卡挡：变速器无法退回空挡。
换挡困难：变速器进出挡不顺利。
③ 自动变速器工作不良。
无挡：挂入D挡后不走车。
不换挡：挂入D挡后不能自动升降挡。
换挡冲击：自动变速器换挡时闯车。
换挡迟滞：自动变速器换挡时动力中断。
选挡困难：选挡杆进出挡位不顺利。
打滑：离合器、制动带打滑，车速上升慢。
④ 转向性能不良：发飘、沉重、跑偏、摆头、摆振、转向不稳、转向不足、转向不回、转向过渡。
⑤ 制动性能不良：制动不良、失灵、拖滞、跑偏、甩尾、解除迟缓、制动盘偏摆。
⑥ 制动踏板操纵不适：踏板过高、过低、阻力过大、反弹。
⑦ 驻车制动性能不良：坡道停车时溜车下滑。
⑧ 防滑功能失效：ABS、ASR、EBD、ESP等功能丧失。
⑨ 减振器性能不良：车身颠簸，舒适性差。
⑩ 车轮运转不良：车轮跳动、摆动。

3.1.2 警示性故障症状

在汽车底盘工作中可以察觉到的、有异常现象发生的症状。其包括：底盘异响摆振；底盘异味；温度异常；指示灯异常；外观异常，如车身倾斜、车架变形、悬架变形、车辆损伤、车轮磨耗、车轮擦伤；底盘各总成润滑油渗漏、溢出、变色、变质、过热、消耗过快等。

3.1.3 检测性故障症状

汽车底盘工作时感觉不明显、不易察觉到的隐蔽性故障。这是可以通过检测参数的异常而发现的底盘故障症状。其包括：离合器踏板自由行程略大或略小；自动变速器油压略高或略低；自动变速器换挡点略高或略低；转向助力油压偏低或偏高；方向盘转向力偏高或偏低；制动踏板行程略高或略低；制动踏板踏力偏高或偏低；制动力略为不足；制动力左右略为不均；制动轻微拖滞、制动器发热温度略高；传动系统间隙略大；侧滑量偏大；四轮定位不准；转向角度偏差；前后轮距、轴距偏差；轮胎气压偏差；轮边功率不足；滑行距离不足；制动距离偏长；加速时间偏长；车轮动平衡失准；轮胎气压偏高或偏低。

3.2 传动系统故障诊断与检测

汽车传动系统由离合器、变速器、传动轴、主减速器、差速器、传动半轴等组成，它的功用是把发动机的动力，按照驾驶员的意愿和车辆工况的需求，变速、变矩传递到驱动车轮，驱动汽车正常行驶。

3.2.1 离合器故障诊断与检测

(1) 汽车离合器的结构特点

离合器位于发动机和变速器之间，是车辆传动系中直接与发动机联系的部件，是依靠摩擦力矩来传递动力的，其功用是保证发动机顺利启动和汽车平稳起步，保证传动系换挡时工作平顺，防止传动系过载等。离合器主要由主动部分、从动部分、压紧机构和操纵机构组成，轿车离合器零件分解图如图3-1所示。

离合器是以摩擦力矩的形式传递动力的，因此，摩擦面积、摩擦系数由主动和从动两部分提供，压力则是由压紧机构完成，分离和结合动作（或功能）由操作机构完成。所以，分析、判断摩擦片式离合器的常见故障时，根据故障现象，结合离合器具体构造特点，从摩擦面积、摩擦系数、压紧力及操纵等几个方面进行。另外，离合器的正常工作还与发动机曲轴、飞轮、变速器输入轴及壳体的技术状况有关。

① 膜片弹簧具有压缩弹簧和分离杠杆的双重作用，所以离合器的结构简单，体积和质量较小，膜片弹簧与压盘圆周接触，压力在摩擦片上分布均匀，所以摩擦片摩擦均匀，可延长其使用寿命，膜片弹簧具有理想的非线性特性，使得离合器分离时操作轻便。

② 带扭力减振器的从动盘上的扭转减振弹簧具有变刚度的特性，因而可避免传动系统的共振，提高了零件的使用寿命。

③ 该离合器分离轴承可自动定中心，以保证工作时均匀地压紧膜片弹簧的分离爪，消除了由于膜片弹簧的不同轴而引起的相对滑动。

④ 离合器分离轴承与膜片弹簧为常结合形式，离合器踏板自由行程的大小取决于离合器主缸活塞与推杆之间的间隙。因此，离合器踏板自由行程的调整通过调节离合器主缸活塞推杆的长度来实现。

离合器从动盘结构见图3-2。离合器主缸、工作缸结构见图3-3。

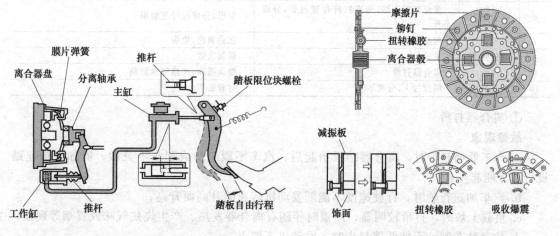

图3-1 离合器液压操纵机构示意图　　图3-2 离合器从动盘结构示意图

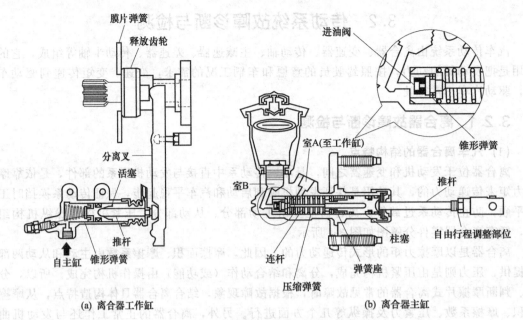

图 3-3　离合器主缸、工作缸结构图

(2) 离合器常见故障的分析

车辆在使用过程中，经常需要踩下和松开离合器踏板，使离合器结合与分开，因此，离合器的工作状况会随着车辆行驶里程的增加而变化，常见故障为分离不彻底、离合器打滑、接合不平顺、异响等，使离合器不能正常工作。其常见故障部位和故障原因见表3-1。

表 3-1　离合器常见故障部位和故障原因

序号	故障部位	故障现象及危害	故障原因
1	踏板	打滑，分离不彻底	不能回位，自由行程过大、过小
2	分离杠杆	调整不当，打滑或分离不彻底；支架松旷发响	调整不当，不在一个平面内；支架螺母松动
3	从动盘	打滑，异响，分离不开	油污，变薄，烧损，破裂，铆钉外露，钢片翘曲，盘毂键槽锈蚀
4	分离轴承	烧蚀卡滞，发响	严重缺油，回位弹簧过软、脱落
5	压紧弹簧	打滑，起步发抖	过软、折断，弹力不均，膜片弹簧变形
6	离合器盖	壳盖高度不够，分离杠杆位置过低，分离不开	变形，分离杠杆座磨损
7	压盘	起步发抖	翘曲划伤，龟裂
8	减振弹簧	发抖	断裂失效
9	飞轮	离合器打滑	端面翘曲，连接螺栓松动
10	分离叉轴	间隙过大，分离不开	衬套松旷

① 离合器打滑

故障现象

a. 汽车低挡起步时，离合器踏板抬起后，汽车不能起步或起步不灵敏，需加大加速踏板行程才能起步；

b. 汽车加速行驶时，行驶速度不能随发动机转速的升高而升高；

c. 负载上坡时，打滑较明显，严重时伴随有离合器发热、产生烧焦气味或冒烟等现象；

d. 拉紧驻车制动手柄低挡起步时，发动机不熄火；

e. 车辆加速性能较差，但滑行性较好。

故障原因 离合器打滑的故障实质是摩擦力矩小，摩擦力矩的大小取决于接触面积、压紧力及摩擦系数。应围绕这三个方面来分析故障原因。

a. 离合器踏板没有自由行程，使分离轴承压紧在分离杠杆上。
b. 从动盘摩擦片油污、烧焦、磨损过薄、表面不平、表面硬化或铆钉露头。
c. 压盘、飞轮变形或压盘过薄。
d. 压力弹簧过软或折断，膜片弹簧疲劳或破裂。
e. 飞轮与离合器盖之间的固定螺栓松动。
f. 分离轴承运动发卡而不能回位。

故障诊断与排除

故障确认：拉紧驻车制动手柄，踩下离合器踏板使离合器分离，启动发动机，将汽车挂入高挡，将发动机转速提升至 2000r/min 左右，慢慢释放离合器踏板使离合器接合，发动机应立即熄火停转，若发动机在几秒内没有熄火说明离合器打滑。

诊断与检查：首先检查离合器踏板自由行程，若不符合标准，故障由此引起。否则，检查操纵机构是否有卡滞，若有，故障由此引起。否则，应检查离合器盖与飞轮的固定螺栓是否松动，若松动，故障由此引起。否则，应拆检离合器总成。

② 离合器分离不彻底

故障现象 发动机怠速运转时，离合器踏板完全踩下，挂挡困难且伴随齿轮撞击声；勉强挂入挡位，离合器踏板未抬起汽车就起步或发动机熄火；行驶中，换挡困难，且伴随有齿轮撞击声。

故障原因 离合器分离不彻底的故障实质是离合器在分离后摩擦力矩依然存在，即主、从动部分未完全分开或依然有接触压力。依据具体车型，主要从分离操作机构和离合器本身两个方面来分析、判定故障。

a. 离合器自由行程过大。
b. 液压式离合器的液压系统油量不足（漏油）或有空气。
c. 分离杠杆内端不在同一平面上或内端太低，膜片弹簧分离指弹性减弱产生变形或内端磨损严重。
d. 从动盘正反装错或摩擦片过厚。
e. 从动盘铆钉松脱、摩擦片破裂、钢片变形。
f. 从动盘在花键轴上轴向运动发卡。
g. 分离叉支点或分离轴承磨损过度。
h. 压紧弹簧弹力不均或个别弹簧折断（周布弹簧式离合器）。

故障诊断与排除

故障确认：使发动机处于怠速运转状态，完全踩下离合器踏板，进行变速器换挡操作，此时若齿轮发出异响并难以啮合时，可判断为离合器分离不彻底。也可将变速器挂入空挡，完全踩下离合器踏板，另找一人在车下面用起子拨动从动盘，如果能轻轻拨动，说明离合器能分离；如果拨不动，则说明离合器分离不彻底。

诊断与检查：首先检查离合器踏板自由行程，若自由行程太大，则故障由此引起。否则，对液压操纵式离合器应继续检查液压系统，若油量不足（漏油）或管路中有空气，则故障由此引起。对于机械操纵机构则应检查钢索及传动是否损坏、卡滞，若有，则故障由此引起。否则，确认是否刚换过摩擦片，若是，则应检查新换的摩擦片是否过厚，若过厚，则故障由此引起。如果上述调整、检查均未排除故障，应拆检离合器总成。

③ 离合器接合不平顺

故障现象 严格按照操作规程进行汽车起步时，离合器在接合过程中产生振抖，严重时会使整车都产生振抖现象。

故障原因 汽车起步时，离合器在接合过程中产生振抖说明离合器主、从动部分在克服阻力时存在静摩擦和滑动摩擦交替变换，接合不平顺的故障实质是离合器主、从动部分压力不足或结合面不平整。

  a. 分离杠杆或膜片弹簧分离指内端高度不在同一平面内。
  b. 压盘或从动盘钢片翘曲变形，飞轮工作端面圆跳动严重（翘曲变形）。
  c. 从动盘摩擦片油污、表面厚度不均匀、表面不平整、表面硬化、烧焦、铆钉露头、松脱、折断。
  d. 从动盘上的减振弹簧疲劳或折断、缓冲片破裂。
  e. 分离轴承发卡而不能回位。
  f. 离合器压紧弹簧折断或弹力不均，膜片弹簧疲劳或破裂。
  g. 踏板复位弹簧折断或脱落。
  h. 发动机支架、变速器、飞轮、飞轮壳等部件的固定螺栓松动。

故障诊断与排除

故障确认：使发动机处于怠速运转，完全踩下离合器踏板，反复以低速挡和倒车挡起步，在离合器开始接触时，检查车身是否抖动。当感觉不明显时，可改为陡坡道起步。操作过程中，注意不要完全释放离合器踏板，避免汽车发生窜动而导致严重事故。

诊断与检查：首先应检查发动机支架、变速器、飞轮、飞轮壳等部件的固定螺栓是否松动，若有松动，则故障由此引起；否则，检查离合器踏板复位弹簧是否折断或脱落，若折断或脱落，则故障由此引起；否则，检查分离轴承复位情况，不复位则故障由此引起。如果均非以上三步检查结果所引发的故障，则应拆检离合器总成予以诊断与检查。

④ 离合器异响

故障现象 在汽车行驶过程中，踩下离合器踏板时发出异响，放松踏板时异响消失；或踩下、放松离合器踏板时都有异响。离合器异响往往在发动机启动后、汽车起步前离合器接合和分离时产生。

故障原因
  a. 分离轴承损坏或润滑不良。
  b. 踏板回位弹簧过软、折断，离合器踏板无自由行程。
  c. 分离轴承套筒与导管脏污，其回位弹簧过软、折断，使分离轴承回位不佳。
  d. 分离叉或其支架销、孔磨损松旷。
  e. 从动盘摩擦片铆钉松动、外露或摩擦片破裂、减振弹簧折断等。
  f. 离合器盖与压盘配合松动，从动盘花键配合松旷。
  g. 双片离合器中间压盘传动销、孔磨损松旷。

故障诊断与排除

故障确认：发动机怠速运转，拉紧驻车制动，变速器挂空挡，慢慢踩下离合器踏板，倾听响声变化；再缓缓放松离合器踏板，倾听响声变化。如此反复多次，均出现不正常响声，即为离合器异响。

诊断与检查：在变速器挂入空挡、发动机怠速运转时，控制离合器踏板，利用离合器分离与接合时发出的响声诊断其故障所在。

  a. 踏下离合器踏板少许，使分离杠杆与分离轴承接触。若听到有"沙沙"的响声，则为分离轴承响；若润滑分离轴承后仍然发响，则说明轴承磨损松旷。若继续踏下离合器踏板少许，并略提高发动机转速，如金属摩擦的响声增大，则说明分离轴承损坏。

b. 踩离合器踏板时感觉有沉闷的"咯噔"声，且离合器自由行程难以调整，则故障可能是发动机曲轴窜动（曲轴的轴向间隙过大）。

c. 将离合器踏板踩到底时，若听到一种"咔啦、咔啦"的响声，当反复改变发动机转速时，其响声会更明显，而松开离合器踏板后其响声消失，则对于双片式离合器来说，其异响多为中间压盘销孔与传动销磨损松旷撞击所致；对于单片式离合器，其异响多为离合器压盘与盖配合传力处松旷撞击所致。

在汽车起步时，控制离合器踏板，根据离合器发出的响声诊断其故障所在：

a. 逐渐放松离合器踏板，在离合器将要接合时听到尖锐啸叫，随即踏下踏板，响声消失，放松踏板响声又出现，这是从动盘钢片破碎或铆钉头外露刮碰压盘或飞轮所致或离合器摩擦表面出现硬化层。

b. 松开离合器踏板，在离合器结合、汽车起步时，若发出金属撞击声，且重车起步时更为明显，则为从动盘毂花键槽与变速器输入轴花键齿配合松旷或从动盘减振器弹簧折断或从动摩擦片装反等所致。

(3) 离合器主要零件故障诊断与检修

① 飞轮的诊断与检修　飞轮后端面易出现磨损、沟槽、翘曲和裂纹等。一般情况下，磨损沟槽深度超过 0.5mm，平面度误差超过 0.12mm，应修平平面。当飞轮工作面的端面圆跳动超过极限值时，需更换飞轮。

② 导向轴承的诊断与检修　导向轴承通常是永久性润滑而不需清洁或加注润滑油的。一般对导向轴承的检查方法是：一面用手转动轴承，一面向转动方向施加压力，如轴承卡住或阻力过大，则应更换导向轴承。更换导向轴承时，需用专用工具拆装。

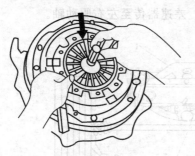
图 3-4　离合器压盘检测图（一）

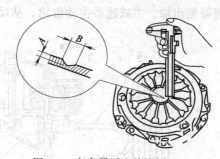
图 3-5　离合器压盘检测图（二）

③ 压盘和离合器盖的诊断与检修　压盘有严重的磨损或变形、出现裂纹、磨削后厚度小于极限值时，应更换新件。离合盖与飞轮的接合面应平整。如有翘曲、裂纹或变形，应更换新件。

④ 从动盘的诊断与检修　离合器从动盘的常见耗损有摩擦片的磨损、烧蚀、表面龟裂、油污、铆钉外露或松动等。使用不当时，还会出现扭转减振器弹簧折断、钢片与花键毂铆钉松动等问题。从动盘摩擦衬片表面严重磨损，应更换新片。磨损程度的检查方法：用游标卡尺测量铆钉头的深度，其最小深度一般在 0.3~0.5mm 范围内。从动盘摩擦衬片表面有烧焦、开裂、松动和扭转减振器弹簧折断时，应更换新片。新的或经修复的从动盘装配前应检验其端面圆跳动。超过允许值应进行校正，端面圆跳动的最大值一般在 0.5~0.8mm 范围内。

从动盘摩擦衬片表面严重油污，应更换新摩擦衬片并检查曲轴后油封与变速器输入轴的密封情况。

⑤ 膜片弹簧的诊断与检修　膜片弹簧因长时间使用，会出现弯曲、折断或弹力减弱的情况，进而影响动力的传递。

如图 3-4 所示，在膜片弹簧装复后，用塞尺和专用工具测量膜片弹簧分离指内端工作面与专用工具之间的间隙，如过大，则应调整膜片弹簧。

如图 3-5 所示，用游标卡尺测量膜片弹簧内端磨损深度 A 和宽度 B，超过极限值应更换。

⑥ 主缸和工作缸的检修　离合器主缸及工作缸的皮碗和密封圈、防尘罩，因磨损或老化而漏油应及时更换。缸筒、活塞磨损出沟槽或台阶，也应及时更换。

3.2.2　手动变速驱动桥故障诊断与排除

(1) 手动变速驱动桥的结构

车辆的实际使用情况非常复杂，如需要起步、急速停车、低速或高速行驶、加速、减速、爬坡、下坡、倒车等，这就要求汽车的驱动力和车速能在相当大的范围内变化，而目前广泛采用的汽车发动机的输出转矩和转速变化范围较小，为了解决这一矛盾，在传动系统中设置了变速器。

变速器具有变速变矩、使汽车前行、倒驶、利用空挡切断发动机的动力传递等功用，其主要由操纵机构、传动机构及壳体组成。变速器工作时，各零部件需适应运转速度的频繁变化，同时承受各种不同载荷，随汽车行驶里程的增加，磨损、变形也随之加大，各零件间的配合关系变坏，引起跳挡、乱挡、换挡困难、卡挡、异响、过热及漏油等一系列故障。

普通机械变速器常见故障部位和故障原因，如表 3-2 所示。

如图 3-6 所示为前置前驱手动变速驱动桥结构示意图，其动力从发动机经变速器输入轴、变速器输出轴、主减速器主动齿轮、从动齿轮、差速器传至左右驱动轴。

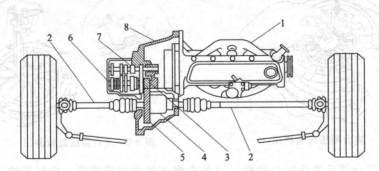

图 3-6　变速驱动桥结构示意图

1—发动机；2—驱动轴；3—主减速器主动齿轮；4—差速器；5—齿圈；6—变速器输出轴；
7—变速器输入轴；8—变速驱动桥壳

表 3-2　普通机械变速器常见故障部位和故障原因

序号	故障部位	故障现象及危害	故障原因
1	壳体	漏油,跳挡,松动,冲击振动,异响	破裂,端面不平,衬垫损坏,变形,形位误差超标
2	轴承	撞击,卡滞,异响	磨损松旷,座孔失圆,钢球、支架剥落
3	齿轮	跳挡,撞击,异响	齿面剥落,断裂,磨损松旷,齿轮不配套
4	第一轴	异响	与曲轴同轴度超差,键槽齿磨损
5	第二轴	轴向窜动,跳挡,异响	磨损,弯曲变形,固定螺母松动
6	同步器	跳挡,换挡困难	锁销松旷,锥盘、锥环磨损擦伤
7	锁止机构	跳挡,乱挡	磨损,失效
8	变速叉轴	跳挡,挂挡困难	磨损,弯曲变形

续表

序号	故障部位	故障现象及危害	故障原因
9	拨叉	齿轮不能正常啮合,跳挡	弯曲变形,磨损,固定螺钉松动
10	变速杆	换挡困难,乱挡	球头磨损,定位销松旷,下端面磨损
11	油封	漏油	损坏,密封不良

丰田威驰 1.3GL-i MT 型汽车传动系统采用发动机前置（横置）前轮驱动形式,装用的手动变速器为 C550 型,如图 3-7 所示。

该变速驱动桥操纵机构为拉索式,变速杆经控制拉索与变速驱动桥壳体上换挡和选挡杆轴曲柄连接,如图 3-8 所示。

主减速器为单级圆柱斜齿轮传动,主动齿轮（驱动小齿轮）与变速器输出轴制为一体。主减速器从动齿轮（齿圈）固定在差速器壳体上,通过两个差速器侧轴承安装在变速器壳上,如图 3-9 所示。

驱动轴与半轴齿轮内的花键啮合,动力经差速器壳体、两个行星小齿轮、半轴齿轮、驱动轴传递到车轮上。威驰车驱动轴内节为三叉式万向节,外节为球笼式万向节,如图 3-10 所示。

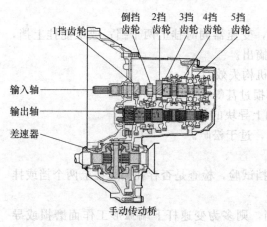

图 3-7 变速器驱动桥齿轮结构示意图

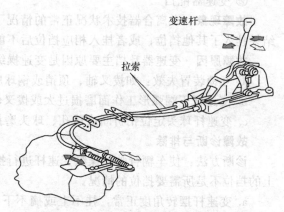

图 3-8 变速器驱动桥操纵机构示意图

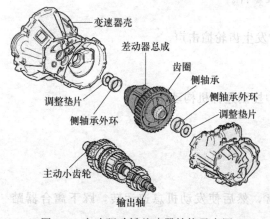

图 3-9 变速驱动桥差速器结构示意图

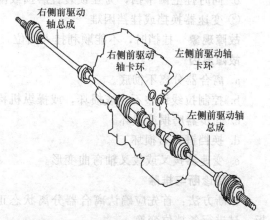

图 3-10 变速驱动桥传动轴结构示意图

(2) 手动变速驱动桥常见故障诊断

变速驱动桥的常见故障主要有变速器掉挡、乱挡、挂挡困难、异响、漏油等。

① 变速器掉挡（自动脱挡）

故障现象 汽车在起步、加速、减速或爬坡时，变速杆自动跳回空挡位置且伴随有发动机转速突然升高现象。

故障原因 变速器掉挡（自动脱挡）的故障实质是变速啮合齿轮副不能完全啮合或完全啮合后未能充分锁止。

a. 变速器操纵机构（变速杆球头肖、导轨及轴孔、拨叉等）磨损或调整不当。
b. 自锁装置的钢球或拨叉轴凹槽磨损严重，自锁弹簧疲劳过软或折断。
c. 拨叉与啮合套、啮合套与齿毂、齿毂锁片、锁片弹簧等磨损或调整不当。
d. 啮合套与同步器、同步器与挡位啮合齿、啮合套与挡位啮合齿齿面磨损或间隙不当。
e. 挡位啮合齿轮副间的轴向或径向间隙过大。
f. 同步器磨损或损坏等。

故障诊断与排除

a. 观察掉挡齿轮的啮合情况：未达到全长啮合，则故障由此引起。
b. 检查啮合部位磨损情况：磨损成锥形，则故障可能由此引起。
c. 检查第二轴上该挡齿轮和各轴的轴向和径向间隙，间隙过大，则故障可能由此引起。

② 变速器乱挡

故障现象 在离合器技术状况正常的情况下，变速器同时挂上两个挡；或虽能挂上挡，结果挂入了其他挡位；或者挂入相应挡位后不能摘出。

故障原因 变速器乱挡主要原因是变速操纵机构失效。
a. 互锁装置失效：如拨叉轴、顶销或钢球磨损过甚等。
b. 变速杆下端弧形工作面磨损过大或拨叉轴上导块的导槽磨损过大。
c. 变速杆球头定位销折断或球孔、球头磨损，过于松旷。

故障诊断与排除

诊断方法：使车辆行驶，操纵变速杆进行换挡试验，检查是否存在同时挂上两个挡或挂上的挡位不是所需要挡位的情况。

a. 变速杆摆转角度正常，挂不上或摘不下挡，则多为变速杆下端弧形工作面磨损或导槽磨损导致变速杆下端从导槽中脱出。
b. 同时挂上两个挡，为互锁装置磨损或漏装零件。

③ 变速器换挡或挂挡困难

故障现象 挂挡时，不能顺利挂入挡位，常发生齿轮撞击声。

故障原因
a. 离合器分离不彻底。
b. 控制拉线调整不当或损坏，或操纵机构中控制连杆机构动作不良。
c. 同步器磨损或损坏。
d. 换挡键弹簧损坏。
e. 变速器拨叉或拨叉轴弯曲变形。

故障诊断与排除

诊断方法：首先应确认离合器分离状态正常，然后使发动机怠速运转，踩下离合器踏板，试进行各挡位变换。

排除方法：

a. 汽车行驶时发生换挡困难现象，首先应检查离合器分离是否彻底，操纵机构是否调整不当或卡滞。

b. 若上述检查情况良好，应拆开变速器盖，检查变速器拨叉、拨叉轴是否弯曲变形，自锁和互锁钢球是否损坏，弹簧是否过硬。

c. 如上述检查正常，应检查同步器是否损坏，主要检视：同步器是否散架，同步器锥环内锥面螺纹是否磨损，滑块是否磨损，弹簧弹力是否过软。

④ 变速驱动桥漏油

故障现象　变速驱动桥壳体外围出现齿轮润滑油，变速驱动桥齿轮箱的油量减少。

故障原因

a. 润滑油选用不当，产生过多泡沫，或润滑油量太多。

b. 变速盖与壳体间安装松动或密封垫损坏。

c. 油封磨损、变形或损伤，通气孔堵塞、放油螺塞松动。

d. 变速驱动桥壳体破裂或制造缺陷。

e. 车速里程表接头或传感器锁紧装置松脱或破损。

故障诊断与排除

诊断方法：按油迹部位检查油液泄漏原因。

排除方法：

a. 检查调整变速驱动桥油量。检查齿轮油质量，如质量不佳，应更换合适的齿轮油。

b. 疏通堵塞的通气口，更换损坏的密封垫和油封。

c. 更换损坏的变速驱动桥壳。

d. 紧固松动的变速驱动桥盖、壳螺栓及放油螺塞。

e. 拧紧车速表接头或传感器锁紧装置，如果锁紧装置破损，应予以更换。

⑤ 变速驱动桥过热

故障现象　汽车在行驶过程中，可听到金属摩擦声，行驶一段路程后，用手触摸变速驱动桥壳有过热烫手的感觉。

故障原因

a. 齿轮油不足、齿轮油黏度过小或型号不对。

b. 齿轮啮合间隙过小。

c. 轴承装配过紧。

故障诊断与排除

a. 用红外温度计测量壳体表面温度或油温，壳体超过 55℃ 或油温超过 60℃，即过热；如现场无红外温度计则可用手瞬时触摸壳体表面有明显烫手感觉，即可初步判定变速驱动桥过热。

b. 检查油面和油质：必须按原厂规定的规格型号及油量加注合适的润滑油。

c. 新修理的变速驱动桥应检测齿轮啮合间隙是否过小，轴承紧度是否合适。

⑥ 驱动轴故障

故障现象

a. 润滑脂从传动轴防尘罩中溢出。

b. 汽车转向时外侧万向节处出现"咔嗒"声。

c. 汽车加速或减速时内侧万向节处出现金属敲击声。

d. 汽车加速时有振动或抖动。

故障原因

a. 防尘罩破裂。

b. 传动轴外侧万向节磨损。

c. 传动轴内侧万向节磨损。

故障诊断与排除

a. 用举升机将汽车举升起来。

b. 把一个车轮的前端向外偏转，使外侧防尘罩完全显露出来，边旋转轮胎，边用手指放在防尘罩的折叠处检查有无裂缝或撕裂痕迹；当防尘罩出现破损和泄漏时，还需要检查万向节润滑脂的污损情况。

c. 把内侧防尘罩的折叠部分撇开，进行彻底检查。

d. 重复上述步骤检查另一根传动轴。

⑦ 手动变速器异响故障诊断

故障现象 变速驱动桥发响是指变速器工作时发出的不均匀的碰撞声。由于变速器内相对运动的机件较多，故发出不均匀的响声也较复杂。

故障原因

a. 齿轮发响。齿轮间隙过大，运转中有冲击；齿面啮合不良，齿轮与轴上的花键配合松旷。

b. 轴承响。轴承磨损严重；轴承内（外）座圈与轴颈（孔）配合松动；轴承滚珠碎裂或有烧蚀麻点。

c. 其他原因发响。如变速器内缺油，润滑油过稀、过稠或质量变坏。

故障诊断与排除 在判断变速器异响故障时，应根据响声的不均匀程度，出现的时机和发响的部位来判断响声的原因。

a. 变速器发出金属干摩擦声，即为缺油或油的质量不好。应加油和检查油的质量，必要时更换。

b. 行驶中若换入某挡时响声明显，即为该挡齿轮轮齿磨损；若发生周期性的响声，则为个别齿损坏。

c. 变速器工作时发生突然撞击声，多为轮齿断裂。

(3) 手动变速驱动桥主要零件故障诊断与检修

① 变速器壳体 变速驱动桥壳体的主要损伤形式有壳体的变形、裂纹，轴承孔磨损、螺纹孔损伤等。

a. 变速器壳体的裂纹：对受力不大部位的裂纹，可用环氧树脂黏结修复；重要和受力较大部位的裂纹，可选择焊修。

b. 变速器壳体的变形：将造成各轴轴线间的平行度误差，轴心距改变，破坏齿轮副啮合精度，造成轮齿表面的阶梯形磨损，齿面上有冲击载荷时，就会形成变速器的早期自动脱挡故障。检查时，对三轴式变速器用专用量具检查。

(a) 各轴承孔公共轴线间的平行度、轴心距。

(b) 上孔轴线与上平面间的距离。

(c) 前后两端面的平面度。两轴式变速器的壳体一般由前、后两部分组成，其变形主要是检查输入轴与轴出轴的平行度及前后壳体接合面的平面度。当上述各项检查超过规定时，应进行更换或修复。

c. 壳体螺孔损伤：壳体上所有连接螺孔的螺纹损伤不得多于 2 牙。螺纹孔的损伤可用换加粗螺栓或焊补后重新钻孔攻丝的方法修复。

② 齿轮与花键 齿轮的主要损伤形式有齿面、齿端磨损，齿面疲劳剥落、腐蚀斑点，轮齿破碎或断裂等。

a. 齿轮的啮合面上出现明显的疲劳麻点、麻面、斑疤或阶梯形磨损时，必须更换。齿面仅有轻微斑点或边缘略有破损时，可用油石修磨后继续使用。

b. 固定齿轮或相配合的滑动齿轮的端面损伤不得超过齿长的15%。

c. 齿轮齿面的啮合面中线应在齿高的中部，接触面积不得小于工作面的60%。

d. 齿轮与齿轮、径向间隙和轴向间隙应符合维修手册规定。

检查齿轮内径和齿轮轴外径如图3-11所示。检查换挡拨叉内径和厚度如图3-12所示。检查齿轮的止推间隙如图3-13所示。检查齿轮径向间隙如图3-14所示。

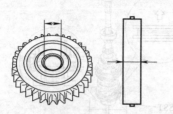

图3-11 检查齿轮内径和齿轮轴外径

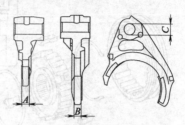

图3-12 检查换挡拨叉内径和厚度

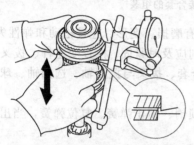

图3-13 检查齿轮的止推间隙

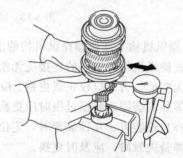

图3-14 检查齿轮径向间隙

③ 轴　轴的主要损伤形式为变形、裂纹、轴颈和花键齿的磨损等。

检查轴体上不得有任何性质的裂纹，否则必须更换。

检查轴齿、花键齿的操作。

用百分表检查轴的变形，用千分尺检查各轴颈的磨损，超过规定值时应更换。

输入轴和输出轴轴颈外径测量如图3-15所示。

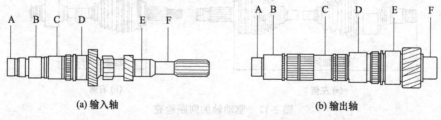

(a) 输入轴　　　　　　　　　　　(b) 输出轴

图3-15 输入轴和输出轴轴颈外径测量

④ 轴承　变速器的轴承主要有球轴承、推力轴承、滚针轴承及锥轴承等，轴承的主要损伤形式为磨损、疲劳点蚀及破裂等。检查轴承的径向间隙，间隙不得超过规定值；检查滚动轴承与承孔、轴颈或齿轮的配合，应符合技术条件要求，否则应更换。

⑤ 锁环式同步器　锁环式惯性同步器的主要损伤形式有锁环内锥面螺纹槽磨损、滑块磨损、弹簧弹力减弱或断裂、接合套和花键毂的花键齿损伤。锁环与滑块的磨损会降低换挡过程的同步作用，锁环与接合套的接合齿端（锁止角）磨损会使同步器失去锁止作用。

锁环的检查：将锁环压到接合齿圈锥面上，按压转动锁环时要有阻力，用塞尺测量锁环与接合齿端面之间的间隙应符合规定值。

注意：同步器接合套与花键毂应作为一组同时更换。检查齿轮及齿圈齿端、齿圈外锥面及齿轮轴孔的磨损过限应更换。同步器滑块顶部凸起磨损出现沟槽，会使同步作用减弱。因此，当滑块顶部磨出沟槽时，必须更换。锁环的接合齿端磨秃，使锁环力矩减弱或消失，亦会导致换挡困难。同步器花键毂和接合套的组装如图 3-16 所示。

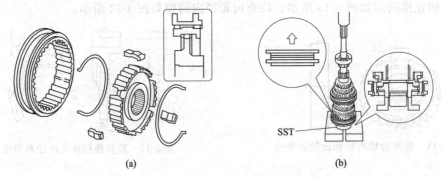

图 3-16 同步器花键毂和接合套的组装

⑥ 操纵机构　变速器操纵机构的主要损伤形式有磨损、变形、连接松动和弹性失效等。

检查操纵机构各零件的连接应无松动现象，否则应及时紧固。检查变速杆、拨叉、拨叉轴等应无变形，否则应校正或更换。检查拨叉与接合套、拨叉与拨叉轴、选挡轴、球头销与尼龙套等处的磨损，磨损过限时应更换。

检查自锁装置、互锁装置时，定位钢球、定位锁销、锁止弹簧、复位弹簧，当出现磨损过限或弹簧失效时，应及时更换。

⑦ 驱动轴　驱动轴的主要损伤形式有防尘罩、卡箍、弹簧挡圈等损坏，驱动轴弯曲，万向节磨损等，导致动平衡失常。检查驱动轴护套的整个外围是否有任何裂纹或者其他损坏，是否有任何油脂渗漏。检查护套卡箍，确保其已经正确安装并且没有损坏。用百分表测量轴外圆的径向圆跳动量，最大弯曲度不能超过 1mm，超过时应更换新件。拆检万向节组件时，若有明显凹陷、磨损过度、裂纹和麻点，则更换万向节总成。

驱动轴的间距检查如图 3-17 所示。

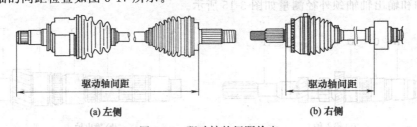

图 3-17 驱动轴的间距检查

3.2.3　万向传动装置故障诊断与排除

(1) 万向传动装置结构

对于前置后驱的汽车，由于发动机、变速器等支承在车架上，而驱动桥则通过悬架系统与车架相连，因此，从变速器到驱动桥的动力传递要通过万向传动装置来实现。万向传动装置的作用是在轴间夹角及相互位置经常变化的变速器与驱动桥之间传递动力。万向传动装置主要由万向节、传动轴组成，必要时还加装一个中间支承。如图 3-18 所示为传动轴在丰田皇冠轿车上的装配位置及相关零部件的组成。

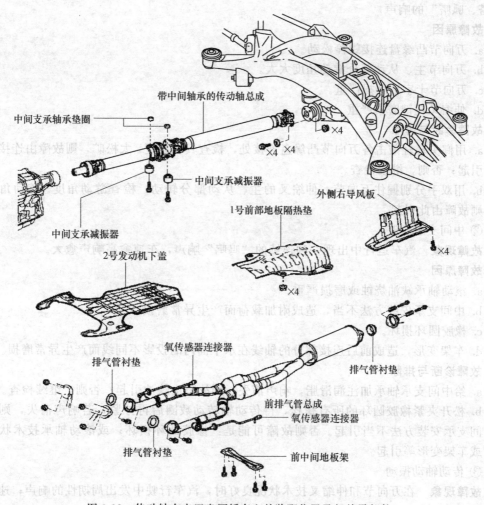

图 3-18 传动轴在丰田皇冠轿车上的装配位置及相关零部件

万向传动装置的常见故障是异响与振抖,根据声响的部位可分为万向节异响,传动轴和中间支承异响与振抖等。万向节轴承磨损松旷、各连接处的松动、传动轴的弯曲变形、不平衡等,均可导致异响与振抖。万向传动装置的常见故障部位和故障原因见表 3-3。

表 3-3 万向传动装置的常见故障部位和故障原因

序号	故障部位	故障现象及危害	故 障 原 因
1	传动轴	严重摆振	凹陷、弯扭变形、安装不当、平衡块脱落
2	万向节	异响	装配不当、转动不灵活、轴颈磨损
3	中间支承	异响	装配歪斜、支架螺栓松动、减振胶垫裂损
4	中间轴承	异响	润滑不良、内座圈松旷、轴承损坏
5	十字轴轴承	异响	轴颈磨损松旷、滚针断碎、润滑不良
6	万向节滑动叉	异响	花键齿配合松旷、轴承座孔磨损

(2) 传动轴常见故障诊断与检测

① 万向节和伸缩叉异响

现象 在汽车起步或突然加减速时,传动轴发出"咣"的响声;在汽车缓行时,发出

"呱嗒、呱嗒"的响声。

故障原因

a. 万向节凸缘盘连接螺栓松动。

b. 万向节主、从动部分游动角度太大。

c. 万向节十字轴磨损严重。

d. 伸缩叉花键磨损严重。

故障诊断与排除

a. 用榔头轻轻敲击各万向节凸缘盘连接处，检查其松紧度。太松旷，则故障由连接螺栓松动引起；否则，继续检查。

b. 用双手分别握住万向节、伸缩叉的主、从动部分转动，检查游动角度。游动角度太大，则故障由此引起。

② 中间支承松旷

故障现象 汽车运行中出现一种连续的"呜呜"响声，车速愈高响声愈大。

故障原因

a. 滚动轴承缺油烧蚀或磨损严重。

b. 中间支承安装方法不当，造成附加载荷而产生异常磨损。

c. 橡胶圆环损坏。

d. 车架变形，造成前后连接部分的轴线在水平面内的投影不同线而产生异常磨损。

故障诊断与排除

a. 给中间支承轴承加注润滑脂，响声消失，则故障由缺油引起；否则，继续检查。

b. 松开夹紧橡胶圆环的所有螺栓，待传动轴转动数圈后再拧紧，若响声消失，则故障由中间支承安装方法不当引起。否则故障可能是：橡胶圆环损坏；或滚动轴承技术状况不佳；或车架变形等引起。

③ 传动轴动振动

故障现象 在万向节和伸缩叉技术状况良好时，汽车行驶中发出周期性的响声；速度越高响声越大，甚至伴随有车身振动，握转向盘的手感觉麻木。

故障原因

a. 传动轴上的平衡块脱落。

b. 传动轴弯曲或传动轴管凹陷。

c. 传动轴管与万向节叉焊接不正或传动轴未进行过动平衡试验和校准。

d. 伸缩叉安装错位，造成传动轴两端的万向节叉不在同一平面内，不满足等角速传动条件。

故障诊断与排除

a. 检查传动轴管是否凹陷：有凹陷，则故障由此引起；无凹陷，则继续检查。

b. 检查传动轴管上的平衡片是否脱落：如脱落，则故障由此引起；否则，继续检查。

c. 检查伸缩叉安装是否正确：不正确，则故障由此引起；否则，继续检查。

d. 拆下传动轴进行变形检查、动平衡试验：若弯曲应校直。动不平衡，则应校准以消除故障。

（3）万向传动装置主要零件的故障诊断与检修

① 传动轴 传动轴的主要损伤形式有弯曲、轴管凹陷或裂纹等。

检查传动轴轴管不得有裂纹及严重的凹瘪，否则应更换。

检查传动轴的弯曲。用V形块水平架起传动轴并旋转，用百分表在轴的中间部位测量。

传动轴轴管全长上的径向全跳动公差应符合原厂规定，否则，应校正或更换。

检查中间传动轴支承轴颈的径向圆跳动公差为 0.10mm。当传动轴轴管的径向全跳动误差超过规定时，应更换。

检查传动轴花键与滑动叉花键、凸缘叉与所配合花键的侧隙：乘用车应不大于 0.15mm，其他类型汽车应不大于 0.30mm，否则应更换。

② 万向节叉、十字轴及轴承　万向节叉、十字轴及轴承的主要损伤形式为裂纹、磨损和疲劳剥落。

检查万向节叉和十字轴上不得有裂纹，否则应更换。

检查滚针轴承的油封失效、滚针断裂、轴承内圈疲劳剥落时，应更换。

检查十字轴轴颈表面有疲劳剥落、磨损沟槽或滚针压痕深度在 0.10mm 以上时，应更换。十字轴与轴承的最小、最大配合间隙应符合原厂规定。

③ 中间支承　中间支承的常见损伤形式是橡胶老化、轴承磨损等。

拆下中间支承前，可以在中间支承周围摇动传动轴，检查中间支承轴承的松旷程度，分解后，进一步检查轴承的轴向和径向间隙是否符合原厂规定。中间支承经使用磨损后，需及时检查和调整，以恢复其良好的技术状况。

检查中间支承的旋转是否灵活，橡胶垫环、油封是否损坏而失效，否则应更换。

④ 传动轴管焊接组合件　传动轴管焊接组合件经维修后，原有的动平衡已不复存在。因此，传动轴管焊接组合件（包括滑动套）应重新进行动平衡试验。一般情况下，乘用车传动轴两端任一端的动不平衡量应不大于 10g·cm。传动轴管焊接组合件的平衡调整可在轴管的两端加焊平衡片，每端最多不得多于 3 片。

⑤ 万向传动装置的装配　万向传动装置装配时，应注意装配位置对其传动速度特性的影响，装配时应注意以下问题。

a. 清洁零件　待装零件应彻底清洗，特别是十字轴的油道、轴颈和滚针轴承，最好用清洁的煤油清洗后，用压缩空气吹干。装配时，应避免磕碰，并注意传动轴管两端点焊的平衡片是否脱落。

b. 核对零件的装配标记　应认真核对十字轴及万向节叉、十字轴及短传动轴和滑动叉及花键轴管等的装配标记，按原标记装配。在安装滑动叉时，特别要保证传动轴两端万向节叉的轴承承孔轴线位于同一平面上，其位置误差应符合原厂规定。

c. 十字轴的安装　十字轴上的加油螺孔，要朝向传动轴以便注油；两偏置滑脂嘴应间隔 180°，以保持传动轴的平衡。

d. 中间支承的安装　将中间支承对正后压入中间传动轴的花键凸缘内。压入时，不允许用榔头敲打轴承，以防止轴承内圈挡边破裂。紧固中间支承的前后轴承盖上的三个紧固螺栓时，应支起后轮，边转动驱动轮边紧固，以便自动找正中心。

e. 加注润滑脂　用润滑脂枪加注汽车通用的锂基 2 号或二硫化钼锂基脂。加注时，量要适当，以从油封刃口处或中间支承的气孔能看到有少量新润滑脂被挤出为宜。

3.2.4　驱动桥故障诊断与排除

(1) 驱动桥的功用与组成

驱动桥的功用是将由万向传动装置传来的发动机转矩传给驱动车轮，并经过降速增矩、改变动力传动方向，使汽车行驶，而且允许左右驱动车轮以不同的转速旋转。

驱动桥一般是由主减速器、差速器、半轴、桥壳等组成，其结构简图如图 3-19 所示。主减速器的功用是降速增矩，改变动力传动方向（主减速器为一对圆锥齿轮时）；差速器的

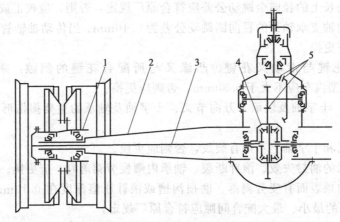

图 3-19 驱动桥的组成
1—轮毂；2—桥壳；3—半轴；4—差速器；5—主减速

功用是允许左右驱动车轮以不同的转速旋转；半轴的功用是将动力由差速器传给驱动车轮。

驱动桥是传动系统中最后一个总成，发动机的动力传到驱动桥后，首先经过主减速器将转矩放大、转速降低后，再经过差速器分配给左、右两根半轴，最后通过半轴外端的凸缘传递到驱动车轮的轮毂上。

(2) 驱动桥的故障诊断

驱动桥在使用过程中，除要传递很大的转矩外，还要承受来自驱动轮的冲击载荷，从而会导致各齿轮和轴承严重磨损，半轴和桥壳的变形、开裂，各配合副磨损严重，零部件损坏，从而导致驱动桥异响、过热以及漏油等故障发生。

① 驱动桥异响

故障现象

a. 行驶时驱动桥有异响，脱挡滑行时异响减弱或消失。

b. 行驶时驱动桥有异响，脱挡滑行时亦有异响。

c. 汽车直线行驶时无异响，当汽车转弯时驱动桥处有异响。

d. 汽车上坡或下坡时后桥有异响，或上、下坡时驱动桥都有异响。

e. 车轮有运转噪声或沉重的异响。

故障原因

a. 圆锥和圆柱主从动齿轮、行星齿轮、半轴齿轮啮合间隙过大；半轴齿轮花键槽与半轴的配合松旷；主、从动锥齿轮啮合不良；圆锥和圆柱主从动齿轮啮合间隙不均；齿轮齿面损伤或轮齿折断。

b. 主动锥齿轮轴承松旷；主动圆柱齿轮轴承松旷；差速器圆锥滚子轴承松旷；后桥中某个轴承由于预紧力过大，导致间隙过小；主、从动锥齿轮调整不当，间隙过小。

c. 差速器行星齿轮半轴齿轮不匹配，使其啮合不良；行星齿轮、半轴齿轮磨损或折断；差速器十字轴轴颈磨损；行星齿轮支承垫圈磨薄；行星齿轮与差速器十字轴卡滞或装配不当（如行星齿轮支承垫圈过厚），使行星齿轮转动困难；减速器从动齿轮与差速器壳的紧固铆钉松动。

d. 驱动桥某一部位的齿轮啮合间隙过小，导致汽车上坡时发响；后桥某一部位的齿轮啮合间隙过大，导致汽车下坡时发响；后桥某一部位的齿轮啮合印痕不当或齿轮轴支承轴承松旷，导致汽车上、下坡时都发响。

e. 车轮轮毂轴承损坏，轴承外圈松动；制动鼓内有异物；车轮轮辋破碎；车轮轮辋轮胎螺栓孔磨损过大，使轮辋固定不牢。

故障诊断与排除　驱动桥异响故障的诊断与排除通常要根据异响部位及异响时机的不同来判断导致异响的具体原因。

a. 驱动桥异响，但脱挡滑行时，异响会减弱或消失。该种现象主要是主减速器主从动齿轮、差速器行星齿轮、半轴齿轮以及半轴齿轮与花键轴等部位磨损，啮合间隙过大所致。如果响声严重，且呈周期性出现，则很可能是个别齿轮轮齿断裂。

b. 驱动桥异响，脱挡滑行时响声依旧。驱动桥的异响如果与脱挡滑行无关时，很可能是主减速器轴承、差速器轴承等严重磨损或差速器轴承调整螺母松旷等原因所致。如果异响同时伴随发热，则很有可能是润滑油量不足。

c. 汽车直线行驶时无异响，转弯时发生异响。或异响仅发生于汽车转弯时，则其主要原因在差速器，可能是行星齿轮或半轴齿轮磨损、行星齿轮或半轴齿轮的止推垫严重磨损等原因。此外，还有可能是轮毂轴承松动所致。

② 驱动桥过热

故障现象　汽车行驶一段里程后，用手探试驱动桥壳中部或主减速器壳，有无法忍受的烫手感觉。

故障原因

a. 齿轮油变质、油量不足或牌号不符合要求。

b. 轴承调整过紧。

c. 齿轮啮合间隙和行星齿轮与半轴齿轮啮合间隙调整太小。

d. 推力垫片与主减速器从动齿轮背隙过小。

e. 油封过紧和各运动副、轴承润滑不良而产生干（或半干）摩擦。

故障诊断与排除　驱动桥过热故障检查时要根据驱动桥各部分受热情况。若局部过热，则原因如下：

a. 油封处过热，则故障由油封过紧引起。

b. 轴承处过热，则故障由轴承损坏或调整不当引起。

c. 油封和轴承处均不过热，则故障由推力垫片与主减速器从动齿轮背隙过小引起。

d. 若驱动桥壳普遍过热，则：

检查齿轮油油面高度：油面太低，则故障由齿轮油油量不足引起；否则检查齿轮油规格、黏度或润滑性能。

检查结果不符合要求，则故障由齿轮油变质或规格不符引起；否则检查主减速器齿轮啮合间隙的大小。

松开驻车制动器，变速器置于空挡，轻轻转动主减速器的凸缘盘；若转动角度太小，则故障由主减速器齿轮啮合间隙太小引起；若转动角度正常，则故障由差速器行星齿轮与半轴齿轮啮合间隙太小引起。

③ 驱动桥漏油

故障现象　从驱动桥加油口、放油口螺塞处或油封、各接合面处可见到明显漏油痕迹。

故障原因

a. 加油口、放油口螺塞松动或损坏。

b. 油封磨损、硬化，油封装反，油封与轴颈不同轴，油封轴颈磨成沟槽。

c. 接合平面变形、加工粗糙、密封衬垫太薄、硬化或损坏，紧固螺钉松动或损坏。

d. 通气孔堵塞。

e. 桥壳有铸造缺陷或裂纹。

f. 齿轮油加注过多，运转中壳体内压增高，使齿轮油渗出。

故障诊断与排除方法　根据漏油痕迹的部位判断漏油的具体原因。

3.3　电控自动变速器故障诊断与检测

电子控制自动变速器通常由液力变矩器、齿轮变速系统、电子控制系统、液压系统和辅助系统组成，结构较为复杂。其故障排除的效率取决于对故障特征的合理检测，以及对故障部位的确切诊断。尽管自动变速器的型号各异、结构不同，但它们的工作原理基本相同，所以对其检测与诊断也有规律可循。

3.3.1　电控自动变速器诊断检测基本原则

进行电子控制自动变速器检测与诊断时的基本原则如下：

① 保证自动变速器工作的基本条件。

② 常见的故障部位优先考虑，先易后难、逐步深入。

③ 充分利用故障自诊断系统，尽量缩小故障范围。

④ 尽量利用试验数据诊断故障的原则。自动变速器的各项试验项目可提供大量的数据，将这些数据与标准数据比较，可以确定自动变速器的故障所在。

3.3.2　电控自动变速器的故障诊断程序

① 分清故障部位。分清故障是发动机电控系统还是自动变速器液压控制系统、电控系统或是机械系统引起的。

② 坚持先简后难、逐步深入的原则。按故障的难易程度，先从最简单、最容易检查的部位入手；从那些最易于接近的部位、易被忽视的部位和影响较大的因素开始；最后再深入到实质性故障。

③ 充分利用自动变速器各检验项目（基本检查、失速试验、油压试验、换挡延迟试验、道路试验和手动换挡试验等），为查找故障提供思路和线索。

④ 必须在拆检之后才能确诊的故障，应是故障诊断的最后程序。不要轻易分解液力自动变速器，否则不但不能确诊故障原因和部位，还可能在分解过程中出现新的故障。

⑤ 充分利用电控自动变速器的故障自诊断功能。

⑥ 在进行检测与诊断前，应先阅读有关故障检测指南、使用说明书和维修手册，掌握必要的结构原理图、油路图、电控系统电路图等有关技术资料。

3.3.3　电控自动变速器的故障诊断方法

自动变速器工作性能的好坏取决于发动机、变速器机械系统、液压控制系统和电子控制系统。因此，当自动变速器工作异常或出现故障时，不要急于给故障下结论，更不要盲目地分解自动变速器，而是应按一定的程序和步骤，通过对自动变速器的检测，弄清故障的现象，缩小故障存在的范围，确定故障存在的系统部位，然后按系统进行故障的诊断和排除。

(1) 电控系统故障诊断

自动变速器电子控制系统主要由电控单元、传感器及控制电磁阀组成。传感器反映车速、节气门开度、操纵手柄位置及发动机冷却液温度等信息，并以电信号的形式送给ECU，ECU则据此确定换挡时刻和锁止时刻，并相应地控制液压控制系统的电磁阀，从而实现对换挡时刻和锁止时刻的精确控制。当电控系统出现故障时，其故障存在的部位应为传感器、

ECU、控制电磁阀及其控制电路。现代汽车电子控制自动变速器都具有故障自诊断功能，故障诊断时维修人员应尽量利用系统的自诊断结论进行故障排除，当无故障码而故障又确实存在于电控系统时，则应根据故障现象进行故障诊断。

① 利用汽车故障电脑诊断仪诊断　诊断时，将诊断仪和汽车上的专用故障诊断插座连接，点火开关置于"ON"位置，输入汽车的型号和车辆识别码，诊断仪就能从软件中调出相应的检测程序，按检测人员的要求进行如下工作：

a. 故障码的读取。按照一定的操作方式进入系统的自诊断模式，调出自动变速器的故障码。通过故障码的读取，可对自动变速器电控系统中大部分传感器及开关线路的短路、断路以及传感器或开关损坏所导致的无输出信号等故障进行诊断。

b. 故障码的清除。当系统故障排除后，应清除故障码。故障码的清除可通过汽车故障电脑诊断仪发出指令来进行。

c. 电子控制系统工作过程的检测。诊断仪可对电控单元及其控制电路、传感器、执行器及开关等进行检测，并可将电控单元的运行情况和各输入、输出电信号瞬时值，如各传感器的信号、电控单元的计算结果、控制模式以及向各执行器发出的控制信号等电路诊断参数在屏幕上显示出来。检测人员可将检测数据与标准值进行比较，从而准确地判断出故障发生的部位。

d. 对汽车进行模拟试验。通过诊断仪向电控单元发出指令，对汽车进行模拟试验。例如：模拟汽车加速、换挡等各种行驶状态，检测电子控制自动变速器的 ECU 发出的换挡控制、锁止控制、油压控制等各种控制信号是否正常；模拟某个电磁阀工作，检查其性能是否正常等。这种功能特别适合于诊断自动变速器电控系统执行器及其控制路的故障。

e. 路试诊断。在汽车行驶过程中，利用汽车故障电脑诊断仪诊断故障效果较好。行驶时，诊断仪检查 ECU 发出换挡控制信号的时刻，可以准确地判断 ECU 的换挡控制是否正常。若换挡控制不正常，发出换挡信号的时刻太早、太迟或没有发出换挡信号，则说明控制系统的 ECU、传感器或控制电路有故障；若换挡控制信号正常，但 ECU 发出信号后自动变速器没有响应，则说明换挡电磁阀或控制电路有故障；若 ECU 发出换挡信号后自动变速器有响应，但出现打滑现象，则可以准确地判断出打滑的是哪一个挡位或哪一个换挡执行元件，从而有针对性地进行拆修。

② 根据故障现象进行故障诊断　自诊断系统不能检测出电控系统中所有类型的故障，特别是部分执行器的故障以及传感器精度误差引起的故障。在无故障码或不能取得故障码的情况下，对自动变速器电控系统的故障，应根据故障现象进行故障分析，并通过检测工具和一定的检测手段以及被测车型的详细维修技术资料进行故障诊断。一般是检查与电路有关的外观及常出故障的部位，具体如下：

a. 检查蓄电池电压，其电压应符合标准。

b. 自动变速器电控系统外观检查，主要检查导线是否破裂、损坏，接线柱、插接器、接地线是否腐蚀、松动、接触不良。可通过万用表电阻挡检查导通状况，当系统工作时可通过电压挡测量电压降以及目检来诊断。

c. 检查自动变速器电控系统的熔丝是否烧断，可用万用表进行精确检查。

(2) 传感器故障诊断

传感器故障可以用万用表、示波器、检测仪等设备进行检测诊断。检测时，利用专用的检测接线盒插孔可以快速诊断故障。

(3) 控制电磁阀故障诊断

① 控制电磁阀工作异常的原因主要是：

  a. 电磁阀线圈短路或断路。
  b. 电磁阀阀芯卡滞。
  c. 电磁阀电源或控制信号异常。
  ② 自动变速器控制电磁阀的类型有脉冲式（如压力调节电磁阀）和开关式（如换挡电磁阀）两种，故障的诊断方法基本相似。

开关式电磁阀常规诊断步骤如下：
  a. 检查电磁阀的电阻。
  b. 检查电磁阀的动作。
  c. 检查电磁阀线路。
  d. 路试检查。

(4) 自动变速器 ECU 故障诊断

  ECU 通常具有较高的工作可靠性，出故障的概率较小，但 ECU 一旦出故障将导致自动变速器电子控制系统完全失常。ECU 故障诊断的常用方法如下：

  ① 利用 ECU 端子标准参数进行诊断　ECU 端子标准参数是指自动变速器处于正常工作状态时，在规定的测量条件下，其 ECU 各端子具有的电压值。利用 ECU 端子的标准参数进行诊断，就是通过测量 ECU 各端子的工作电压来判断 ECU 工作是否正常的一种方法。具体操作方法如下：
  a. 将点火开关置于"ON"位置。
  b. 按照规定的测量条件，操作自动变速器。
  c. 将电压表测试笔从 ECU 插接器的背部（即线束侧）插入，测试各端子与接地线间的电压。

  在测试 ECU 端子的工作电压时应注意：检测前，应将各插头、ECU 电源确切可靠地连接，并确保蓄电池电压正常；必须使用高阻抗的电压表，低阻抗的电压表可能会损坏 ECU。

  ② 通过比较法诊断　比较法是利用性能良好的同型号的自动变速器 ECU 替换可疑 ECU 而进行故障诊断的一种方法。该法是诊断 ECU 的主要方法，在实际检测中得到了广泛应用。

  ③ 通过检测 ECU 输出信号诊断　若 ECU 的输入信号正常而输出信号不正常，则 ECU 可能存在故障。正常情况下，ECU 发出的换挡信号电压与换挡的挡位具有严格的对应关系，随挡位升高，万用表指示电压将作阶跃性增大，每次电压增大的时刻即为 ECU 发出升挡控制信号的时刻。若测出的信号电压与规定的标准电压不符，则说明换挡控制信号不正常。若 ECU 输入信号正常，则可能 ECU 存在故障或控制电路存在故障。

(5) 机械及液压控制系统故障诊断

  若确认自动变速器控制电控系统无故障，而自动变速器仍然不能正常工作，则表明机械或液压控制系统存在故障。机械及液压控制系统的故障多集中在液压控制机构的堵、漏、卡和执行元件的磨损、失调等方面。通常可通过机械试验，即失速试验、液压试验、时滞试验及道路试验加以区分和诊断。

  有些机械或液压控制系统故障可能由多种原因引起或者说有多个产生故障的部位，其故障的诊断通常比较复杂，因而要做到真正的确诊故障，必须要熟悉其结构、原理、诊断标准及故障机理分析。通常将自动变速器机械及液压控制系统常见故障的诊断方法制成诊断表，人们可参考故障诊断表进行故障诊断。各种车型自动变速器的诊断表可由原车维修手册提供。

3.3.4 电控自动变速器的检测

电子控制自动变速器的检测一般可分为修前检测和修后检测。修前检测是为了诊断故障和确定修理部位，通常在车上进行。修后检测是为了检查修后质量是否达到技术性能指标而进行的检测，一般在专用台架上进行。

自动变速器的检测内容可分为基础检查、手动换挡试验和机械试验三大项目。

(1) 基础检查

自动变速器的油位不当、油质不佳、操纵机构调节不当及发动机怠速不正常，是引起自动变速器故障的最常见原因。通常把这些部件的检查与重新调整，称为自动变速器的基础检查。

基础检查的目的是检验自动变速器是否在正常前提条件下进行工作。通过基础检查，常常可以解决许多故障，并避免误判自动变速器的故障，故基础检查必不可少。其基础检查的主要项目如下：发动机怠速的检查、节气门全开的检查、节气门拉索的检查、空挡启动开关的检查、自动变速器油面高度的检查、自动变速器油品质的检查等。现主要介绍如下几种：

① 油质和油面高度的检查

a. 油面高度的检查。发动机怠转，实施驻车和行车制动，选挡杆分别在"P、R、N、D、2、L"等挡位停留几秒，最后回到"P"位，油面应位于油尺标定范围之内。

b. 油质的检查。将油滴在干净的白纸上，检查其颜色和气味，正常应为粉红色且无异味。油变质的现象特征及原因见表 3-4。

表 3-4 自动变速器油变质的现象特征及原因

现　象	变　质　原　因
极深的暗红色或褐色	重负荷或未按期换油，引起变矩器过热
颜色清淡，充满气泡	油面过高，油被搅动产生气泡；内部密封不严，油液中混入空气或被水污染
油液中有黑色固体残渣，且有烧焦味	制动器或离合器烧损；轴承缺损；金属磨蚀的粉末等
似油膏覆盖在油尺上	自动变速器油过热、自动变速器油超期使用，油面过低等

检查工作液应考虑下面几个问题：

(a) 工作液面低会引起离合器、制动带打滑，造成过热磨损，过热会引起变速器内的零部件变形，包括油尺变形。

(b) 离合器、制动带打滑会产生特殊的气味，与大多数机械磨损相似。

(c) 工作液面高时，由旋转的齿轮搅拌产生气泡，空气就会随工作液进入液压回路中，从而引起打滑、过热、烧蚀等现象。

(d) 水会使工作液造成淤泥的残存，冷却液渗漏到变速器内会使工作液呈奶状。

(e) 甘醇具有吸水的性能，引起滤清器的网格堵塞造成液压系统缺油，涉及的摩擦材料损坏。

注意：由于零部件、离合器、制动带的磨损或烧蚀，液压油焦煳味而换油时，一定要对油道彻底清洗并用高压空气吹干净和更换滤清器，确保油路清洁。

c. 换油。每正常行驶 10 万～20 万公里必须换一次油，若放置一年以上，也必须全部更换。可用循环换油机换油，也可采用人工换油。

注意：人工换油时，不能只放掉油底盘中的油，必须将散热器中的油也放到。变矩器内的油无法放出，应让汽车行驶 5min 后再次换油。

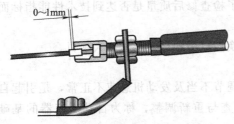

图 3-20 节气门拉线调整示意图

② 急速与节气门拉线的检查与调整　发动机急速应正常，过低将引起车身振动，甚至熄火；过高则"爬行"现象严重，且易产生换挡冲击。

节气门拉线调整不当，对液控自动变速器会导致换挡时刻的改变，造成换挡过早或过迟，使汽车加速性能变差或产生换挡冲击；对电控自动变速器将导致主油路压力异常，使换挡执行元件打滑或产生换挡冲击。节气门拉线防尘套与限位块的距离应为 0~1mm，见图 3-20。

③ 选挡杆和空挡启动开关的检查与调整　选挡杆及空挡启动开关调整不当，易造成选挡错乱，并造成选挡杆位置与仪表盘上挡位指示灯的显示不符，甚至无法启动发动机。调整时，先将手控阀摇臂朝前端方向拨至极限位置，然后再退回至空挡；将选挡杆置"N"位，轻轻将手控阀摇臂靠向"R"位方向，同时固定连接杆。

(2) 手动换挡试验

手动换挡试验是指人为地使电子控制自动变速器脱离车上自动变速器电子控制单元 ECU 的控制，由测试人员手动进行的各挡位换挡试验。

① 试验目的　手动换挡试验的目的是判断故障存在于电子控制系统还是机械系统（包括液力变矩器、齿轮变速系统和换挡执行器）或液压控制系统，缩小故障的检测范围。

② 试验方法

a. 脱开自动变速器的所有换挡电磁阀线束插头，使 ECU 不能通过换挡电磁阀来控制换挡。

b. 确定自动变速器操纵手柄位置与挡位的关系，不同车型的电子控制自动变速器，在脱开换挡电磁阀线束插头后，挡位和换挡操纵手柄的关系不完全相同，应参照本车型维修资料确定其对应关系。

c. 启动发动机进行路试或台架试验，将操纵手柄置于不同挡位，观察操纵手柄位置与各挡位车速的变化情况。

③ 手动换挡试验的评估　试验时，若每一挡动作都正常，其操纵手柄位置与各挡位车速具有正确的对应关系，则说明故障在电子控制系统；若某挡位动作异常或前进各挡很难区分，则说明故障在自动变速器机械系统和液压控制系统部分。

(3) 机械试验

自动变速器的机械试验是在进行基础检查、手动换挡试验后确认是机械系统和液压控制系统故障后进行的试验，目的是区分故障到底是由机械系统引起的，还是由液压控制系统引起的，并同时诊断出故障的具体部位。机械试验的主要内容有失速试验、时滞试验、液压试验和道路试验。

① 失速试验　失速试验是测试发动机处于失速工况下所能达到的最高转速，即失速转速。失速工况是指操纵手柄处于前进挡或倒挡位置条件下，踩住制动踏板并完全踩下加速踏板时，发动机运转所处的工况。很显然，在失速工况下，自动变速器的输出轴转速为零，而变矩器壳体及泵轮随发动机飞轮一起转动，因此，发动机就处于最大转矩工况。失速试验如图 3-21 所示。

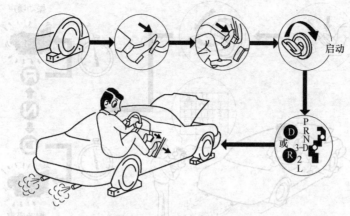

图 3-21 失速试验示意图

试验目的 失速试验的目的是根据失速转速来诊断发动机的整体性能和自动变速器的综合性能,主要是检查发动机的输出功率、变矩器性能、自动变速器的离合器及制动器是否打滑。

试验方法 失速试验时应注意:发动机及自动变速器应热机至正常工作温度;自动变速器油面高度应符合标准;在升高发动机转速时不要换挡;从加速踏板踩下到松开整个过程的时间不得超过 5s,否则自动变速器油会因温度过高而变质,变速器的密封件等零件会因油压过高而损坏。失速试验的步骤如下:

a. 用三角木抵紧车轮,同时采取可靠的驻车和行车制动。

b. 在发动机上安装转速表。

c. 启动发动机,将操纵手柄置于 D 位。

d. 在踩紧制动踏板的同时,将加速踏板踩到底(时间控制 5s 以内),并迅速记下发动机转速(即为失速转速),然后立即松开加速踏板。

e. 将操纵手柄置于 N 位或 P 位,使发动机怠速运转 1min 以上。

f. 在 R 位重复上述测试,并记下失速转速。

失速试验的评估

a. 不同车型的自动变速器都有其失速转速标准值(一般为 2000r/min 左右)。若失速转速与标准值相符,说明自动变速器的油泵、主油路油压及各个换挡执行元件工作基本正常。

b. 若 D 位和 R 位的失速转速相同,低于规定值,则有可能发动机功率不足、变矩器导轮单向离合器工作不良。若失速转速低于规定转速值 600r/min 以上,则变矩器可能损坏。

c. 若 D 位和 R 位的失速转速相同,超过规定值,则有可能主油路压力过低、油量不足、油质过差、离合器和制动器打滑、超速挡单向离合器工作不良。若转速过高,高于规定值 500r/min 以上,则变矩器可能损坏。

d. 若 D 位失速转速高于规定值,则有可能是 D 位下工作的离合器或制动器打滑,控制油压过低,油泵或主调压阀故障。

e. 若 R 位失速转速高于规定值,则有可能是 R 位下工作的离合器或制动器打滑,控制油压过低,油泵或主调压阀故障。

② 时滞试验 自动变速器换挡滞后时间是指在发动机怠速运转时,将操纵手柄从 N 位换到 D 位或 R 位开始至感觉到轻微振动时为止的一段时间。时滞试验就是测量自动变速器换挡的滞后时间。时滞试验如图 3-22 所示。

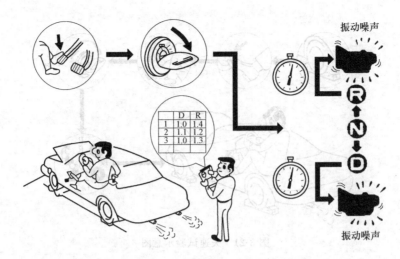

图 3-22 时滞试验示意图

试验目的 时滞试验的目的是根据滞后时间的长短来判断自动变速器的离合器与制动器磨损情况和控制油压是否正常。

试验方法

a. 使发动机及自动变速器油温正常,拉紧驻车制动器,将操纵手柄置于 N 位,使发动机怠速运转。

b. 将操纵手柄从 N 位换到 D 位,同时用秒表测量从移动操纵手柄至有振动感时的时间,该时间称为 N—D 滞后时间。

c. 将操纵手柄从 N 位换到 R 位,用秒表测出滞后时间,该时间称为 N—R 滞后时间。两项检测各测 3 次取平均值,每次检测间隔时间至少 1min,以使离合器、制动器恢复至原始状态。

时滞试验的评估 滞后时间的大小取决于自动变速器油路油压、油路密封情况以及离合器和制动器的磨损情况,因此可根据滞后时间的长短来判断主油路油压及换挡执行元件的工作是否正常。

a. 一般,N—D 滞后时间为 1.0~1.2s,N—R 滞后时间为 1.2~1.5s。

b. 若滞后时间过长,则有可能是控制油压过低或片间和带鼓间隙过大。

c. 若滞后时间过短,则有可能是片间和带鼓间隙调整不当或控制油压过高。

③ 液压试验 液压试验是在自动变速器运转时,对液压控制系统油路中的油压进行测量,以判断液压控制系统工作状况是否正常的一种方法,它为分析自动变速器的故障提供依据,以便有针对性地进行修复,还可以进一步验证失速试验、时滞试验、道路试验的判断结果。液压试验如图 3-23 所示。

试验目的 液压试验的目的是利用其测量的液压压力判断自动变速器各种泵、阀的技术状况、密封性能和节气门阀拉索的调整状况。

试验方法 液压试验的方法因其试验内容及自动变速器型号的不同而略有差异,其试验内容多为主油路油压、速控阀油压、节气门阀油压、R 位制动器油压及各挡离合器油压的测量。按其测量要求,多在壳体上有各自的测压孔,其多少因机型而异。液压试验方法如下:

a. 让汽车运行,使发动机及自动变速器达到正常工作温度。

b. 将车辆停放在水平路面上,检查发动机怠速和自动变速器油的液位高度,如不正常,应予以调整。

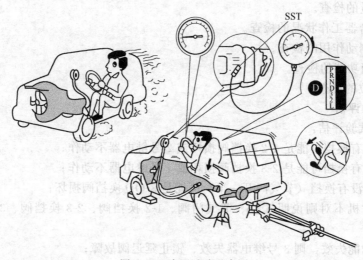

图 3-23 液压试验示意图

c. 在相应的孔上接上液压表。

d. 用三角木抵紧车轮，同时采取可靠的驻车制动。

e. 进行主油路油压测量：启动发动机，用力踩住制动踏板，分别测量 D 位和 R 位的怠速与失速工况的油压。

f. 按其他项目的要求和规定的发动机工况测量油压。

液压试验的评估　　标准的油路压力是自动变速器正常工作的先决条件。油压过高，会使自动变速器出现严重的换挡冲击，甚至损坏控制系统；油压过低，会造成换挡执行元件打滑，加剧其摩擦片的磨损，甚至使换挡执行元件烧毁。因此，必须保证有标准的油路压力。不同车型自动变速器各种试验项目规定的油压不完全相同，通常以厂家提供的数据为标准。

a. D 挡、R 挡都过高：主油路调压阀有故障，可更换新弹簧或调节垫片的多少。

b. D 挡、R 挡都过低：主油路调压阀有故障，调整或更换弹簧。若仍偏低，则为油泵故障。

c. 只有 D 挡过低：D 挡油路有泄漏或前离合器漏油。

d. 只有 R 挡过低：R 挡油路有泄漏或后离合器漏油。

道路试验　　自动变速器的道路试验是诊断、分析自动变速器故障的最有效手段之一。它是通过测试自动变速器操纵手柄位于不同位置时的汽车行驶状况，来检查自动变速器总体工作情况的。

试验目的　　道路试验的目的是检查自动变速器的换挡点、换挡冲击、振动、噪声和打滑等方面的情况，为诊断自动变速器的故障提供依据。另外，道路试验还可用于检验修复后的自动变速器的工作性能和修复质量。

试验方法　　路试前自动变速器的基础检查必须合格，其发动机和底盘应无故障，并让汽车适当运行使发动机和自动变速器达到正常的工作温度。道路试验时，将模式开关置于普通模式或经济模式位置。试验时应使变速器在每个选挡位置都使用，以便检查各挡的使用性能。道路试验应在平直的路面上进行，事先还必须有试验车型的自动变速器执行元件功能表，才能做如下工作其中包括：

a. 升挡方式的检查。

b. 换挡时机的检查。

  c. 换挡质量的检查。
  d. 锁止离合器工作状况的检查。
  e. 发动机制动作用的检查。
  f. 强制降挡功能的检查。
  g. 其他挡位的检查。

道路试验的评估
  a. D 挡位试验评估：
  如果 1-2 没有换挡可能是 1-2 换挡阀损坏或 2 号继电器不动作；
  如果 2-3 没有换挡可能是 2-3 换挡阀损坏或 1 号继电器不动作；
  如果 3-OD 没有换挡（节气门开一半）可能是 3-OD 换挡阀损坏；
  如果换挡时机不对则说明 TPS、节气门阀、1-2 换挡阀、2-3 换挡阀、3-OD 换挡阀有故障；
  如果锁止功能失效，则 3 号继电器失效、锁止延迟阀故障；
  如果换挡时有振动，则主油压过高、储能器故障。
  b. "3" 挡位试验评估：
  如果在 "3" 挡位中还有超速挡，则空挡开关有故障；
  如果在 "3" 挡位的二挡时无发动机制动，则 B1 制动器有故障。
  c. "1-2" 挡位试验评估：
  如果在 "1" 挡位时无发动机制动，则 B3 制动器有故障且无倒挡；
  如果在 "2" 挡位时无发动机制动，则 B1 制动器有故障。
  d. 挂上 "R" 挡位，然后加速，使节气门瞬时全开，检查是否打滑。
  e. 汽车停放在 5% 的坡道上，挂 "P" 位，松制动踏板，检查是否驻车不动、或溜车来判断制动爪、棘轮及弹簧是否有故障。

3.3.5 电控自动变速器常见故障诊断与检测

  电控自动变速器的具体结构有差异，但工作原理及控制方法基本相同，造成每种故障的原因，特别是一些常见故障的原因，都具有一定的范围。

(1) 汽车不能行驶
故障现象
  ① 无论操纵手柄位于哪个挡位，汽车都不能行驶。
  ② 冷车启动后汽车能行驶一段距离，热车后就不能行驶。
故障原因
  ① 自动变速器油底渗漏，液压油全部漏光。
  ② 操纵手柄和手动阀摇臂之间的连杆或拉索松脱，手动阀保持在空挡或停车挡位置。
  ③ 油泵进油滤网堵塞。
  ④ 主油路严重泄漏。
  ⑤ 油泵损坏。
故障诊断与排除
  ① 检查液压油油面高度。如果油面高度过低，找出漏油部位并修复，添加液压油直到油面达到规定标准。如果油面高度正常，启动发动机，检查冷车能否启动。
  ② 若冷车能启动，说明油泵磨损严重，应予以更换。若冷热车均不能行驶，检查操纵手柄与手动阀摇臂的连接。若连接松动，应重新连接并调整。若连接完好，检查主油路

油压。

③ 如果主油路油压正常，自动变速器的输入轴、输出轴或行星排损坏。若主油路压力过低，应检查进油滤网。

④ 如果进油滤网堵塞，应予以清洗或更换。若进油滤网完好，应检查手动阀。

⑤ 如果手动阀连接完好，说明油泵损坏或主油路严重泄漏，应予以检修。若手动阀连接松动，应重新连接或更换。

(2) 自动变速器打滑

故障现象

① 起步时踩下油门踏板，发动机转速很快升高但车速升高缓慢。
② 行驶中踩下油门踏板加速时，发动机转速升高但车速没有很快提高。
③ 平路行驶基本正常，但上坡无力，且发动机转速很高。

故障原因

① 液压油油面太低。
② 液压油油面太高，运转中被行星排剧烈搅动后产生大量气泡。
③ 离合器或制动器摩擦片、制动带磨损过甚或烧焦。
④ 油泵磨损过甚或主油路泄漏，造成油路油压过低。
⑤ 单向超越离合器打滑。
⑥ 离合器或制动器活塞密封圈损坏，导致漏油。
⑦ 减振器活塞密封圈损坏，导致漏油。

故障诊断与排除

① 检查液压油油面高度。如果油面高度过低，找出漏油部位并修复，添加液压油直到油面达到规定标准。若油面高度正常，检查液压油油质。

② 若液压油变色且有焦味，离合器、制动器摩擦元件磨损或烧焦；拆修自动变速器。若液压油油质正常，检查油路油压。

③ 如果油压过低，拆卸油泵及阀体予以检修。若油压正常，拆卸单向离合器并予以检修。

(3) 换挡冲击过大

故障现象

① 在起步时，由停车挡或空挡挂入倒挡或前进挡时，汽车振动较严重。
② 行驶中，在自动变速器升挡的瞬间汽车有较明显的闯动。

故障原因　导致自动变速器换挡冲击大的故障原因很多，主要原因在于调整不当，机构元件性能下降或损坏，电子控制系统有故障，具体原因有：

① 发动机怠速过高。
② 节气门拉索或节气门位置传感器调整不当，使主油路油压过高。
③ 升挡过迟。
④ 真空式节气门阀的真空软管破裂或松脱。
⑤ 主油路调压阀有故障，使主油路油压过高。
⑥ 减振器活塞卡住，不能起减振作用。
⑦ 单向阀钢球漏装，换挡执行元件（离合器或制动器）接合过快。
⑧ 换挡执行元件打滑。
⑨ 油压电磁阀不工作。
⑩ ECU 有故障。

故障诊断与排除

① 检查发动机怠速是否正常，若怠速过高，应调整怠速。若怠速正常，检查节气门拉索或节气门位置传感器。

② 若节气门拉索或节气门位置传感器有异常，予以更换或调整。若节气门拉索或节气门位置传感器工作正常，路试，检查换挡执行元件有无打滑。

③ 若换挡执行元件打滑，应分解自动变速器并予以检修。若换挡执行元件工作正常，检查升挡车速。

④ 若升挡车速过高，说明升挡过迟。若升挡车速正常，检查主油路油压。

⑤ 若主油路油压过大，拆卸阀板并予以检修。若油压正常，检查起步进挡时有无冲击。

⑥ 若起步进挡时有较大冲击，则说明阀板中的单向阀损坏或漏装，应予以检修。若起步进挡时无冲击，检查换挡瞬间的主油路油压有无瞬时下降。

⑦ 若换挡瞬间的主油路油压有瞬间下降情况，说明换挡执行元件自由间隙过小，应予以调整。若换挡瞬间的主油路油压瞬间下降情况，说明减振器活塞卡滞、油压电磁阀损坏或线路断路、短路或电脑有故障，应予以分别检查检修。

(4) 升挡过迟

故障现象

① 在汽车行驶中，升挡车速明显高于标准值，升挡前发动机转速偏高。

② 必须采用松油门提前升挡的操作方法，才能使自动变速器升入高挡或超速挡。

故障原因

① 节气门拉索或节气门位置传感器调整不当。

② 节气门位置传感器损坏。

③ 调速器卡滞。

④ 调速器弹簧预紧力过大。

⑤ 调速器壳体螺栓松动或输出轴上的调速器进出油孔处的密封环磨损，导致调速器油路泄漏。

⑥ 真空式节气门阀推杆调整不当。

⑦ 真空式节气门阀的真空软管破裂或真空膜片室漏气。

⑧ 主油路油压或节气门油压太高。

⑨ 强制降挡开关短路。

⑩ 电脑或传感器有故障。

故障诊断与排除

① 检查节气门拉索或节气门位置传感器是否有异常。若有异常，调整节气门拉索松紧度或更换节气门位置传感器。若无异常，测量主油路油压。

② 若油压太高，调整节气门拉索或位置传感器（若调整无效，拆卸并检修阀板）。若油压正常，应测量调速器油压。

③ 若调速器油压正常，检修或者更换阀板。若调速器油压过低，检查调速器工作是否正常。若调速器工作正常，应更换调速器油路上的密封圈或密封环。

(5) 不能升挡

故障现象

① 汽车行驶中自动变速器始终保持在 1 挡，不能升入 2 挡和高速挡。

② 行驶中自动变速器可以升入 2 挡，但不能升入 3 挡和超速挡。

故障原因

① 节气门拉索或节气门位置传感器调整不当。
② 调速器有故障。
③ 调速器油路严重泄漏。
④ 车速传感器有故障。
⑤ 2挡制动器或高挡离合器有故障。
⑥ 换挡阀卡滞。
⑦ 挡位开关有故障。

故障诊断与排除

① 检查节气门拉索和位置传感器，若有异常，调整节气门拉索松紧度或更换节气门位置传感器。若无异常，检查车速传感器。
② 若车速传感器工作异常，应予以更换。若车速传感器工作正常，检查挡位开关。
③ 若挡位开关不能工作，应予以调整或更换。若挡位开关工作正常，应测量调速器油压。
④ 若调速器油压过低，检查调速器工作情况。如果调速器工作异常，拆卸调速器并予以修复。如果调速器工作正常，更换调速器油路上的密封圈或密封环。
⑤ 若调速器油压正常，拆卸调速器，若调速器不能工作或卡死，应修复或更换阀板。若调速器工作正常，拆卸各换挡执行元件并检修。

(6) 无超速挡

故障现象

① 在汽车行驶中，车速已升高至超速挡工作范围，但自动变速器不能从3挡换入超速挡。
② 在车速已达到超速挡工作范围后，采用提前升挡（即松开油门踏板几秒后再踩下）的方法也不能使自动变速器升入超速挡。

故障原因

① 超速挡开关有故障。
② 超速电磁阀故障。
③ 超速制动器打滑。
④ 超速行星排上的直接离合器或直接单向超越离合器卡死。
⑤ 挡位开关有故障。
⑥ 液压油温度传感器有故障。
⑦ 节气门位置传感器有故障。
⑧ 3～4换挡阀卡滞。

故障诊断与排除

① 检查液压油温度传感器，若油温度传感器工作异常，应予以更换。若油温传感器工作正常，检查挡位开关。
② 若挡位开关不能工作，应予以调整或更换。若挡位开关工作正常，检查节气门拉索或节气门位置传感器。
③ 检查节气门拉索或节气门位置传感器是否有异常。若有异常，调整节气门拉索松紧度或更换节气门位置传感器。若无异常，检查超速挡开关。
④ 若超速开关工作异常，应予以更换。若超速开关工作正常，检查超速电磁阀。
⑤ 若超速电磁阀工作异常，予以更换。若超速电磁阀工作正常，在驱动轮悬空的状态

下运转自动变速器。此时若仍不能升入超速挡，应拆卸并检修阀板。若能升入超速挡，超速制动器打滑、直接离合器或直接单向超越离合器卡死。拆卸并检修超速制动器、直接离合器和直接单向超越离合器。

(7) 无前进挡

故障现象
① 汽车倒挡行驶正常，在前进挡时不能行驶。
② 操纵手柄在D位时不能起步，在S位、L位（或2拉、1拉）时可以起步。

故障原因
① 前进离合器严重打滑。
② 前进单向超越离合器打滑或装反。
③ 前进离合器油路严重泄漏。
④ 操纵手柄调整不当。

故障诊断与排除
① 检查操纵手柄位置。若操纵手柄有异常，予以调整或更换。若操纵手柄工作正常，测量前进挡主油路油压。
② 若前进挡主油路油压过低，说明前进离合器油路泄漏，应予以检修。若前进挡主油路油压正常，说明前进离合器打滑、前进单向超越离合器打滑或装反，应分别予以检修。

(8) 无倒挡

故障现象　汽车在前进挡能正常行驶，但在倒挡时不能行驶。

故障原因
① 操纵手柄调整不当。
② 倒挡油路泄漏。
③ 倒挡及高挡离合器或低挡及倒挡制动器打滑。

故障诊断与排除
① 检查操纵手柄位置。若操纵手柄有异常，予以调整或更换。若操纵手柄工作正常，测量倒挡主油路油压。
② 若倒挡主油路油压过低，说明前进离合器油路泄漏，应予以检修。若前进挡主油路油压正常，说明倒挡及高挡离合器或低挡及倒挡制动器打滑，应分别予以检修。

(9) 跳挡

故障现象　汽车以前进挡行驶时，即使油门踏板保持不动，自动变速器仍会经常出现突然降挡现象；降挡后发动机转速异常升高，并产生换挡冲击。

故障原因
① 节气门位置传感器有故障。
② 车速传感器有故障。
③ 控制系统电路接地不良。
④ 换挡电磁阀接触不良。
⑤ 电脑有故障。

故障诊断与排除
① 检查节气门位置传感器工作是否正常。若工作异常，予以更换。若工作正常，检查车速传感器。
② 若车速传感器工作异常，予以更换。若车速传感器工作正常，检查控制系统电路中

的各条接地线是否连接完好。

③ 若控制系统电路中的各条接地线连接松动或脱落，应予以修复。若控制系统电路中的各条接地线连接完好，检查各个换挡电磁阀线束接头。

④ 若各个换挡电磁阀线束接头连接松动或脱落，应予以修复。若各个换挡电磁阀线束接头连接完好，测量电路各接脚电压。

⑤ 若电路各接脚电压不符合规定标准，予以修复或更换。若电路各接脚电压符合规定标准，更换电脑或阀板或控制电路线束。

(10) 换挡后发动机怠速易熄火

故障现象

① 发动机怠速运转时将操纵手柄由 P 位或 N 位换入 R 位、D 位、S 位、L 位（或 2 位、1 位）时发动机熄火。

② 在前进挡或倒挡行驶中，踩下制动踏板停车时发动机熄火。

故障原因

① 发动机怠速过低。

② 阀板中的锁止控制阀卡滞。

③ 挡位开关有故障。

④ 输入轴转速传感器有故障。

故障诊断与排除

① 检查发动机怠速，若发动机怠速过低，应调整怠速，使怠速达到规定值。若怠速正常，检查挡位开关。

② 若挡位开关工作异常，应将挡位开关修复或者更换。若挡位开关工作正常，检查输入轴转速传感器。

③ 若变速器输入轴转速传感器工作异常，应予以调整或更换。若变速器输入轴转速传感器工作正常，分解自动变速器并检修自动变速器、拆卸阀板并检修。

(11) 无发动机制动

故障现象

① 在行驶中，当操纵手柄位于前进低挡（S、L 或 2、1）位置时，松开油门踏板，发动机转速降至怠速，但汽车没有明显减速。

② 下坡时，操纵手柄位于前进低挡，但不能产生发动机制动作用。

故障原因

① 挡位开关调整不当。

② 操纵手柄调整不当。

③ 2 挡强制制动器打滑或低挡及倒挡制动器打滑。

④ 控制发动机制动的电磁阀有故障。

⑤ 阀板有故障。

⑥ 自动变速器打滑。

⑦ 电脑有故障。

故障诊断与排除

① 检查节气门位置传感器，若节气门位置传感器工作异常，应予以调整或更换。若节气门位置传感器工作正常，检查挡位开关。

② 若挡位开关工作异常，应予以调整或者更换。若挡位开关工作正常，应检查操纵手柄位置是否符合规定位置。

③ 若操纵手柄位置不符合标准，应予以更换。若操纵手柄位置符合标准，应检查电磁阀。

④ 若电磁阀工作异常，应将电磁阀更换。若电磁阀工作正常，检查电路各接脚电压是否符合规定值。

⑤ 若电路各接脚电压不符合标准，应进一步检测各电路电压并查找故障。若电路各接脚电压符合标准，应检查电脑。（检查电脑时使用更替法。检查电脑前，拔下原电脑插接线，然后将拔下的插接线插在一个新的电脑上，启动发动机进行路试，若此时有发动机制动，说明原电脑损坏。若仍无发动机制动，原电脑工作正常。此时分解、检修自动变速器、拆卸并检修阀板。）

（12）不能强制降挡

故障现象 当汽车以 3 挡或超速挡行驶时，突然将油门踏板踩到底，自动变速器不能立即降低一个挡位，致使汽车加速无力。

故障原因

① 节气门拉索或节气门位置传感器调整不当。

② 强制降挡开关损坏或安装不当。

③ 强制降挡电磁阀损坏或线路短路、断路。

④ 阀板中的强制降挡控制阀卡滞。

故障诊断与排除

① 检查节气门拉索和节气门位置传感器。若节气门拉索有松动或断掉，应予以调整或检修。若节气门位置传感器工作不正常，应予以更换。若节气门拉索和节气门位置传感器都工作正常，检查强制降挡开关是否工作正常。

② 若强制降挡开关工作异常，应予以调整或更换。若强制降挡开关工作正常，应检查强制降挡电磁阀线路。

③ 若强制降挡电磁阀线路短路或断路，应将线路修复。若强制降挡电磁阀线路连接完好，应检查强制降挡电磁阀。

④ 若制降挡电磁阀工作异常，应更换新的电磁阀。若制降挡电磁阀工作正常，应拆检、清洗阀板或更换阀板总成。

（13）无锁止

故障现象

① 汽车行驶中，车速、挡位已满足锁止离合器起作用的条件，但锁止离合器仍没有产生锁止作用。

② 汽车油耗较大。

故障原因

① 液压油温度传感器有故障。

② 节气门位置传感器有故障。

③ 锁止电磁阀有故障或线路短路、断路。

④ 锁止控制阀有故障。

⑤ 变矩器中的锁止离合器损坏。

故障诊断与排除

① 检查节气门位置传感器。若节气门位置传感器工作异常，应调整节气门位置传感器或更换新的传感器。若节气门位置传感器工作正常，检查液压油温度传感器。

② 若液压油温度传感器工作异常，应更换新的传感器。若液压油温度传感器工作正常，检查锁止电磁阀及其控制电路。

③ 若锁止电磁阀及其控制电路工作异常，应予以更换。若锁止电磁阀及其控制电路工作正常，拆检、清洗阀板或更换变矩器总成。

(14) 液压油易变质

故障现象

① 更换后的新液压油使用不久即变质。
② 自动变速器温度太高，从加油口处向外冒烟。

故障原因

① 汽车使用不当，经常超负荷行驶，如经常用于拖车，或经常急速、超速行驶等。
② 液压油散热器管路堵塞。
③ 通往液压油散热器的限压阀卡滞。
④ 离合器或制动器自由间隙太小。
⑤ 主油路油压太低，离合器或制动器在工作中打滑。

故障诊断与排除

① 检查液压油散热器温度。若液压油散热器温度过高，则说明离合器或制动器自由间隙过小，应分解自动变速器，调整离合器或制动器自由间隙。若液压油散热器温度过低，则说明散热器或油管堵塞、限压阀卡滞，应清洗或更换散热器油管，拆检限压阀。若液压油散热器温度正常，应测量主油路油压是否符合规定值。
② 若主油路油压与规定值不符，应更换规定牌号的液压油。若主油路油压正常，检查节气门拉索和节气门位置传感器工作情况。
③ 若节气门拉索和节气门位置传感器工作情况异常，应予以分别调整。若节气门拉索和节气门位置传感器工作情况正常，拆卸并检修油泵和阀板。

(15) 自动变速器异响

故障现象

① 在汽车运转过程中，自动变速器内始终有一异常响声。
② 汽车行驶中自动变速器有异响，停车挂空挡后异响消失。

故障原因

① 油泵因磨损过甚或液压油油面高度过低、过高而产生异响。
② 变矩器因锁止离合器、导轮单向超越离合器等损坏而产生异响。
③ 行星齿轮机构异响。
④ 换挡执行元件异响。

故障诊断与排除

① 检查液压油油面高度。若液压油面高度异常，应调整油面高度，使之与规定值相符。若液压油油面高度正常，检查异响部位。
② 若异响部位在自动变速器前方，则可能是油泵异响或变矩器异响，应予以更换。
③ 若异响部位在自动变速器后方，则应是行星齿轮机构异响，应拆卸行星齿轮机构并予以检修。

 典型故障案例

[案例1] 宝来1.8自动变速箱不跳挡

行驶里程：3万公里。型号：宝来1.8自动。

发动机号：BAF024337。底盘号：LFVBA21J633001268。

接到此车后，试车检查变速箱油已成黑色，且有杂质，并且伴有强烈离合片烧坏异味，于是大修变速箱更换烧坏的两组离合器片，完工，质检试车一切正常。

一星期后，客户返厂，反应偶有车速达不到80km/h的故障现象，用VAG5051检测各个控制单元，发现以下故障码：01系统没有故障码；02系统有5个故障码—00777、00660、00529、00545、01314；03系统—01314；17系统—01314；19系统—01314，所有这些故障都是偶然性故障。

用VAG5051清除故障码匹配后，试车一天，无故障码也无故障现象。可一个星期客户反应仍有发生一次此故障，熄火重新启动后故障消失。再用VAG5051检测，故障码与上次相同，仍为偶发故障。同时读取发动机和变速箱数据流正常。于是根据维修手册指引，更换自动变速箱线束、自动变速器控制单元、发动机控制单元、节气门、加速踏板位置传感器、车速信号传感器及清理发动机、自动变速箱接地线。客户试车后仍反应此故障未排除，此时维修工作已进入困境。

经过公司技术骨干讨论，怀疑发动机ECU的常火线是否会有偶尔断电或虚接现象，这样便会丢失发动机电脑内的数据及储存的故障码，因此01系统无故障码。由于此故障描述都是客户所言，主修师傅及质检都未试到此故障现象，经过与客户沟通，客户同意将此车交给本站三天，试车以便解决问题。

在三天的试车过程中，故障现象终于出现一次，但出现故障前，中央门锁有自动跳开的现象，ABS灯也亮了，随后熄灭（客户此前并没有此现象）。根据此现象，一下便展开了思路，经过客户同意我站拆下了客户所加装的成套防盗器及指纹锁，试车后一切正常。15天后再与客户联系，客户说正常，非常满意，此故障彻底解决。

维修心得：此车的硬性故障，大修变速箱后已解决，但在后面的故障现象中被故障码所误导，总认为此故障是与变速箱有直接关系，甚至还一度怀疑是否为变速箱内部问题。后来经过换件试验失败后，仔细分析了变速箱故障码都与发动机有所牵连，便转移了维修视线，由于此故障出现的不确定性，给我们的维修判断工作也带来了一定的难度。从发动机部分仍未发现故障点，直到最后的巧合现象出现，才拨开云雾见青天，从眼前的假象中走了出来。

完全依赖于检测电脑有时会被假象所误导，而钻进怪圈，还需要结合实际情况，彻底分析，大胆想象。

[案例2] **捷达AT挂D挡或R挡时发动机抖动大甚至会熄火**

故障现象 怠速时挂入R挡或D挡时接合粗暴，怠速急剧下降甚至会熄火，在挂入D挡后马上把刹车松开车能行驶但在换挡时接合粗暴，升挡到4挡时车辆能正常行驶，故障就在停车挂挡和转挡时发生粗暴抖动和窜动。

维修检查

① 连接故障检测仪进入02变速箱系统检测，检测无故障，并进入08数据流检测油温，都属正常。

② 举升汽车检查油面，油质，油压均为正常。

③ 拆下油路板检查清洗故障排除。

故障分析与排除 在拆检油路板时，发现N91电磁阀下的活塞（柱塞）有发卡现象，且不能正常活动，N91电池阀是控制锁止离合接合的油路，因为锁止离合的接合，由三个油道交替从而改变油压来控制的，在锁止离合器接通和断开时三个油道再加上调节阀N91可按要求产生压力或卸压，因此离合器接合很平稳，而调节阀N91的卡死使变扭器不能正常工作，所以锁止离合器处于长期接合状态下，刚性连接使车辆不能在正常的变扭情况下接合，引起挂挡接合时粗暴和熄火。

更换调节阀 N91，试车，工作正常，故障排除。

[案例 3]　**丰田卡罗拉切入 D 挡位转速就下降**

故障现象　变速选择杆一切入 D 挡位，发动机转速即急剧下降，有时发动机还熄火。

故障诊断与排除　开始认为是变速器机油不好，因此更换了变速器机油。可是更换机油没起什么作用，故障症状与原来一模一样。

首先必须弄清发动机运行不稳的原因是在变速器方面还是在发动机本身。在 D 挡位、2 挡位和 L 挡位发动机运行不稳，R 挡位没有故障现象。这样基本上就可以否定是因自动变速器问题，导致发动机运行不稳，因为由自动变速器问题而引起的发动机转速急剧下降乃至熄火，扭矩变换器的锁定离合器一定缔结，假如锁定离合器缔结，则不管前进，还是后退，都应该产生故障现象，从而问题在发动机方面。

打开发动机室罩盖，在怠速状态下，观察变速选择杆置于 D 挡位和 R 挡位时的样子。在变速选择杆置于 D 挡位时，变速之后发动机产生很大振动，数秒后就熄火了。再次启动发动机，这次变速时稍稍踩一点加速踏板，发动机没有熄火。

发动机因振动而熄火。踩着加速踏板不发生熄火这件事表明，没有配线断线等情况。经反复好几次熄火之后，熄火的原因也找到了，原因在空气导管上。这台发动机用的是空气测量板式的空气流量计，即 L 型叶特朗尼克（L-Jetronic）类型的电子控制燃油喷射系统。

位于空气流量计和节气门室之间的空气导管，是波纹状的，它能随发动机进气量的变化而不断伸缩，经多年使用，无数次的反复伸缩，便会产生裂纹。

因为变速选择杆换入前进挡位，波纹空气导管往前伸，裂纹扩大，空气不经空气流量计即进入汽缸，混合气空燃比过度稀薄，从而发动机熄火。踩着加速踏板不喘息的原因是此时经空气流量计进入汽缸的空气绝对量多了，经导管裂纹进入汽缸的空气量影响相对减少。把变速选择杆置于 R 挡位，波纹管趋于收缩，裂纹处被堵死，当然不会产生熄火了。

[案例 4]　**雷诺商务车自动变速器故障检修**

故障现象　03 款雷诺风景商务车，搭载法国雪铁龙公司生产的 AL4 型 4 速电子控制自动变速器，该车当换挡杆置于 1 位时，油门超过中负荷后变速器马上进入故障保护模式锁在 3 挡，如果是小油门持续下去变速器就不会进入安全保护模式；当换挡杆置于 2 位时，中负荷以上的油门会出现 1 挡升 2 挡冲击，继续加油门后不会升入 3 挡而且马上进入故障保护模式；当换挡杆置于 D 位时，以中负荷以上的油门试车，故障现象为 1 挡升 2 挡冲击、继续加油门后便会进入安全保护模式的 3 挡。

故障诊断与排除　利用故障诊断仪对变速器电控系统进行检测，没有发现任何故障码。再继续反复试车，发现当油门很小的时候 1 挡升 2 挡还是冲击，2 挡升 3 挡正常，3 挡升 4 挡打滑 800r/min 后冲击。因没有专用诊断仪，只能根据经验对此故障进行大致分析。大小负荷的变化会直接影响变速器的换挡和液压系统的工作压力，小负荷时由于发动机负荷较小，换挡和工作油压在 200kPa 左右即可完成换挡过程；大负荷时由于发动机负荷加大，此时换挡和工作油压无法得到满足，变速器控制单元通过油压传感器监测后即会进入安全保护模式。

因为此款变速器有一些常见故障：如变速器滤网很容易脏，尤其是质量不太好的滤网更易脏污；2 个脉冲控制式油压电磁阀通常容易发生磨损。于是决定先从这两点进行维修，遂更换了新滤网和电磁阀并对变速器内部进行了细致的检查，装后故障依旧。因为该车先前在别处维修时已经更换过阀体，所以决定先对输入、输出传感器，流量电磁阀，以及油压传感器进行了电阻检测，检测结果都很正常。接下来替换了一块带电磁阀的阀体，故障现象仍然存在。之后又对节气门进行了调整，但故障症状依然没有改观。

虽然变速器控制单元也存在出故障的可能性，但因经诊断仪初步检测没有发现控制单元存在相关故障，同时该车控制单元与控制单元之间均是利用CAN数据总线进行通信，也未在其他系统发现变速器控制单元的相关故障，所以又把注意力集中在变速器外围的部件上。一般情况下，油压传感器工作失常会给控制单元一个错误信号，从而使得变速器进入安全保护模式状态，流量电磁阀调节失常也会造成系统工作油压偏低进入安全保护模式。为此先对油压传感器进行了检测，并未发现异常。之后在对阻值为1.8Ω的流量电磁阀进行测试时，偶尔发现通断电过程中电磁阀有卡滞的现象。找来1个2.5Ω的灯泡代替电磁阀阻值，并向电磁阀直接供给蓄电池电压进行试车，试车时发现除了1挡升2挡偶尔出现冲击外，其他换挡状况良好。反复试车，发现变速器偶尔会进入安全保护模式。因为此电磁阀的控制方式是占空比控制，所以用蓄电池电压代替很不合理，于是拆下仔细清洗了流量电磁阀。恢复线路后再次试车，1挡升2挡时还是偶尔冲击，其他一切正常。此时离竣工的距离越来越近了，如果冲击感觉再小一些就可以交车了。

维修到此阶段，已经没有什么可进行的方案了，于是冷静下来总结了一下1挡升2挡偶尔冲击的问题。变速器外部元件出故障的可能性都相继被排除了，而此时变速器机械、液压及电控方面的故障可能性极小，因此应该找一个良好路面仔细试车找到1挡升2挡偶尔冲击的根源。当在车辆较少且路面状况良好道路上试车时，发现当车辆出现敲缸声后，紧接着才会出现变速器1挡升2挡冲击的现象；当发动机无敲缸声音时，变速器1挡升2挡反应良好。此时问题已经豁然明朗，发动机把错误的工况信息通过CAN总线传递给了变速器控制单元，变速器控制单元为此给出了错误的换挡油压，同时发动机工作的异常也影响了换挡时发动机降低扭矩的功能，已经与用户一起进行了2.5h路试确认如此没有其他问题后，经用户同意后对发动机进行了全面检查。发现冷却液温度比正常温度高少许，考虑到发动机曾经进行过维修且存在敲缸声，怀疑发动机的配气正时存在问题，为此重点检查了配气机构。经仔细观察正时标记，发现配气正时齿带在装配时较正确装配相差1个齿，至此，可以肯定导致该车出现故障的原因正在于此。

重新对配气机构进行正确装配后，又对水箱进行了拆解清洗，试车发现故障彻底排除。

故障检修分析 通过对该车故障的维修，深刻认识到：任何车型在维修之前要彻底地把车试好，因为诊断和维修当今新款自动变速器故障时"路试"这个环节是最重要的。对于搭载电控程度高的自动变速器及无级变速器的车型，一定要到良好的路上试车，还要把修理车型的常见故障了解清楚，因为有时用原理去分析很难能找到故障点，但故障排除后用原理去解释就并非难事了。另外，由于汽车上的控制单元间的关系越来越密切、互动性也更频繁了，尤其是CAN总线被应用后，对相关维修人员的综合能力要求更高了。

3.4 行驶系统故障诊断与检测

随着城市道路和高等级公路的发展，汽车的行驶速度越来越快，因此对行驶系统的要求也越来越高。行驶系统性能的好坏直接影响了汽车的平顺性、操纵稳定性、通过性和安全性，所以对行驶系统应进行严格的检测与诊断，尤其是车轮平衡检测和悬架装置检测。

现代汽车行驶系统的故障主要有车辆振动，行驶跑偏，乘坐性不良，车胎磨损异常及有异响等，下面以常见故障的故障现象、产生原因及排除方法为例进行分析。

3.4.1 行驶系统常见故障诊断与检测

(1) 汽车方向盘振手，前轮摇摆或颠簸

故障现象 汽车在行驶时，转向轮有明显颠簸、摆动或振手。

故障原因

① 左右轮胎气压不相等或不符合标准。
② 转向轮定位不准。
③ 减振性能不良或损坏。
④ 转向系统零部件固定松动或磨损松旷。
⑤ 悬架与车身连接部件松动以及悬架构件工作不良。
⑥ 车轮不平衡。如车轮动平衡不良，两侧车轮磨损程度不同，车轮凹陷偏心，车轮或制动鼓失圆等。

故障诊断与排除

① 检查左右轮胎气压是否符合标准，若不符合应进行调整。
② 检查转向系统连接件及固定件是否松动、磨损或损坏，必要时对其进行调整或更换。
③ 检查减振性能，若其性能下降或损坏应予以更换。
④ 检查悬架与车身连接部件，若松动或工作不良，应及时修理或更换。
⑤ 检查转向轮定位是否准确，若调整不当应予以调整。
⑥ 检查车轮不平衡。若两侧车轮磨损程度不同，车轮凹陷偏心，车轮或制动鼓失圆等，应对其进行调整或更换。

(2) 行驶跑偏

故障现象 汽车在行驶时向一侧跑偏，需要不断修正才能正常行驶。

故障原因

① 转向轮定位失准。
② 左右轮胎气压相差过大
③ 左右车轮磨损不均匀。
④ 在左右车轮中，某一车轮的制动分离不彻底。
⑤ 横向稳定器工作不良，减振器失效或弹簧的弹性衰减或弹簧折断。
⑥ 承载式车身的车身底部或车架变形。

故障诊断与排除

① 首先检查左右轮胎气压是否符合标准，若不符合应进行调整。
② 检查左右车轮磨损情况，若磨损不均匀应将其换位或更换。
③ 检查在左右车轮的制动分离是否彻底，不要时对其进行调整。
④ 检查横向稳定器、减振器及弹簧工作情况。若横向稳定器工作不良，减振器失效或弹性衰减或弹簧折断，应对其进行修复或更换。
⑤ 检查承载式车身的车身底部或车架是否变形，若变形应予以校正。
⑥ 检查车轮定位是否准确，若失准，应予以调整。

(3) 轮胎磨损不均匀

故障现象 车轮花纹磨损不均匀，局部磨损严重。

故障原因

① 轮胎气压过高。
② 转向轮的前束或外倾角调整不当。
③ 车轮制动器分离不彻底。
④ 悬架系统的零件连接松动、磨损过度或失损。
⑤ 车轮摆差过大。

故障诊断与排除

① 首先检查轮胎气压，若轮胎气压过高，应对其进行调整。
② 检查转向轮的前束或外倾角调整是否合适，若调整不当，应对其进行调整。
③ 检查车轮制动器，若分离不彻底，必要时应对其进行调整。
④ 检查悬架系统的零件，若连接松动、磨损过度或损坏，必要时对其进行紧固或更换。
⑤ 检查车轮摆差是否过大，必要时更换车轮。

(4) 行驶系统异响

故障现象 汽车行驶时，行驶系统有异常响声，且行驶速度越高，响声越大。

故障原因
① 悬架各部件连接松动、安装不当或损坏。
② 减振器工作不良。
③ 前轮轴承因磨损而松动。
④ 转向节销、衬套磨损或安装不当。

故障诊断与排除
① 检查悬架各部件连接状况，若松动、安装不当或损坏应将其紧固、修复或更换。
② 检查减振器，若工作不良或损坏，应予以修复或更换。
③ 检查前轮轴承，若其磨损而松动，应予以调整或更换。
④ 检查转向节销和衬套，若转向节销和衬套磨损或安装不当，应将其修复或调整。

(5) 乘坐舒适不良

故障现象 车身产生的振动不能迅速衰减，使乘坐性能受到破坏的现象。

故障原因 减振器不良，车轮轮胎不平衡，车轮定位不适当，轮胎气压不正常，弹性元件损坏，球头防护套老化或损坏等。

故障诊断与排除 一般可以按以下程序进行检测确诊：检查轮胎（规格、气压和磨耗状况），检查减振器（泄漏、破损及温度），检查弹簧（是否有折断、变形或弹性减弱等损坏），检查悬架杆件连接处（橡胶衬套老化或黏结、配合间隙过大），检查车轮平衡。

3.4.2 车轮动平衡检测

车轮的平衡可分为车轮静平衡和车轮动平衡两类。

(1) 车轮静平衡和静不平衡

车轮的静平衡，是指轮胎周向上的质量均衡。支起车轴，调整好轮毂轴承松紧度，用手轻转动车轮，使其自然停转。车轮停转后在离地最近处做一标记，然后重复上述试验多次。若车轮经几次转动自然停转后，所做标记的位置各不一样，或强迫停转后，消除外力车轮也不再转动，则车轮为静平衡。

如果每次试验的标记都停在离地最近处，则车轮为静不平衡。

静平衡的车轮，其中心与旋转中心重合；静不平衡的车轮，其重心与旋转中心不重合，在旋转时产生离心力，如图3-24所示。图中：

$$F = mr\omega^2$$

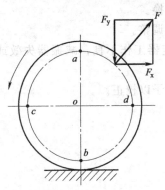

图 3-24 车轮静不平衡产生的离心力示意图

式中 m——不平衡点质量；
ω——车轮旋转角速度，$\omega = 2\pi n$；
n——车轮转速；

r——不平衡点质量离车轮旋转中心的距离。

从式中可以看出，车轮转速 n 越高，不平衡点质量 m 越大，不平衡点质量离车轮旋转中心的距离越远，则离心力 F 越大。离心力 F 可分解为水平分力 F_x 和垂直分力 F_y。在车轮转动一周中，垂直分力 F_y 有两次落在通过车轮中心的垂线上，一次在 a 点，一次在 b 点，方向相反，均达到最大值，使车轮上下跳动，并由于陀螺效应引起前轮摆振。水平分力 F_x 有两次落在通过车轮中心的水平线上，一次落在 c 点，一次落在 d 点，方向相反，均达到最大值，使车轮前后窜动，并形成绕主销来回摆动的力矩，造成前轮摆振。当左右前轮的不平衡质量相互处于 $180°$ 位置时，前轮摆振最为严重。

(2) 车轮动平衡和动不平衡

车轮的动平衡，是指轮胎轴向上的质量均衡。在图 3-25（a）、（b）中，车轮均是静平衡。在该车轮旋转轴线的径向相反位置上，各有一半径相同、质量也相同的不平衡点 m_1 与 m_2，且不处于同一平面内。对于这样的车轮，其不平衡点的离心力合力为零，而离心力的合力矩不为零，转动中产生方向反复变动的力偶 M，使车轮处于动不平衡中。动不平衡的前轮绕主销摆振。如果 m_1 与 m_2 在同一作用半径的相反方向上配置相同质量的 m_1' 与 m_2'，则车轮处于动平衡中，如图 3-25（c）所示。因此静平衡的车轮不一定动平衡，而动平衡的车轮一定是静平衡的。

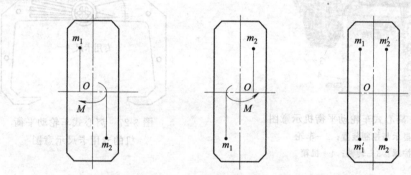

(a)（一）车轮静平衡但动不平衡　　(b)（二）车轮静平衡但动不平衡　　(c) 车轮静平衡且动平衡

图 3-25　车轮平衡示意图

(3) 影响车轮平衡的因素

导致车轮不平衡的主要原因有以下几项：

① 轮辋严重变形、制动鼓内工作面严重失圆。
② 轮毂与轮辋加工质量不佳，如中心不准、轮胎螺栓孔分布不均、螺栓质量不佳。
③ 轮胎存在异常磨损、局部损坏或轮胎修补方法不当。
④ 轮胎质量分布不均匀，如轮胎质量欠佳。
⑤ 安装位置不正确，如内胎充气嘴位置不符合要求。
⑥ 车轮平衡块脱落。

(4) 车轮平衡的检测方法

车轮不平衡的检测方法按车轮不平衡的性质可分为静不平衡检测和动不平衡检测。由于动平衡的车轮肯定是静平衡的，而静平衡的车轮都不能保证是动平衡的。因此，对于车轮平衡状况的检测，目前维修行业大多采用动不平衡检测方法。测量车轮平衡度的仪器是车轮平衡机，也称车轮平衡仪。按照车轮的测量方式可分为离车式车轮平衡机和就车式车轮平衡机两类；使用离车式车轮平衡机时，将车轮从车上拆下安装到车轮平衡机的转轴上检测其平衡状况。就车式车轮平衡机是在不拆下车轮的情况下检测车轮的平衡状况。

① 用离车式车轮平衡机检测车轮平衡

a. 离车式车轮平衡机结构简介。

离车式车轮动平衡机如图 3-26 所示，其专用卡尺如图 3-27 所示。平衡机一般由驱动装置、转轴与支撑装置、显示与控制装置、制动装置、机箱和车轮防护罩等组成。驱动装置一般由电动机、传动机构等组成，可驱动转轴旋转。转轴由两个滚动轴承支撑，每个轴承均有一能将动反力变为电信号的传感器。转轴的外端通过锥体和大螺距螺母等固定被测车轮。驱动装置、转轴与支撑装置等均装在机箱内。车轮防护罩可防止车轮旋转时其上的平衡块或花纹内夹杂物飞出伤人。制动装置可使车轮停转。显示与控制装置多为微机式，具有自动诊断系统，能将传感器的电信号通过微机运算、分析、判断后显示出不平衡量及相位。为了使显示的不平衡量恰是轮辋边缘所加平衡块的质量，还应将测得的轮辋直径 d、轮辋宽度 b 和轮辋边缘至平衡机机箱的距离 a（轮辋外悬尺寸），通过键盘或选择器旋钮输入微机。

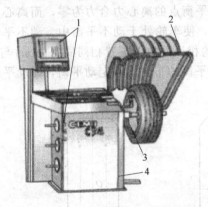

图 3-26 离心式车轮动平衡机示意图
1—显示与控制装置；2—车轮防护罩；3—转轴；4—机箱

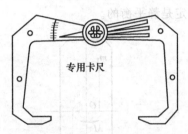

图 3-27 离心式车轮动平衡机的专用卡尺示意图

b. 离车式车轮平衡机的使用方法。

(a) 清除被测车轮上的泥土、石子和旧平衡块。

(b) 检查轮胎气压，要充至汽车制造厂的规定值。

(c) 根据轮辋中心孔的大小选择锥体，仔细地装上车轮，用大螺距螺母拧紧。

(d) 打开电源开关，检查指示与控制装置的面板是否指示正确。

(e) 用卡尺测量轮辋宽度 b，轮辋直径 d，用平衡机上的卡尺测量轮辋边缘至机箱距离 a，再用键入或选择器旋钮对准测量值的方法，将 a、b、d 值输入到指示与控制装置中去。

(f) 放下车轮防护罩，按下启动键，车轮旋转，平衡测试开始，微机自动采集数据。

(g) 车轮自动停转或听到"嘀"声，按下停止键并操纵制动装置使车轮停转后，从指示装置读取车轮内外两侧不平衡量和不平衡位置。

(h) 抬起车轮防护罩，用手慢慢转动车轮。当指示装置发出指示（音响、指示灯亮、制动、显示点阵或显示检测数据等）时停止转动。在轮辋的内侧或外侧的上部（时钟 12 点位置）加装指示装置显示该侧平衡块质量。内外侧要分别进行，平衡块装卡要牢固。

(i) 安装平衡块后，有可能产生新的不平衡，应重新进行平衡试验，直至不平衡量 < 5g，指示装置显示 "00" 或 "ok" 时才可以。

(j) 测试结束，关闭电源开关。

② 用就车式车轮平衡机检测车轮平衡

a. 就车式车轮平衡机结构简介。

就车式车轮动平衡机一般由驱动装置、测量装置、指示与控制装置、制动装置和小车等组成，其工作图如图 3-28 所示。驱动装置由电动机、转轮等组成，能带动支离地面的车轮转动。测量装置由传感磁头、可调支杆、底座和传感器等组成。它能将车轮不平衡量产生的振动变成电信号，送至指示与控制装置。指示与控制装置由频闪灯、不平衡度表或数字显示屏等组成。频闪灯用来指示车轮不平衡点位置，不平衡度表或数字显示屏用来指示车轮不平衡量，一般由两个挡位。第一挡一般用于初查时的指示，第二挡一般用于装上平衡块后复查时的指示。制动装置用于车轮停转。除测量装置外，车轮动平衡机的其余装置都装在小车上，可方便地移动。

b. 就车式车轮平衡机的使用方法。

(a) 准备工作：

用千斤顶支起车轴，两边车轮离地间隙要相等；

清除被测车轮上的泥土、石子和旧平衡块；

检查轮胎气压，要充至规定值；

检查轮毂轴承是否松旷，要调整至规定松紧度；

在轮胎外侧面任意位置上用白粉笔或白胶布做上记号。

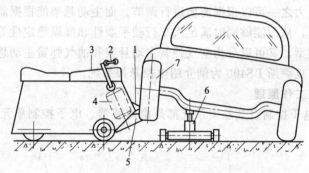

图 3-28 就车式车轮动平衡机工作原理示意图
1—光电传感器；2—手柄；3—仪表板；4—驱动电机；5—摩擦轮；6—传感器支架；7—被测车轮

(b) 从动前轮静平衡：

用三角垫木塞紧非测试车轮，将就车式车轮平衡机的测量装置推至被测前轮一端的前轴下，传感磁头吸附在悬架下或转向节下，调节可调支杆高度并锁紧；

推平衡机至车轮侧面或前面（视车轮平衡机型号不同而异），检查频闪灯工作是否正常，检查转动的旋转方向能否使车轮的转动力与前进行驶时方向一致；

操纵车轮平衡机转轮与轮胎接触，启动电动机带动车轮旋转至规定车速；

观察频闪灯照射下的轮胎标记位置，并从指示装置（第一挡）上读取不平衡量数值；

操纵平衡机上的制动装置，使车轮停止转动；

用手转动车轮，使其上的标记仍处在上述观察位置上，此时轮辋的最上部（时钟 12 点位置）即为加装平衡块的位置；

按指示装置显示的不平衡量选择平衡块，牢固地装卡到轮辋边缘上；

重新驱动车轮进行复查测试，指示装置用二挡显示，若车轮平衡度不符合要求，应调整平衡块质量和位置，直至符合平衡要求。

(c) 从动前轮动平衡：

将传感磁头吸附在经过擦拭的制动底板边缘平整之处；

操纵平衡机转轮驱动车轮旋转至规定车速，观察轮胎标记位置，读取不平衡量数值，停转车轮找平衡块加装位置，加装平衡块和复查等，方法与静平衡相同。

(d) 驱动轮平衡：

顶起驱动车轮；

用发动机、传动系驱动车轮，加速至 50～70km/h 的某一转速下稳定运转；

测试结束后，用汽车制动器使车轮停转；

其他方法同从动轮动、静平衡测试。

3.4.3 电子控制悬架系统的检测与故障诊断

传统的悬架系统一般具有固定的弹簧刚度和减振器阻尼，不能同时满足汽车行驶平顺性和操纵稳定性的要求。例如：降低弹簧刚度，平顺性会变好，使乘坐舒适，但由于悬架偏软会使操纵稳定性变差；而增加弹簧刚度会提高操纵稳定性，但较硬的弹簧又使车辆对路面的不平度很敏感，使平顺性降低。因此，理想的悬架系统应在不同的使用条件下具有不同的弹簧刚度和减振器阻尼力，这样既能满足平顺性的要求又能满足操纵稳定性的要求。电子控制悬架系统就是这种理想的悬架系统。

电子控制悬架系统主要有半主动悬架和主动悬架两种。半主动悬架是指悬架元件中的弹簧刚度和减振器阻尼力之一可以根据需要进行调节。而主动悬架能根据需要自动调节弹簧刚度和减振器的阻尼力，从而能够同时满足汽车行驶平顺性和操纵稳定性等各方面的要求。主动悬架按照弹簧的类型，又可以分为空气弹簧主动悬架和油气弹簧主动悬架。

本部分以丰田雷克萨斯 LS400 为例介绍电控悬架系统。

(1) 系统组成及工作原理

① 组成　任何电子控制空气悬架系统都是由传感器、电子控制单元（ECU）和执行器

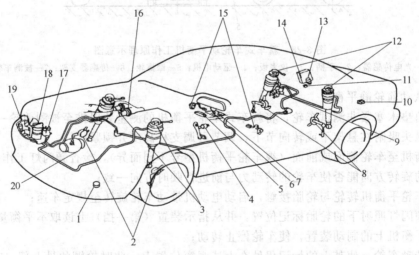

图 3-29　雷克萨斯 LS400 的电控悬架系统元件在车上的位置

1—1 号高度控制继电器；2—前车身高度传感器；3—前悬架控制执行器；4—制动灯开关；5—转向传感器；6—高度控制开关；7—LRC 开关；8—后车身高度传感器；9—2 号高度控制阀和溢流阀；10—高度控制 ON/OFF 开关；11—高度控制连接器；12—后悬架控制执行器；13—2 号高度控制继电器；14—悬架 ECU；15—门控灯开关；16—主节气门位置传感器；17—1 号高度控制阀；18—高度控制压缩机；19—干燥器和排气阀；20—IC 调节器

3部分组成，丰田雷克萨斯LS400的电控悬架系统也是这样，具体来说，传感器包括车身高度传感器、转向传感器、车速传感器、节气门位置传感器等，执行器包括高度控制阀、排气阀、悬架控制执行器等。

丰田雷克萨斯LS400的电控悬架系统元件在车上的位置如图3-29所示。

② 控制原理

a. 车身高度控制。

车身高度控制系统由压缩机、干燥器、排气阀、1号高度控制继电器、2号高度控制继电器、1号高度控制阀、2号高度控制阀、前后左右4个空气弹簧、4个车身高度传感器及悬架ECU等组成。如图3-30所示为车身高度控制系统示意图，图3-31所示为1号、2号高度控制阀控制电路图，图3-32所示为空气压缩机控制电路图。

当点火开关接通时，ECU使2号高度控制继电器线圈通电，2号高度控制继电器触点闭合，使前、后、左、右4个高度传感器接通蓄电池电源。当车身高度需要上升时，从ECU的RCMP端子送出一个信号，使1号高度控制继电器接通，1号高度控制继电器触点闭合，压缩机控制电路接通产生压缩空气。ECU使高度控制电磁阀线圈通电后，电磁线圈将高度控制阀打开，并将压缩空气引向空气弹簧，从而使车身高度上升。

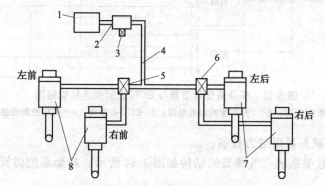

图3-30 车身高度控制系统示意图

1—压缩机；2—干燥器；3—排气阀；4—空气管；5—1号高度控制阀；6—2号高度控制阀；7,8—空气弹簧

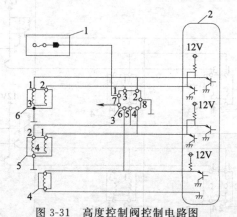

图3-31 高度控制阀控制电路图

1—AIR SUS熔丝；2—悬架ECU；3—1号高度控制继电器；4—排气阀；5—2号高度控制阀；6—1号高度控制阀

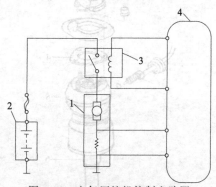

图3-32 空气压缩机控制电路图

1—压缩机电动机；2—蓄电池；3—1号高度控制继电器；4—悬架ECU

当车身高度需要下降时，ECU不仅使高度控制阀电磁线圈通电，而且还使排气阀电磁线圈通电，排气阀电磁线圈使排气阀打开，将空气弹簧中的压缩空气排到大气中。

1号高度控制阀用于前悬架控制,它有两个电磁阀分别控制左右两个空气弹簧。2号高度控制阀用于后悬架控制,它与1号高度控制阀一样,也采用两个电磁阀。为了防止空气管路中产生不正常的压力,2号高度控制阀中采用了一个溢流阀。

悬架系统的车身高度传感器采用光电式传感器,为了检测汽车高度和因道路不平而引起的悬架位移量,在每个悬架上都装有一只车身高度传感器,用于连续监测车身与悬架下臂之间的距离。如图3-33所示为车身高度传感器与ECU之间的连接电路图。

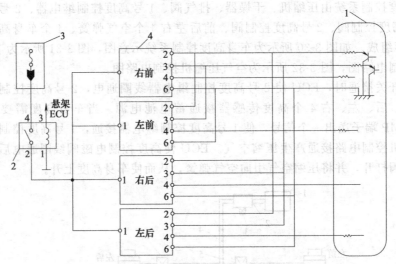

图3-33 车身高度传感器与ECU之间的连接电路图

1—悬架ECU;2—2号高度控制继电器;3—ECU-B熔丝;4—高度控制传感器

b. 弹簧刚度和减振器阻尼力控制。

电子控制空气悬架系统空气弹簧的结构如图3-34所示。悬架系统弹簧刚度和减振器阻

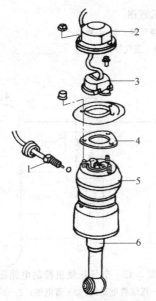

图3-34 空气弹簧的结构

1—空气管;2—执行器盖;3—执行器;
4—悬架支座;5—气室;6—减振器

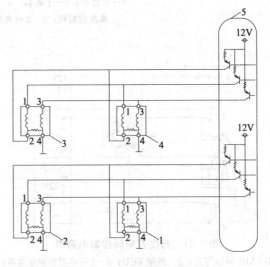

图3-35 悬架控制执行器电路

1—右前悬架控制执行器;2—左前悬架控制执行器;3—左后悬架控制执行器;4—右后悬架控制执行器;5—悬架ECU

尼力控制执行器安装在空气弹簧的上部,悬架控制执行器电路如图 3-35 所示,ECU 将信号送至悬架控制执行器以同时驱动减振器的阻尼调节杆和空气弹簧的气阀控制杆,从而改变减振器的阻尼力和悬架弹簧刚度。

③ 系统电路图 图 3-36 所示为悬架系统 ECU 连接器。图 3-37 所示为 LS400 电子控制空气悬架系统的线路连接图。

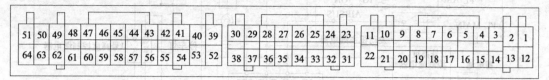

图 3-36 悬架系统 ECU 连接器

表 3-5 为连接器各接线端子与 ECU 连接对象的对应关系。

表 3-5 连接器各接线端子与 ECU 连接对象的对应关系

序号	代号	连接对象	序号	代号	连接对象
1	SLFR	1号右高度控制阀	33		
2	SLRR	2号右高度控制阀	34	CLE	高度控制连接器
3	RCMP	1号高度控制继电器	35		
4	SHRL	左后高度控制传感器	36		
5	SHRR	右后高度控制传感器	37		
6	SHFL	左前高度控制传感器	38	RM−	压缩机电动机(马达)
7	SHFR	右前高度控制传感器	39	+B	悬架控制执行器电源
8	NSW	高度控制 ON/OFF 开关	40	IGB	高度控制电源
9			41	BATT	备用电源
10	TSW	LRC 开关	42		
11	STP	停车灯开关	43	SHLOAD	高度控制传感器
12	SLFL	1号左高度控制阀	44	SHCLK	高度控制传感器
13	SLRL	2号左高度控制阀	45	MRLY	2号高度控制继电器
14			46	VH	高度控制"High"指示灯
15			47	VN	高度控制"Normal"指示灯
16			48		
17			49	FS+	前悬架控制执行器
18			50	FS−	前悬架控制执行器
19			51	FCH	前悬架控制执行器
20	DOOR	门控灯开关	52	IG	点火开关
21	HSW	高度控制开关	53	GND	ECU 搭铁
22	SLEX	排气阀	54	−RC	1号高度控制继电器
23	L1	发动机和 ECT ECU	55	SHG	高度控制传感器
24	L3	发动机和 ECT ECU	56		
25	TC	TDCL 和检查连接器	57		
26	TS	检查连接器	58		
27	SPD	汽车车速传感器	59	VS	LRC 指示灯
28	SS₂	转向传感器	60		
29	SS₁	转向传感器	61		
30	RM+	压缩机传感器	62	RS+	后悬架控制执行器
31	L2	发动机和 ECT ECU	63	RS−	后悬架控制执行器
32	REG	IG 调节器	64	RCH	后悬架控制执行器

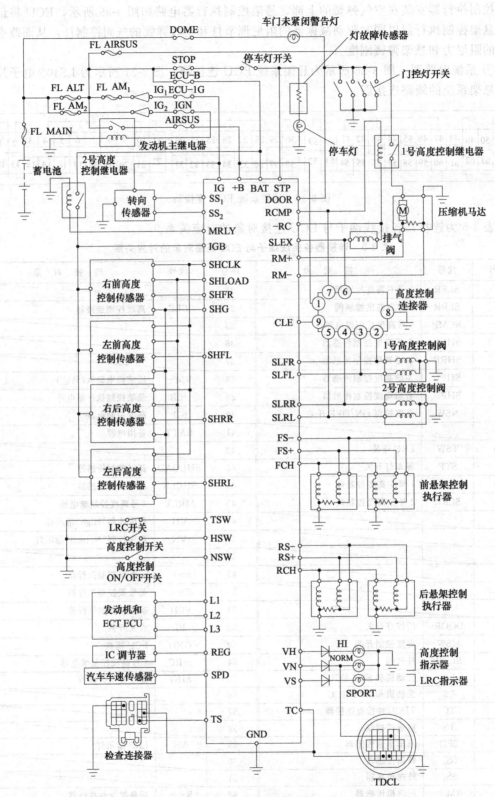

图 3-37　LS400 电子控制空气悬架系统的线路连接图

(2) 电子控制悬架系统的故障诊断与检修

① 初步检查（功能检查）

a. 汽车高度调整功能的检查

(a) 检查轮胎气压是否正常（前后分别为 2.3kgf/cm² 和 2.5kgf/cm²）；

(b) 检查汽车高度（下横臂安装螺栓中心到地面的距离）；

(c) 如图 3-38 所示，将高度控制开关由 NORM 转换到 HIGH，车身高度应升高 10～30mm，所需时间为 20～40s。

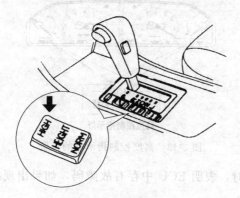

图 3-38 高度控制开关

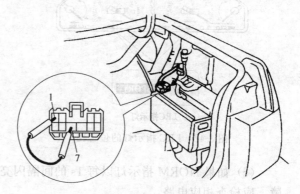

图 3-39 短接高度控制连接器的 1、7 端子

b. 溢流阀的检查

(a) 点火开关置于 ON，将高度控制连接器的 1、7 端子短接，如图 3-39 所示，使压缩机工作；

(b) 压缩机工作一会儿后，检查溢流阀是否放气，如图 3-40 所示；如果不放气说明溢流阀堵塞、压缩机故障或有漏气的部位；

(c) 检查结束后。将点火开关置于 OFF，清除故障码。

c. 漏气检查

(a) 将高度控制开关置于 HIGH 位置；

(b) 使发动机熄火；

(c) 在管子的接头处涂抹肥皂水，如图 3-41所示。

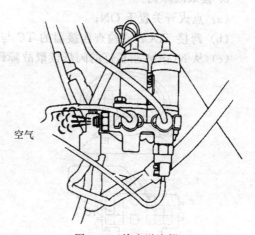

图 3-40 检查溢流阀

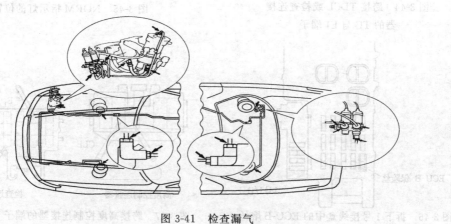

图 3-41 检查漏气

② 故障诊断

a. 指示灯检查

(a) 点火开关置于 ON；

(b) LRC 指示灯（SPORT 指示灯）和 HEIGHT 指示灯（NORM 和 HI 指示灯）应点亮 2s，指示灯的位置如图 3-42、图 3-43 所示；

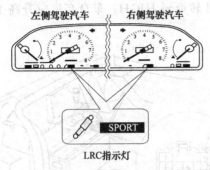

图 3-42　LRC 指示灯的位置图

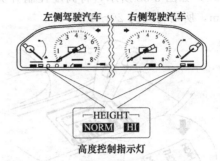

图 3-43　高度控制指示灯的位置

(c) 如果 NORM 指示灯以每 1s 的间隔闪亮时，表明 ECU 中存有故障码，如果出现故障，应检查相应电路。

b. 读取故障码

(a) 点火开关置于 ON；

(b) 跨接 TDCL 或检查连接器的 TC 与 E1 端子如图 3-44 所示；

(c) 从 NORM 指示灯的闪烁读取故障码，NORM 指示灯的位置如图 3-45 所示；

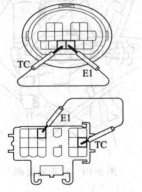

图 3-44　跨接 TDCL 或检查连接器的 TC 与 E1 端子

图 3-45　NORM 指示灯的位置

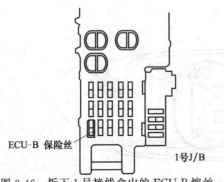

图 3-46　拆下 1 号接线盒中的 ECU-B 熔丝

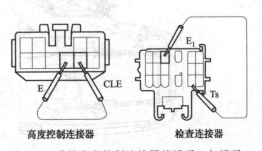

图 3-47　跨接高度控制连接器的端子 9 与端子 8

如果高度控制 ON/OFF 开关置于 OFF 位置，会输出代码 71，这是正常的。

(3) 清除故障码

点火开关置于 OFF，拆下 1 号接线盒中的 ECU-B 熔丝 10s 以上，如图 3-46 所示；或点火开关置于 OFF，跨接高度控制连接器的端子 9 与端子 8 10s 以上，如图 3-47 所示。

故障码见表 3-6。

表 3-6 雷克萨斯 LS400 电控悬架系统故障码表

故障代码	故障部位	故障原因
11	右前高度传感器电路	高度传感器电路断路或短路
12	左前高度传感器电路	
13	右后高度传感器电路	
14	左后高度传感器电路	
21	前悬架控制执行器电路	悬架控制执行器电路断路或短路
22	后悬架控制执行器电路	
31	1 号高度控制阀电路	高度控制阀电路断路或短路
33	2 号高度控制阀电路(用于后悬架)	
34	2 号高度控制阀电路(用于左悬架)	
35	排气阀电路	排气阀电路断路或短路
41	1 号高度控制继电器电路	1 号高度控制继电器电路断路或短路
42	压缩机电动机电路	压缩机电动机短路；压缩机电动机被锁住
51	至 1 号高度控制继电器的持续电流	供至 1 号高度控制继电器的电流约通电 8.5min 以上
52	至排气阀的持续电流	供至排气阀的电流约通电 6min 以上
61	悬架控制信号	ECU 失灵
71	悬架控制执行器电源电路	悬架控制执行器电源电路断路；AIR SUS 熔丝烧断
72	高度控制 ON/OFF 开关电路	高度控制 ON/OFF 开关在 OFF 位置；高度控制 ON/OFF 开关电路断路

典型故障案例

[案例 1] 丰田 4500 吉普底盘异响故障的检修

故障现象 一辆丰田 4500 吉普车，因挂上前驱动后方向不灵、底盘有异响而送修。

故障检查与排除 路试时发现，该车如不挂前驱动，底盘一切正常。挂上前驱动后，行车中确有别劲的感觉，而且前、后桥均有异响。行驶不到 20km 停车，用手触摸前、后桥壳，感到特别烫手。将车开回后用举升架托起，挂上前驱动试车，故障消失。说明故障在传动系或行驶系。

首先检查分动箱，没有发现异常；然后检查前后桥主、被动圆锥齿轮间隙，行星齿轮与半轴齿轮间隙，主、被动圆锥齿轮轴承预紧度，基本上都符合技术标准。重新装配、调整后换上符合要求的齿轮油，结果故障依旧。将同型号在用车的前、后桥换到该车上试车，故障还是没有消除。

经询问车主得知，该车购买后仅行驶 3 个月，在使用前驱动以前，未发现异常。经综合分析后认为，此故障可能是由于前、后轮外径不一致造成的。在一般情况下，前、后桥驱动的汽车，主要是使用后驱动，前轮只是被推动，所以后轮轮胎的磨损要比前轮轮胎严重得多，因此后轮轮胎外径要小于前轮轮胎。

经测量，该车前轮轮胎外径比后轮轮胎大 10mm。当前、后轮外径不同时，如不挂前驱动行驶，前、后轮各自独立运转，保持轮胎胎冠上相同的线速度，不会出现上述故障。

该车经换上前、后外径一致的轮胎后，行驶正常，故障消除。

故障分析 当前、后轮外径不同且挂上前驱动行驶时，发动机通过变速器、传动轴、前后桥传递给前、后轮的转速和转矩是相同的，而前、后轮轮胎胎冠上的线速度和对地面的摩擦力均不相同。外径大的轮胎（前轮轮胎）胎冠上的线速度大，摩擦力（即地面对车轮的推动力）小，而外径小的轮胎（后轮轮胎）则相反，形成了大轮拖小轮的现象，增加了前、后桥主、被动圆锥齿轮的负荷。这样既增加了轮胎的磨损，又导致前、后桥主、被动圆锥齿轮的非正常磨损，并使它发热。久而久之，必然造成该齿轮的损坏（不过，该车尚未达到这种程度）。这就是挂上前驱动后驾车别劲、底盘出现异响的原因。

[案例 2] 奔驰空气悬架故障指示灯常亮

故障现象 车身无法升起而且有时候故障灯亮。

故障诊断与排除 接车以后进行检查，车身确实无法升起，经过路试并反复操作悬架按钮后，黄色故障灯亮起。根据经验判断，可能是空气泵故障。于是拆下空气泵，操作底盘高度按钮，检查供电电压，结果没有电压。这时可以对故障进一步缩小范围，对空气泵进行供电，空气泵工作正常。现在目标转移到供电电压的电路和开关方面，先检查保险，发现保险丝烧断，更换新保险丝，故障清除。

经过 5 天，客户反应，故障重新出现，且保险丝烧断。

根据现象分析，原因可能有 2 种：第一，控制模块输出电流过大；第二，空气泵阻值小。对这两种原因进行检查。先拆下空气泵检查，阻值为 1Ω，原来空气泵内部短路导致阻值降低，且空气泵在长期工作中消耗的电流负荷超出正常值，从而烧坏保险丝。更换空气泵后故障彻底排除。

[案例 3] 奥迪 A6L 轮胎气压监控系统设定方法

每次更改规定都必须启动轮胎充气压力功能，设定方法（存储轮胎充气压力）：

① 按压功能按钮 "CAR"；
② 在汽车菜单中选择 "Systems"；
③ 选择 "Tyre. Pressure. Monitoring 轮胎气压监控系统"；
④ 选择 "Store. curr. Tire. Pressures 存储轮胎气压"。

更换车轮后必须对调换过的轮胎执行重新学习过程方法是：

① 按压功能按钮 "CAR"；
② 在汽车菜单中选择 "Systems 系统"；
③ 选择 "Tyre. Pressure. Monitoring 轮胎气压监控系统"；
④ 选择 "Initialize. wheels 调换车轮"。

3.5 转向系统故障诊断与检测

汽车转向系统是用于改变或保持汽车行驶方向的专门机构，使汽车在行驶过程中能按照驾驶员的操纵要求而适时地改变其行驶方向，并在受到路面传来的偶然冲击及汽车意外地偏离行驶方向时，能与行驶系统配合共同保持汽车继续稳定行驶。因此，转向系统的性能直接影响着汽车的操纵稳定性和安全性。

3.5.1 转向系统的常见故障诊断与检测

机械转向系统在使用过程中由于维护调整不当、磨损、碰撞变形等原因，会使转向器过紧、转向传动机构和转向操纵机构松旷、变形、发卡等，从而造成转向沉重、行驶跑偏、单边转向不足、低速摆头、高速摆头等故障。

(1) 转向沉重

故障现象　汽车在行驶中，转动转向盘感到沉重费力，转弯后又不能及时回正方向。

故障原因

① 转向器方面的原因

a. 转向器缺乏润滑油。

b. 转向轴弯曲或转向轴管凹陷碰擦，有时会发出"吱吱"的摩擦声。

c. 转向摇臂与衬套配合间隙过小或无间隙。

d. 转向器输入轴上下轴承调整过紧，或轴承损坏受阻。

e. 转向器啮合间隙调整过小。

② 转向传动机构的原因

a. 各处球销缺乏润滑油。

b. 转向直拉杆和横拉杆上球销调整过紧，压紧弹簧过硬或折断。

c. 转向直拉杆或横拉杆弯曲变形。

d. 转向节主销与衬套配合间隙过小，或衬套转动使油道堵塞，润滑油无法进入，使衬套与转向节主销烧蚀。

e. 转向节止推轴承调整过紧或缺少润滑油或损坏。

f. 转向节臂变形。

③ 前桥（转向桥）和车轮方面的原因

a. 前轴变形、扭转，引起前轮定位失准。

b. 轮胎气压不足。

c. 前轮轮毂轴承调整过紧。

d. 转向桥或驱动桥超载。

④ 其他部位的原因

a. 车架弯曲、扭转变形。

b. 前钢板弹簧或是前悬架变形。

c. 前轮定位不正确。

故障诊断与排除

① 顶起前桥，转动转向盘，若感到转向盘变轻，则说明故障部位在前桥、车轮或其他部位。此时应首先检查轮胎气压，如气压偏低，则应充气使之达到正常值，接下来应用前轮定位仪检查前轮定位，尤其应注意后倾角和前束值，如果是因为前束过大造成的转向沉重，同时还能发现轮胎有严重的磨损。

② 若转向仍感沉重，说明故障在转向器或转向传动机构，可进一步拆下转向摇臂与直拉杆的连接，此时若转向变轻，说明故障在转向传动机构，应检查各球头销是否装配过紧或止推轴承是否缺油损坏，各拉杆是否弯曲变形等，通常检查时，可用手扳动两个车轮左右转动察看各传动部分，并转动车轮检查车轮轴承松紧度。

③ 拆下转向摇臂后，若转向仍沉重，则转向器本身有故障，可检查转向器是否缺油，

转动转向盘时倾听有无转向轴与柱管的碰擦声,检查调整转向器主动轴上下轴承预紧度和啮合间隙,转向摇臂轴转动是否发卡等,如不能解决就将转向器解体检查内部有无部件损坏。

④ 经过上述检查,如仍不见减轻,可检查车桥、车架或下控制臂(独立悬架式)与转向节臂,看其有无变形,如发现变形,应予修整或更换。同时检查前弹簧(板簧或螺旋弹簧),看其是否折断,否则应更换。

(2) 低速摆头

故障现象 汽车在低速行驶时,感到方向不稳,产生前轮摆振。

故障原因

① 转向器传动副啮合间隙过大。
② 转向传动机构横、直拉杆各球头销磨损松旷、弹簧折断或调整过松。
③ 转向节主销与衬套的配合间隙过大或前轴主销孔与主销配合间隙过大。
④ 前轮轮毂轴承装配过松或紧固螺母松动。
⑤ 后轮胎气压过低。
⑥ 车辆装载货物超长,使前轮承载过小。
⑦ 前悬架弹簧错位、折断或固定不良。

故障诊断与排除

① 外观检查。
② 检查车辆是否装载货物超长,而引起前轮承载过小。
③ 检查后轮胎气压是否过低,若轮胎气压过低,应充气使之达到规定值。
④ 检查前悬架弹簧是否错位、折断或固定不良,若错位应拆卸修复;若折断应更换;若固定不良,应按规定力矩拧紧。
⑤ 检查转向盘自由行程。

a. 由一人握紧转向摇臂,另一人转动转向盘,若自由行程过大,说明转向器啮合传动副间隙过大,应调整。

b. 放开转向摇臂,仍有一人转动转向盘,另一人在车下观察转向拉杆球头销,若有松旷现象,说明球头销或球碗磨损过甚、弹簧折断或调整过松,应先更换损坏的零件,再进行调整。

⑥ 通过以上检查均正常,可支起前桥,并用手沿转向节轴轴向推拉前轮,凭感觉判断是否松旷。若有松旷感觉,可由另一人观察前轴与转向节连接部位。

a. 若此处松旷,说明转向节主销与衬套的配合间隙过大或前轴主销孔与主销配合间隙过大,应更换主销及衬套。

b. 若此处不松旷,说明前轮毂轴承松旷,应重新调整轴承的预紧度。

(3) 高速摆头

故障现象 汽车行驶中出现转向盘发抖,车头在横向平面内左右摆动、行驶不稳等。有下面两种情况:

① 在高速范围内某一转速时出现。
② 转速越高,上述现象越严重。

故障原因

① 转向轮动不平衡。
② 前轮定位不正确。
③ 车轮偏摆量大。
④ 转向传动机构运动干涉。

⑤ 车架、车桥变形。
⑥ 悬架装置出现故障：左右悬架刚度不等、弹簧折断、减振器失效、导向装置失效等。

诊断与排除
① 外观检查
　a. 检查减振器是否失效，若漏油或失效，应更换。
　b. 检查左右悬架弹簧是否折断、刚度是否一致，若有折断或弹力减弱，应更换。
　c. 检查悬架弹簧是否固定可靠，转向传动机构有无运动干涉等，若有应排除。
② 支起驱动桥，用三脚架塞住非驱动轮，启动发动机并逐步使汽车换入高速挡，使驱动轮达到车身摆振的车速。
　a. 若此时车身和转向盘出现抖动，说明传动轴严重弯曲或松旷，转向轮动不平衡或偏摆量大（前驱动）。
　b. 若此时车身和转向盘不抖动，说明故障在车架、车桥变形或前轮定位不正确。
③ 检查前轮是否偏摆
　a. 支起前桥，在前轮轮辋边上放一划针，慢慢地转动车轮，察看轮辋是否偏摆过大，若轮辋偏摆量过大，应更换。
　b. 拆下前轮，在车轮动平衡仪上检查前轮的动平衡情况，若不平衡量过大，应加装平衡块予以平衡。
　经上述检查均正常，应检查车架、车桥是否变形，并用前轮定位仪检查调整前轮定位。

(4) 行驶跑偏
故障现象　汽车直线行驶时，转向盘不居中间位置；必须紧握转向盘，预先校正一角度后，汽车才能保持直线行驶，若稍放松转向盘，汽车会自动向一侧跑偏。

故障原因
① 左右前轮气压不相等或轮胎直径不等。
② 两前轮的定位角不等。
③ 两前轮轮毂轴承的松紧度不等。
④ 前束过大或过小。
⑤ 前桥（整轴式）弯曲变形或下控制臂（独立悬架式）安装位置不一致。
⑥ 前后车轴不平行。
⑦ 车架变形或左右轮距相差太大。
⑧ 一边车轮制动拖滞。
⑨ 转向轴两侧悬架弹簧弹力不等。

诊断与排除
① 外观检查
　a. 检查左、右两前轮轮胎气压是否一致，若不一致，应按规定充气，使两前轮轮胎气压保持一致。
　b. 检查左、右两前轮轮胎的磨损程度，若磨损程度不一致，应更换磨损严重的轮胎。
　c. 检查左、右两前轮轮胎的花纹是否一致，若花纹不一致，应更换轮胎，使花纹一致。
　d. 将汽车停放在平坦的地面上，察看汽车前部高度是否一致，若高度不一致，说明悬架弹簧折断或弹力不一致，应更换。
② 用手触摸跑偏一方的车轮制动鼓和轮毂轴承部位，感觉温度情况。
　a. 若感觉车轮制动鼓特别热，说明该轮制动器间隙过小或制动回位不彻底，应检查调整。

b. 若感觉轮毂特别热，说明该轮轴承过紧，应重新调整轴承预紧度。

③ 测量前后桥左右两端中心的距离是否相等，若不相等，说明轴距短的一边钢板弹簧错位，车轴或半轴套管弯曲等，应检查维修。

④ 用前轮定位仪检查前轮定位是否正确，若不正确，应调整。

(5) 单边转向不足

故障现象 汽车转弯时，有时会出现转向盘左右转动量或车轮转角不等。

故障原因

① 转向摇臂安装位置不对。

② 转向角限位螺钉调整不当。

③ 前钢板弹簧、骑马螺栓松动，或中心螺栓松动。

④ 直拉杆弯曲变形。

⑤ 钢板弹簧安装时位置不正，或是中心不对称的前钢板弹簧装反。

诊断与排除 诊断这类故障，主要根据使用维修情况。

① 若汽车转向原来良好，由于行驶中的碰撞而造成转向角不足或一边大一边小时，应检查直拉杆、前轴、前钢板弹簧有无变形和中心螺栓是否折断等现象。

② 若维修后出现转角不足，可架起前桥，先检查转向摇臂安装是否正确。将转向盘从左边极限位置转到右边极限位置，记住总圈数，再回转总圈数的一半，察看转向轮是否处于直线行驶位置，如不是则应重新安装转向摇臂。

a. 若左右转向角不等，则应相应调整。

b. 当前轮转向已靠到转向限位螺栓时，最大转向角还不够，则转向限位螺栓过长，应予调整或更换。

③ 如前钢板弹簧中心不对称，则应检查是否装反。

3.5.2 汽车转向盘自由转动量和转向力的检测

转向盘自由转动量，是指汽车转向轮保持直线行驶位置静止不动时，左右轻轻晃动转向盘测得的游动角度。转向盘的转向力，是指在一定行驶条件下，作用在转向盘外缘的圆周力。这两个诊断参数主要用来诊断转向轴和转向系中各零件的配合状况。该配合状况直接影响到汽车的操纵稳定性和行车安全性，因此，对于在用车辆应对上述两项参数进行检测。

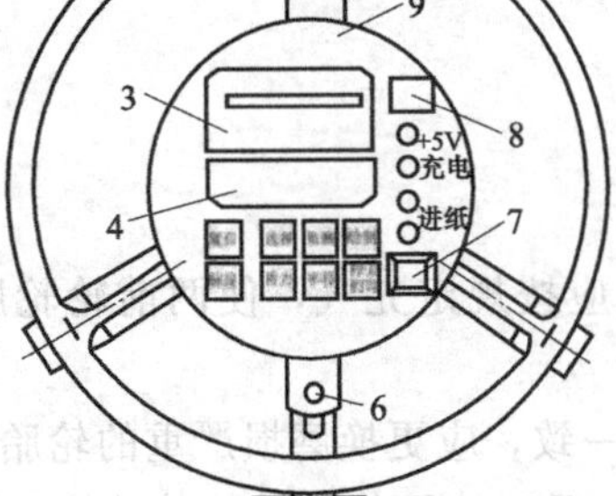

(1) 转向参数测量仪的结构和工作原理

转向参数测量仪是用于检测转向盘自由转动量和转向力的仪器。如图 3-48 所示是国产 ZC-2 型转向参数测量仪，该测量仪是以微机为核心的智能仪器，该仪器由操纵盘、主机箱、连接叉和定位杆四部分组成。

操纵盘由螺钉固定在三爪底板上，底板经力矩传感器与三个连接叉相连，每个连接叉上都有一只可伸缩长度的活动卡爪，以便与被测转向盘相连接。主机箱为一圆形结构，固定在底板中央，其内装有接口板、微机板、转角编码器、打印机、力矩传感器和电池等。定位杆从底板下伸出，经磁力座吸附在驾驶室内的仪表板上。定位杆的内端连接有光电装置，光电装置装在主机箱内的下部。

图 3-48 国产 ZC-2 型转向参数测量仪
1—连接叉；2—操纵盘；3—打印机；4—显示器；5—定位杆；6—固定螺钉；7—电源开关；8—电压表；9—主机箱

测量时，把转向参数测量仪对准被测转向盘中心，调整好三个连接叉上伸缩卡爪的长度，与转向盘连接并固定好。转动操纵盘，转向力通过底板、力矩传感器、连接叉传递到被测转向盘上，使转向盘转动以实现汽车转向。此时，力矩传感器将转向力矩转变成电信号，而定位杆内端连接的光电装置则将转角的变化转变成电信号。这两种电信号由微机自动完成数据采集、转角编码、运算、分析、存储、显示和打印。因此，使用该测量仪既可测得转向盘的转向力，又可测得转向盘的自由转动量。

(2) 转向参数测量仪的使用方法

① 转向盘自由转动量的检测方法

a. 测量时，应使汽车的两转向轮处于回正状态，并将车停稳，固定转向参数测量仪。

b. 调整转向参数测量仪的角度和转矩的零点。

c. 轻轻向左（或向右）转动转向参数测量仪的操纵盘至某一侧的极限位置（刚克服完自由间隙时的位置），记录角度值，然后再旋转至另一侧的限位置，记录角度值，两个角度值的绝对值之和就是转向盘的自由转动量。

② 转向力检测方法

a. 汽车转向轮置于转角盘上，安装、固定好转向参数测量仪。

b. 调整转向参数测量仪的角度和转矩的零点。

c. 转动转向参数测量仪的操纵盘，使转向轮达到原厂规定的最大转角，记录全过程中转向力矩的最大值，然后再除以转向盘的直径（单位 m）就得到了最大转向力。

检测时，注意车轮能否转动到极限位置或是否与其他部件发生干涉现象。

③ 检测标准

a. 转向盘的最大自由转动量。国家标准《机动车运行安全技术条件》（CB 7258—2012）规定：最大设计车速≥100km/h 的机动车的转向盘从中间位置向左或向右的转角不得大于10°，最大转动量小于 20°；最小设计车速≤100km/h 的机动车的转向盘从中间位置向左或向右的转角不得大于 15°。

b. 转向力。国家标准《机动车运行安全技术条件》（GB 7258—2012）规定：机动车在平坦、硬实、干燥和清洁的水泥或沥青道路上行驶，以 10km/h 的速度在 5s 内沿螺旋线从直线行驶过渡到直径为 24m 的圆周行驶，施加于转向盘外缘的最大切向力应不大于 254N。

④ 检测结果分析 转向盘的自由转动量的大小关系到汽车行驶中的操纵稳定性和汽车的安全性，同时也影响驾驶员的劳动强度。自由行程过大，造成行驶中操纵动力性下降，驾驶员劳动强度加大，紧急情况下汽车安全性明显下降；自由行程过小，行驶中驾驶员必须高度集中注意力，容易造成驾驶员疲劳，同时也会造成过小转向特性，形成"激转"影响汽车的安全性。

转向盘自由转动量超标主要有以下几个方面的原因：转向盘与转向轴的连接松旷；转向器内主、从动啮合部位松旷或主、从动部分的轴承松旷；纵、横转向拉杆的球头连接松旷；纵、横转向拉杆臂与转向节的连接松旷；转向节与主销配合松旷。

转向盘的转动阻力是评价转向盘转动是否灵活、轻便的量化指标。转动阻力大，会增加驾驶员的劳动强度和影响行车安全。汽车在行驶中，驾驶员向左（右）转动转向盘时，就会感到沉重费力无回正感；汽车低速转弯或掉头时，转动转向盘就更加费力。

转向盘转动阻力超标主要有以下几个方面的原因：轮胎气压不足；转向器主动部分轴承预紧力太大或从动部分与衬套配合太紧；转向器主、从动部分啮合调整太紧；转向器无油或缺油；转向节与主销配合太紧或缺油；纵、横转向拉杆的球头连接调整太紧或缺油；与转向盘连接的转向轴弯曲或其套管凹瘪，造成刮碰。

3.5.3 汽车侧滑检测

(1) 基本概念

侧滑一般是指车轮在前进过程中的横向滑移现象。造成侧滑的原因，既可能由车轮定位（即车轮各个角度参数）不合适所引起，也可能由于紧急制动时车轮"抱死"所造成。这里仅讨论由于前轮定位不当导致的侧滑问题。

一般来说，前轮是汽车的转向轮，为了保证汽车具有良好的操纵稳定性，前轮所在平面以及主销轴线总是设计成与汽车的纵向或横向铅垂面呈一定角度。这些角度参数包括主销内倾角、主销后倾角、前轮外倾角和前轮前束，合称前轮定位参数。

前轮外倾角如图 3-49 所示。其作用一方面是为了避免汽车承重后，前梁变形引起前轮出现内倾，从而加速轮胎的磨损和加大轮毂外侧轴承负荷。同时，有了外倾角也可以适应拱形路面。

车轮有了外倾角以后，在滚动时，就会类似于圆锥的滚动，出现两个车轮试图向各自的外侧滚开的趋势。由于受到横直拉杆和车桥的约束不可能向外滚开，于是车轮将在地面上出现边滚边滑（向内）的现象，从而增加了轮胎磨损。

为了消除前轮外倾带来的不良后果，在安装前轮时，人为地使两轮中心平面不平行。在沿前进方向上，两轮前端距离小于后端距离。如图 3-50 所示，B 与 A 之差就称为前束值。

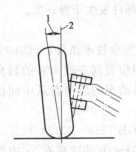

图 3-49 前轮外倾角结构示意图
1—前轮外倾角；2—地面垂线

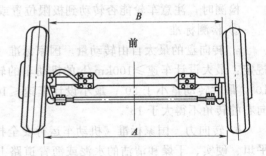

图 3-50 前轮前束结构示意图

由于前束的作用，车轮在前进时，两轮试图向内侧滚动。同样，由于机械上的约束，车轮不可能向内侧滚动，这就又出现了车轮边滚动边向外滑的现象（或存在这种倾向）。

为保证汽车转向轮无横向滑移的直线滚动，要求车轮外倾角和车轮前束有适当配合。当车轮前束值与车轮外倾角匹配不当时，车轮就可能在直线行驶过程中不做纯滚动，产生侧向滑移现象。当侧滑量太大时，会引起汽车行驶方向不稳、转向沉重、增加轮胎磨损、加大燃油消耗，甚至会导致交通事故。因此，在对汽车的定期检验中，侧滑检测是必不可少的检验项目之一。

(2) 侧滑试验台的结构与测量原理

① 双板联动式侧滑试验台的结构　侧滑检验台是使汽车在滑动板上驶过时，用测量滑动板左右移动量的方法来测量前轮侧滑量的大小和方向，并判断是否合格的一种检测设备。目前，国内侧滑检验台有单板侧滑检验台和双板联动式侧滑检验台，这里以双板联动式侧滑检验台为例进行介绍。

侧滑试验台主要包括机械和电气两大部分。机械部分主要有滑板、联动机构以及滚轮、弹簧等，电气部分主要有传感器、信号放大处理电路以及指示仪表等。侧滑试验台种类较多，不过其机械部分大同小异，主要差别在于电气仪表部分。

a. 机械部分　机械部分的结构原理见图3-51。两块滑板分别支撑在各自4个滚轮上，每块滑板通过与其连接的导向轴承（图中未画出）在导轨内滚动，保证了滑板能够沿左右方向滑动而限制了其纵向的运动。左右滑板通过中间的三连杆机构连接起来，从而保证两块滑板做同时向内或同时向外的运动。相应的位移量通过位移传感器转换成电信号，经放大处理后送到指示仪表。复位弹簧可以起到自动复位的作用，以使滑板在不受力时能够保持中间位置（零位）。

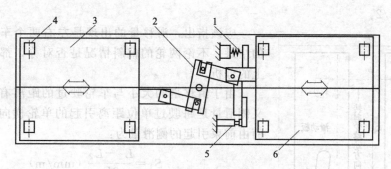

图3-51　双滑板式侧滑试验台结构示意图
1—复位弹簧；2—联动结构；3—左滑板；4—滚轮；5—位移传感器；6—右滑板

b. 电气部分　电气部分按传感器的种类不同而有所区别。目前，常用的位移传感器有电位计式和差动变压器式两种。

(a) 电位计式测量装置。其原理非常简单，将一个可调电阻安装在侧滑检验台底座上，其活动触点通过传动机构与滑板相连，电位计两端输入一个固定电压（如5V），中间触点随着滑板的内外移动也发生变化，输出电压也随之在0～5V之间变化，把2.5V左右的位置作为侧滑台的零点，如果滑板向外移动，输出电压大于2.5V，达到外侧极限位置输出电压为5V，滑板向内移动，输出电压小于2.5V，达到内侧极限输出电压为0V。这样，仪表就可以通过A/D转换将侧滑传感器电压转换成数字量，并送入单片机处理，得出侧滑量的大小。

(b) 差动变压器式测量装置。原理与电位计式类似，只是电位计式输出一个正电压信号，而差动变压器式输出的是正负两种信号。把电压为0时的位置作为零点。滑板向外移动输出一个大于0V的正电压，向内移动输出一个小于0V的负电压。同样，仪表就可以通过A/D转换将侧滑传感器电压转换成数字量，并送入单片机处理，得出侧滑量的大小。

(c) 指示仪表。指示仪表可大致分为指针式和数字式两类。前述自整角机式测量装置一般连接指针仪表，而差动变压器式则多连接数字式仪表。目前，检测站较普遍使用的是数字式仪表。数字仪表多为智能化仪表，实际上它往往就是一个单片机系统，因而具有较强的功能。不过指针式仪表也有它的优点，就是结构简单、维修方便，并且也很直观。目前，两类仪表都在使用。

(d) 释放板的作用。《机动车安全技术检验项目和方法》（GB 21861—2014）要求侧滑台具有车轮应力释放功能。车轮在驶入侧滑台前，由于车轮侧滑量的作用，车轮与地面间接触产生的横向应力迫使车轮产生变形，在驶上侧滑板的瞬间将迅速释放并引起滑板移动量大于实际侧滑量引起的位移；在驶出滑板的瞬间已接触地面部分的轮胎将积聚应力阻碍滑板移动，从而使滑板位移量小于实际值。

因此，近年来陆续出现了前后带应力释放板的侧滑台，以保证车轮通过中间滑板（带侧滑量检测传感器）时能得以准确测量。因进车时的应力释放对侧滑测量造成的影响比出车时大得多，考虑到成本因素，目前在进车方向带释放板的侧滑台较多。

② 双板联动式侧滑检验台的测量原理

a. 由前束引起的侧滑作用。

如图 3-52 所示，让带有前束的前轮驶过只能横向移动的滑板。由于前束的存在，每个车轮都将一边滚动、一边向外侧推动滑板。滑板被横向推动的距离应该既与前束的大小有关，又与车轮走过的距离有关。若在车轮滚过一段距离 D 之后，两块滑板外侧之间的距离由 L_1 变为 L_2，那么滑板总的滑移量是 L_2-L_1，其中 $L_2>L_1$。平均每个车轮的滑移量就是 $(L_2-L_1)/2$。

应该指出，滑移量的出现是左右两个车轮共同作用的结果。不论两轮的偏斜情况是否对称，都不会影响以上的分析。

由于滑移量的大小与车轮驶过的距离有关，所以定义侧滑量是每驶过单位距离引起的单轮横向滑移量。从而由前束引起的侧滑量为：

$$S_1 = \frac{L_2 - L_2}{2D} \text{ (mm/m)}$$

式中　S_1——每前进 1m 时横向滑移的距离，mm。

b. 由前轮外倾引起的侧滑作用。

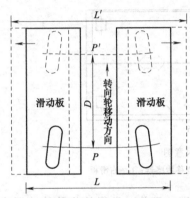

图 3-52　前束引起的侧滑作用示意图

如图 3-53 所示，若让仅有前轮外倾而无前束的车轮驶过滑板，由于前轮外倾力图使车轮边滚边散开的作用受到约束，前轮只能边滚边向内侧滑移，从而推动滑板向内侧移动。

与前面的分析相似，若车轮驶过距离为 D，滑板外侧间的距离由 L_1 缩短为 L_2，那么滑板总的滑移量是 L_2-L_1，注意其中 $L_2<L_1$。平均单边的滑移量仍是 $(L_2<L_1)/2$。则前轮外倾引起的侧滑量为：$S_2 = \frac{L_2-L_1}{2D}$ (mm/m)，其中 S_2 为负值。

c. 总的侧滑量。

由前轮外倾和前束引起的侧滑作用相反，总的侧滑量为

$$S = S_1 + S_2 = d/D \text{ (mm/m)}$$

式中　d——滑板单边滑移量，mm；

D——滑板沿前进方向的宽度，m。

由于 S_1 为正而 S_2 为负，故总的侧滑量为二者的代数和。

(a) 侧滑现象是左右两个车轮共同造成的，侧滑量规定为每个轮侧滑量的平均值。

(b) 侧滑量是有符号的。滑板向外滑时为正，表示前束的影响较大；反之，若滑板向内滑为负，表示前轮外倾的影响较大。

③ 单滑板侧滑试验台的测量原理　单滑板试验台仅用一块滑板，检测时仅有一侧车轮从滑板上驶过，单滑板侧滑试验台的测量原理如

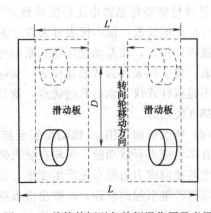

图 3-53　前轮外倾引起的侧滑作用示意图

图 3-54 所示。假设汽车左前轮从这块滑板上驶过，右前轮则从地面上驶过。由于两轮在试验中所处的地位不同，我们分两种极端情况进行分析。为了简单，先假定侧滑仅由前束造成。

a. 左轮正直，右轮有偏斜　如图 3-54（a）所示，假设左轮与汽车纵向平面完全平行，右轮前束时有偏斜。这是一种不对称的前束。因右轮行驶时有向内侧滚动的趋势，而左轮走在滑板上，右轮的内滚趋势受不到什么约束（我们在此忽略一些次要因素，例如汽车行驶的惯性，以及滑板相对底座的摩擦力等），这样，滑板在右侧车轮的侧向推力作用下会向左移动一段距离 b。事实上，在这种情况下，汽车的行驶方向也会向左偏斜。可以认为，此时滑板的滑移是右轮造成的。

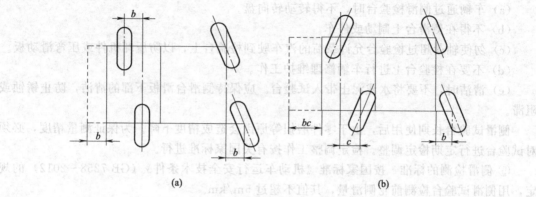

图 3-54　单滑板侧滑试验台工作原理图

b. 右轮正直，左轮有偏斜　这种情况如图 3-54（b）所示。由于右轮完全正直，又走在地面上，它与地面之间的附着力远远大于滑板与底座间的摩擦力。于是毫无疑问，汽车会按照直线行驶。而左轮走在滑板上的这段时间里，左轮向内侧滚动的趋势却受到约束，所以左轮只能边走边将滑板推向左侧，滑板便会形成滑移量 c。这和前面分析前束作用时的道理是一样的。所以在这种情况下滑板的滑移是由左侧车轮造成的。

c. 总的效果　在左右车轮都有偏斜（也不论这种偏斜是由前轮外倾还是前束造成）的一般情况下，据前面分析可知，滑板的总滑移量应是左右两轮共同作用的结果。具体侧滑量的计算方法与双滑板时类似，即有：

$$S = \frac{b+c}{2D} \text{ (mm/m)}$$

需要补充说明的是，由于双滑板与单滑板侧滑试验台的结构不同，测量机理也不同，难免造成实际测量时的误差（包括系统误差和随机误差）也常有不同。

理论分析可以证明，不论左右两侧的车轮偏斜情况是否对称，也不论这种偏斜是由前轮外倾还是前束造成的，所测量的总滑移量都是左右两轮共同作用的结果。所以单滑板与双滑板的测量效果是一样的。具体侧滑量的计算方法与双滑板测量时也是类似的。

④ 侧滑试验台的操作

a. 使用前的准备

（a）对于指针式仪表，要预先检查机械零点再接通电源；对于数字式仪表，要按说明书要求进行通电预热。

（b）接通电源后，将滑板左右推动几下，待滑板静止后，检查滑板是否完全复位，看仪表指示是否为零。

（c）汽车轮胎保持标准气压。

(d) 检查汽车轴重，不要超过试验台的承载能力。
b. 测量步骤
(a) 将车辆对正试验台，并使转向盘处于正中位置。
(b) 使车辆沿试验台板上的指示线以 3~5km/h 车速平稳驶过试验台。在行进过程中，不得转动转向盘，也不得进行制动。
(c) 待车辆完全通过试验台后，读取仪表指示的最大值。注意侧滑量的正负号。进行记录时，应遵循如下约定：滑动板向外侧滑动，侧滑量记为负值，表示车轮向内侧滑动（即IN）；滑动板向内侧滑动，侧滑量记为正值，表示车轮向外侧滑动（即OUT）。
c. 使用维护注意事项
(a) 车辆通过侧滑检验台时，不得转动转向盘。
(b) 不得在侧滑台上制动或停车。
(c) 勿使轴荷超过检验台允许载荷的汽车驶到检验台上，以防压坏机件或压弯滑动板。
(d) 不要在检验台上进行车辆修理维护工作。
(e) 清洁时，不要将水或泥土带入试验台。应保持侧滑台滑板下部的清洁，防止锈蚀或阻滞。

侧滑试验台长期使用后，由于零件磨损等原因会造成精度下降。为保证测量精度，必须对试验台进行定期检定调整。检定调整工作按有关国家标准进行。

⑤ 侧滑检测的标准　按国家标准《机动车运行安全技术条件》（GB 7258—2012）的规定，用侧滑试验台检测前轮侧滑量，其值不超过 5m/km。

3.5.4　汽车转向轮定位参数的检测

(1) 汽车转向轮定位参数

转向轮的定位参数有前轮前束、前轮外倾角、主销后倾角、主销内倾角、后轮前束、后轮外倾角、轮距、轴距、推力角和左右轴距差等。下面对几个主要的参数进行分析。

① 外倾角的分析

a. 定义　外倾角就是从汽车的前方看，轮胎的几何中心线与地面的铅垂线的夹角。轮胎的上缘内侧（靠近发动机）或偏向外侧（偏离发动机），当轮胎中心线在铅垂线重合时为零外倾角，当轮胎中心线与铅垂线外侧时的夹角为正外倾角，当轮胎中心线在铅垂线内侧时的夹角为负外倾角，如图 3-55 所示。

b. 作用　调整车辆负载，使其作用于轮胎的中心，消除跑偏，减少轮胎磨损。

c. 影响　正外倾角太大时，轮胎外侧单边磨损，悬架系统零件磨损加速，车辆会朝着正外倾角较大的一侧跑偏。负外倾角太大时，轮胎内侧单边磨损，悬架系统零件磨损加速，车辆会朝着外倾角较小的一侧跑偏。

② 前束角的分析

a. 定义　从车辆的前方看，于两轮轴高度相同处测量左右轮胎中心线之间的距离，车轮前端距离与后端距离的差值称为前束角。前端距离大于后端距离为负前束，反之为正前束，相等为零前束，如图 3-55 所示。

b. 作用　前束角的作用是消除因为车轮外倾角而产生的轮胎磨损与滚动摩擦。

c. 影响　轮胎外（内）侧磨损中，有正（负）外倾角太大所形成的磨损形态，胎纹磨损形式为羽毛状。当用手从内侧向外侧抚摸时，胎纹外缘有锐利的扎手感觉。

③ 主销后倾角的分析

a. 定义　主销后倾角就是上球头或支柱顶端与下球头的连线（转向时，车轮围绕其进

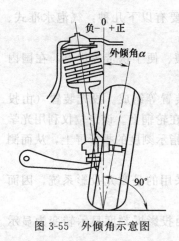

图 3-55 外倾角示意图

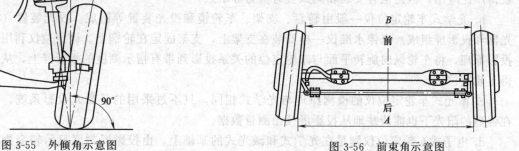

图 3-56 前束角示意图

行转向运动的转向轴）向前或向后倾斜的角度。向前倾斜为负主销后倾角，向后倾斜为正主销后倾角，如图 3-57 所示。

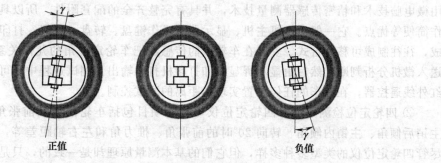

图 3-57 主销后倾角示意图

b. 作用　主销后倾角作用是能产生自动正力矩，使汽车能够保持直线行驶。

c. 影响　主销后倾角太小造成不稳定：转向后缺乏转向盘自动回正能力，车速高时发飘。主销后倾角不对称造成跑偏：左右两轮之主销后倾角不对等超对 30′（0.5°）时车辆出现跑偏，跑偏方向朝向主销后倾角较小的一侧。

④ 主销内倾角的分析

a. 定义　主销内倾角就是从汽车的前方看，转向轴线与地面铅垂线所形成的角度，如图 3-58 所示。

b. 作用　转向轻便，操纵省力，使车轮自动回正，减少回跳和跑偏现象，改善车辆直线行驶的稳定性。

c. 影响　主销内倾角大，回正作用强，但转向时费力；内倾角过小，回正作用小，轮胎易磨损；如果内倾角左右不等，则车辆容易倾斜，将会出现以下严重的操纵问题：一是内倾角大的一侧驱动力小于内倾角小的一侧，急加速时产生力矩转向；二是紧急制动时，制动力不等而产生制动跑偏；三是车轮上跳回弹过程中的外倾角总角变化产生跳动转向。

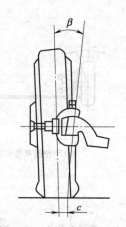

图 3-58 主销内倾角示意图

(2) 四轮定位仪

静态检测车轮定位的方法是用四轮定位仪来检测车轮的定位参数。

① 四轮定位仪类型　目前，四轮定位仪的类型很多，主要有以下几种：气泡水准式、光学式、激光式、电子式和微机式车轮定位仪等。

a. 气泡水准式车轮定位仪，由于具有结构简单、价格低廉、便于携带等优点，在国内获得广泛应用，但是也有安装和测试费时费力等缺点。

b. 光学式车轮定位仪一般由转盘、支架、车轮镜和投光装置等组成。投光装置（由投光器和投影屏组成）也像水准仪一样安装在支架上，支架固定在轮辋上。该定位仪利用光学投影原理，将车轮纵向旋转平面与车轮定位的关系投影到带有指示刻度的投影屏上，从而测得车轮定位值。

c. 激光式车轮定位仪的检测原理与光学式相同，只不过采用的是激光投影系统，因而在强烈的阳光下也能清楚地从投影屏读出测量数据。

d. 电子式车轮定位仪则是在光学式和激光式的基础上，由投影屏刻度显示转变为显示屏数字显示。

e. 微机式车轮定位仪比以上几种车轮定位仪先进，目前国内外生产的定位仪多以这种类型为主，且一般为四轮定位仪，可同时检测前后轮的定位参数。微机式车轮定位仪由于采用微电脑技术和精密传感器测量技术，并具有完整齐全的配套附件，所以具有测量准确和操作简便等优点。它一般由微机主机、显示器、操作键盘、转盘、支架、打印机和遥控器等组成，往往制成可移动台式。安装在车轮上的传感器把车轮定位角的几何关系转变成电信号，送入微机分析判断，然后由显示屏显示和打印机打印输出。测试过程中，可通过操作全功能红外线遥控器，在汽车的任何位置实现远距离的测试控制。

② 四轮定位检测原理　四轮定位仪可检测项目包括车轮前束及前张角、车轮外倾角、主销后倾角、主销内倾角、转向 20°时的前张角、推力角和左右轴距差等，如图 3-59 所示。尽管四轮定位仪的类型多种多样，但它们的基本测量原理却是一致的，只是采用的测量方法（或使用的传感器类型）及数据记录与传输的方式有所不同。

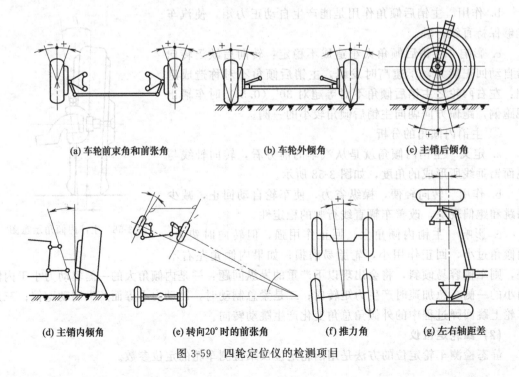

(a) 车轮前束角和前张角　　(b) 车轮外倾角　　(c) 主销后倾角

(d) 主销内倾角　　(e) 转向20°时的前张角　　(f) 推力角　　(g) 左右轴距差

图 3-59　四轮定位仪的检测项目

a. 前束、轴距差、推力角检测原理 为提高测量精度，检测前，依四轮定位仪的类型，常通过拉线或光线照射及反射灯方式形成一封闭的直角四边形，如图3-60所示。检测时，应将车体摆正并使车轮处于直线行驶位置，通过安装在车轮上的传感器进行前束、轴距差、推力角的检测。安装在车轮上的传感器有不同的类型，现以光敏三极管式传感器为例说明其检测原理。

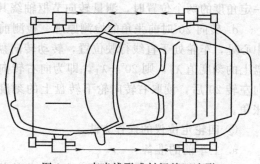

图3-60 束光线形成封闭的四边形

安装在两前轮和两后轮上的光敏三极管式传感器（又称定位校正头）均有光线的接收和发射（或反射）功能，在传感器的受光平面上等距离地将光敏三极管排成一排。在不同位置上，光敏三极管接收到光线照射时，其光敏管产生的电信号即可代表前束值（角）或左右轴距差或推力角的大小。

前束为零时，同一轴左右车轮上的传感器发射（或反射）出的光束应重合。当检测出上述两条光束相互平行但不重合时，说明左右两车轮不同轴，车轮发生了错位，依据光敏三极管发出的信息可测量出左右轮的轴距差。

当左右车轮存在前束时，在右轮传感器上接收到的位置会相对于原来的零点位置有一偏差，该偏差值即表示左侧车轮的前束值或前束角；同理，在左轮传感器上接收到的光束位置相对于原来零点的偏差值，则表示右侧车轮的前束值或前束角。其前束的检测原理如图3-61所示，转向前轮和后轮前束的检测原理相同。

推力角的检测原理如图3-62所示，若推力角δ为零，则前后轴同侧车轮上的传感器发射或接收的光束重合；若两条光束出现夹角而不重合，则说明推力角δ不为零。因此，可以通过安装在汽车前轮上的传感器接收到的同侧后轮传感器所发射光束相对于零点位置的偏差值检测汽车推力角δ的大小。

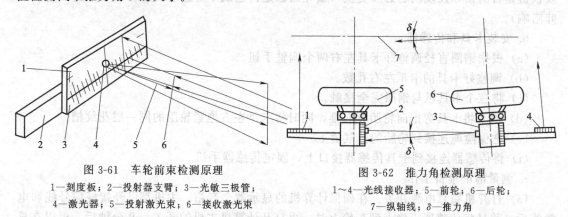

图3-61 车轮前束检测原理
1—刻度板；2—投射器支臂；3—光敏三极管；
4—激光器；5—投射激光束；6—接收激光束

图3-62 推力角检测原理
1～4—光线接收器；5—前轮；6—后轮；
7—纵轴线；δ—推力角

b. 车轮外倾角的检测原理 车轮外倾角可在车轮处于直线行驶位置时直接测得。在四轮定位仪上的传感器（定位校正头）内装有角度测量仪（如电子倾斜仪），把传感器装在车轮上，可直接测出车轮外倾角。

c. 主销后倾角和主销内倾角检测原理 主销后倾角和主销内倾角不能直接测出，通常是利用转向轮转动时建立的几何关系进行间接测量。主销后倾角可利用传感器内的角度测量仪，通过转向轮内转一定角度的和外转一定角度的两个位置时，测量转向轮平面倾角的变化量来间接测出。主销内倾角可利用传感器的角度传感器，通过转向轮内转一定角度的和外转一定角度的两个位置时,测量转向节枢轴绕其轴线转动的角度来间接测出。

d. 转向20°时前张角的检测原理　检测前张角时,使被检车辆转向轮停在转角仪的转盘中心处,车轮处于直线行驶位置,转动转向盘使右转向轮向右转20°后,读取左转向轮下转盘上的刻度值 λ_1,则 $20°-\lambda_1$,即为向右转向20°时的前张角;使左转向轮沿直线行驶方向向左转20°后,读取右转向轮下转盘上的刻度值 λ_2,则 $20°-\lambda_2$,即为向左转向20°时的前张角。

③ 四轮定位仪的操作方法

a. 上车前的准备

(a) 检查车辆。主要是保证汽车空载的状态,去掉不计在整备质量内的物品;注意,有的汽车对行李舱、工具箱或油箱油量有限量要求。

(b) 检查轮胎。同轴的轮胎型号、气压、磨损程度是否一致;做车轮动平衡及径向跳动检查;检查胎压磨损情况,左右胎纹磨损是否接近;轮胎新旧和花纹最好一致。

(c) 检查悬架高度。检查地面到车身底部的距离,若有问题,可能是减振器或弹簧损坏,查明原因并修复或更换;扭力杆式的悬架,其高度可以调整。

(d) 检查减振器与滑柱。观察减振器是否漏油(用眼观察或进行弹跳试验);滑柱上支座轴承间隙是否过大;螺栓是否松动;橡胶衬套或缓冲块是否破损。

(e) 检查轴承。检查轴承造成的车轮转动异响(判断轴承失效);轴承间隙检查(车轮是否有水平移动量);如有问题必须进行清洁、更换或调整。

(f) 检查臂、衬套和球头。检查摆臂是否弯曲变形;摆臂衬套是否磨损松旷,发现问题必须更换(注意:进行检查时,需要把车辆支起)。

(g) 检查转向传动装置及转向拉杆球头。转向传动装置是否弯曲变形,转向拉杆球头是否松旷,发现问题必须更换;转向机构的检查还可以用转向盘的间隙检查。

(h) 检查转向稳定杆及衬套。检查横向稳定杆是否变形;稳定杆固定螺栓、隔振垫以及铰链是否磨损,发现问题必须更换(损坏的稳定杆造成车身过度侧摆,在不平路面会发出咔嗒响)。

b. 安装卡具和传感器

(a) 根据钢圈直径调整好卡具左右两个调整手钮。

(b) 调整好卡具的卡爪左右孔数。

(c) 将三个卡具爪与钢圈完全接触。

(d) 用手将卡具弯把向轮胎方向推,同时将卡爪左右抱紧轮胎的同一层花纹槽。

(e) 把保险绳连接到轮胎的打气嘴上。

(f) 将传感器连接到卡具传感器接口上,固定传感器手钮。

c. 测量前的准备工作

(a) 打开机箱总电源开关。在确保计算机的显示器、音箱、主机都已经接好信号线和电源线后,并且将传感器正确卡到车轮上时,再打开计算机主机的开关。几分钟后,可以在显示器上看到四轮定位仪测试软件的初始界面。

(b) 输入登记表格,包括各项客户信息,如姓名、车牌号、委托书号等,以便日后可以调档查询;还有车辆信息,如车轮的尺寸、轮胎气压、花纹深度等输入信息;填完表格后,按F1键进入"选择制造厂家"界面。

注意:几乎在每个画面都可以看到屏幕下方会有F1~F5的按钮,并且有相应的按钮名称,可以通过这些按钮直接实现某些功能。

(c) 再按F1键,进入"选择车型"界面。从中选择车辆的品牌、生产年份、底盘型号等相应资料。

（d）轮圈偏位补偿。选择好车型资料后，就进入此界面。因为定位仪检测定位参数是以车轮为基准的，如果轮圈或轮胎变形，检测出的数据的额外误差是不可估量的，所以需进行偏位补偿，以将误差控制到最小的范围之内。

（e）再按 F1 键，进入"车辆数据"界面。

（f）再按 F1 键，进入"车辆下落"画面。

注意：此画面为对所选测试车辆准备工作的最后一步。请一定要按照画面提示逐步完成准备工作，否则测试结果会受到影响。

d. 调整前检测

（a）按 F1 键，进入"主销后倾测定"界面，与按"M"键的功能一样。

注意：到此步传感器正式开始传输信号，请不要阻挡传感器之间的信号，否则无法进行测试。

在此画面十几秒后，画面和语音都会提示将车轮先右转 10°，转动到位后，画面会自动转到左转 10°。同样，转动到位后，系统会提示将车轮回正（回到 10°），车轮偏转的度数可以随时从左右度数框里看到。

（b）动作完成后会自动进入"观察测定值"画面。

注意：此界面标志着测量工作已经结束，接下来的就是调整了，通过此界面可以大体上了解所测车辆的底盘状况，让调试人员对测试车辆有一个简单的认识。

e. 车轮定位调整　做定位调整前，用转向盘锁将转向盘固定在直行位置，用制动锁将行车制动锁止，拉紧驻车制动，再升起举升机到合适调整的高度，将举升机锁止在水平安全位置。将四个传感器调整为水平状态，再操作定位仪进入定位调整操作。调整程序可参照屏幕上显示的数据进行调整，屏幕显示的数据会随时显示当前调整后的参数数据。

注意：双击某个方框中的数据可对该数字进行放大，方便稍远距离观察。

调整操作：不同类型的悬架，可调整的参数不一样，调整手段也各不相同，这里不做详细介绍。

f. 新车登录　此设备上没有收集到或者新出的车型还没有来得及添加到设备数据库当中，但客户要马上使用而且知道所要测试车辆的数据时，就可以使用新车登录功能把车型的数据由客户自己添加到自己的车型数据库中。

方法如下：在"选择车型"界面，按 F2 进入"新车登录"界面，这时画面中的所有内容都可以由客户自行修改，修改完毕后按 F1 存盘，然后在"选择车型"里面就可以看到刚刚添加进去的新车型。注意，输入数据的时候一定要输入规范，否则无法存盘。

g. 客户资料的存储　在每次测试和调试完毕后，系统都会提示客户是否要将测试后的车辆数据进行保存。

如果保存客户资料按 F1；反之，按 F5。当需要存储资料时，将相关资料正确填写到指定行里按储存即可。

3.5.5　电动动力转向系统故障诊断与检测

普通动力转向系统的助力特性是不变的，且与车速无关，这会导致停车及低速时，转向盘操纵沉重，中速时较轻快，当车速增高时更加轻快。如果考虑停车及低速时的轻便性，则使高速时操纵力过小，路感下降，易出现转向过度。反之会使停车及低速时操纵力过大，转向沉重，效率下降。为了实现在各种行驶条件下转向盘上所需的力都是最佳值，必须采用更先进的电子控制动力转向系统。电子控制动力转向系可分为：电动式动力转向系、电控液力式转向系统、电动液力式转向系统。本节主要介绍电动式动力转向系统。

(1) 电动动力转向系统概述

① 电动动力转向系统的组成　如图 3-63 所示，该系统通常由转矩传感器、车速传感器、电动机、电磁离合器、减速机构、电子控制单元等组成。各部件在车上的布置如图 3-64 所示。

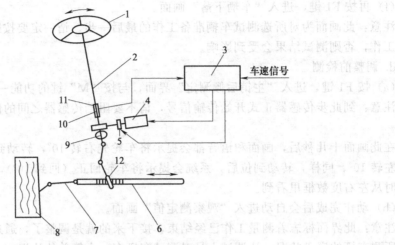

图 3-63　电动动力转向系统的组成
1—转向盘；2—输入轴（转向轴）；3—电子控制单元；4—电动机；
5—电磁离合器；6—转向齿条；7—转向横拉杆；8—轮胎；
9—输出轴；10—扭力杆；11—转矩传感器；12—转向齿轮

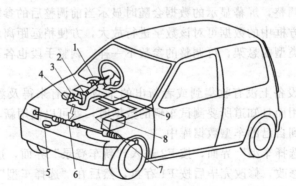

图 3-64　电动动力转向系统在车上的布置
1—车速传感器；2—转矩传感器；3—减速机构；4—电动机与离合器；
5—发电机；6—转向机构；7—发动机转速传感器；
8—蓄电池；9—电子控制单元

② 电动动力转向系统的工作原理　当操纵转向盘时，装在转向轴上的转矩传感器不断测出转向轴上的转矩，并由此产生一个电压信号。该信号与车速信号同时输入电子控制单元，电子控制单元根据这些输入信号进行运算处理，确定助力转矩的大小和转向，即选定电动机的电流和转向，调整转向的助力。电动机的转矩由电磁离合器通过减速机构减速增矩后，加在汽车的转向机构上，使之得到一个与工况相适应的转向作用力。

(2) 电动动力转向系统（EPS）部件结构及工作原理

① 转矩传感器　也称转向传感器，其作用是通过测定转向盘与转向器之间的相对转矩，作为电动助力的依据之一。

转矩传感器的结构、原理如图3-65所示。

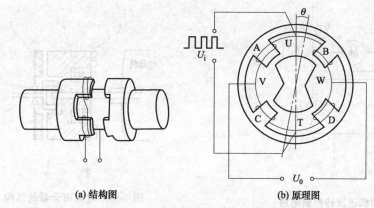

(a) 结构图　　　　　　　(b) 原理图

图3-65　转矩传感器的结构原理

用磁性材料制成的定子和转子可以形成闭合的磁路，线圈A、B、C、D分别绕在极靴上，形成一个桥式回路。转向轴扭转变形的扭转角与转矩成正比，所以只要测定轴的扭转角，就可间接地知道转向力的大小。

在线圈的U、T两端施加连续的脉冲电压信号U_i，当转向轴上的转矩为零时，定子与转子的相对转角也为零。这时转子的纵向对称面处于定子AC、BD的对称平面上，每个极靴上的磁通量是相同的。电桥平衡，V、W两端的电位差$U_0=0$。

如果转向轴上存在转矩时，定子与转子的相对转角不为零，此时转子与定子间产生角位移θ。极靴A、D间的磁阻增加，B、C间的磁阻减小，各个极靴的磁阻产生差别，电桥失去平衡，在V、W两端产生电位差。这个电位差与轴的扭转角θ和输入电压U_i成比例，从而可知道转向轴的转矩。

一种实际应用的转矩传感器结构如图3-66所示，其工作原理与上基本相同，优点是便于安装。

② 电动机、电磁离合器与减速机构　电动机、电磁离合器和减速机构组成的整体称为电机组件，其结构如图3-67所示。

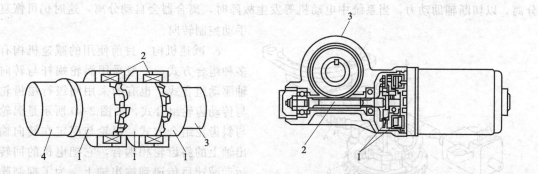

图3-66　实际应用的转矩传感器结构
1—检测环；2—检测线圈；3—输入轴；4—输出轴

图3-67　电机组件
1—电磁离合器；2—涡轮；3—斜齿轮

a. 电动机　转向助力电动机就是一般的永磁电动机（原理不再叙述），电动机的输出转矩控制是通过控制其输入电流来实现，而电动机的正转和反转则是由电子控制单元输出的正反转触发脉冲控制。图3-68是一种比较简单实用的正反转控制电路。

a_1、a_2为触发信号端。从电子控制单元得到的直流信号输入到a_1、a_2端，用以触发电

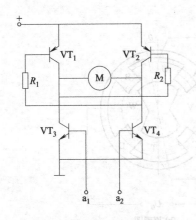

图 3-68 电动机正反转控制电路

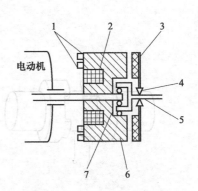

图 3-69 电磁离合器的结构
1—滑环；2—线圈；3—压板；4—花键；
5—从动轴；6—主动轮；7—滚珠轴承

动机产生正反转。当 a_1 端得到输入信号时，晶体管 VT_3 导通，VT_2 管得到基极电流而导通，电流经 VT_2 管的发射极和集电极、电动机 M、VT_3 管的集电极和发射极搭铁，电动机有电流通过而正转。当 a_2 端得到输入信号时，晶体管 VT_4 导通，VT_1 管得到基极电流而导通，电流经过 VT_1 管的发射极和集电极、电动机 M、VT_4 管的集电极和发射极搭铁，电动机有反向电流通过而反转。控制触发信号端的电流大小，就可以控制电动机通过电流的大小。

b. 离合器　一般使用干式单片电磁离合器，如图 3-69 所示。工作电压为 12V，额定转速时传递的转矩为 15N·m，线圈电阻（20℃时）为 19.5Ω。

其工作原理是：当电流通过滑环进入离合器线圈时，主动轮产生电磁吸力，带花键的压板被吸引与主动轮压紧，电动机的动力经过轴、主动轮、压板、花键、从动轴传给执行机构。

由于转向助力的工作范围限定在一速度区域内，所以离合器一般设定一个速度范围，如当车速超过 30km/h 时，离合器便分离，电动机也停止工作，这时就没有转向助力的作用。当电动机停止工作时，为了不使电动机及离合器的惯性影响转向系的工作，离合器也应及时分离，以切断辅助动力。当系统中电动机等发生故障时，离合器会自动分离，这时仍可恢复手动控制转向。

c. 减速机构　目前使用的减速机构有多种组合方式，一般采用涡轮蜗杆与转向轴驱动组合式；也有的采用两级行星齿轮与传动齿轮组合式，如图 3-70 所示是涡轮与斜齿轮组合方式。涡轮与固定在转向输出轴上的斜齿轮相啮合，它把电机的回转运动减速后传递到输出轴上。为了抑制噪声和提高耐久性，减速机构中的齿轮有的采用特殊齿形，有的采用树脂材料制成。

③ 控制系统　电动动力转向的控制系统如图 3-71 所示。该系统的核心是一个有 4K ROM 和 256RAM 的 8 位微机。

转向盘转矩信号和车速信号经过输入

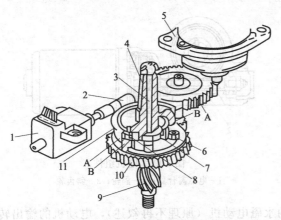

图 3-70 双级行星齿轮减速机构
1—转矩传感器；2—转轴；3—扭力杆；4—输入轴；
5—电动机与离合器；6—行星小齿轮 A；7—太阳轮；
8—行星小齿轮 B；9—驱动小齿轮；10—齿圈 B；11—齿圈 A

接口送入微机，随着车速的升高，微机控制相应地降低助力电动机电流，以减少助力转矩。发动机转速信号也被送入微机，当发动机处于怠速时，由于供电不足，助力电动机和离合器不工作。因此，电动动力转向工作时，电子控制单元必须控制发动机处于高怠速工作状态。点火开关的通断（ON/OFF）信号经 A/D 转换接口送入微机。当点火开关断开时，电动机和离合器不能进入工作。微机输出控制指令经 D/A 转换接口送入电动机和离合器的驱动放大电路中，控制电动机的旋转转向和离合器的离合。电动机的电流经驱动放大回路、电流表 A、A/D 转换接口反馈给微机，即电动机的实际电流与按微机指令应给的电流相比较，调节电动机的实际电流，使两者接近一致。

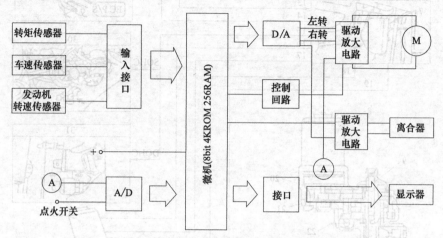

图 3-71　电动动力转向的控制系统

三菱"米尼卡"车的电动动力转向系如图 3-72 所示，控制系统简图如图 3-73 所示。

由上图可知：交流发电机的"L"端子可视为向电子控制单元输入信号的一个传感器，利用交流发电机的"L"端子电压可以判断发动机是否转动。当发动机还未发动时，该系统不能工作。

电动机和离合器接受电子控制单元输出的控制电流，产生助力转矩，经传动齿轮减速后，再经过小齿轮实现动力转向，电动机的动力是通过行星齿轮机构传递的。离合器是由电磁铁和弹簧等组成的电磁离合器。

当点火开关接通时，电源加于电子控制单元上，电动助力转向系才能进行工作。在发动机已启动时，交流发电机的 L 端子的电压加到电子控制单元上。当检测到发动机处于启动状态时，动力转向系转为工作状态。

行车时，电子控制单元按不同车速下的转向盘转矩，控制电动机的电流，并完成电子控制转向和普通转向控制之间的转换。当车速高于 30km/h 时，则转换成普通的转向控制，电子控制单元没有离合器信号和电动机电流输出，离合器处于分离状态。当车速低于 27km/h 时，电子控制单元又输出离合器信号和电动机电流，普通转向控制又转换为动力转向的工作方式。

电子控制单元还具有自我修正的控制功能。当电动动力转向系出现故障时，可自动断开电动机的输出电流，恢复到通常的转向功能；同时速度表内的电动动力转向报警灯点亮，以通知驾驶员，动力转向系统发生故障。

(3) 电动动力转向系统的部件检测

以三菱"米尼卡"微型汽车的电动动力转向系统为例进行说明。

① 转矩传感器的检查

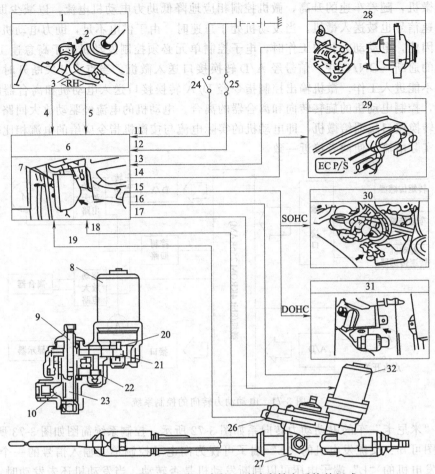

图 3-72 三菱"米尼卡"车的电动动力转向系统的组成
1—车速传感器；2—速度表引出电缆的部位；3—传动轴；4—车速信号（主）；5—车速信号（副）；6—电子控制单元；
7—副驾驶员脚下部位；8—电动机；9—扭杆；10—齿条；11—点火电源信号；12—蓄电池信号；13—发电信号；
14—指示灯电流；15—高怠速电流；16—电动机电流；17—离合器电流；18—转矩信号（主）；
19—转矩信号（副）；20—离合器；21—电动机齿轮；22—传动齿轮；23—小齿轮；24—点火开关；
25—熔断丝；26—转矩传感器；27—转向器齿轮总成；28—交流发电机（L端子）；29—指示灯；
30—急速提高电磁阀；31—发动机电子控制单元；32—电动机与离合器

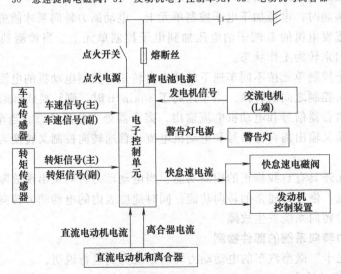

图 3-73 三菱"米尼卡"车的电动动力转向系统的电子控制系统

a. 检测转矩传感器线圈电阻 从转向器总成上拔下转矩传感器插接器，其端子排列如图 3-74（b）所示。测量转矩传感器 3 号与 5 号端子之间、8 号与 10 号端子之间的电阻，其标准值应为 (2.18±0.66)kΩ。若不符合要求，则应更换转矩传感器。

b. 检测转矩传感器电压 用万用表直流电压挡测量上述各端子之间的电压，将转向盘置于中间位置，测得电压约 2.5V 为良好，4.7V 以上为断路，0.3V 以下为短路。

(a) 电动机

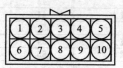
(b) 转矩传感器与电磁离合器

(c) 车速传感器

图 3-74 电动动力转向系统插接器端子排列

② 电磁离合器的检查 从转向器上断开电磁离合器插接器，其端子排列参见图 3-74（b）。将蓄电池的正极接到 1 号端子上，蓄电池的负极与 6 号端子相接，在接通与断开 6 号端子的瞬间，离合器应有工作声音。若没有声音，表明电磁离合器有故障，应更换转向器总成。

③ 直流电动机的检查 从转向器上断开电动机插接器，其端子排列如图 3-74（a）所示。给电动机加上蓄电池电压时，电机应有转动声音。若没有声音，应更换转向器总成。

④ 车速传感器的检查

a. 检查车速传感器转动情况 从变速器拆下车速传感器，用手转动车速传感器的转子检查其能否顺利转动，若有卡滞应予更换。

b. 检测车速传感器电阻 拔开车速传感器插接器，其端子排列如图 3-74（c）所示。测量车速传感器插接器 1 号与 2 号端子之间、4 号与 5 号端子之间的电阻值，其值等于 (165±20)Ω 为良好。若与上述不符则必须更换车速传感器。

(4) 电动动力转向系统的故障诊断

以三菱"米尼卡"微型汽车的电动动力转向系统为例，说明电动动力转向系统的故障诊断与排除方法。

① 故障警告灯的检查 当点火开关处于 ON 位置时，故障警告灯应点亮，发动机启动后警告灯熄灭为正常。警告灯不亮时，应检查灯泡是否损坏，熔断丝和导线是否断路。若发动机启动后，警告灯仍亮时，首先应考虑系统是否处于保险状态（只有常规转向工作，无电动助力），然后进行自诊断操作。

② 自诊断操作 将指针式万用表直流电压挡的正表笔接在诊断插座的 2 号端子上，负

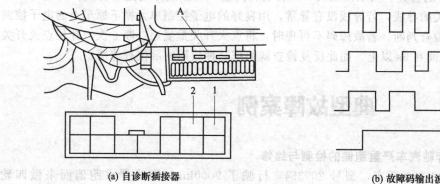

(a) 自诊断插接器　　　　　　　　　　(b) 故障码输出波形

图 3-75 自诊断操作
1—多点燃油喷射；2—电动动力转向；A—连接片

表笔搭铁,如图 3-75 (a) 所示。接通点火开关,通过表针的摆动显示故障码。如果有多个故障码,将以由小到大的顺序显示出来。故障码波形如图 3-75 (b) 所示,故障码的含义见表 3-7。

表 3-7 故障码的含义

故障码	检查诊断项目	故障码	检查诊断项目
0	正常	41	直流电动机
11	转矩传感器(主)	42	直流电动机电路
12	转矩传感器(副)	43	直流电动机过电流
13	转矩传感器主副侧电压差过大	44	直流电动机锁止
21	车速传感器(主)	51	电磁离合器
22	车速传感器主副侧电压差过大	54	电子控制单元
23	车速传感器(主)电压急减	55	转矩传感器 E/F 回路不良
31	交流发电机 L 端子		

③ 故障检查与排除 确知故障码后,首先把蓄电池负极线拆下 30s 以上,即清除故障码后,再进行一次自诊断操作,若故障码又重复显示,即证明故障确实存在(永久性故障),需进一步检查。下面以故障码 41、42、43、44 为例说明如何检查、排除故障。

a. 故障码 41 的检查

(a) 启动发动机,不转动转向盘,观察故障码是否再次出现。再现时,按照故障码含义检查有关部件。不再现时,直接进入第 (d) 检查。

(b) 拆下电动机插接器,检查电动机的两接线端子之间和端子与接地(外壳)之间的导通状态。用万用表电阻挡测试电动机两接线端子之间的电阻。正常时,应有一定电阻,若不通,则表明内部断路;电动机接线端子与接地之间应不通,否则,表明两接线端子与外壳之间有短路故障。

(c) 若电动机及其接线端子均正常,应检查转向器总成到电子控制单元之间的导线是否良好,若导线正常,则表明电子控制单元不良。

(d) 检查导线无异常时,再进行行驶试验,若故障码不再出现时,转动转向盘,检查电动机是否工作。

b. 故障码 42 的检查

(a) 启动发动机,用 1rad/s(弧度/秒)以下的速度转动转向盘观察故障码是否再现,不再现时,按 a 中所述检查导线,无异常时,通过行驶,进行再现试验。

(b) 通过诊断,若故障码 42 再现,而且又发生 11 号、13 号故障码时,可考虑是由转矩传感器系统的导线,或者是转向器总成异常所致。

c. 故障码 43 的检查 启动发动机,不转动转向盘,检查故障码是否再现;若再现,则表示电子控制单元不良。不再现时,试转动转向盘,若此时故障码再现,应检查导线。

d. 故障码 44 的检查 启动发动机,不转动转向盘,检查故障码是否再现;再现时,应检查与电动机有关的导线,若导线没有异常,用良好的电子控制单元换下原车上的电子控制单元,进行对比检查判断。若故障码不再现时,将点火开关重复通、断 6 次,并使点火开关在 OFF 位时的时间在 5s 以上。如此反复检查就能把某种故障的部位查清楚。

典型故障案例

[案例 1] 奔驰汽车严重跑偏的检测与维修

一辆奔驰 CLK280 轿车,型号 209354,行驶了 9000km,因为严重跑偏而来做四轮定位。

首先试车,将车开到平直干硬路面,速度在 60km/h 左右,双手松开方向盘,车子立刻向右偏离，车辆行驶还不到 30m，车子已经从原车道换到右边车道去了，手扶住方向盘，有很明显的向右拉手的感觉，看来跑偏现象非常严重。

回去将车开到四轮定位台架上，检测轮胎气压、底盘工况、四轮定位，一切正常，数据值都在标准值范围之内，而且偏差并不大。

本着从简单到复杂的原则，首先调换左右轮胎（因为轮胎侧滑也是引起跑偏的重要因素之一）继续试车，情况没有任何好转，看来问题不在轮胎。回过头继续分析数据，感觉左前外倾角与标准值相比小 8′，右前外倾角与标准值相比大 5′，左前外倾角标准差较大，并且外倾角对车辆跑偏影响也较大，于是用调整螺栓将左前外倾角加大 20′左右，数据值仍在正常范围内，看来不会影响到磨胎，然后继续试车。

然而跑偏的现象依然严重，似乎调整效果一点也没有，再继续分析数据，因为左右主销后倾角相差较大时，车辆会向后倾角较小的一侧跑偏，于是将左前轮主销后倾角调小，此时数据已经不在范围值内了，但抱着试试看的态度，继续试车，结果跑偏依然。

一般的跑偏车辆将底盘调整一次基本就不会跑偏了，但此车已调整两次，却一点效果也没有，不由让人疑惑不解。怀疑跑偏与底盘无关，四轮定位调整看来不会产生效果。

为验证上面想法，将四轮定位所有角度都调整到有跑左倾向的状况，将左前、右前的外倾角与主销后倾角都调整，完后试车，果然还是不行。

仔细分析跑偏原因，四轮定位参数失准，这点不大可能，因为使用的是 BEISSBARTH 最新版的定位仪器，精确度不容置疑。

轮胎问题，将前后轮胎都做左右对换，甚至用了两条新轮胎，但没有效果。

维修进入了困境，联系客户，希望有其他线索，这时客户提供了一个重要情况，此车买回后已有三年多时间，但行驶次数并不多，大概有两年多都是放在车库内的。

该车是在奔驰 C203 系列的基础上研发的，其底盘构造与奔驰 C-Class 基本一致，由上摆臂、下横摆臂、下斜摆臂、方向机拉杆将转向节与前托架连接起来。而转向节与前轮直接连接，直接关系到四轮定位情况。但现在一切参数正常，那么还会有什么其他的原因呢？

观察底盘，除了底盘件以外，该车的减振器也与转向节连接起来，这点同奔驰常见的 S 级不同（S 级减振器与下横摆臂连接），该车已有两年未使用，那么减振器工况若有异常，是否也会造成跑偏呢，接下来将左右两个减振器也对调位置，发现跑偏现象大为改善。

故障原因总算明了。接下来继续检查数据，仍然正常，跑偏现象已变成轻微，这时将右前外倾角推小，试车后跑偏消除。

跑偏现象由减振器引起，这点让人实在不好琢磨，不过也给我们做四轮定位一个新思路，一切与前轮定位有关的部件都有可能引起车辆跑偏。

[案例 2] 大众车型转向助力泵异响故障

一辆上海桑塔纳 GLI 轿车，累计行驶 12.2 万 km，发动机在急速运转时，转向助力泵发出"嗡嗡"响声，当左右转动转向盘时异响加重。该车在 1 个月内更换了 2 个转向助力泵，换上第 1 个转向助力泵时使用了约 20 天噪声便出现，第 2 个则只用了 7 天同样的问题便又出现。据维修技术人员介绍，他们进货渠道正规，此配件已售出多台，均未出现过类似问题。

经拆检已换的泵体，未发现异常磨损。将车停驶在平坦路面，通过全面目视检查发现，液压管路、泵体及方向机无漏油现象，储液罐内液压油在上限与下限之间，传动带松紧适度，只是液压油呈黑色有变质现象。通过试车发现，左右转动转向盘，转向加力正常，在行驶中转向稳定且灵活，未出现转向时跑偏、沉重与发飘现象，且转向回位良好。

难道真的是泵内异常磨损产生的噪声？据车主讲换上新泵后，从未发现缺油漏油现象。

而此泵只使用了不足10天，应不是泵内磨损所致。如果泵内压力阀与流量阀不良，将会使压力过低，表现为转向沉重；如果压力过高，会因动力缸左右压差过大，行驶中会出现方向自动跑偏现象；如果转向分配阀工作不良或内部泄漏，会出现转向沉重；如果转向分配阀卡滞，会导致转向回位不良；如果分配阀芯与阀套配合间隙不良，也会发生跑偏与发飘现象。经过以上测试与分析，显然不符合以上任何一种情况，看来转向系统各部件工作良好，更不存在不良磨损现象。

至此修理工作陷入困境，检修中发现的唯一异常之处就是液压油存在变质过脏现象。使发动机怠速运转，转动转向盘数次，待液压油温上升至正常工作温度（约80℃左右），旋掉储液缸罩盖，用手按住中间弹簧，启动发动机怠速运转，在观察油面时，除了发现液压油过脏，还发现液压油在流动过程中不时有气泡冒出液面。莫非是因气泡随液压油的流动进入泵体，在泵内受到挤压而产生气动噪声？果真如此的话，那么气泡又是怎样产生的呢？经过深入分析，认为是储液缸内的滤芯堵塞导致上述现象。

为什么滤芯堵塞会产生如此大的噪声呢？液压油脏污会使滤芯堵塞，滤芯堵塞之后，会使滤芯内外两侧压差过大，因此会使油面处于不稳定状态。在油面变化的情况下，由于内侧处于过大负值，很容易就会使空气混入进油管，传至泵内受到挤压而产生气动噪声。

更换一个转向助力泵滤芯，并对转向液压系统进行彻底清洗，换上纯净的标准液压油，试车发现故障彻底排除。

实际上，在大众系列车型中，不仅滤芯堵塞会产生噪声，如果滤芯损坏或移位亦会产生气动噪声。这是因为滤芯具有2个作用：一是过滤系统内的沉积物与杂质，二是在回油口压力过高时，起到消除脉动的作用，防止产生气泡，以使油面平静。因此，当转向助力泵出现异常响声时候，就应该察看滤芯是否堵塞，并对液压油进行检查。

3.6 制动系统故障诊断与检测

汽车制动系统是汽车的一个重要组成部分，直接影响汽车的安全性。据有关资料介绍，在由于汽车本身造成的交通事故中，制动故障引起的事故占事故总量的45%。完整的制动系应具有独立的行车制动系和驻车制动系，有的还有紧急制动、安全制动或辅助制动装置。行车制动系按制动装置的不同，可分为液压制动系和气压制动系；驻车制动系一般采用机械式结构。

3.6.1 常规制动系统的故障诊断

常见的制动系统故障包括制动不灵、制动跑偏、制动拖滞等，在此仅介绍液压制动系统的故障诊断。

(1) 制动失效

故障现象 踩下制动踏板，车辆不减速，即使连续几脚制动也无明显减速作用。

故障原因

① 制动踏板至制动主缸的连接松脱；

② 制动储液室无液或严重缺液；

③ 制动管路断裂漏油；

④ 制动主缸皮碗破裂。

诊断与排除 首先踩动制动踏板试验，根据踩制动踏板时的感觉，相应检查有关部位。

① 若制动踏板与制动主缸无连接感，说明制动踏板至制动主缸的连接松脱，应检查修复。

② 踩下制动踏板时，若感到很轻，稍有阻力感，则应检查主缸储液室内制动液是否充足。若主缸储液室内无液或严重缺液，应添加制动液至规定位置。再次踩下制动踏板时，若仍没有阻力感，则应检查制动主缸至制动轮缸的制动软管或金属管有无断裂漏油。

③ 踩下制动踏板时，虽然感到有一定的阻力，但踏板位置保持不住，明显下沉，则应检查制动主缸的推杆防尘套处是否有制动液泄漏。若有制动液泄漏，说明制动主缸皮碗破裂；若车轮制动鼓边缘有大量制动液，则应检查制动轮缸皮碗是否压翻、磨损是否严重。

(2) 制动不灵

故障现象

① 汽车制动时，踩一次制动踏板不能减速或停车，连续踩几次制动踏板，效果也不好。
② 汽车紧急制动时，制动距离太长。

故障原因

① 制动踏板自由行程太大；
② 制动主缸储液室内存油不足或无油；
③ 制动液变质（变稀或变稠）或管路内壁积垢太厚；
④ 制动管路内进入空气或制动液气化产生了气阻；
⑤ 制动主缸、轮缸、管路或管接头漏油；
⑥ 制动主缸、轮缸的活塞及缸筒磨损过度；
⑦ 制动主缸、轮缸的皮碗老化或磨损引起密封不良；
⑧ 制动主缸的进油孔、储液室的通气孔堵塞；
⑨ 制动主缸的出油阀、回油阀不密封；活塞复位弹簧预紧力太小；活塞前端贯通小孔堵塞；
⑩ 制动器的制动鼓与制动蹄片间隙不当；制动鼓与制动蹄片接触面积太小；制动蹄片质量不佳或沾有油污，制动蹄片铆钉松动；制动鼓产生沟槽磨损或失圆，制动时变形；
⑪ 真空增压器或助力器的各真空管路接头松动、脱落，管路有破裂处；膜片破裂或者密封圈密封不良；单向阀、控制阀密封不良；辅助缸活塞、皮碗磨损过甚；单向球阀不密封。

诊断与排除 踩动制动踏板做制动试验，根据踩制动踏板时的感觉，检查相应的部位。

① 一脚踩下制动踏板，踏板到底且无反力；连续几次踩制动踏板都能踩到底，且感觉阻力很小。则应检查储液室中制动液液面高度是否符合要求，若液面低于下线或"MIN"线以下，说明制动液液面太低；检查制动踏板连动机构有无松脱。

② 连续几脚踩制动踏板时，踏板高度仍过低，并且在第一脚制动后，感到总泵活塞未回位，踩下制动踏板即有制动主缸与活塞碰击响声，则应检查主缸的活塞回位弹簧是否过软；主缸的皮碗是否破裂。

③ 连续踩几次制动踏板时，踏板高度低而软，则应检查制动主缸的进油孔或储液室的通气孔是否堵塞。

④ 一脚踩下制动踏板时，踏板高度过低；连续几脚踩下制动踏板时，踏板高度稍有增高，并有弹性感。则应检查系统内是否存有气体。

⑤ 一脚踩下制动踏板时，踏板高度较低；连续几脚踩下制动踏板时，踏板高度随之增高且制动效能好转，则应检查制动踏板的自由行程及制动器的间隙。

⑥ 维持制动踏板高度时，若缓慢或迅速下降，则应检查制动管路是否破裂、管接头是否密封不良；主缸、轮缸皮碗或皮圈密封是否良好。

提示：可踩下制动踏板，观察制动管路是否有制动液渗漏；制动主缸的推杆防尘套处是否有制动液渗漏；轮缸防尘套周围是否有制动液渗漏。

⑦ 安装真空增压器或助力器的车辆，踩下制动踏板时，若踏板高度适当但太硬，且制动不灵，则应检查增压器或助力器的工作情况；检查制动系油管是否有老化、凹瘪、制动液黏度太大。

⑧ 踩制动踏板时，若踏板有向上反弹、顶脚的感觉，且制动力不足，则应检查增压器的辅助缸活塞磨损是否过度；辅助缸活塞、皮碗是否密封不良；辅助缸单向球阀是否密封不良。

⑨ 路试车辆时，观察各车轮的制动情况。若个别车轮制动不良，则应检查该车轮的制动软管是否老化；摩擦片与制动鼓间的间隙是否不当；摩擦片是否有硬化、油污、钉外露现象；制动鼓内臂是否磨损成沟槽；摩擦片与制动鼓的接触面积是否过小。

(3) 制动跑偏

故障现象

① 汽车行驶制动时，行驶方向发生偏斜；
② 紧急制动时，方向急转或车辆甩尾。

故障原因

① 左右车轮轮胎气压、花纹或磨损程度不一致；
② 左右车轮轮毂轴承松紧不一、个别轴承破损；
③ 左右车轮的制动蹄摩擦衬片材料不一或新旧程度不一；
④ 左右车轮制动蹄摩擦片与制动鼓的接触面积、位置不一样或制动间隙不等；
⑤ 左右车轮轮缸的技术状况不一，造成起作用时间或张力大小不相等；
⑥ 左右车轮制动鼓的厚度、直径、工作中的变形程度和工作面的粗糙度不一；
⑦ 单边制动管路凹瘪、阻塞或漏油；单边制动管路或轮缸内有气阻；
⑧ 单边制动蹄与支承销配合过紧或锈蚀；
⑨ 一侧悬架弹簧折断或弹力过低；
⑩ 一侧减振器漏油或失效；
⑪ 前轮定位失准；
⑫ 转向传动机构松旷；
⑬ 车架、车桥在水平平面内弯曲、车架两边的轴距不等；
⑭ 感载比例阀故障。

总结：制动跑偏的根本原因是左右车轮的制动力不等。一些不属于制动系的零件，其技术状况不良时，即影响到车辆正常行驶时的跑偏，也影响到了制动时的跑偏。

诊断与排除

① 若车辆正常行驶时亦有跑偏现象，则首先做以下外观检查：检查左右车轮轮胎气压、花纹和磨损程度是否一致；检查各减振器是否漏油或失效；检查悬架弹簧是否折断或弹力是否一致。

② 支起车轮，用手转动和轴向推拉车轮轮胎。若一侧车轮有松旷或过紧感觉，应重新调整轴承的预紧度；若转动车轮有发卡或异响，应检查该轮轮毂轴承是否破损或毁坏。

③ 对汽车进行路试。制动后，若汽车向一侧跑偏，则为另一侧的车轮制动不良。

首先对该车轮制动器进行放气，若无制动液喷出，说明该轮制动管路堵塞，应予以更换。若放出的制动液中有空气，说明该轮制动管路中混入空气，应予以排放。

观察该轮制动器间隙，若制动器间隙过大，说明制动蹄摩擦片磨损严重或制动自调装置失效，应更换。

上述检查正常，应拆检该轮制动器。检查制动盘或制动鼓是否磨损过甚或有沟槽，若磨损过甚，应更换；若有严重沟槽，应车削或镗削；检查制动蹄摩擦片（摩擦衬块）是否有油污或水湿及磨损过甚，若摩擦片（衬片）有油污或水湿，应查明原因并清理；若摩擦片磨损过甚，应更换；检查制动轮缸或制动钳活塞，若有漏油或发卡现象，应更换。

④ 若制动时，出现忽左忽右跑偏现象，则应检查前轮定位是否符合要求，若前轮定位不正确，应调整；检查转向传动机构是否松旷，若松旷，应紧固、调整或更换。

⑤ 若在制动时，车辆出现甩尾现象，应检查感载比例阀是否有故障。

(4) 制动拖滞

故障现象 抬起制动踏板后，全部或个别车轮的制动作用不能立即完全解除，以致影响了车辆重新起步、加速行驶或滑行。

故障原因

① 制动踏板无自由行程，制动踏板拉杆系统不能回位；

② 制动总泵回位弹簧折断或失效；

③ 制动总泵回油孔被污物堵塞，密封圈发胀或发粘与泵体卡死；

④ 通往分泵的油管凹瘪或堵塞；

⑤ 制动盘摆差过大；

⑥ 前制动器密封圈损坏，造成活塞不能正常复位；

⑦ 前、后制动器分泵密封圈发胀或发粘与泵体卡死；

⑧ 鼓式制动器制动蹄回位弹簧折断或过软；

⑨ 鼓式制动器制动蹄摩擦片破裂或铆钉松动；

⑩ 鼓式制动器制动鼓严重失圆。

诊断与排除

① 将汽车支起，在未踩制动踏板的情况下，用手转动车轮。若某一车轮转不动，说明该轮制动器拖滞；若全部车轮转不动，说明全部车轮制动器拖滞。

② 若为个别车轮制动器拖滞，首先旋松该轮制动轮缸的放气螺钉，若制动液急速喷出，随即车轮能旋转自如，说明该轮制动管路堵塞，轮缸未能回油，应更换。若车轮仍转不动，则拆下车轮，解体检查制动器。

③ 若全部车轮制动器拖滞，则首先检查制动踏板自由行程是否符合要求，若自由行程过小，应调整；然后检查制动踏板的回位情况，用力将制动踏板踩到底并迅速抬起，若踏板回位缓慢，说明制动踏板回位弹簧失效或踏板轴发卡，应更换或修复。再检查制动主缸的工作情况，打开制动液储液室盖，由一人连续踩制动踏板，另一人观察制动主缸的回油情况。若不回油，说明制动主缸回油孔堵塞，应清洗、疏通；若回油缓慢，说明制动液过脏或变质，应更换。

(5) 驻车制动不良

故障现象

① 拉紧驻车制动器，汽车很容易起步；

② 在坡道上停车时，拉紧驻车制动器，汽车不能停止而发生溜车现象。

故障原因

① 驻车操纵杆的自由行程过大；

② 驻车操纵杆系或绳索断裂或松脱、发卡等；

③ 驻车制动器间隙过大；

④ 驻车制动器摩擦片磨损过甚或有油污；

⑤ 驻车制动鼓磨损过甚、失圆或有沟槽；
⑥ 驻车制动蹄运动发卡；
⑦ 驻车制动蹄摩擦片与制动鼓的接触面积太小。

诊断与排除

① 将汽车停放在平坦的地面上，拉紧驻车制动器操纵杆，挂入低速挡起步，若汽车很容易起步而发动机不熄火，说明驻车制动不良。

② 从驻车制动器操纵杆放松位置往上拉，直至拉不动为止。检查操纵杆的行程，若行程过大，说明操纵杆的自由行程过大，应调整。检查拉动操纵杆的阻力，若感觉没阻力或阻力很小，说明操纵杆或绳索断裂或松脱，应更换或修复；若感觉很沉，说明操纵杆或绳索及制动器发卡，应拆检修复。

③ 从检视孔检查中央驻车制动器（东风 EQ1092、解放 CA1092 汽车）或后轮制动器（奥迪、桑塔纳等轿车）的间隙是否符合要求，若制动器间隙过大，应调整。

④ 经上述检查均正常，应拆检驻车制动器。检查制动蹄摩擦片是否磨损过甚或有无油污；检查制动鼓是否磨损过甚、失圆或有沟槽；检查制动蹄运动是否发卡，若有发卡现象，应修复或润滑；检查制动蹄摩擦片与制动鼓的接触面积是否符合要求，若接触面积过小，应更换或修整。

3.6.2 ABS 的故障诊断

(1) ABS 检修注意事项

大多数 ABS 都具有较高的工作可靠性，但在使用过程中仍免不了出现工作不良，对此应及时进行检修，以确保制动系统的正常工作。ABS 与常规制动系统相比，有其自身的特点，在检修过程中应在以下几个方面特别注意：

① 在点火开关处于 ON 位置时，不要拆装系统中的电器元件和线束插头，以免损坏电子控制单元。

② 在车上用外接电源给蓄电池充电时，要先断开蓄电池正（负）极柱上的电缆线，然后对蓄电池充电，以免损坏电子控制单元。

③ 电子控制单元对高温环境和静电都很敏感，为防止其损坏，在对汽车进行烤漆作业时，应将电子控制单元从车上拆下；在对车体进行电焊之前，应拔下电子控制单元的插接器，并戴好防静电器。

④ 在拆卸制动管路或与其关联的部件之前，应首先释放 ABS 蓄压器内的压力，防止高压制动液喷射伤人。

⑤ 在更换 ABS 制动管路或橡胶件时，应按规定使用标准件（高压耐腐蚀件），以免管路破损而引起制动突然失灵。

⑥ 为保证维修质量，应保持维修场地和拆卸之器件的清洁干净，防止尘埃物进入压力调节器或制动管路中。

⑦ 制动液侵蚀油漆能力较强，因此在维修液压部件和加注制动液时，应防止制动液溅污油漆表面而使油漆失去光泽和变色。

⑧ 在维修轮速传感器时，应防止碰伤齿圈的轮齿和传感头；也不可将齿圈作为支点撬动。否则，将造成轮齿变形，致使轮速传感器信号不正常，影响 ABS 的正常工作。

(2) ABS 故障诊断的一般程序

不同车型，甚至同一系列不同年代生产的汽车，由于装用的 ABS 型号不一样，其具体诊断方法与步骤均不尽相同。ABS 故障诊断的一般程序如图 3-76 所示。

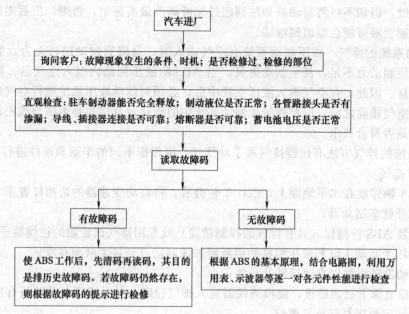

图 3-76　ABS 故障诊断的一般程序

(3) 常规检查

做好常规检查，发现比较明显的故障，可以节省时间，提高效率。常规检查主要包括以下几个方面：

检查制动液面是否在规定范围内。

检查所有继电器、熔断丝是否完好，插接是否牢固。

检查电子控制装置导线插头、插座是否连接良好，有无损坏，搭铁是否良好。

检查下列各部件导线插头、插座和导线的连接是否良好：电动液压泵、液压单元、四个轮速传感器、制动液面指示灯开关。

检查传感器头与齿圈间隙是否符合规定，传感头有无脏污。

检查蓄电池电压是否在规定范围内。

检查驻车制动器是否完全释放。

检查轮胎花纹高度是否符合要求。

① 制动液的更换与补充　制动液具有较强的吸湿性，当制动液中含有水分后，其沸点降低，制动时容易产生"气阻"，使制动性能下降。因此，一般要求每 2 年或 1 年更换制动液。

更换或补充制动液的程序如下：

a. 先将新制动液加至储液罐的最高液位标记处，如图 3-77 所示中的 "MAX" 标记处；

b. 如果需要对制动系统中的空气进行排除，应按规定的程序进行空气排除；

c. 将点火开关置于 ON 位置，反复踩下和放松制动踏板，直到电动泵开始运转为止；

d. 待电动泵停止运转后，再对储液罐中的液位进行检查；

e. 如果储液罐中的制动液液位在最高液位标记以上，先不要泄放过多的制动液，而应重复以上的 c. 和 d. 过程；

f. 如果储液罐中的制动液液位在最高液位标记以下，应向储液罐再次补充新的制动液，使储液罐中的制动液液位达

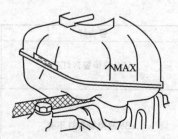

图 3-77　储液罐最高液位标记

到最高标记处,但切不可将制动液加注到超过储液罐的最高标记,否则,当蓄能器中的制动液排出时,制动液可能会溢出储液罐。

② 制动系统的排气 液压制动系统有空气渗入时,会感到制动踏板无力,制动踏板行程过长,致使制动力不足,甚至制动失灵。当 ABS 的液压回路内混入空气后,同样会引起制动效能不良。因此,在空气渗入液压系统中后,必须对制动液压系统进行空气的排除。

在进行空气排除之前,应检查液压制动系统中的管路及其接头是否破裂或松动;检查储液罐的液位是否符合要求。

ABS 系统的排气方法有仪器排气和手动排气,应根据不同的车型和条件进行选择。

a. 仪器排气

(a) 将车辆停放在水平地面上,抵住车轮前后,将自动变速器的选挡杆置于 P 位;

(b) 松开驻车制动器;

(c) 安装 ABS 检测仪(具有排气的控制功能)或专用排气试验器的接线端子;

(d) 向用于制动主缸和液压组件的储液罐加注制动液到最大液面高度;

(e) 启动发动机并以怠速运转几分钟;

(f) 稳稳地踩下制动踏板,使检测仪器进入排气程序,并且感到制动踏板有反冲力;

(g) 按规定顺序打开放气螺钉。

b. 手动排气

(a) 排气前的准备:

准备必要的工具、制动液容器、擦布和软管等,仔细阅读对应车型的维修手册中的相关内容;

清洗储液罐盖及周围区域;

拆下储液罐盖,检查储液罐中的液面高度,必要时,加注到正确液面高度;

安装储液器罐。

(b) 制动压力调节器与制动主缸及制动轮缸的排气:

将排气软管装到后排气阀上,将软管的另一端放在装有一些制动液的清洁容器中。踩下制动踏板并保持一定的踏板力,缓慢拧开后排气阀 1/2～3/4 圈,直到制动液开始流出。关闭该阀后松开制动踏板。重复进行以上步骤,直到流出的制动液内没有气泡为止。

拆下储液罐盖,检查储液罐中的液面高度,必要时,加注到正确液面高度。

按规定的排气顺序,在其他车轮上进行排气操作。

(4) 警告灯诊断

装有 ABS 的汽车在仪表盘上设有制动警告灯(红色)和 ABS 系统故障警告灯(黄色)。正常情况下,点火开关打开,ABS 故障警告灯和制动警告灯应闪亮约 2s,一旦发动机运转起来,驻车制动杆在释放位置,两个警告灯应熄灭,否则说明 ABS 有故障。可利用两灯的闪亮规律,粗略地判断出系统发生的故障的部位。警告灯诊断见表 3-8。

表 3-8 警告灯诊断表

警告灯	故障现象	可能原因
ABS 故障警告灯亮	ABS 不起作用	(1)轮速传感器不起作用 (2)液控单元不良 (3)ABS 电子控制单元不良
ABS 故障警告灯不亮	踩制动踏板时,踏板振动强烈	(1)制动开关失效或调整不当 (2)制动开关线路或插接件脱落 (3)制动鼓(盘)变形 (4)车轮转速传感器信号不良 (5)液控单元不良

续表

警告灯	故障现象	可能原因
ABS警告偶尔或间歇点亮	ABS作用正常,只要点火开关关闭后再打开,ABS故障警告即会熄灭	(1)ABS电子控制单元插接器松动 (2)轮速传感器导线受干扰 (3)轮速传感器内部工作不良 (4)车轮轮毂轴承松旷 (5)制动管路中有空气 (6)制动轮缸工作不良 (7)制动蹄衬片不良
制动警告灯亮	制动液缺乏或驻车制动拖滞	(1)驻车制动器调整不当 (2)制动油管或制动轮缸漏油 (3)制动警告灯搭铁
ABS故障警告灯和制动警告灯亮	ABS不起作用	(1)两个以上轮速传感器故障 (2)ABS电子控制单元故障 (3)液控单元工作不良

(5) 故障码诊断

大多ABS具有自诊断和失效保护功能,当点火开关处于ON位置时,电子控制单元将会自动地对自身、轮速传感器、制动压力调节器中的电器元件进行静态测试。在此期间,如果ABS电子控制单元发现系统中存在故障,则电子控制单元会以故障码的形式储存记忆故障情况,并持续点亮ABS警告灯。当汽车的速度达到一定值时,ABS的电子控制单元还要对系统中的一些电器元件进行动态测试,如果发现系统中有故障存在,电子控制单元会以故障码的形式存储记忆故障情况。

诊断ABS故障时,按照设定的程序和方法可读取故障码。维修人员可根据故障码的含义确定故障的范围。

1) 故障码的读取与清除

故障码的读取方法有人工和仪器两种,具体应用根据车载电子控制单元的功能及维修设备条件选择。

① 人工读取故障码 人工读取故障码的方式通常有:通过ABS警告灯闪烁读取、通过电子控制单元盒上的二极管灯读取、通过自制的发光管灯读取、通过自动空调面板读取等几种。但读取故障码的一般程序是:

a. 将点火开关置于OFF位置;

b. 用跨接线跨接诊断插座中的相应端子;

c. 将点火开关置于ON位置,以正确的方法计数警告灯或发光二极管的闪烁次数,确定故障码;

d. 从维修手册中查找故障码所代表的故障情况;

e. 排除故障后,按规定程序清除故障码。

丰田车系ABS故障码的读取方法如下:

将维修连接器接头分开或将WA与WB之间的短接插销拔出,如图3-78所示。接通点火开关,将发动机室内的故障诊断座或驾驶室内的TDCL连接器的TC与E1端子用跨接线连接,如图3-79所示。仪表盘上的ABS警告灯即可闪烁出故障码。

如果电子控制单元存储有故障码,ABS警告灯先以0.5s的间隔闪烁显示故障码的十位数,在十位数闪烁显示结束后,再隔1.5s开始以0.5s的间隔闪烁显示个位数。两个故障代码之间的闪烁间隔为2.5s。如果电子控制单元中没有故障代码,则ABS警告灯以0.25s的间隔连续闪烁。

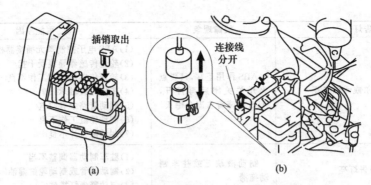

图 3-78 维修连接器接头和 WA、WB 接头

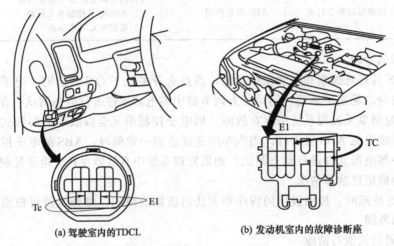

图 3-79 跨接 TC 与 E1 端子

如图 3-80 所示为正常码和故障码 "11" 和 "12" 的闪烁方式。

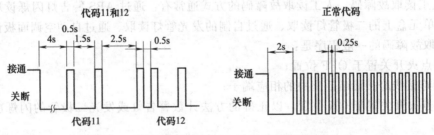

图 3-80 正常码及故障码 "11" 和 "12" 的闪烁方式

ABS 故障排除后，应将电子控制单元所存储的故障码清除。清除故障码的方法是在满足下列条件的情况下，在 3s 内连续踩制动踏板 8 次，即可清除故障码。

a. 汽车停稳；

b. 跨接诊断座 TC 与 E1 端子；维修连接器接头分开或将 WA 与 WB 之间的短接插销拔出；

c. 点火开关接通。

清除故障码后，再将 TC 与 E1 跨接线拆去，将维修连接器接头插好或将 WA 与 WB 短接销插好。

提示：为掌握人工读取故障码的方法，此处应结合车辆进行讲解。

② 仪器读取故障码 故障码扫描仪可以从 ABS 电子控制单元存储器中读取故障码，同时还具有故障码翻译、检测步骤指导和基本判断参数提供等功能。

用 V.A.G1552 车辆系统测试仪读取桑塔纳 2000 俊杰轿车 ABS 故障码的程序如下：

a. 检查车辆是否符合检测条件，包括所有车轮必须安装规定的并且尺寸相同的轮胎，轮胎气压符合要求；常规制动系统正常；所有熔断丝完好；蓄电池的电压正常。

b. 关闭点火开关，打开诊断接口盖板（位于换挡杆前端的防尘罩下），将故障诊断仪 V.A.G1552 用诊断连接线连接在诊断接口上，如图 3-81 所示。

图 3-81 连接 V.A.G1552

c. 打开点火开关，进行操作。
(a) 显示屏显示：

| Test of vehicle systems HELP
Insert address word×× | 汽车系统测试　　帮助
输入地址指令×× |

(b) 按 "0" 或 "3" 键选择 "制动系电控系统"，此时显示屏显示：

| Test of vehicle systems Q
03-Brake electronics | 汽车系统测试　　确认
03-制动系电控系统 |

(c) 按 "Q" 键确认输入，此时显示屏显示 ABS 电子控制单元识别码：

| 3A0 907 379 ABS ITT AE20GI VOD
Coding 04505 WCS×××× |

(d) 按 "→" 键，此时显示屏显示：

| Test of vehicle systems HELP
Select function×× | 汽车系统测试　　帮助
选择功能×× |

(e) 按 "0" 和 "02" 键选择 "查询故障存储器"，此时显示屏显示：

| Test of vehicle systems Q
02-Interrogate fault memory | 汽车系统测试　　确认
02-查询故障存储器 |

(f) 按 "Q" 键确认输入，显示屏上显示所存储故障的数量或 "未发现故障"：

| X Faults recognized　→ | 发现×个故障　→ |
| No fault recognized　→ | 未发现故障　→ |

(g) 按 "→" 键，故障依次显示出来。

(h) 故障显示完毕后，按 "→" 键返回到初始位置，此时显示屏显示与第 (c) 相同。

(i) 故障排除后，按以下步骤清除故障码。

(j) 按 "0" 和 "5" 键选择 "清除故障存储器"，此时显示屏显示：

| Test of vehicle systems Q
05-Erase fault memory | 汽车测试系统　　确认
05-清除故障存储器 |

(k) 按 "Q" 键确认输入，此时显示屏显示：

| Test of vehicle systems →
Fault memory is erased! | 汽车测试系统　　→
故障存储器已被清除 |

(l) 按"→"键,此时显示屏上的显示与"(c)"相同。

(m) 按"0"和"6"键选择"结束输出",此时显示屏显示：

| Test of vehicle systems Q | 汽车测试系统　　确认 |
| 06-end output | 06-结束输出 |

(n) 按"Q"键确认,此时显示屏上显示与"a"相同。

d. 关闭点火开关,ABS故障警告灯和制动警告灯亮约2s后必须熄灭。

故障码表示了故障的性质和范围,这些内容一般由汽车制造厂提供,列入维修手册中,表3-9为桑塔纳2000俊杰轿车ABS故障码的内容。

表3-9　桑塔纳2000俊杰轿车ABS故障码

V.A.G1552显示屏显示	可能的故障原因	故障排除方法
未发现故障	如果在维修完毕后,用V.A.G1552查询故障后未发现故障,自诊断结束。如果显示屏显示出"未发现故障",但ABS不能正常工作,则应按以下步骤操作： (1) 以大于20km/h的车速,进行紧急制动试车 (2) 重新用V.A.G1552查询故障,仍无故障显示 (3) 在无自诊断的情况下着手寻找故障,全面进行电气检查	
00668 汽车30号线终端电压信号超差	电压供应线路、连接插头、熔丝故障	检查电控单元供电线路、熔丝和连接插头
01276 ABS 液压泵(V64)信号超差	电动机与电控单元连接线路对正极或对地短路、断路;液压泵电动机故障	检查线路、进行执行元件诊断
65535 电控单元	电控单元故障	更换电控单元
01044 电控单元编码不正确	电控单元25针插头端子6和22之间断路或短路	检查线路、线束的插头
01130 ABS工作信号超差	与外界干涉信号源发生电气干涉(高频发射),例如：非绝缘的点火电缆线	(1) 检查所有线路连接对正极或对地是否短路 (2) 清除故障码 (3) 在车速大于20km/h的车速时,进行紧急制动试车 (4) 再次查询故障码
00283 左前轮速传感器(G47)	轮速传感器导线、传感器线圈、传感器的线路短路或断路;连接插头松动;传感器和齿圈的间隙超差	(1) 检查轮速传感器与电控单元的线路和连接插头 (2) 检查传感器和齿圈的安装间隙 (3) 读取数据流
00285 右前轮速传感器(G45)		
00287 右后轮速传感器(G44)		
00290 左后轮速传感器(G46)		

2) 根据故障码诊断故障

故障码能够显示故障的性质和范围,维修人员可根据故障码的提示迅速、准确地确定故障的性质和部位,有针对性地检查有关部位、元件和线路,将故障排除。

根据故障码进行故障的诊断与排除时,调出故障码后应对照维修手册查看故障码的含义,结合该车电路和有关元件的检测方法,按相应步骤诊断和排除故障。以下为桑塔纳2000俊杰轿车依据故障码诊断和排除故障的流程。

① 故障码01276　当车速超过20km/h时,ABS电子控制单元监控到电动机不能正常工作,就会记录此故障码。

a. 可能原因：

(a) 电源供应短路或搭铁；
(b) 电动机线束松脱；
(c) 动机损坏。

b. 故障诊断：如果蓄电池过度放电，电动机将无法驱动，所以在进行电动机驱动测试时，应先确认蓄电池电压是否正常。进行电动机驱动时车辆须在静止状态下。

故障码 01276 的诊断步骤如图 3-82 所示。

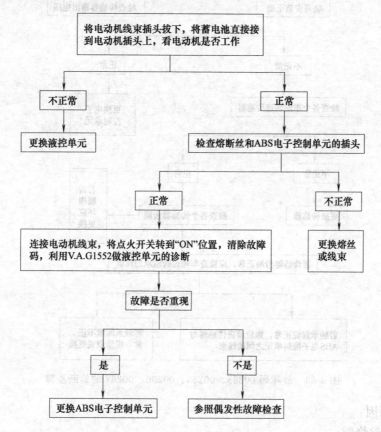

图 3-82　故障码 01276 的诊断步骤

② 故障码 00283、00285、00290、00287　当检查不到线路开路，但车速到达 20km/h 以上仍没有信号输出时，此故障码出现。

a. 可能原因：
(a) 轮速传感器漏装；
(b) 轮速传感器线圈或线束短路；
(c) 轮速传感器与齿圈之间间隙过大或是齿圈损坏；
(d) ABS 电子控制单元故障。

b. 故障诊断：故障码 00283、00285、00290、00287 的诊断步骤如图 3-83 所示。当车速>20km/h 时，若传感器信号超出公差范围，也出现此故障码。其原因可能是传感器线圈或线束间歇性接触不良或短路；传感器与齿圈间的间隙过大或过小；齿圈损坏。

当传感器存在可识别的断路、短路等故障时，也出现此故障码。其可能的原因是传感器接触不良、线圈或线束短路或 ABS 电子控制单元中的传感器信号处理电路有故障。

③ 故障码 00668　当供电端子 30 未提供电压或电压太高时，出现此故障码。

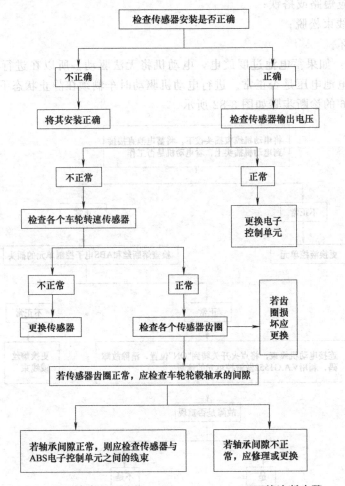

图 3-83 故障码 00283、00285、00290、00287 的诊断步骤

a. 可能原因：
（a）熔断丝烧断；
（b）蓄电池电压太低或太高；
（c）ABS 电线线束插接件损坏；
（d）ABS 电子控制单元损坏。

b. 故障诊断：故障码 00668 的诊断步骤如图 3-84 所示。

(6) 无故障码时的故障诊断

电子控制单元的故障诊断系统是检测它的输入、输出信号是否在规定的范围内变化，若信号超出了规定的范围，则判定为故障。但有时输入、输出信号虽然在规定范围内，却不能正确反应系统的工况，造成 ABS 工作不良。此时应借助测试仪读取系统各传感器的数据并与标准数据比较，进一步检查各传感器或开关信号是否正常，以确认故障原因和部位。而且，系统中的机械故障也不能通过电子回路反映出来。因此，应根据其表现出来的现象进行分析，以确认故障原因和部位。

① ABS 工作异常

a. 可能原因：
（a）传感器安装不当；

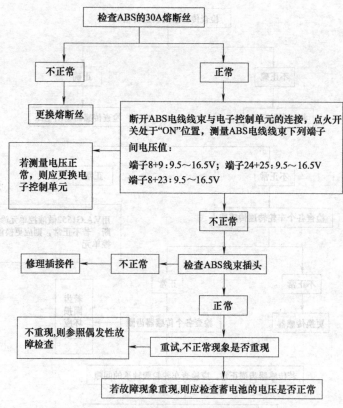

图 3-84 故障码 00668 的诊断步骤

(b) 传感器线束有问题；
(c) 传感器损坏；
(d) 传感器粘附异物；
(e) 车轮轴承损坏；
(f) 液控单元损坏；
(g) ABS 电控单元损坏。

b. 故障诊断：ABS 工作异常的故障诊断如图 3-85 所示。

② 制动踏板行程过长

a. 可能原因：
(a) 制动液渗漏；
(b) 出油阀泄漏；
(c) 系统中有空气；
(d) 制动盘严重磨损；
(e) 驻车制动器调整不当。

b. 故障诊断：制动踏板行程过长的诊断如图 3-86 所示。

③ 偶发性故障 在电子控制系统中，在电气线路和输入、输出信号的地方，可能出现瞬时接触不良问题，从而导致偶发性故障或在 ABS 电子控制单元自检时留下故障码。如果故障原因持续存在，那么只要按照故障码诊断步骤就可以发现不正常的部位，不过有时候故障发生的原因会自行消失，所以不容易找出问题的原因。在这种情况下，可按下列方式模拟故障，检查故障是否再现。

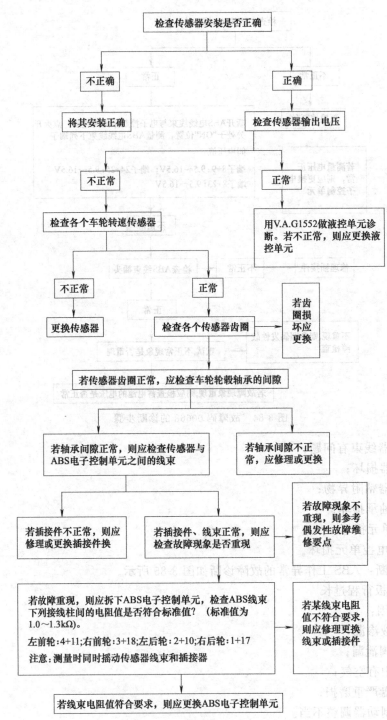

图 3-85 ABS 工作异常的故障诊断

a. 当振动可能是主要原因时:
(a) 将接头轻轻地上下左右摇动;
(b) 将线束轻轻地上下左右摇动;
(c) 将传感器轻轻地上下左右摇动。
b. 当过热或过冷可能是主要原因时:

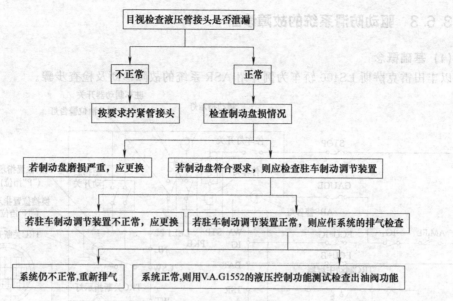

图 3-86 制动踏板行程过长的诊断

(a) 用吹风机加热被怀疑有故障的部件;
(b) 用冷喷雾剂检查是否有冷焊现象;

c. 当电源回路接触电阻过大可能是主要原因时：打开所有电器开关，包括前照灯和后窗除霜开关。

如果此时故障没有出现，则应等到下次故障再次出现时才能诊断故障。

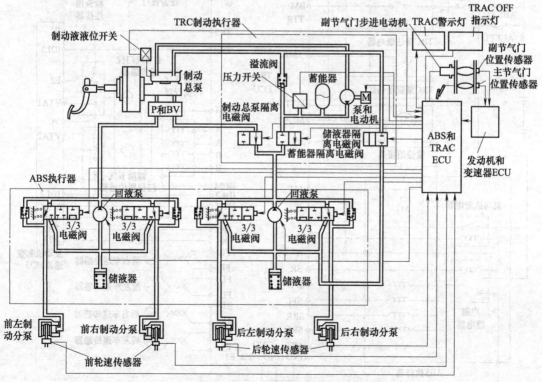

图 3-87 雷克萨斯 LS400 ASR 和 ABS 的控制原理简图

3.6.3 驱动防滑系统的故障诊断

(1) 基础概念

以丰田雷克萨斯 LS400 轿车为例介绍 ASR 系统的故障诊断及检查步骤。

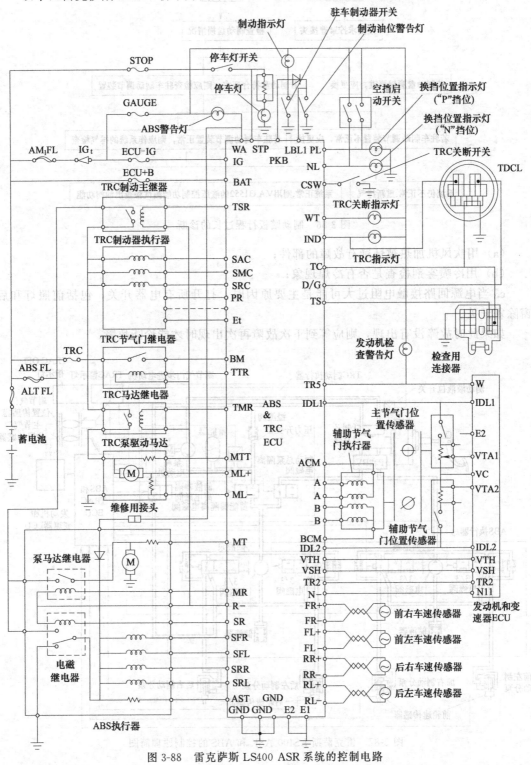

图 3-88 雷克萨斯 LS400 ASR 系统的控制电路

雷克萨斯 LS400 轿车同时具有 ABS 和 ASR，且共用一个电子控制单元，其 ASR 和 ABS 的控制原理简图如图 3-87 所示，系统控制电路如图 3-88 所示。电子控制单元各端子排列及名称见表 3-10。

表 3-10　雷克萨斯 LS400 ABS 和 ASR 电子控制单元各端子排列及名称

端子号	符号	端子名称	端子号	符号	端子名称
A18-1	SMC	主缸切断电磁阀	7	TR2	发动机通信
2	SRC	储液器切断电磁阀	8	WT	ASR OFF 指示器
3	R−	继电器地线	9	TR5	发动机检查警告灯
4	TSR	ASR 线圈继电器	10		
5	MR	ABS 电机继电器	11	LBL1	制动油位警告灯
6	SR	ABS 电磁继电器	12	CSW	ASR 关断开关
7	TMR	ASR 电机继电器	13	VSH	副节气门位置传感器
8	TTR	ASR 节气门继电器	14	D/C	诊断
9	A	步进电机	15		
10	Ⓐ	步进电机	16	IND	ASR 指示灯
11	BM	步进电机	A20-1	SFR	前右线圈
12	ACM	步进电机	2	GND	搭铁
13	SFL	前左线圈	3	RL+	后左车轮转速传感器
14	SVC	ACC 关断线圈	4	FR−	前右车轮转速传感器
15	VC	ACC 压力开关（传感器）	5	RR+	后右车轮转速传感器
16	AST	ABS 电磁继电器监控器	6	FL−	前左车轮转速传感器
17	NL	空挡开关	7	E1	搭铁
18	IDL1	主节气门怠速开关	8	MT	ABS 马达继电器
19	PL	空挡开关	9	ML−	ASR 马达闭锁继电器
20	IDL2	副节气门怠速开关	10	PR	ACC 压力开关（传感器）
21	MTT	ASR 泵电机继电器监控器	11	IG	电源
22	B	步进电机	12	SRL	后左线圈
23	Ⓑ	步进电机	13	GND	搭铁
24	BCM	步进电机	14	RL−	后左车轮转速传感器
25	GND	搭铁	15	FR+	前右车轮转速传感器
26	SRR	后右线圈	16	RR−	后右车轮转速传感器
A19-1	BAT	备用电源	17	FL+	前左车轮转速传感器
2	PKB	驻车制动器开关	18	E2	搭铁
3	TC	诊断	19	E1	搭铁
4	Neo	Ne 信号	20	TS	传感器检查用
5	VTH	主节气门位置传感器	21	ML+	ASR 马达闭锁传感器
6	WA	ABS 警告灯	22	STP	停车灯开关

（2）ASR 系统的故障自诊断

① 系统的自检　当点火开关接通时，仪表板上的 ASR 警告灯会亮起，3s 后 ASR 警告灯熄灭。如果点火开关接通时，ASR 警告灯不亮或 3s 后不熄灭，应为不正常，需进行检查。

② 故障码的读取和清除　由于与 ABS 共用一个 ECU，所以 ASR 故障码的读取和清除同 ABS。ASR 故障码的内容及检测部位见表 3-11。

表 3-11　雷克萨斯 LS400 轿车 ASR 系统故障码

故障代码	故障原因	检测部位
11	ASR 制动主继电器电路断路	主继电器触点不能闭合或接触不良；主继电器与电子控制单元间、主继电器与制动压力调节器间、主继电器与蓄电池间的线路或接线端子接触不良或松脱；电子控制单元有故障

续表

故障代码	故障原因	检测部位
12	ASR 制动主继电器电路短路	主继电器触点不能张开或线圈与电源短路；主继电器与制动压力调节器间的线路或接线端子与电源有短路；电子控制单元故障
13	ASR 节气门继电器电路断路	节气门继电器触点不能闭合或接触不良；节气门继电器与电子控制单元间、节气门继电器与蓄电池间的线路或接线端子接触不良或松脱；电子控制单元故障
14	ASR 节气门继电器电路短路	节气门继电器触点不能张开或线圈与电源短路；节气门继电器与控制线路或接线端子与电源短路；电子控制单元故障
15	因漏油 ASR 电动机工作时间过长	
16	压力开关断路或压力传感器短路	压力开关或压力传感器故障；制动压力调节器与电子控制单元间线路或接线端子故障；电子控制单元故障
17	压力开关(传感器)一直关断	
19	ASR 电动机开关动作过于频繁	
21	主缸关断电磁阀电路断路或短路	
22	蓄压器关断电磁阀电路和断路或短路	制动压力调节器故障；调节器与电子控制单元间的线路或接线端子故障；调节器与主继电器间的线路或接线端子故障；电子控制单元故障
23	储液室关断电磁阀断路或短路	
24	副节气门执行器电路断路或短路	
25	步进电机达不到电子控制单元预定的位置	副节气门驱动器故障；节气门体卡住；副节气门传感器故障；电子控制单元故障
26	电子控制单元指令副节气门全开,但是副节气门不动	
27	步进电机断电时,副节气门仍未达到全开的位置	
44	ASR 工作时,滑转信号未送入电子控制单元	发动机电子控制单元故障；电子控制单元与发动机电子控制单元线路或接线端子故障；电子控制单元故障
45	当急速开关断开时,主节气门位置传感器信号≥1.5V	主节气门位置传感器故障；电子控制单元与发动机电子控制单元间的线路或接线端子故障；电子控制单元故障
46	当急速开关接通时,主节气门位置传感器信号≥4.3V 或≤0.2V	
47	当急速开关断开时,副节气门位置传感器信号≥1.45V	副节气门位置传感器故障；电子控制单元与发动机电子控制单元间的线路或接线端子故障；电子控制单元故障
48	当急速开关接通时,副节气门位置传感器信号≥4.3V 或≤0.2V	
49	与发动机电子控制单元信息交换电路断路或短路	电子控制单元与发动机电子控制单元间的线路或接线端子故障；电子控制单元或发动机电子控制单元故障
51	发动机控制系统有故障	
52	制动液面过低报警开关接通	制动液泄漏；制动液液面过低报警开关故障；制动液液面过低报警开关与电子控制单元间线路接线端子故障；电子控制单元故障
54	ASR 电动机继电器电路断路	电动液压泵继电器故障；电动液压泵及继电器与电子控制单元间或接线端子故障；电子控制单元故障
55	ASR 电动机继电器短路	

续表

故障代码	故障原因	检测部位
56	ASR 电动液压泵不能转动	电动液压泵电动机故障；液压泵电动机与搭铁间、与电子控制单元间线路或接线端子故障；电子控制单元故障
57	ASR 灯常亮	电子控制单元故障

(3) ASR 系统的检测

① 电源电压　在点火开关关断和接通时，BAT 端子上的电压均应为 10～14V；在点火开关断开时 IG 端子上的电压应为 0V，点火开关接通时，该端子电压应为 10～14V。

② 空挡启动开关两端子 PL、NL 上的电压　PL、NL 两端子上的电压在点火开关关断时，均为 0V；当点火开关接通、变速操纵杆在 P 或 N 时均为 10～14V，其他位置时为 0V。

③ 制动开关 STP 端子上的电压　在制动灯开关接通时，STP 端子上的电压应为 10～14V；制动灯开关断开时应 0V。

④ 制动液液面高度警告开关 LBL1 端子上的电压　在点火开关接通和制动液液面高度开关断开时，LBL1 端子上的电压值应为 10～14V；液位开关接通时，应小于 1V。

⑤ ASR 切断开关 CSW 端子上的电压　在点火开关接通时，按下 ASR 切断开关，其端子电压为 0V；放开 ASR 切断开关，则应约为 5V。

⑥ ASR 制动主继电器 TSR 端子上的电压　点火开关接通时，TSR 端子上的电压应为 10～14V。

⑦ ASR 节气门继电器 BTH 和 TTR 两端子上的电压　在点火开关接通时，BTH、TTR 两端子上的电压均应为 10～14V；点火开关断开时均为 0V。

⑧ ASR 制动压力调节器各端子上的电压　在点火开关接通时，SMC、SAC、SRC 三端子上的电压值均应为 10～14V；PR、VC 两端子上的电压值均应约为 5V。

⑨ 与发动机和自动变速器电子控制单元相关的端子电压

a. IDL1 和 IDL2 两端子上的电压。在点火开关接通时，节气门关闭，电压应为 0V；节气门开启，电压应为 5V。

b. VTH 和 VSH 两端子上的电压。在点火开关接通、节气门关闭，电压约为 0.6V；节气门开启，电压约为 3.8V。

c. TR2 端子上的电压。在点火开关接通时约为 5V。

d. TR5 端子上的电压。在点火开关接通和发动机检查灯打开时，约为 1.2V；若发动机运转且发动机检查灯关闭时，约为 10～14V。

e. NEO 端子上的电压。在点火开关接通且发动机停熄时，其电压约为 5V；急速时约为 2.5V。

⑩ ASR 关闭指示灯 WT 端子上的电压　在点火开关接通时，若指示灯断开，电压应为 10～14V；若指示接通，电压应为 0V。

⑪ 故障诊断插座 TC、TS 和 D/G 端子上的电压

a. TC 端子上的电压。在点火开关接通时，其电压应为 10～14V。

b. TS 端子上的电压。在点火开关接通时，其电压应为 10V。

c. D/G 端子上的电压。在点火开关接通时，其电压应为 10～14V。

3.6.4　汽车制动性能检测

为了驾驶的安全，人们应该掌握汽车制动系统的性能状态，这就必须通过科学的检测来实现。

(1) 汽车制动性检测的相关标准

根据《机动车运行安全技术条件》(GB 7258—2012)中有关检测站需进行的汽车制动性检测项目与相应技术条件兼容了《汽车维护、检测、诊断技术规范》(GB/T 18344—2001)，故以《机动车运行安全技术条件》(GB 7258—2012)为主进行介绍。

《机动车运行安全技术条件》(GB 7258—2012)中除了对汽车制动系提出了主要技术条件外，还分别规定了台试检验制动性能与路试检验制动性能的检测项目、检测方法与相应的技术要求。

① 制动力要求：汽车、汽车列车在制动检验台上测出的制动力应符合表3-12的要求。对空载检验制动力有质疑时，可用表3-12规定的满载检验制动力要求进行检验。

② 制动力平衡要求：在制动力增长全过程中，同时测得的左右轮制动力差的最大值，与全过程中测得的该轴左右轮最大制动力中大者之比，前轴不应大于20%，后轴（及其他轴）在轴制动力不小于该轴轴荷的60%时不应大于24%；当后轴（及其他轴）制动力小于该轴轴荷的60%时，在制动力增长全过程中，同时测得的左右轮制动力差的最大值不应大于该轴轴荷的8%。

表 3-12 台试检验要求

机动车类型	制动力总和与整车质量的百分比		轴制动力与轴荷[①]的百分比	
	空载	满载	前轴	后轴
三轮汽车	≥45	—		≥60[②]
乘用车、总质量不大于3500kg的货车	≥60	≥50	≥60[②]	≥20[②]
其他汽车、汽车列车	≥60	≥50	≥60[②]	

① 用平板制动检验台检验乘用车时应按动态轴荷计算。
② 空载和满载状态下测试均应满足此要求。

③ 汽车的制动协调时间，液压制动的汽车不应大于0.35s，气压制动的汽车不应大于0.60s；汽车列车和铰接客车、铰接式无轨电车的制动协调时间不应大于0.80s。

④ 汽车车轮阻滞力要求：进行制动力检验时，各车轮的阻滞力均不应大于车轮所在轴轴荷的5%。

⑤ 驻车制动性能检验。当采用制动检验台检验汽车和正三轮摩托车驻车制动装置的制动力时，机动车空载，乘坐一名驾驶员，使用驻车制动装置，驻车制动力的总和不应小于该车在测试状态下整车质量的20%（总质量为整备质量1.2倍以下的机动车，为不小于15%）。

⑥ 当机动车经台架检验后对其制动性能有质疑时，可用规定的路试检验进行复检，并以满载路试的检验结果为准。

⑦ 汽车制动完全释放时间，（从松开制动踏板到制动力消除所需要的时间）不应大于0.80s。

⑧ 空载检验时，对于气压制动系，气压表的指示气压≤600kPa；对于液压制动系，踏板力，乘用车≤400N；其他机动车≤450N。

(2) 制动性能检测项目

① 路试检测项目 制动性能路试检测的项目主要有：
a. 制动距离。
b. 充分发出的平均减速度。
c. 制动稳定性。
d. 制动协调时间。

e. 驻车制动坡度。

② 台试检测项目 制动性能台试检验是在室内制动试验台上进行的，其主要检测项目为：

a. 制动力。

b. 制动力平衡要求。

c. 车轮阻滞力。

d. 制动协调时间。

(3) 制动性能检测设备

① 路试制动性能检测设备——五轮仪 在道路试验中检测车辆的整车性能时，经常要使用五轮仪，以测出车辆行驶的距离、时间和速度。当五轮仪用于检测车辆的制动性能时，能测出制动距离、制动时间和制动初速度。

结构原理：在进行车辆道路试验时，为了测量车辆的行程和速度，虽然可以利用汽车的里程表和速度表，但这种方法不够准确。因为车辆驱动轮的滚动半径直接受驱动力矩、地面对轮胎的切向反作用力、车轴载荷、轮胎气压及磨损程度等因素的影响。此外，车用里程表和速度表本身的精度也较低。为了消除这些因素对测量精度的影响，在车辆旁边附加一个测量用的轮子，故称五轮仪。五轮仪一般由传感器部分和记录仪部分组成，并附带一个脚踏开关。传感器部分与记录仪部分由导线（信号线）连接。脚踏开关带有触点的一端套在制动踏板上，另一端接在记录仪上。

a. 传感器部分 传感器部分的作用是把汽车行驶的距离变成电信号。它一般由充气车轮、传感器、支架、减振器和连接装置等组成，如图 3-89 所示。充气车轮为轮胎式，安装在支架上，支架通过连接装置固定在汽车的侧面或尾部的车身上。在减振器压簧的作用下，充气车轮紧贴地面，并随汽车的行驶而滚动。当充气车轮在路面上滚动一周时，汽车行驶了充气车轮周长的距离。在充气车轮中心处安装有传感器，可以把轮子在路面上滚动的距离变成电信号。

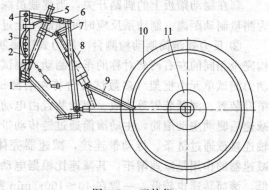

图 3-89 五轮仪
1—下臂；2—调节机构；3—固定板；4—上臂；
5—手把；6—活接头；7—立架；8—减振器；
9—支架；10—充气车轮；11—传感器

常用的传感器有光电式和磁电式两种类型。

(a) 光电式传感器是在轮子的中心一侧固定有圆形的光孔板，其上沿圆周均布有若干小孔，在小孔的两侧分别装有光源和光敏管。光源和光敏管固定在支架上。当轮子转动时，光孔板随之转动。每转过一个小孔，光源的光线穿过小孔照射光敏管一次，光敏管就产生一个电脉冲信号，并通过导线送入记录仪。国产 F15-3 型五轮仪使用的光孔板加工有 155 个小孔，轮子旋转一周传感器发出 155 个电信号。

(b) 磁电式传感器也是安装在轮子的中心，由永磁环、线圈、内齿环、外齿盘和车轴等组成，并形成闭合磁回路。内齿环沿圆周加工有内齿，与充气车轮固装在一起。外齿盘沿圆周加工有外齿与车轴固装在一起，车轴固装在支架上，工作中不转动。当轮子旋转时，内齿环围绕外齿盘转动，二者之间的间隙发生变化，于是闭合磁路的磁阻发生变化，通过线圈的磁通量发生变化，线圈两端则输出类似正弦波的电信号。国产 WLY-5 型微机五轮仪使用的外齿盘上加工有 176 个齿，当轮子旋转一周时，传感器发出 176 个电信号。轮子周长为

1760mm，随轮胎充气压力的变化而变化。

b. 记录仪部分　记录仪部分的作用是把传感器送来的电信号和内部产生的时间信号，进行控制、计数并计算出车速，然后指示出来。电子式记录仪，如PT5-3型五轮仪的记录仪，是由测距、测时、测速、音响和稳压等部分组成的，整机各元件均安装在一个金属盒子内，从传感器送来的电信号，经整形电路整形成矩形脉冲后通过控制器。其中，一路送入测距电路进行测距计数，再经数据选择器及译码器由荧光数码管直接显示汽车行驶距离；另一路送入车速计数电路，通过时标电路以0.36s瞬时车速值通过寄存器、译码器，由另一组数码管直接显示汽车行驶速度。测时则是把从石英谐振器经分频电路取出的1kHz频率，通过控制器送入测时计数器进行以毫秒为单位的测时计数，并通过数据选择器、译码器，由荧光数码管直接显示汽车行驶时间。制动系反应时间的检测是通过一个传感器——附有磁钢的摆锤完成的。当车辆制动时，从驾驶员的脚踩上制动踏板（脚踏开关的触点闭合）时开始时间计数，到车辆刚出现减速度，摆锤因惯性作用向前摆动时，干簧管受摆锤磁钢影响闭合后送出闭合信号，数码管立即停止时间显示，从而测出制动系的反应时间。

套在制动踏板上的脚踏开关，当驾驶员踩制动踏板时闭合，动作通过导线输入记录仪作为测量制动距离、制动系反应时间和制动全过程时间等的开始信号。

② 反力式滚筒制动检测台　反力式滚筒制动检测台的结构简图如图3-90所示。它由结构完全相同的左右两套对称的车轮制动力测试单元和一套指示控制装置组成。每一套车轮制动力测试单元由框架（多数试验台将左右测试单元的框架制成一体）、驱动装置、滚筒组、举升装置、测量装置等构成。驱动装置由电动机、减速器和链传动组成。电动机经过减速器减速后驱动主动滚筒，主动滚筒通过链传动带动从动滚筒旋转。减速器输出轴与主动滚筒同轴连接或通过链条、传动带连接，减速器壳体为浮动连接（即可绕主动滚筒轴自由摆动）。减速器的作用是减速增矩，其减速比根据电动机的转速和滚筒测试转速确定。由于测试车速低，滚筒转速也较低，一般在40~100r/min范围。因此，要求减速器减速比较大，一般采用两级齿轮减速或一级蜗轮蜗杆减速与一级齿轮减速。

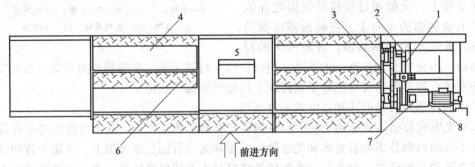

图3-90　反力式滚筒制动检测台
1—力臂；2—传感器；3—链条；4—滚筒；5—铭牌；6—举升器；7—减速器；8—电动机

每一车轮制动力测试单元设置一对主、从动滚筒。每个滚筒的两端分别用滚筒轴承与轴承座支撑在框架上，且保持两滚筒轴线平行。滚筒相当于一个活动的路面，用来支撑被检车辆的车轮，并承受和传递制动力。汽车轮胎与滚筒间的附着系数将直接影响制动检验台所能测得的制动力大小。为了增大滚筒与轮胎间的附着系数，滚筒表面都进行了相应的加工与处理，目前，采用较多的有：开有纵向浅槽的金属滚筒、表面粘有熔烧铝矾土砂粒的金属滚筒、表面具有嵌砂喷焊层的金属滚筒、喷焊层材料选用NiCrBSi自熔性合金粉末及钢砂、高硅合金铸铁滚筒、表面带有特殊水泥覆盖层的滚筒。

滚筒直径与两滚筒间中心距的大小，对检验台的性能有较大影响。滚筒直径增大有利于改善与车轮之间的附着情况，增加测试车速，使检测过程更接近实际制动状况。但必须相应增加驱动电机的功率，而且随着滚筒直径增大，两滚筒间中心距也需相应增大，才能保证合适的安置角。这样，使检验台结构尺寸相应增大，制造要求提高。依据实际检测的需要，推荐使用直径为 245mm 左右的制动台。

制动力测试装置主要由测力杠杆和传感器组成。测力杠杆一端与传感器连接，另一端与减速器壳体连接，被测车轮制动时测力杠杆与减速器壳体将一起绕主动滚筒（或绕减速器输出轴、电动机枢轴）轴线摆动。传感器将测力杠杆传来的、与制动力成比例的力（或位移）转变成电信号，输送到指示、控制装置。传感器有应变测力式、自整角电机式、电位计式、差动变压器式等多种类型。早期的日式制动试验台多采用自整角电机式测量装置，而欧式以及近期国产制动检验台多用应变测力式传感器。

为了便于汽车出入制动检验台，在主、从动两滚筒之间设置有举升装置。该装置通常由举升器、举升平板和控制开关等组成。举升器常用的有气压式、电动螺旋式、液压式 3 种形式。目前，制动试验台控制装置大多数采用电子式。为提高自动化与智能化程度，有的控制装置中配置计算机。指示装置有指针式和数字显示式两种。带计算机的控制装置多配置数字显示器，但也有配置指针式指示仪表的。

进行车轮制动力检测时，被检汽车驶上制动试验台，车轮置于主、从动滚筒之间，放下举升器（或压下第三滚筒，装在第三滚筒支架下的行程开关被接通）。通过延时电路启动电动机，经减速器，链传动和主、从动滚筒带动车轮低速旋转，待车轮转速稳定后驾驶员踩下制动踏板。车轮在车轮制动器的摩擦力矩作用下开始减速旋转。此时，电动机驱动的滚筒对车轮轮胎周缘的切线方向作用制动力以克服制动器摩擦力矩，维持车轮继续旋转。与此同时，车轮轮胎对滚筒表面切线方向附加一个与制动力方向反向等值的反作用力，在反作用力矩作用下，减速机壳体与测力杠杆一起朝滚筒转动相反方向摆动，测力杠杆一端的力或位移量经传感器转换成与制动力大小成比例的电信号。从测力传感器送来的电信号经放大滤波后，送往 A/D 转换器转换成相应数字量，经计算机采集、储存和处理后，检测结果由数码显示或由打印机打印出来。打印格式或内容由软件设计而定。一般可以把左右轮最大制动力、制动力和、制动力差、阻滞力和制动力-时间曲线等一并打印出来。

由于制动力检测技术条件要求是以轴制动力占轴荷的百分比来评判的，对总质量不同的汽车来说是比较客观的标准。为此，除了设置制动检验台外，还必须配置轴重计或轮重仪，有些复合式滚筒制动试验台装有轴重测量装置。

《机动车安全运行技术条件》（GB 7528—2012）中，定义制动协调时间是从驾驶员踩下制动踏板的瞬间作为起始计时点的，为此，在制动测试过程中，必须由驾驶员通过套装在汽车制动踏板上的脚踏开关向试验台指示、控制装置发出一个"开关"信号，开始时间计数，直至制动力与轴荷之比达到标准规定值的 75% 时瞬间为止。这段时间历程即为制动协调时间，通常可以通过检验台的计算机执行相应程序来实现。

目前，采用的反力式滚筒制动检验台对具有制动防抱死系统（ABS）的汽车制动系的制动性能还无法进行准确的测试。其主要原因是，这些试验台的测试车速较低，一般不超过 5km/h，而现代防抱死系统均在车速 10～20km/h 以上起作用，所以在上述试验台上检测车轮制动力时，车辆的制动防抱死系统不起作用，只是相当于一个对普通的液压制动系统的检测过程。

(4) 制动性能检测方法

① 路试制动性能检测方法　路试制动性能检测应在符合道路试验条件的道路上进行。试验路面应为平坦（坡度不超过 1%）、干燥和清洁的水泥或沥青路面。轮胎与路面之间的附着系数不小于 0.7，风速不大于 5m/s。

在试验路面上，应画出与标准中规定的制动稳定性要求相一致宽度的试车道边线。被测车辆沿着试验车道的中线行驶至高于规定的初速度后，置变速器于空挡。当滑行到规定的初速度时，急踩制动踏板，使车辆停住。

用速度计、五轮仪或用其他测试方法测量车辆的制动距离。

用速度计、制动减速度仪或用其他测试方法测量车辆充分发出的平均减速度（MFDD）与制动协调时间。充分发出的平均减速度可以在测得相关参数后用以下公式进行计算：

$$\text{MFDD} = \frac{v_b^2 - v_e^2}{25.92(S_e - S_b)} (\text{m/s}^2)$$

式中　MFDD——充分发出的平均减速度，m/s^2；

v_b——$0.8v_0$ 试验车速，km/h；

v_e——$0.1v_0$ 试验车速，km/h；

S_b——试验车速从 v_0 到 v_b 之间车辆行驶的距离，m；

S_e——试验车速从 v_0 到 v_e 之间车辆行驶的距离，m。

② 台试制动性能检测方法　台试法检测制动性能不受外界条件的限制，重复性较好，能定量测得各轮的制动全过程。有利于分析前、后轴制动力的分配及每轴制动力的平衡状态、制动协调时间等参数，给故障诊断提供可靠依据。所以台试法已成为汽车诊断与检验的发展方向，在国内外获得了广泛应用，但台试法需要大型设备与厂房，需要检测车辆各轮的制动力、每轴左右轮在制动力增长全过程中的制动力差、制动协调时间、车轮阻滞力和驻车制动力等参数值，并记录车轮是否抱死。

下面以反力式滚筒制动试验台为例，说明台式制动性能检测方法：

a. 检验前仪器及车辆准备：检验台滚筒表面清洁，无异物及油污，仪表清零；车辆轮胎气压、花纹深度符合标准规定，胎面清洁；将踏板力计装到制动踏板上。

b. 检验程序：车辆正直居中驶入，将被测轮停放在制动台前后滚筒间，变速器置于空挡；降下举升器、启动电动机 2s 后，保持一定采样时间（5s），测得阻滞力；检验员在显示屏提示踩制动踏板后，缓踩制动踏板到底后松开，测得左右轮制动增长全过程数值；若检验驻车制动，则拉紧驻车制动操纵装置，测得驻车制动力数值；电动机停转，举升器升起，被测轮驶离。按以上程序测试其他车轴；卸下踏板力计，车辆驶离。

c. 注意事项：车辆进入检验台时，轮胎不得夹有泥、砂等杂物，除驾驶员外不得有其他乘员；测制动时不得转动转向盘；在制动检验时，车轮如在滚筒上抱死，制动力未达到要求时，可换用路试或其他方法检验。

 典型故障案例

[案例 1]　宝来 1.8T AT 更换带 ESP 的 ABS 总泵 ABS 灯常亮

故障现象　ABS 灯常亮。

诊断与排除　利用 VAS5051 分别对发动机电控系统（地址 01）、自动变速箱（地址 02）及电子制动控制系统（地址 03）进行系统检查，结果只在电子制动控制系统中有故障存储，故障码为 01486（system control test activated）无法清除，而此故障码的含义为 ESP 系统检测启动，ESP 检测启动通常都是路试时检测 ESP 元件的可靠性的，包括方向盘转角传感器——G85、横摆速率传感器——G202 及制动压力传感器——G201，当出现这个故障码时表明 ESP 系统检测没有完成，另外 ESP 系统检测启动多是在更换 ESP 部件后才需要做的基本设定（03-04-093），这个码一般是不会自动出现的。于是询问车主得知，此车最早出现的故障是行驶中 ESP（ASR）报警灯——K155 报警，到服务站检查，诊断是方向盘转角传感器——G85 机械故障，换新件后，ESP（ASR）灯熄灭，ABS 灯却常亮了。根据获得的信息，首先对与 ESP 系统相关的部件进行了检测、读取数据，结果是各元件均是正常的，G85、G201、G200（横向加速度传感器）都能做零点平衡。但是重新做路试设定时仍无法清除故障。对 ABS 电控单元断电，多次启动车（45 次以上）都未能使 ABS 灯熄灭。最后判定故障为 ABS 总阀内部问题。

更换 ABS 总阀后故障未再出现。

值得注意的是更换带有 ESP 功能的 ABS 控制单元总成，除需对 ABS 做基本设定外还要对 G85、G200、G201 做零点平衡，方法如下。

G85 的零点平衡：在平直路面上短距离试车，以不大于 20km/h 的速度行驶；检查方向盘是否正中（可通过读取数据 004 组 1 区是否为 0.0 度）；停车做基本设定 03—04—060（此时 ABS、ESP 灯均点亮，06 退出）

G200 的零点平衡：将车置于水平地面，key on，03—04—063

G201 的零点平衡：不要踩制动踏板，进入 03—08—005 组检查一区是否在 ±7bar，做基本设定 03—04—066

如果只是单独更换 G85、G200、G201 任一部件只须对此部件进行零点平衡即可，另外在做基本设定时需要做登录才行（03—11—输入 40168 之后再做）。

[案例 2] QQ 车后轮抱死的故障诊断与维修

故障现象 奇瑞 QQ 车在行驶过程中发动机无力，后来根本就不能动了，据旁人说是后轮没有转动，只是被拖着打滑。

诊断与排除 起初怀疑是洗车后没有把水甩干，而且车辆放很久才启动的缘故，因为此机构的制动鼓进水之后容易出现蹄片发胀的现象，容易导致后轮抱死。于是技术人员带上拆装轮胎的工具现场卸下轮胎。轮胎被卸下后发现确实两后轮都抱死。调整蹄片的间隙，检查了里面的弹簧都是到位的。检查之后，询问车主是否前不久洗过车，而后又没有开就停放很久。车主也说确实两天前洗过车就放在车库里没有动过。

大约过了 4h 后，车辆又出现了同样的问题。考虑到既然只是轮胎抱死，那么大多数问题都应该是出在轮毂上的，于是立即拆下轮胎，发现轮毂内只有间隙不对，除此之外没有看见任何其他的故障。间隙是在 4h 前调好的，怎么会发生变化呢？已经把蹄片拆了下来，于是准备先将其装还原。就在装复的过程中，发现自调机构的 U 形拨叉一端有缺口。观察此机构发现，这个 U 形拨叉有缺口的一面应该与拨片接触，以便将拨片卡在缺口上。立即来看没有拆蹄片的一边这个位置，发现故障所在的部位，其拨片并不是卡在缺口的位置上。U 形拨叉带有缺口的这一端已经被装反，拨片没有固定的卡口，于是就掉在 U 形拨叉与蹄片之间的缝隙中卡死了，导致自调机构不能自调间隙，所以其间隙越来越小，最终造成了后轮抱死。

为了验证这一判断，首先按正确的装配方式装好被解体的一边，而对另一边只调好间隙。之后踩制动踏板，同时拉驻车制动反复操作，几分钟后没有按正确方式装配的一边就抱死了，终于找到并验证了后轮抱死的原因。于是把另一边也按照正确的装配方式装配好。仔细询问驾驶员后，了解到在几天前该车曾在一个路边小维修站中换过制动蹄片。该故障的真正的"导火索"竟然是人工造成的。

[案例 3]　富康轿车紧急制动时甩尾故障检测排除

故障现象　一辆装置了"ABS"系统的富康 988 轿车，紧急制动时，发生甩尾现象。维修后，试车中确实出现紧急制动时甩尾现象。按常规安装了"ABS"系统的轿车，车轮不会抱死，也不会发生甩尾现象。

故障排除　试车中"ABS"警示灯未闪亮，表明该车"ABS"系统无故障。这时考虑到在"ABS"无故障情况下，紧急制动时发生甩尾故障的原因不外乎有以下几种：一是后制动器左右制动力相差较大；二是感载比例阀调整不当或损坏，致使前后轮制动力分配不当。为验证此判断，拔下"ABS"电脑插座，使之处于无"ABS"状态下工作，轻踩制动和紧急制动均发生甩尾现象。

检查感载比例阀。使用压力检测仪测量前后制动分泵压力，记录前分泵压力为 6000kPa 时后分泵时压力，对比维修手册压力曲线，不符合进行调整（缩短为增加压力，加长为降低压力）。调整后再分别测量前分泵压力为 6000kPa、10000kPa 时后分泵压力。后分泵在前分泵压力为 10000kPa 时，压力值超过图示值范围，则需更换感载比例阀。该车却不用如此的检查，因陷入坑后不断冲撞时，已将感载比例阀弹簧杆严重别弯，只有重换新件。

分析　此例告诉我们"ABS"正常工作须建立在传统液压制动器性能正常的基础上。

[案例 4]　关于奥迪 A4 ESP 中 G85 转角传感器故障的解决办法

故障现象　奥迪 A4 1.8T 车正常行驶时，ABS 和 ESP 警报灯间歇性报警。ABS（ESP）电控系统中读取故障码为 00778/37，显示方向盘转角位置传感器 G85 信号不可靠，属偶发性故障；01286（Steering angle sender G85 Voltage supply term. 30）方向盘角度传感器 G85 的供电电压 30 线。

故障原因　是蓄电池断电所至，G85 并没有损坏。

解决办法　对方向盘角度传感器进行校零和对 ABS 控制单元进行编码。

有两种方法进行。

① 利用 VAS 5051 自诊断功能（Vehicle Self-Diagnosis）进行基本设定，具体步骤为：

对方向盘角度传感器校零：

进入 03 制动系统控制单元，执行 11 登录功能，输入 40168。

执行 04 基本设定功能，输入 001，根据提示左右转动方向盘超过 10°，然后方向盘对正（显示角度为±5°之间），按确认键结束，ESP 和 ABS 报警灯应该熄灭。

对控制单元进行编码：

进入 03 制动系统控制单元，执行 11 登录功能，输入 09399。

执行 07 功能对控制单元进行编码，输入 04499。

说明：登陆码 09399（1.8T）是根据车辆装备确定。

第一位是空位，这里为 0。

第二位为车型，9 是奥迪 A4。

第三位为制动盘，3 是 16 寸制动盘（ILT）。

第四位是发动机，9 是 6/8 缸汽油机（奥迪 A4 1.8T 和 3.0 都按照 6/8 缸汽油机码）。

第五位是变速箱，9 是指无级自动变速箱。

对于 3.0 车登陆码是 09397。

奥迪 A4 制动系统编码表：

	登陆码	控制单元编码
奥迪 A4 1.8T	09399	04499
奥迪 A4 3.0	09397	04497

② 利用故障导航进行方向盘角度传感器 G85 校零和对控制单元进行编码。当制动系统内有故障时，可以根据故障导航生成的检测方案进行，如果制动系统内的故障信息是 00778/37 则系统生成的检测方案会包括对控制单元进行编码和对 G85 方向盘角度传感器校零。如果故障信息为 01286/35，则只需要对方向盘角度传感器进行校零。如果采用故障导航系统会根据故障信息生成相应的检测方案。由于示例车辆中没有故障，采用另外途径（通过菜单"跳转"选择"功能和组件选择"）自己制定检测方案对控制单元进行编码和校零，使用的 VAS5051 是德语版。

开始画面选择故障导航。

选择车型（依次选择奥迪、奥迪 A4 2001、2003 年型、阶背式和 BFB 发动机）。

按向右箭头，诊断仪开始查询所有系统故障。查询完所有系统故障存储器内容后，按照图示选择后，再按向右箭头继续，生成自己制定的检测方案。

按右键继续，根据画面提示进行操作。

接着按照显示屏提示结束本次故障导航操作。

说明：对于奥迪 A4 车的故障信息，不要单纯更换零件，应使用故障导航对电气系统进行诊断。由于技术资料都已经做到 VAS5051 上，请利用故障导航的"跳转"（go to）菜单的"功能和组件选择"（function and component select）功能。

[案例 5] 帕萨特 V6 更换 ABS 和转向角传感器后设定

此款车型 ABS 带有 ESP 电子稳定系统，更换控制器 J104 或转角传感器 G85 后，必须对 ESP 进行零点标定，步骤如下：

① 进入大众车系，选择 ABS 防滑刹车系统；
② 选择登录，输入编码 09597，确认；
③ 选择控制单元编码，输入编码号 04297，确认；
④ 再次选择登录，输入编码 40168，确认；
⑤ 选择基本设定，输入组号 001 组，按确认键；
⑥ 选择数据流分析功能，输入组号 05 组，查看 0 位。

路试，直到 ABS 和 ESP 指示灯熄灭。

[案例 6] 奥迪 A6L 轿车后刹车片的更换步骤

新款奥迪 A6L 带有电子驻车制动系统，后刹车分泵带电子驻车制动电机，手工不能压缩，只能通过仪器收回，方可更换新刹车片，具体操作方法：

① 连接大众诊断仪，或 X431—CAN-BUS；
② 钥匙 ON，进入诊断程序；
③ 输入 53，进入刹车系统；
④ 输入 04，基本设定；
⑤ 输入 07，驻车制动电机回位；
⑥ 更换新刹车片后，输入 06 复位；
⑦ 也可按手刹开关一下自行复位；
⑧ 钥匙 OFF，拆下诊断仪器。

复习思考题

第一部分：传动系

一、判断题

1. 离合器从动盘的转动惯量应尽量小，以减小换挡时的冲击。（　）
2. 踏板自由行程过大可能导致膜片离合器分离不彻底。（　）
3. 从动盘磨损过大可能导致膜片离合器分离不彻底。（　）
4. 离合器打滑在高挡时最明显。（　）
5. 离合器过度磨损后，会导致变速器挂挡困难。（　）
6. 曲轴后油封漏油将会出现离合器发抖故障。（　）
7. 离合器行程的检查与调整，其实质就是对离合器自由行程的检查与调整。（　）
8. 从动盘在安装时应使花键毂长的一面朝向飞轮。（　）
9. 在进行液压操纵系统管路空气排除过程中，应在释放踏板以后拧紧放气螺钉。（　）
10. 在对离合器储液罐加注油液时，应尽量加满，以补偿使用过程中摩擦片的磨损量。（　）
11. 汽车满载状态下爬坡时，变速器应挂最高挡。（　）
12. 变速器传动比即是输入轴转速与输出轴转速的比值。（　）
13. 换挡时施加于结合套推力的大小，不影响同步器达到同步的时间。（　）
14. 变速驱动桥中的所有齿轮都是常啮合的。（　）
15. 汽车安装变速驱动桥的目的是为了改变发动机扭矩，增加发动机动力。（　）
16. 变速器输入轴的弯曲变形不一定会造成挂挡困难。（　）
17. 同步器的滑块严重磨损会导致变速器挂挡困难。（　）
18. 手动变速驱动桥，拨叉轴上固定拨叉的紧固螺钉松动，会导致变速箱挂挡困难。（　）
19. 惯性式同步器锁环工作面上有沟槽，即说明锁环磨损失效。（　）

二、选择题

1. 膜片式离合器压紧力为（　　）。
   A. 自动调节　　　　　B. 手动调节
   C. 需要视情决定　　　D. 既可手动调节，也可自动调节

2. 膜片离合器分离不彻底的原因有（　　）。
   A. 从动盘磨损过大　　B. 踏板自由行程过小
   C. 车速过高　　　　　D. 从动盘翘曲变形

3. 下列不会引起离合器振动的是（　　）。
   A. 离合盖与压盘分解过程中未做记号
   B. 曲轴轴向间隙过大
   C. 飞轮端面圆跳动过大
   D. 飞轮固定螺栓松动

4. 汽车离合器分离不彻底会导致（　　）。
   A. 换挡困难　　　　　B. 加速无力
   C. 百公里油耗增加　　D. 怠速运转不正常

5. 当从动盘摩擦片磨损后，汽车离合器的分离点将会（　　）。
   A. 升高　　　　B. 降低　　　　C. 不变

6. 以下哪种原因会引起汽车手动变速器换挡困难？（ ）
A. 变速器有漏油   B. 离合器自由行程过小
C. 离合器自由行程过大 D. 变速器拨叉轴自锁钢球弹簧过软
7. 手动变速器汽车在挂挡时，出现异响并不能顺利进入挡位的原因是（ ）。
A. 互锁钢球轻微磨损   B. 变速叉轴弯曲变形
C. 输出轴轴承磨损   D. 齿轮啮合间隙过小
8、下列哪个齿轮传动比表示超速？（ ）
A. 2.1∶1   B. 1∶1   C. 0.85∶1   D. 以上都不表示超速
9. 前进挡和倒挡有噪声，而空挡没有，故障可能是（ ）。
A. 输出轴损坏   B. 输入轴轴承损坏   C. A和B   D. 以上都不是
10. 滚动轴承的内圈与轴颈之间的配合形式为（ ）。
A 间隙配合   B. 过渡配合   C. 过盈配合   D. 松动配合

三、分析题
1. 比较丰田威驰1.5 GL-i MT与上海大众波罗SPORTY 1.6MT汽车离合器的结构异同。
2. 试画出离合器分离不彻底的故障诊断流程图。
3. 离合器拆卸与装配的注意事项有哪些？
4. 变速驱动桥油液检查时发现了金属颗粒，试分析产生这种现象的原因是什么。
5. 变速器装配时应注意哪些问题？
6. 变速器常见故障有哪些？试述自动脱挡的原因。
7. 以某一款三轴式手动变速器为例，编制维修工艺。

第二部分：自动变速器

一、填空题
1. 自动变速器打滑往往都伴有（ ）或（ ）严重磨损甚至烧焦等现象。
2. 有打滑故障的自动变速器，在拆卸分解之前，应先检查自动变速器的（ ），以找出造成自动变速器打滑的原因。
3. 道路试验是诊断、分析自动变速器故障的最有效手段之一，试验内容主要有：检查换挡车速、（ ）及换挡执行元件有无打滑现象。
4. 自动变速器的基本检查是最基本检查，也是对自动变速器进行深入实验的基础。基本检查一般包括（ ）、（ ）、（ ）、（ ）、（ ）、（ ）。
5. 油液液面高度的检查通常有（ ）和（ ）两种。

二、选择（有单选和多选）
1. 甲说：变矩器单向离合器打滑会造成汽车低速时加速不良。乙说：变矩器单向离合器卡滞会造成汽车中高速时加速不良。（ ）
A. 甲正确   B. 乙正确   C. 两人都正确   D. 两人都不正确
2. 甲说：所有的离合器和制动器的工作状态都可以用失速的测试方法进行检查。乙说：高速挡离合器、制动器的工作状态不可以用失速的测试方法进行检查。（ ）
A. 甲正确   B. 乙正确   C. 两人都正确   D. 两人都不正确
3. 甲说：汽车低速时车速上不去，中高速时一切正常是变矩器单向离合器坏了。乙说：汽车低速时加速良好，中高速时车速上不去，也可能是变矩器内单向离合器损坏。（ ）
A. 甲正确   B. 乙正确   C. 两人都正确   D. 两人都不正确

4. 甲说：R位失速转速过高，而在任意2个前进挡位上做失速试验，失速转速都正常。说明低挡、倒挡制动器打滑。乙说：只要是R位失速转速过高就是低挡、倒挡制动器打滑。（　　）

　　A. 甲正确　　　　B. 乙正确　　　　C. 两人都正确　　　　D. 两人都不正确

5. 甲说：变矩器进入耦合工况，也就是进入锁止工况。乙说：变矩器进入耦合工况后还必须具备一定的条件才能进入锁止工况。（　　）

　　A. 甲正确　　　　B. 乙正确　　　　C. 两人都正确　　　　D. 两人都不正确

6. 甲说：变矩器靠油液衰减振动。乙说：变矩器在锁止工况前靠油液衰减振动，进入锁止工况后靠减振弹簧衰减振动。（　　）

　　A. 甲正确　　　　B. 乙正确　　　　C. 两人都正确　　　　D. 两人都不正确

三、问答题

1. 请说出造成自动变速器打滑的原因。
2. 如何诊断与排除自动变速器打滑？
3. 自动变速器的基本测试包括哪些内容？
4. 如何进行自动变速器的失速试验和时滞试验？
5. 如何利用自动变速器的实验结果判断故障部位？

第三部分：行驶系

一、填空题

1. 车轮外倾角过大、过小，使车轮倾斜过多，轮胎一侧负荷过重，造成（　　）磨损严重。

2. 胎冠由里向外或由外向里侧成锯齿状磨损的故障原因为前束不当。前束过大，则胎冠由（　　）呈锯齿状磨损；前束过小，则胎冠由（　　）呈锯齿状磨损。

3. 气压过高，轮胎与地面接触面积减小，增加了单位接地面积的负荷，加速了（　　）的磨耗，并使轮胎内应力最大，受到冲击载荷时容易（　　）。

4. 两前轮轴承预紧度不等，若一侧车轮轮毂轴承调整过紧，该车轮行驶阻力较大，汽车向（　　）的一侧跑偏。

5. 汽车存在单边制动拖滞现象，制动解除后，存在制动拖滞的车轮行驶阻力很大，汽车会向（　　）跑偏。

6. 检查减振器的工作性能。用力压下车辆前端一侧，迅速松开，若车身上、下振动（　　）次后马上静止，表明减振器工作正常，否则更换减振器。

二、选择题

1. 前束（　　）则磨损轮胎外部花纹边缘，每排轮胎花纹内部边缘被羽状化。

　　A. 过小　　　B. 过大　　　C. 为零　　　D. 小于零

2. 在进行四轮定位调整过程中，一般的调整顺序为（　　）。

　　A. 先调主销后倾角、主销内倾、前轮外倾和前轮前束，再调后轮外倾、前束

　　B. 先调后轮外倾、前束，再调主销后倾角、主销内倾、前轮外倾和前轮前束

　　C. 先调后轮外倾、前轮外倾、后轮和前轮前束，再调主销后倾角、主销内倾、前轮外倾

　　D. 先调前轮外倾和前轮前束，再调后轮外倾、前束、主销后倾角主销内倾

3. 标准数据是对新车而设定的，对旧车来说标准只是参考数据。例如调整前束，对前轮是独立悬架的旧车来说，（　　）。

　　A. 前轮驱动的车辆调整前束值比标准值只能偏大，后轮驱动的车辆调整前束值比标准

值只能偏小

　　B. 车辆调整前束值比标准值只能偏大

　　C. 前轮驱动车辆前束值得调整比标准值只能偏小，后轮驱动车辆前束值调整比标准值只能偏大

　　D. 前轮驱动车辆前束值得调整比标准值只能偏大，后轮驱动车辆前束值调整比标准值只能偏小

　4. 车轮定位时，前束值可参考不可变的实际外倾角数值调整，（　　）。

　　A. 外倾角数值大时前束值小，外倾角数值小时前束值大

　　B. 前束值大时外倾角数值也大，前束值小时外倾角数值也小

　　C. 外倾角数值大时前束值也大，外倾角数值小时前束值也小

　　D. 外倾角数值大时前束值也小，外倾角数值小时前束值也小

　5. 静态检测汽车转向轮定位使用的仪器是（　　）。

　　A. 四轮定位仪　　B. 侧滑试验台　　C. 悬架试验台　　D. 转向试验台

三、问答题

1. 汽车轮胎异常磨损的形式有哪些？
2. 试述四轮定位仪操作步骤，同时分析四轮定位仪能检测的项目有哪些？
3. 为什么要进行车轮动平衡检测，如何检测？
4. 哪些原因造成轮胎异常磨损？
5. 车轮不平衡是如何形成的？
6. 如何检测车轮的定位参数？
7. 请指出车轮定位调整的部位？
8. 车轮定位调整有无顺序要求？

第四部分：转向部分

一、填空题

1. 汽车按（　　）所需要的方向行驶，必须有一整套用来控制汽车行驶方向的机构是（　　）。
2. 要满足汽车在转向时两侧车轮不发生滑动，各个车轮的轴线在转向时应（　　）。
3. 北京伊兰特1.6L轿车采用的是（　　）转向器。
4. 别克君威2.0轿车加注动力转向油后排气，应在发动机（　　）状态下进行。

二、选择题

1. 对于循环球式机械转向系统，如果摇臂自由摆转量不符合规定，应调整（　　）。

　　A. 摇臂轴齿扇与转向螺母轴向间隙

　　B. 摇臂轴齿扇与转向螺母啮合间隙

　　C. 转向盘自由行程

　　D. 齿轮啮合间隙

2. 液压动力转向系统中，（　　）是在驾驶员的操纵下，控制转向动力缸输出动力大小、方向和增力快慢的控制阀。

　　A. 转向器　　B. 转向控制阀　　C. 转向油泵　　D. 方向盘

3. 液压动力转向系统中，转向控制阀通常还包含一个（　　），也称强制转向阀，它的作用是当动力转向系统中的液压部分出现故障时，能保证驾驶人通过转向盘可以直接操纵机械式转向器工作，使汽车能继续行驶。

　　A. 单向阀　　B. 限压阀　　C. 溢流阀　　D. 双向阀

4. 用带截止阀油压测试仪检测动力转向系统油压时，截止阀关闭时间不宜超过（　　）。
A. 10s　　　　B. 15s　　　　C. 20s　　　　D. 30s

5. 用带截止阀油压测试仪检测动力转向系统油压时，使发动机维持怠速运转，截止阀完全打开，并将转向盘转至极限位置，若油压过低或油压表指针抖动，则说明（　　）。
A. 转向油泵泵油能力下降　　　　B. 动力转向系统有阻塞
C. 转向器内部有漏油　　　　　　D. 转向器内部有漏油

三、问答题

1. 什么是汽车行驶跑偏，跑偏会造成什么危害？
2. 汽车行驶跑偏的故障原因是什么？
3. 如何排除汽车行驶跑偏故障？
4. 试设计汽车行驶跑偏的故障诊断流程。
5. 实操并说明如何进行转矩传感器、电磁离合器、直流电动机和车速传感器的检测。
6. 就车进行电动动力转向系故障的诊断与排除。

第五部分：制动系

一、填空题

1. 汽车上采用的车轮制动器是利用（　　）来产生制动的，它的结构分为盘式和鼓式两种。
2. 常用的汽车制动效能评价指标是指（　　）和制动减速度。
3. 制动全过程的时间中包括（　　）和（　　）两部分。
4. 真空助力器里面膜片的动作由一组阀来控制，一个阀称为（　　），另一个阀称为（　　）。
5. 制动时原期望汽车能按直线方向减速停车，但有时却自动向右或向左偏驶，这一现象称为（　　）。

二、选择题

1. 甲说：不合适的制动软管可能引起泄漏；乙说：有缺陷的制动软管可能会造成液压回路节流。谁正确？（　　）
A. 甲正确　　B. 乙正确　　C. 两人都正确　　D. 两人都不正确

2. 诊断故障时，甲用压力测试器检查ABS系统的储能器、液压泵和控制器装置的工作状况；乙通过检查控制计算机的储存器内的代码检查ABS系统。谁正确？（　　）
A. 甲正确　　B. 乙正确　　C. 两人都正确　　D. 两人都不正确

3. 甲说：制动鼓绝不能加工成超出规定的最大直径；乙说：当制动鼓圆度误差超过0.127mm时就应当用车床加工。谁正确？（　　）
A. 甲正确　　B. 乙正确　　C. 两人都正确　　D. 两人都不正确

4. 甲说：制动钳内的活塞被卡住可能引起制动过程中侧滑；乙说：后轮的鼓式制动器回位弹簧断裂可能引起制动过程中侧滑。谁正确？（　　）
A. 甲正确　　B. 乙正确　　C. 两人都正确　　D. 两人都不正确

5. 下列情况中，哪个不是制动踏板反作用力过大的可能原因？（　　）
A. 正空助力器动作不当　　　　B. 制动踏板轴套卡住
C. 比例阀故障　　　　　　　　D. 制动片有油污

6. 下列关于领从蹄式制动器的说法哪个是错误的？（　　）
A. 领从蹄式制动器的分泵装在底板的顶部
B. 朝向车后的制动蹄为从蹄

C. 领蹄的磨损更快
D. 无论是正常行驶还是倒车时领蹄都起主要制动作用

7. 某总泵的活塞回位可能存在问题,你怀疑活塞没有回到初始位置,进行何种测试可以证明这种情况?(　　)
A. 总泵内部泄漏测试　　　　　　B. 踏板反应测试
C. 总泵补偿孔测试　　　　　　　D. 总泵外漏测试

8. 不能使用过量气压拆卸前轮盘式制动器制动钳活塞的最主要原因是(　　)。
A. 会使制动钳活塞环损坏
B. 会使制动盘损坏
C. 过量气压会将活塞环猛力推出,导致人员伤害
D. 会使活塞卡在缸筒中无法出来

三、问答题

1. 什么是制动拖滞?
2. 造成制动拖滞的原因是什么?
3. 如何区分是全部车轮制动拖滞还是个别车轮制动拖滞?
4. 实操并说明如何进行 ABS 的常规检查。
5. 什么是制动踏板自由行程?
6. 哪些原因会造成汽车制动不良?
7. 怎样诊断并排除汽车制动不良故障?
8. 汽车 ABS 故障有哪些?
9. 如何对 ABS 系统进行放气?
10. 实操并说明如何采用人工和仪器来读取、清除 ABS 故障码。

第4章 汽车电器系统故障诊断与检测

情境描述：

某市由于近年来汽车保有量迅速增加，在某区新建了4S店和汽车修理厂，招收了一批新的汽车检测维修员工，要求培训上岗。公司请你作为培训师，完成对新员工汽车电器系统的故障检测诊断与排除的培训任务。

学习目标：

通过本学习情境的学习，你将做到：
1. 了解汽车电器各系统的组成、功用及控制原理；
2. 熟悉汽车电器主要元件的结构、工作原理及检测；
3. 掌握汽车电器各系统常见故障的诊断与检测方法；
4. 熟悉常用汽车电器诊断设备的使用。

能力目标：

作为汽车维修企业的员工，应该具备的相关知识和技能有：
1. 能熟练地分析识读汽车电器系统的各类电路图；
2. 能熟练运用所学知识来分析汽车电器系统常见故障产生的原因；
3. 能熟练运用所学知识来设计常见汽车电器故障的诊断流程步骤；
4. 能够熟练运用各种诊断设备来准确判断汽车电器系统的常见故障部位；
5. 能够顺利地排除汽车电器系统常见的各种故障。

汽车电器系统是汽车的重要组成部分之一，汽车电器主要由汽车电源系统、启动系统、照明系统、信号系统、仪表系统、中控门锁及防盗系统、空调系统等组成，其性能的优劣对汽车的使用性能影响很大，本章重点介绍汽车电器各系统的故障诊断与检测方法。

4.1 电源系统故障诊断与检测

汽车电源系统主要由蓄电池、交流发电机、电压调节器以及相关线路组成，图4-1为本田雅阁轿车电源系统电路图。在此主要介绍蓄电池、发电机、调节器主要元件的检测及电源系统常见故障的诊断与检测。

4.1.1 电源系统主要元件的检测

4.1.1.1 蓄电池的检测

汽车蓄电池属于启动型蓄电池，能在短时间（5～10s）内向启动机提供大电流，通常汽油机启动电流为 200～600A，柴油机启动电流可达 1000A。蓄电池由电解液、极板、隔板、外壳等组成。其主要检测维护如下：

(1) 电解液液面高度的检测

检测液面高度可以判断电解液量是否充足：检测时可用玻璃管测量，将玻璃管从加液孔垂直插入蓄电池内，直到与保护网或隔板上边缘接触为止；用大拇指按紧玻璃管管口提起，玻璃管内液体的高度即为蓄电池电解液液面高度。一般电解液液面应高出极板上沿 10～15mm，若液面过低，应及时补充蒸馏水；若液面过高，应用密度计吸出部分电解液。

对于透明塑料外壳的蓄电池，在外壳上刻有两条高度指示线，从外部观察液面高度，正常液面高度应介于两线之间。液面过低时应加入蒸馏水使之符合标准。

(2) 电解液密度的检测

检测电解液密度可以判断蓄电池放电程度：电解液密度可用专用的吸式密度计测量。首先，捏住密度计的橡皮球，将密度计下端的吸管插入单格电池的加液孔内，慢慢放开橡皮球，使电解液吸入到玻璃管中，吸入的电解液的量以能使密度计浮子浮起而不顶住为宜，使密度计的浮子浮在玻璃管中央（不要与管壁接触），眼睛与密度计刻度线保持平齐，读出电解液密度值。

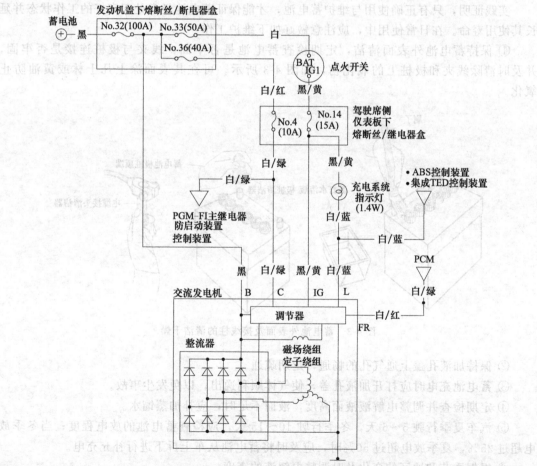

图 4-1 本田雅阁轿车电源系统电路图

(3) 蓄电池放电电压的检测

检测蓄电池放电电压可以判断蓄电池的技术状况、放电程度和启动能力，检测时可用高率放电计检测或就车启动检测,如图 4-2 所示。

高率放电计检测:高率放电计是模拟启动机工作状态,检测蓄电池容量的仪表。检测时将高率放电计的正、负放电针分别压在蓄电池的正、负极柱上,保持 10~15s,如果电压在 9.6V 以上,并保持稳定,说明蓄电池性能良好;如果电压降到 9.6V 以下,说明蓄电池存在电量严重不足或蓄电池有故障。

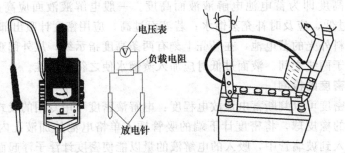

图 4-2 高率放电计与就车启动检测

(4) 蓄电池的维护

实践证明,只有正确使用与维护蓄电池,才能保证蓄电池经常处于完好的工作状态并延长其使用寿命。在日常使用中,应注意做好如下维护工作:

① 保持蓄电池外表面清洁,定期检查蓄电池是否牢固,线夹与极桩连接是否牢固,并及时清除线夹和极桩上的氧化物,如图 4-3 所示。可在其表面涂上凡士林或黄油防止氧化。

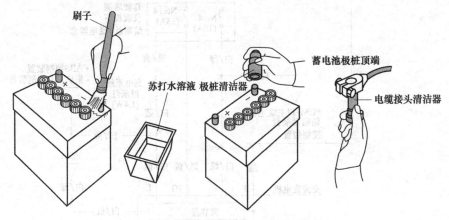

图 4-3 蓄电池外表面及接线柱的清洁干燥

② 保持加液孔盖上通气孔的畅通,定期疏通。

③ 蓄电池充电时应打开加液孔盖,使气体顺利逸出,以免发生事故。

④ 定期检查并调整电解液液面高度,液面不足时,应补加蒸馏水。

⑤ 汽车夏季行驶 5~6 天,冬季行驶 10~15 天,应检查蓄电池的放电程度;当冬季放电超过 25%,夏季放电超过 50% 时,应及时将蓄电池从车上拆下进行补充充电。

⑥ 根据季节和地区的变化及时调整电解液的密度。

⑦ 冬季蓄电池应经常保持在充足电的状态,以防电解液密度降低而结冰。

⑧ 冬季向蓄电池内补加蒸馏水时,必须在蓄电池充电前进行,以免水和电解液混合不均而引起结冰。

4.1.1.2 交流发电机的检测

交流发电机是汽车的主要电源,主要由定子、转子及整流器等组成,如图 4-4 所示。

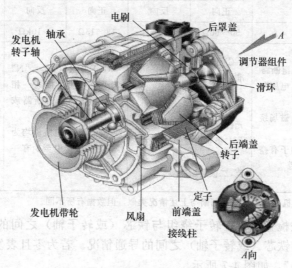

图 4-4 交流发电机的组成

(1) 交流发电机工作状况的基础检查

交流发电机应进行定期检查和维护,以保证电源系统正常工作,减少故障,延长各部件的使用寿命。

① 发电机驱动皮带的检查。检查驱动皮带时,应检查其外观、挠度和张力。

② 检查导线连接。检查各导线的连接部位是否正确、发电机"B"端子连接是否紧固、连接器插座与线束插头是否锁紧等。

③ 检查发电机运转有无噪声。

④ 检查发电机能否正常发电。发电机能否正常发电,直接影响蓄电池的启动性能和使用寿命,检查方法如图 4-5 所示:

a. 观察充电指示灯的熄灭情况。

b. 用万用表直流电压挡测量电压。

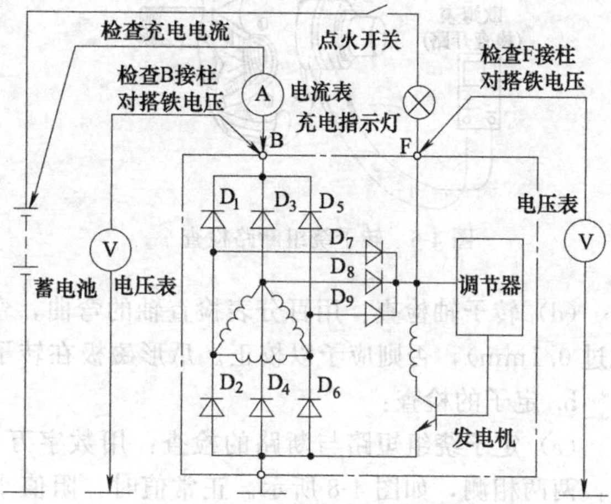

图 4-5 检查发电机及充电线路故障

(2) 交流发电机的检测

① 整机不解体检测。为了判定交流发电机有无故障及故障部位,应首先对其进行不解体检查。表 4-1 所示为 JF132 内搭铁型发电机的各端子间的标准阻值及故障现象和原因。

② 交流发电机的解体检测:若交流发电机内部有故障可视情进行解体检测。

a. 转子的检查:

(a) 转子绕组短路与断路的检查:用数字万用表的低电阻挡检测两滑环之间的电阻,应符合技术标准。若阻值为"∞",则说明断路;若阻值过小,则说明短路。一般阻值约为 $2.5\sim6\Omega$,如图 4-6 所示。

表 4-1 JF132 内搭铁型发电机接线端子间的标准阻值及故障现象和原因

端子 阻值 故障现象及原因	"F"与"E"端子	"B"与"E"端子		"B"与"N"端子		"N"与"E"端子	
		正向	反向	正向	反向	正向	反向
	5~7Ω	50~60Ω	>10kΩ	13~15Ω	>10kΩ	13~15Ω	>10kΩ
	①阻值为∞,磁场绕组断路 ②阻值大于标准值,电刷与集电环接触不良 ③阻值小于标准值,磁场绕组短路 ④阻值为零,"F"端子有搭铁故障或两集电环短路	①正向电阻值小于标准值,二极管短路 ②正、反向电阻值均为零,"B"端子搭铁或正、负元件板间绝缘损坏或正、负二极管中有短路发生 ③正向电阻大于标准值,二极管断路		①正向阻值为∞,"N"端子引线所连接的一相绕组和正二极管断路或正二极管均断路 ②正、反向电阻值均为零,正二极管中至少有一只短路		①正向阻值为∞,"N"端子引线所连接的一相绕组和负二极管断路或三个负二极管均断路 ②正、反向电阻值均为零,负二极管中至少有一只短路	

注：其他型号的交流发电机的检测与故障判断与上述情况类似，但数据有所不同。

(b) 转子绕组搭铁检查：检查转子绕组与铁芯（或转子轴）之间的绝缘情况。用万用表导通挡检测两滑环与铁芯（或转子轴）之间的导通情况。若为零且表发出响声，说明有搭铁故障，正常应为"∞"，如图 4-7 所示。

(c) 滑环的检查：滑环表面应平整光滑，无明显烧损，否则用 00 号砂布打磨。两滑环间隙处应无积污。滑环圆度误差不超过 0.025mm，厚度不小于 1.5mm。

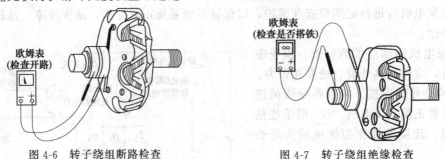

图 4-6 转子绕组断路检查   图 4-7 转子绕组绝缘检查

(d) 转子轴检查：用百分表检查轴的弯曲，弯曲度不超过 0.05mm（径向圆跳动公差不超过 0.1mm），否则应予以校正。爪形磁极在转子轴上应固定牢靠，间距相等。

b. 定子的检查：

(a) 定子绕组短路与断路的检查：用数字万用表的低电阻挡位检测定子绕组三个接线端，两两相测，如图 4-8 所示。正常值时，阻值小于 1Ω 且相等。阻值为"∞"，说明断路；阻值为零，说明短路。

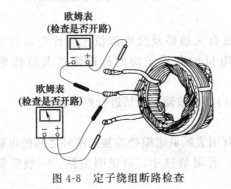

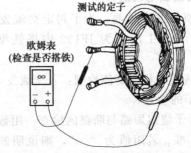

图 4-8 定子绕组断路检查   图 4-9 定子绕组绝缘检查

(b) 定子绕组搭铁检查。检查定子绕组与定子铁芯间绝缘情况。用数字万用表导通挡测定子绕组接线端与铁芯间的电阻,若电阻过小(表内发出响声),说明有绝缘不良故障。正常应指示"∞"。如图 4-9 所示。

c. 整流器的检查(主要是整流二极管):

(a) 检测正极管:用数字万用表的导通挡位,黑表笔接整流器端子"B",红表笔分别接整流器各接线柱,万用表均应导通,否则说明该二极管断路,应更换整流器总成;调换两表笔进行测试,此时万用表均应不导通,否则说明二极管短路,也应更换整流器总成。

(b) 检测负极管:用数字万用表的导通挡位,红表笔接整流器的端子"E",黑表笔分别接整流器各接线柱,万用表均应导通,否则说明该二极管断路,应更换整流器总成;调换两表笔进行测试,此时万用表均应不导通,否则说明二极管短路,也应更换整流器总成。

(c) 在不分解发电机的情况下检测二极管:用万用表的电阻挡位,黑表笔接发电机电枢"B"接线柱,红表笔接发电机端盖。若阻值在 40~60Ω 之间,说明无故障;若阻值在 10Ω 左右,说明有失效的二极管,须拆检;若阻值为 0Ω,说明有不同极性的二极管击穿。

d. 电刷组件的检查:

电刷表面不得有油污,且应在电刷架中活动自如,电刷磨损不得超过标准长度的 1/2 (标准长度为 10.5mm);当电刷从电刷架中露出 2mm 时,电刷弹簧力一般为 2~3N;电刷架应无烧损,破裂或变形。

4.1.1.3 电压调节器的检测

交流发电机由发动机通过皮带驱动,其转速变化范围非常大,将引起发电机的输出电压发生较大变化,因此交流发电机必须配装电压调节器,以保持其输出电压基本恒定。由于交流发电机有内搭铁、外搭铁之分,因而调节器也有内搭铁、外搭铁之分。

(1) 调节器搭铁型式的检测

如图 4-10 所示采用试灯法。将可调直流电源与电子调节器如图连接,电源"+"与电子调节器"B"连接,电源"-"与调节器"-"连接,测试灯分别连接在调节器"B"与"F"之间和"F"与"-"之间,若在"B"与"F"之间测试灯亮则外搭铁,若"F"与"-"之间测试灯亮,则内搭铁。

(2) 调节器性能检测

如图 4-10 所示采用可调直流电源试灯法。将可调直流电源与电子调节器如图 4-10 所示连接,外搭铁电子调节器将测试灯接在 B 与 F 端,调节直流电源电压,从 0V 逐渐升高,测试灯逐渐发亮,当通过一定值时测试灯灭,反之逐渐降低时,从灭变亮,同时随着电压的减小亮度降低,说明电子调节器性能良好,若随着电压的变压,测试灯一直未亮或一直亮都说

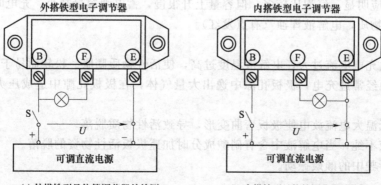

(a) 外搭铁型晶体管调节器的检测　　(b) 内搭铁型晶体管调节器的检测

图 4-10　调节器内外打铁及性能检测

明电子调节器损坏，更换调节器。(内搭铁调节器将测试灯连接在 F 与 "—" 两端)

4.1.2 常见电源系统故障的诊断与排除

常见电源系统故障有蓄电池故障、不充电、充电电流异常、充电指示灯故障等。

4.1.2.1 蓄电池常见的故障诊断及排除

(1) 极板硫化

故障现象 负极板上生成一层白色粗晶粒的 $PbSO_4$，好极板发青黑色，在正常充电时不能转化为 PbO_2 和 Pb 的现象。

① 硫化的电池放电时，电压急剧降低，过早降至终止电压，电池容量减小。充电时反应慢或不反应，电压上升快，但容量上升很慢。密度低于正常值，而且是长期偏低。

② 蓄电池充电时单格电压上升过快，电解液温度迅速升高，但密度增加缓慢，过早产生气泡，甚至一充电就有气泡。

故障原因

① 蓄电池长期充电不足或放电后没有及时充电，导致极板上的 $PbSO_4$ 有一部分溶解于电解液中，环境温度越高，溶解度越大。当环境温度降低时，溶解度减小，溶解的 $PbSO_4$ 就会重新析出，在极板上再次结晶，形成硫化。

② 电解液液面过低，使极板上部与空气接触而被氧化，在行车中，电解液上下波动与极板的氧化部分接触，会生成大晶粒 $PbSO_4$ 硬化层，使极板上部硫化。

③ 长期过量放电或小电流深度放电，使极板深处活性物质的孔隙内生成 $PbSO_4$。

④ 已放电或半放电状态放置时间过久。

⑤ 电解液密度过高、成分不纯，外部气温变化剧烈。

排除方法 轻度硫化的蓄电池，可用小电流长时间充电的方法予以排除；硫化较严重者采用铅酸蓄电池延生维护仪去硫化充电方法消除硫化，恢复蓄电池的性能，放电到终止电压后倒出电解液，用蒸馏水反复冲洗数次，然后加注蒸馏水，用初充电电流充电，随时监测电解液密度，如电解液密度上升到 1.15g/mL 时，加蒸馏水冲淡，继续充电直到密度不再上升，然后进行放电，反复进行到 6h 内密度不再变化为止，最后按 0.1C 电流过充电，电流下降到原来电流的大约三分之一基本就可以了，然后倒掉电解液，换上标准密度电解液（夏季：1.245g/mL，冬季：1.265g/mL），交付使用一段时间后，蓄电池电解液会逐渐上升（夏季：1.26g/mL，冬季：1.28g/mL）。

(2) 活性物质脱落

故障现象 主要指正极板上的活性物质 PbO_2 的脱落。正极板发灰褐色，好极板发红褐色。充电时反应明显，气泡比较多，但容量上升很慢，蓄电池容量减小，充电时从加液孔中可看到有褐色物质，电解液浑浊（有点发红）。

故障原因

① 蓄电池充电电流过大，电解液温度过高，使活性物质膨胀、松软而易于脱落。

② 蓄电池经常过充电，极板孔隙中逸出大量气体，在极板孔隙中造成压力，而使活性物质脱落。

③ 经常低温大电流放电使极板弯曲变形，导致活性物质脱落。

④ 电解液不纯，当电解液中含有硝酸成分时加速极板活性物资的脱落。

⑤ 汽车行驶中的颠簸振动。

排除方法

① 不要过充电，蓄电池单格电压充至 2.5V 时，停止充电。

② 充电电流不宜过大，尤其在充电后期，减少充电电流值，减少析气对极板的冲刷。
③ 不要过放电，严格控制终止电压，放电时电解液温度不宜过低。
④ 对含有杂质的电解液应予以更换。
⑤ 对于活性物质脱落较多时，应更换新极板及壳底的沉积物和电解液。

(3) 极板栅架腐蚀

故障现象 主要是正极板栅架腐蚀，极板呈腐烂状态，活性物质以块状堆积在隔板之间，蓄电池输出容量降低。

故障原因
① 蓄电池经常过充电，正极板处产生的 O_2 使栅架氧化。
② 电解液密度、温度过高、充电时间过长，会加速极板腐蚀。
③ 电解液不纯。
④ 低温大电流放电。

排除方法 尽量避免低温大电流放电。腐蚀较轻的蓄电池，电解液中如果有杂质，应倒出电解液，并反复用蒸馏水清洗，然后加入新的电解液，充电后即可使用；腐蚀较严重的蓄电池，如果是电解液密度过高，可将其调整到规定值，在不充电的情况下继续使用；腐蚀严重的蓄电池，如栅架断裂、活性物质成块脱落等，则需更换极板。

充放电修复法：电池放电到（0~2V）左右时，将电池反极接上充电器充电，充电时电池电压不可超过10V，否则电池将被充短路，然后将电池正极接上充电器充电，直至充满。电池修复，容量上升。

(4) 极板短路

故障现象 蓄电池正、负极板直接接触或被其他导电物质搭接称为极板短路。
① 开路电压低，闭路电压（放电）很快达到终止电压。
② 大电流放电时，端电压迅速下降到零。
③ 开路时，电解液密度很低，在低温环境中电解液会出现结冰现象。
④ 充电时，电压上升很慢，始终保持低值（有时降为零）。电解液温度上升很高很快，电解液密度上升很慢或几乎无变化，电解液密度下降到1.15以下，充电时不冒气泡或冒气出现很晚。

故障原因
① 隔板质量不好或缺损，使极板活性物质穿过，致使正、负极板虚接触或直接接触。
② 隔板窜位致使正负极板相连。
③ 极板上活性物质膨胀脱落，因脱落的活性物质沉积过多，致使正、负极板下部边缘或侧面边缘与沉积物相互接触而造成正负极板相连。
④ 导电物体落入电池内造成正、负极板相连。
⑤ 焊接极群时形成的"铅流"未除尽，或装配时有"铅豆"在正负极板间存在，在充放电过程中损坏隔板造成正负极板相连。
⑥ 极板晶枝生成短路

排除方法 出现极板短路时，必须将蓄电池拆开检查。更换破损的隔板，消除沉积的活性物质，校正或更换弯曲的极板组等。
① 击打，初步排除短路。
② 清理脱离物，倒出，用二次蒸馏水冲洗。
③ 反充，电流要小。
④ 正充（要带负脉冲的）。

⑤ 反复充放几次，没出现短路，充足，换为正常比重电解液。

(5) 蓄电池自放电

故障现象 蓄电池在无负载的状态下，电量自动消失的现象称为自放电。充足电或前一天使用良好的蓄电池，第二天使用时电压明显降低很多或几乎没有电，从而使发动机启动困难甚至无法起到、电喇叭声音较低甚至不响、车灯昏暗甚至不亮。

故障原因

① 电解液不纯，蓄电池极板材料不纯，杂质与极板之间以及沉附于极板上的不同杂质之间形成电位差，通过电解液产生局部放电。

② 蓄电池长期存放，硫酸下沉，使极板上、下部产生电位差引起自放电。

③ 蓄电池溢出的电解液堆积在电池盖的表面，使正、负极柱形成通路。

④ 极板活性物质脱落，下部沉积物过多使极板短路。

⑤ 电解液上下分层造成的自放电。

排除方法

① 经常保持蓄电池外表清洁，消除极桩处的氧化物及酸垢。

② 加注电解液时务必要加纯净的蒸馏水。

③ 电解液密度高，存放时自放电相对快些，长期存放的电瓶应换稀电解液。

④ 使用中的蓄电池应每个月进行一次补充充电。

⑤ 自放电较轻的蓄电池，可将其完全放完电或过放电，使极板上的杂质析出到电解液中，倒出电解液，用蒸馏水反复清洗干净，再加入新电解液，充足电后即可使用；自放电较为严重时，应将电池完全放电，倒出电解液，取出极板组，抽出隔板，用蒸馏水冲洗之后重新组装，加入新的电解液重新充电后使用。

(6) 蓄电池内阻升高

故障现象

① 放电电压低，并且电压下降较快。

② 充电电压高，充电时电解液温度上升快。

故障原因

① 极板群焊接质量不良，存在虚焊，或者是蓄电池极桩与连接条焊接不良。

② 极板硫化较严重，使蓄电池内阻升高。

排除方法

① 首先查看极桩与连接条的焊接处，有虚焊或者脱焊的要重新焊接。

② 极板硫化的按照相应处理方法进行。

③ 如还不能排除故障，可能是极板组焊接不良，只有拆开蓄电池，在专用夹具上检查焊接质量，发现问题重新焊接。

(7) 蓄电池存电量不足

故障现象 蓄电池充电后，其端电压和容量都不能恢复到原来值，而且下降比较明显。

故障原因

① 因过放电，极板深处生成硫酸铅，难以充电恢复。

② 因过充电，或者因为制造过程铅膏涂敷不均，造成极板变形，引起活性物质脱落。

③ 长期处于半充电状态下使用，蓄电池极板硫化。

④ 电解液不纯，含有杂质造成自放电。

排除方法

① 蓄电池极板硫化的，参照硫化处理方法。

② 极板弯曲变形，甚至断裂，多发生在正极板，负极板则少见，应以预防为主，如变形，则拆开修理。

③ 含杂质的电解液需更换，注液充电。

(8) 蓄电池充不进去电

故障现象 蓄电池充不进去电。

故障原因 其原因是多种多样的，充电回路的连接是否可靠，电池内部是否有干涸现象，即电池是否缺液严重，是否存在不可逆硫酸盐化等。

排除方法 先将充电回路连接牢固，充电器不正常的应更换。干涸的电池应补加纯水或1.05的硫酸，进行维护充电、放电恢复电池容量。如果发现有不可逆硫酸盐化，应进行均衡充电恢复容量。干涸的电池加液后的维护充电，应控制在最大电流 0.1C，充电 10~15h，电池的电压在 13.4V 以上为好。如果电池之间电压差别超过 0.3V，说明电池已经出现不同步的不可逆转硫酸盐化。对于发生不可逆硫酸盐化的电池，需要按照故障一的排除方法进行或激活电池。

4.1.2.2 电源系统不充电故障诊断与检测

故障现象 发电机以中速及以上速度运转时电流表指示不充电或充电指示灯不熄灭。

故障原因

① 发电机传动带过松打滑。

② 接线错误，电流表、电流表充电指示灯线路断断、短路或元件损坏。

③ 发电机故障。

a. 硅二极管击穿、短路或断路。

b. 定子或转子线圈断路、短路或搭铁。

c. 炭刷在其架内卡滞与集电环接触不良。

d. 电枢和磁场接线柱绝缘损坏或其接线不良。

e. 集电环绝缘击穿。

f. 转子爪极松动。

④ 调节器故障或调节器与发电机不匹配。

故障诊断

① 检查发电机皮带的挠度，若大于 10~15cm，则为皮带过松，造成打滑。

② 检查电流表极性是否接反及电路连接是否良好正确，检查电流表和充电指示灯是否损坏。如有问题及时更改极性或更换新件。

③ 若经上述检查仍看不出故障所在，则可按不充电故障诊断流程进行判断。其诊断流程如图 4-11 所示。

4.1.2.3 电源系统充电电流过小故障诊断与检测

故障现象 蓄电池经常存电不足，照明灯光暗淡，电喇叭声音小，启动机运转缓慢无力。

故障原因

① 充电线路接线不良，接触电阻大。

② 风扇皮带打滑，发电机转速过低。

③ 发电机整流子个别二极管损坏。

④ 发电机集电环脏污、炭刷与集电环接触不良，致使励磁电流过小。

⑤ 发电机定子绕组某相连接不良，有短路或断路故障，转子绕组局部短路，转子与定子刮碰或气隙不当。

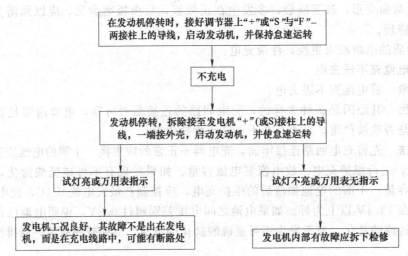

图 4-11 不充电故障诊断流程图

⑥ 电压调节器故障。

故障诊断

① 检查导线连接情况和风扇皮带的挠度，确定其工作状况是否良好。

② 如上述检查良好，可拆下发电机"B"接线柱导线，用试灯的两根导线分别和发电机的接线柱"B"和"F"相连，然后启动发动机，逐渐提高转速进行试验，并观察试灯亮度。

a. 如果试灯发红，可在提高转速试验。如果试灯亮度不增强，则说明发电机内部有故障。

b. 如果试灯亮度随发电机转速提高而增强，则说明发电机良好，故障在调节器。对于电磁调节器，可能是调节器的条件电源过低或触点脏污所致。

4.1.2.4 电源系统充电电流过大故障诊断与检测

故障现象

① 在蓄电池不亏电的情况下，充电电流仍在 10A 以上。汽车行驶 2~3h，电流表始终指示 5A 充电电流。

② 蓄电池的电解液消耗过快，需经常添加。

③ 照明灯泡、分电器断电触点经常烧损。

④ 点火线圈或发电机有过热现象。

故障原因

① 电压调节器电压调整过高。

② 电磁式电压调节器低速触点黏结或高速触点脏污、接触不良、搭铁电阻增大，使励磁绕组不能及时短路。

③ 磁化线圈或温度补偿电阻断路。

④ 发电机绝缘电刷或正电刷与元件板短路。

⑤ 电子调节器的大功率三极管集电结和发射结之间漏电过大，不能有效截止。

故障诊断 用万用表直流电压挡测试发电机电压，即红表笔触及发电机"B"接线柱，黑表笔搭铁，逐渐提高发动机转速，检查发电机电压。

① 如果电压偏低，应检查蓄电池是否严重亏电或内部短路。

② 如果电压过高，可能是电磁调节器高、低速触点接触不良。

③ 如果人为闭合高速触点，电压下降，则为电磁线圈、温度补偿电阻断路。

④ 如人为闭合高速触点，电压仍不下降，则为高速触点氧化、脏污而存在闭合电阻，以致不能合理短路励磁电路。

4.1.2.5 电源系统充电电流不稳定故障诊断与检测

故障现象 发动机在急速以上运转时，时而充电，时而不充电，电流表指针不断摆动或充电指示灯频繁点亮。

故障原因
① 风扇皮带打滑。
② 蓄电池至发电机电枢接线柱导线接线不良。
③ 发电机转子或定子线圈局部断路或短路。
④ 集电环脏污或炭刷与集电环接触不良，炭刷弹簧过软。
⑤ 电磁振动式电压调节器触点烧蚀或脏污，触点臂弹簧过软。

故障诊断 诊断时应首先排除风扇皮带传动不良、导线接线不良等影响因素，然后对下述三种情况进行诊断。

① 电流表指示充电且指针在各种转速范围内均摆动。这说明电压控制不平稳，可在发动机稍高于急速运转时，用起子搭接电压调节器低速触点，如电流表指针稳定，说明该触点接触不良，或气隙、弹簧张力调整不当。

② 电流表指针仅在高速范围内摆动。这说明电压调节器高速触点接触不良，可检查该触点是否烧蚀、脏污或接触不良。

③ 某一转速范围充电不稳。此故障多为电压调节器气隙调整不当所致。

经上述诊断检查仍无效，则故障在发电机内部，一般为集电环脏污或炭刷接触不良。

4.1.2.6 电源系统充电指示灯不亮故障诊断与检测

故障现象 接通点火开关后，不启动发动机，充电指示灯不亮。

故障原因
① 熔断器烧断，接线松动。
② 指示灯烧毁。
③ 充电指示灯继电器触点接触不良、触点黏结或线路断路。
④ 发电机及调节器故障。

故障诊断 首先检查蓄电池和发电机驱动皮带张紧力，其次检查接线，如果检查均良好；就按照图4-12所示的流程进行故障诊断。

4.1.2.7 电源系统充电指示灯不熄灭故障诊断与检测

故障现象 发动机运转，充电指示灯常亮，即使提高发动机转速也不熄灭。

故障原因
① 发电机或调节器故障。
② 继电器故障。
③ 线路发生短路。
④ 发电机皮带断裂。

故障诊断
① 首先检查发电机驱动皮带是否断裂，若皮带良好，则检查并整理皮带张紧度；然后检查充电指示线路连线有无松脱，并重新连接好松脱部位。

② 接通点火开关，用试灯逐段进行检查；试灯一端接地，另一端接点火开关输入端，试灯不亮表明点火开关输入端之前断路或短路；试灯亮表示该段正常。再将试灯接点火开关输出端，灯不亮表明点火开关损坏；灯亮表明点火开关正常。再将试灯接"D+"接线柱检

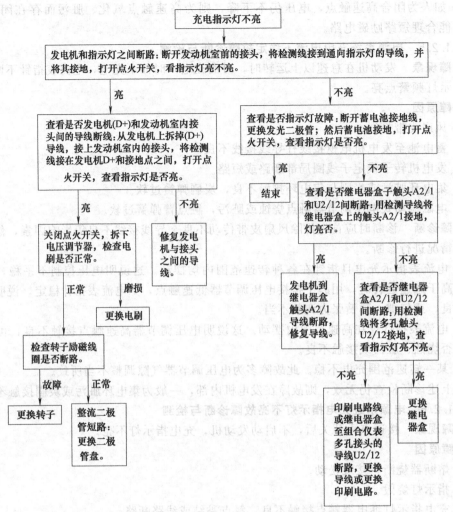

图 4-12 充电指示灯不亮故障诊断流程图

查,试灯不亮表明充电指示线路断路或短路,或充电指示灯灯泡烧坏;试灯亮表示发电机内部损坏,即转子绕组断路或电压调节器损坏。据以上检查结果,应予排除或更换新件。

 典型故障案例

[案例 1] 本田雅阁车充电指示灯异常亮起

故障现象 一辆进口本田雅阁轿车,采用 F22B4 发动机,累计行驶 28 万 km,车辆在中高速行驶时充电指示灯发生闪亮的现象。

故障分析 正常怠速的情况下,充电指示灯应该是熄灭的。充电指示灯亮说明有电器在用蓄电池的电量。高速时闪亮,首先想到的故障应该是充电电路电阻过大。

故障诊断与排除 启动发动机后,充电指示灯不亮。将汽车升起,缓慢加速时发现充电指示灯有闪亮的现象,但减速后,该指示灯却指示正常。发动机怠速时接通空调开关,充电指示灯也出现较暗的闪亮现象。从试车情况初步判断,故障应是由于发电机在负荷增加时发电量不足而引起的。检查充电电路,正常。针对故障现象,首先检查发电机。在发动机怠速状态下测量电池电压,最高达到 12.1V。让发动机加速,从发电机的电枢端测量,只有 11.6V,与以往的测量数据比较,电压要低 2V 左右。检查发电机带,发现较松,而且已有断续的纵向裂纹。但换上新的发电机带后试车,故障依旧。于是决定拆检发电机。拆下发电机后对各个易损零件都进行检查,发现发电机碳刷磨损严重,碳刷架弹簧弹力不足,更换碳刷及碳刷架弹簧后,对发电机进行全面检查,确认一切正常后装好试车,发电量有所上升,但接通前照灯及空调开关时,充电指示灯又开始闪亮。于是决定更换一个发电机试车,但更换后故障并未改观。既然不是充电系统本身的故障,那么问题就可能在发动机了,由此突然想起,曲轴带盘中的缓振平衡器的橡胶与带盘内圈有可能脱离。经检查后发现带盘内圈没有明显的脱离,但在结合面处有一圆形的裂纹。为了进一步确定,用粉笔在平衡器内外交界处画一条直线,启动发动机,缓慢地提高发动机转速,再迅速释放加速踏板,经过反复试验发现所画的直线错开,说明曲轴带盘中的缓振平衡器确已损坏。

[案例 2] 延安 SX2190 型汽车发电机电压过高故障

故障现象 一辆延安 SX2019 型汽车,在行驶中蓄电池加液口螺塞突然蹦出,雨刮器在开关未开起情况下自动工作,雨刷左右摆动不停。

故障分析 蓄电池加液口螺塞突然蹦出,说明蓄电池内的气体过多压力过大引起的。首先想到的是充电电压的过大,导致了化学反应加快,以至于气体的不断增多。雨刷在开关未开启的情况下自动工作,首先想到的是,雨刮器的开关坏掉,或者是雨刮器的继电器有问题。延安 SX2190 型汽车采用整体式无刷交流发电机,调节器在发电机内部,为外搭铁式电子调节器。当调节器失效后,发电机电压不能有效控制,并随着发动机的转速升高而升高。发电机电压超过额定值后,蓄电池充电电流会增大,电化学反应加剧,蓄电池单格气体增多、压力增大,导致蓄电池加液口螺塞崩出现象发生。发电机电压过高后,触发雨刮器继电器,使雨刮器在未打开开关的情况下自动工作,并随着发动机转速的升高,雨刷运动速度也升高。

故障诊断与排除 将蓄电池搭铁开关接通,打开点火开关,未出现雨刮器自动开启现象,说明雨刮器的开关和继电器都没有问题。启动发动机,当转速达到 1000r/min 时,雨刮器在未打开开关情况下又开始自动工作,将雨刮器继电器拔下后,雨刮器停止工作。拆下发电机进行检测,磁场线圈电阻为 4Ω 小于标准 9Ω 说明磁场线圈短路。对调节器进行试验,当电源电压升高到 28V 时,调节器不能自动断开磁场电路说明调节器已损坏。更换发电机调节器后,发动机在中、高速工况时,未出现雨刮器自动开启现象。

[案例 3] 捷达轿车指示灯常亮故障

故障现象 一辆捷达轿车,当接通点火开关时,充电指示灯亮。当发动机正常运转后该充电指示灯仍不熄灭。转速高时能充电,但充电性能变差。

故障原因 发电机 3 个激磁二极管断路。

故障诊断与排除 首先检查发电机 V 带的松紧度,经检查松紧度适宜;发电机的固定情况和线路的连接状况也正常;电压调节器的工作情况也正常。正常情况下,当发电机不发电时,接通点火开关由蓄电池提供发电机激磁电流,此时充电指示灯亮。当发电机发电输出时,充电指示灯两端均为发电机输出的端电压,由于同电位,充电指示灯熄灭。从该车所出现的充电指示灯常亮不熄的故障分析,只有当 3 个激磁二极管断路时,不论发电机发电还是由蓄电池供电,激磁电流均通过充电指示灯,故该灯常亮不熄。而且在这种情况下,还伴随着激磁电流因充电指示灯的始终串入激磁回路而减小,导致发电机在较高转速时才能充电,使充电性能变差。断开发电机 D+ 导线,用万用表电阻挡检测,果然发现 3 个激磁二极管断路。换上同型号二极管,充电性能和充电指示灯恢复正常。

[案例4] 捷达轿车充电指示灯稍微发亮

故障现象 一辆捷达轿车，启动发动机后，充电指示灯稍微发亮。

故障分析 首先想到的是，充电线路电阻过大。或者是发电机的皮带打滑。

故障诊断与排除 首先用万用表测的充电线路电阻在正常范围内。启动发动机，检查发动机的皮带并没有打滑。发电机外的有可能的故障排除了，那问题就应该是在发电机内了。捷达轿车采用的是整体式硅整流发电机，电压调节器采用的是内装式集成电路IC调节器，并用充电指示灯指示蓄电池的充、放电状态。发电机正常工作时，指示灯熄灭。行车时，充电指示灯常亮不灭。表明充电系统有故障。其常见原因是：个别激磁二极管断路损坏，"D+"端电压下降，在发电机的"B+"端与"D+"端形成电位差；内装IC调节器性能不良，激磁电流小，发电机输出电压下降；激磁绕组局部短路或激磁回路接触电阻增大，磁场强度下降；发电机驱动皮带过松或打滑，发电机转速下降。检查时，在"B+"与"D+"接线柱之间连接一只电流表，测的静态激磁电流为2.6A，较正常值略低。取下电流表，启动发电机，测量发电机"B+"端及"D+"端电压，其电压值为12.7V。提高发动机转速，查看电压表，结果"B+"端及"D+"端电压同时升高，表明故障在发电机内部。从车上拆下发电机并进行解体检查，发现有一只碳刷的连接线已经断开。更换新炭刷，修复后装车再试，故障排除。

4.2 启动系统故障诊断与检测

汽车启动系统由启动机及其控制电路组成，启动机是最主要元件。启动系统控制电路设置有启动继电器。安装启动继电器的目的是减小通过点火开关的电流，防止点火开关烧损。启动继电器有四个接线柱分别标有启动机、电池、搭铁和点火开关，点火开关与搭铁接柱之间是继电器的电磁线圈，启动机和电池接柱之间是继电器的触点。接线时，点火开关接柱接点火开关的启动挡，电池接柱接电源，搭铁接柱直接搭铁，启动机接柱接启动机电磁开关上启动机接柱。图4-13是东方之子启动机控制系统电路图。

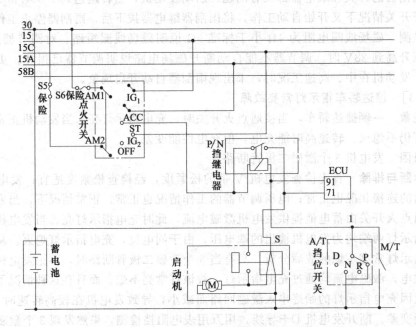

图4-13 东方之子启动机控制系统电路图

4.2.1 启动机的检测

启动机由直流电动机、传动机构和控制装置（电磁开关）三部分组成，电动机将蓄电池的电能转换为机械能，再通过传动机构将发动机拖转启动；传动机构在发动机启动时，使启动机驱动齿轮啮入飞轮齿环，将启动机转矩传给发动机曲轴，而在发动机启动后，使驱动齿轮打滑与飞轮齿环自动脱开；控制装置用来接通和切断启动机与蓄电池之间的电路。

(1) 直流电动机的检测

直流电动机的作用是将蓄电池输入的电能转换为机械能，产生电磁转矩。主要由定子、转子、换向器、电刷及端盖等组成。

① 定子绕组检测

a. 用12V蓄电池检查定子绕组短、断路：蓄电池正极接启动机接线柱，负极接正电刷，将旋具放在每个磁极上迅速检查磁极对旋具的吸力，吸力应相同。磁极吸力弱的为匝间短路，各磁极均无吸力为断路。将万用表置于导通挡，测接线柱与正电刷的导通情况。如不导通，也为断路。

b. 励磁线圈搭铁的检验：用万用表的两表针分别接励磁线圈接线柱和外壳，若阻值为无穷大，则正常；若阻值为零，则为搭铁故障。

② 转子总成的检修

a. 电枢轴：用游标卡尺检测轴颈外径与衬套内径，配合间隙应为0.035~0.077mm，极限值不超过0.15mm，间隙过大应更换衬套并重新铰配。电枢轴弯曲可用百分表检测，其径向圆跳动应不大于0.10~0.15mm，否则应予以校正。

b. 换向器：检查换向器表面有无烧蚀和失圆。轻微烧蚀用00号砂纸打磨，严重时应车削，换向器与电枢轴的同轴度不大于0.03mm，否则在车床上修整。换向器直径不小于标准值1.10mm，换向片高出云母片0.40~0.80mm。

c. 电枢：

(a) 电枢线圈搭铁的检查：用万用表检查时，其表针分别搭在换向器和铁芯（或电枢轴）上，阻值应为无穷大，若阻值为零，则为搭铁，如图4-14所示。

(b) 电枢线圈短路的检查：把电枢放在万能试验台检验器上，接通电源，将锯片放在检验器上并转动电枢。锯片不振动表明电枢线圈无短路，否则为电枢线圈短路，应予以修理或更换，如图4-15所示。

图4-14 电枢线圈搭铁的检查

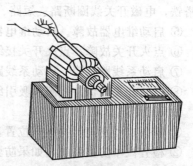

图4-15 电枢线圈短路的检查

(c) 电枢线圈断路的检查：检视电枢线圈的导线是否甩出或脱焊。用万用表两表针分别依次与相邻换向器接触，其读数应一致，否则说明电枢线圈断路。

③ 电刷总成的检修

a. 电刷高度的检查：电刷磨损后的高度不应小于电刷原高度的一半，一般不小于10mm，电刷在架内活动自如，无卡滞，电刷与换向器的接触面不低于80%。

b. 电刷架的检查：用万用表的导通挡位测两绝缘电刷架与电刷架座盖，阻值应为无穷大，否则说明绝缘体损坏；相同方法测两搭铁电刷架与电刷架座盖，阻值应为零，否则说明电刷架松动搭铁不良。

c. 电刷弹簧的检查：用弹簧秤检查弹簧的弹力，应为11.76~14.7N，过弱应更换。

(2) 单向离合器的检查

按顺时针转动驱动齿轮，应自由转动；逆时针转动时应该被锁住。

(3) 电磁开关的检查（用万用表的低电阻挡位测量）

① 将两表针分别接于励磁线圈接线柱和电磁开关外壳，若有电阻，说明保持线圈良好；若电阻为零，则为短路；若电阻无穷大，则为断路。

② 两表针分别接于励磁线圈接线柱和启动机接线柱，若有电阻，说明吸拉线圈良好；若电阻为零，则为短路；若电阻无穷大，则为断路。

③ 用手将接触盘铁芯压住，让电磁开关上的电源接线柱与启动机接线柱连通，测量两接线柱间的电阻应为零，否则为接触不良。

4.2.2 常见启动系统故障的诊断与排除

根据启动机的运转状况，启动机运转不正常主要有三种症状表现：启动机不转、启动机转动无力、启动机空转，后二者主要与启动系有关，前者既与启动系有关，又与发动机电源、防盗系统的工作状况及自动变速器操纵杆位置有关。

(1) 启动机不运转

故障现象 点火开关转到启动挡，启动机不能转动，且无任何动作迹象。

故障原因

① 电源故障。蓄电池严重亏电或极板硫化、短路等，蓄电池极桩与线夹接触不良，启动电路导线连接处松动而接触不良等。

② 防盗系统起作用，导致发动机不能运转。

③ 自动变速器操纵杆没有置于"P"位或"N"位。操纵杆置于任何行驶挡位（前进挡或倒挡）时，发动机均不能启动。

④ 启动机故障。换向器与电刷接触不良，励磁绕组或电枢绕组有断路或短路，绝缘电刷搭铁，电磁开关线圈断路、短路、搭铁或其触点烧蚀而接触不良等。

⑤ 启动继电器故障。启动继电器线圈断路、短路、搭铁或其触点接触不良。

⑥ 点火开关故障。点火开关接线松动或内部接触不良。

⑦ 启动系线路故障。启动系线路断路、接触不良或松脱等。

⑧ 电磁开关的保持线圈和吸引线圈短路或断路。

故障诊断与排除

① 观察自动变速器操纵杆位置，应置于"P"位或"N"位，否则，发动机不能启动。

② 检查汽车防盗系统，如果防盗系统已起作用，应予以解除（防盗系统检测见后）。

③ 检查电源。按喇叭，如果喇叭声音小或嘶哑，说明电源有问题，应先检查蓄电池极桩与线夹及启动电路导线接头处是否有松动，触摸导线连接处是否发热。若某连接处松动或发热则说明该处接触不良。如果线路连接无问题，则应对蓄电池或充电系统进行检查。

④ 检查启动机。如果判断电源无问题，用起子将启动机电磁开关上连接蓄电池和电动机导电片的接线柱短接，如果启动机不转，则说明是电动机内部有故障，应拆检启动机；如

果启动机空转正常,则进行以下步骤检查。

⑤ 检查电磁开关。短接启动机电磁开关,若启动机不转,则说明电磁开关有故障,应予更换;如果启动机运转正常,则说明故障在启动继电器或有关的线路上。

⑥ 检查启动继电器。将启动继电器上的"电池"和"启动机"两接线柱短接,若启动机转动,则说明启动继电器内部有故障。否则应再作下一步检查。

⑦ 检查点火开关及线路。将启动继电器的"电池"与点火开关用导线直接相连,若启动机能正常运转,则说明故障在启动继电器至点火开关的线路中,可对其进行检修。

⑧ 检查电磁开关:用起子将电磁开关上连接启动继电器的接线柱与连接蓄电池的接线柱短接,若启动机不转,则说明启动机电磁开关有故障,应拆检电磁开关。

启动系故障导致的启动机不转的诊断流程见图 4-16。

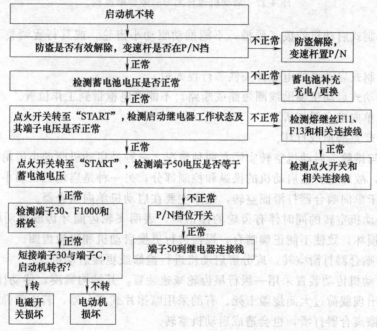

图 4-16 启动系故障导致的启动机不转的诊断流程图

(2) 启动机转动无力

故障现象 启动时,启动机转动缓慢无力,带动发动机运转困难,或接通启动开关,启动机只有"咔哒"声却不能转动。

故障原因

① 蓄电池电量不足或连接导线松动,接触不良。

② 启动机轴承过紧或松旷,电枢轴弯曲有时碰擦磁极,整流子和电刷间脏污或电刷磨损过短、弹簧过软,电枢和磁场线圈短路。

③ 启动开关触点烧蚀或电磁开关线圈短路。

故障诊断与排除 首先排除蓄电池及其线路故障,其检查方法与启动机不运转相同。如蓄电池及其线路正常,则按如图 4-17 所示故障诊断流程进行查找故障。

(3) 启动机空转

故障现象 接通启动开关后,只有启动机快速旋转而发动机不转。

故障原因 启动机空转,表明启动机电路正常,而其驱动小齿轮不能啮入飞轮齿圈带动发动机转动,故障部位在启动机的传动装置和飞轮齿圈。具体原因如下:

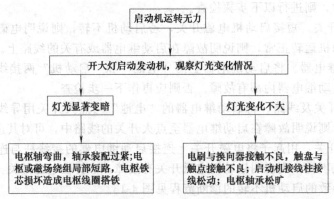

图 4-17 启动机运转无力故障诊断流程

① 机械强制式启动机的拨叉脱槽,不能推动驱动小齿轮,或其行程调整不当,不能进入啮合。

② 电磁控制式启动机的电磁开关铁芯行程太短。

③ 电枢移动式启动机辅助线圈短路或断路,不能将电枢带到工作位置。

④ 启动机单向啮合器打滑。

⑤ 飞轮齿严重磨损或打坏。

故障诊断与排除 启动机空转实际有两种情况:一种是启动机驱动小齿轮不能与飞轮齿圈啮合的空转,故障主要在启动机的操纵和控制部分;另一种是启动机驱动小齿轮已和飞轮齿圈啮合,由于单向啮合器打滑而空转,故障主要在启动机单向啮合器。

① 若在启动机空转的同时伴有齿轮的撞击声,表明飞轮齿圈牙齿或启动机小齿轮牙齿磨损严重或已损坏,致使不能正确啮合,视情进行更换启动机和飞轮齿圈。

② 若单向啮合器打滑空转,应分解启动机进行检修或更换启动机。

③ 有的启动机传动装置采用一级行星齿轮减速装置,其结构紧凑,传动比大,效率高。但使用中常会出现载荷过大而烧毁卡死。有的采用摩擦片式离合器,若压紧弹簧损坏,花键锈蚀卡滞和摩擦离合器打滑,也会造成启动机空转。

(4) 启动机运转不停

故障现象 当发动机启动后,将点火开关关断,启动机仍然不能停止运转,并发出尖叫声。

故障原因

① 单向离合器卡死。

② 启动机驱动齿轮缓冲弹簧复位力过小或折断。

③ 启动继电器触点或电磁开关触点烧结焊死。

故障诊断与排除 出现这种故障应立即切断电源,否则会损坏启动机。在断电熄火后,先检查启动继电器触点和电磁开关触点是否烧结焊死,以排除电路不能断开的故障;再检查单向离合器是否卡死等机械故障,使驱动齿轮不能退出啮合位置而被飞轮反拖。

(5) 启动机异响

故障现象 启动机在启动瞬间出现异常的撞击声。

故障原因

① 齿顶缺损不能正常啮合。

② 启动机安装不当,齿侧间隙太小。

③ 啮合弹簧过软或折断。

故障诊断与排除　按下启动机开关有撞击声，则说明启动机驱动小齿轮啮入困难。这时用手摇把将曲轴转一个角度，再按下启动机开关试验。如果此时撞击声消失并能启动发动机工作，则是飞轮齿圈部分齿轮啮入端打坏。

若曲轴转过任何角度撞击声都出现，驱动小齿轮始终不能啮入，则就有可能是启动机拨叉行程或电磁开关行程过短，导致驱动小齿轮尚未啮入即高速旋转。此外，启动机固定螺栓或离合器固定螺栓松动，也可出现撞击声。鉴别该故障可在接通启动机开关时观察启动机壳体是否振抖，即可查明。

启动机在启动时经常发生金属摩擦声和撞击声，容易被认为是启动机驱动齿轮与飞轮发出的，将两种声音误断为是打齿。启动机打滑时发出的金属摩擦声与打齿撞击声很相似，很难准确地判别出来的。现将启动机打滑声和打齿声判别方法介绍如下：

① 冷车时启动机驱动小齿轮打滑发生的次数较多，特别是冬季；而热车时很少发生或没有。而打齿无论是热车和冷车均会发生，但有时稍转发动机的曲轴，此现象会暂时消失。

② 启动机启动的一瞬间，若启动机打滑，则水泵风扇叶片会出现微动现象，而打齿则无此现象。

③ 启动机打滑时，只有启动机旋转发出驱动齿轮离合器的金属摩擦声，虽声音较响但不强烈，而打齿时发出的金属摩擦声，既响又强烈。

④ 从车上拆下启动机检查时，会发现打滑的齿轮齿牙前端边缘没有金属磨损痕迹；而打齿的齿牙和飞轮牙的前端边缘都有明显的金属磨损痕迹。

典型故障案例

[案例 1]

故障现象　一辆奥迪轿车，点火开关拨到启动挡，发动机无任何反应。

故障分析与排除　打开汽车引擎盖，观察启动时发动机的工作状况，发现转动点火开关时，发动机没有任何反应，启动机也没有运转的迹象。

根据维修经验，为缩小故障范围，首先向启动机 50 号接线柱送入 12V 电压，启动机能正常运转，说明从点火开关至启动机 50 号接线柱之间的线路有故障。

奥迪轿车带有自动变速器，应先考虑启动锁止继电器和多功能开关。当变速杆置于"P"或"N"时，锁止继电器的磁场线圈 2 号端子应通过多功能开关搭铁。用万用表测量 2 号端子与搭铁间的阻值，实测显示电阻无穷大，说明 2 号端子开路，或是线束导线断路，或是多功能开关搭铁不良。

由于线束检查较为烦琐，为进一步区分是多功能开关故障还是线束故障，先检测多功能开关。用万用表直接测量多功能开关 7 号端子与搭铁间的电阻，实测为 0Ω，说明多功能开关搭铁良好，可以判定线束导线存在断路现象。于是，剥开线束检查，发现有两根导线线皮已磨损，其中一根线丝已磨断。

重新接好导线，并缠好线束。转动点火开关，启动试车，启动机正常运转，发动机顺利着车。

排除此类故障时，可根据线路的连接情况，单独连接一根导线，以简化检修过程。

[案例 2]

故障现象　一辆配备 BBJ 发动机、01J 无级变速器的 2006 款奥迪 A6L（3.0）轿车，蓄电池电量充足，但启动时没有反应，启动机不转。

故障分析与排除 查阅该款车维修手册，分析启动控制电路得知，启动机是由发动机控制单元控制的，且这款车上设计有两个继电器串联控制。

首先利用大众专用故障诊断仪读取故障码。连接专用故障诊断仪 V.A.S5051，输入 01，仪器显示故障码 19502，该码含义为：继电器卡住或回路故障。

记下该故障码，进行清除故障码的操作；清除故障码后，转动点火开关，居然启动成功。熄火、启动反复几次，启动机、发动机均能正常运转。

虽然发动机能够顺利启动，由于没有进行任何排除故障的有效操作，总担心故障没有彻底消除。为了确保故障已排除，驾车进行路试，并且不断进行启动试验。在反复启动、起步、加速、熄火、再启动的试验过程中，故障突然间又出现了，而且没有预兆。

再次连接专用故障诊断仪 V.A.S5051 读取故障码，还是显示 19502：继电器卡住或回路故障。清除故障码，将点火开关转到启动挡，启动机不转。可见，启动电路确实存在故障，故障现象并没有消失。

根据故障码提示，故障原因可能是继电器卡滞或线路虚接，再结合驾车试验的经验，初步判断继电器出现故障的可能性较大。

拆下转向柱下的两个启动继电器检查，没有发现异常。由于线路检查比较费时，因此决定进行换件试车。将两个继电器更换后上路试车，多次反复启动、行车，发动机均能正常启动。汽车修复交车后，追踪寻访，车主反映该车启动正常，故障彻底排除。

[案例 3]

故障现象 一辆现代汽车启动系统接通启动开关，启动机不转。

故障分析 判断故障在启动机还是在控制线路。短接电磁开关上的"火线接线柱"与"启动接线柱"，如果出现如下状况：

① 启动机运转，说明启动机良好，故障在控制线路。可用短接的方法，检查出启动开关、继电器和导线是否正常，也可通过检查导线的电压情况确定故障部位。

② 启动机不转，说明故障在启动机。然后短接电磁开关上的"火线接线柱"与"定子绕组接线柱"，若启动机运转正常，则电磁开关有故障；仍不转，则说明启动机的直流电动机部分有故障。

故障诊断与排除 首先检查蓄电池存电是否充足和电源线路有无故障。用电池高放电率放电计等，检查蓄电池技术状况，检查电源导线接触情况，也可用开大灯或按喇叭、查看灯光亮度和声音强度的方法，来检查电源线路是否有故障。结果发现蓄电池的电量是充足的。从蓄电池引了 2 条导线过去，发现启动机是可以用的，那么问题就应该是从电源到启动机的线路有问题了。打开点火开关，用万用表测得启动机的"火线接线柱"的电压为零。然后检查点火开关和启动继电器也是正常的。那问题就应该是在蓄电池到启动机的"火线接线柱"之间的导线了。万用表测得这两端的导线电阻为 0.1Ω，仔细一看，原来是"火线接线柱"接触不良，看起来像是有一层胶水。用砂纸磨掉后，从新扭紧"火线接线柱"，启动机能启动了。

4.3　灯光照明、信号、仪表系统故障诊断与检测

汽车照明和信号系统的故障分为两类：一类是器件本身的故障；另一类是线路存在的故障。汽车照明和信号系统的故障在诊断时常采用试灯法、试火法和电源短接法等。

4.3.1　汽车灯光照明系统故障诊断

汽车照明系统主要由前照灯、雾灯、牌照灯、室内灯、行李箱照明灯及各种控制电路组成，如图 4-18 所示。

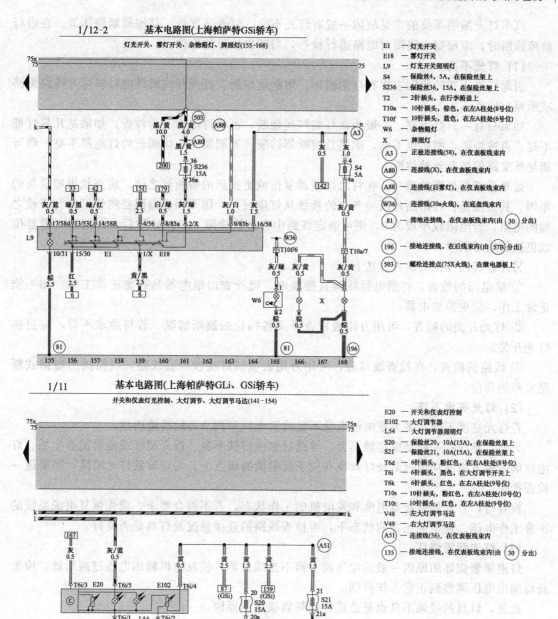

图 4-18 汽车照明系统电路图

汽车灯光照明系统的常见故障一般有灯光不亮、灯光亮度低、灯泡频繁烧坏等。在进行故障诊断时，应根据电路图对电路进行检查，判断出故障的部位。

(1) 灯光不亮

引起灯光不亮的原因主要有灯泡损坏、熔断丝熔断、灯光开关或继电器损坏及线路短路或断路故障等。

如果只有一只灯不亮，一般为该灯的灯丝烧断，可将灯泡拆下后检查。如果是几只灯都不亮，再按喇叭，喇叭也不响，则是总熔断器熔断。若同属一个熔断丝的灯泡都不亮，则可能是该支路的熔断丝被熔断。

处理熔断器熔断故障时，在将总熔断器复位或更换新的熔断丝之前，应查找出超负荷的原因。其方法是：将熔断丝所接各灯的接线从灯座拔掉，用万用表电阻挡测量灯端与搭铁之间的电阻，若电阻较小或为0，则可断定线路中有搭铁故障。排除故障后，再把熔断器复位或更换新的熔断丝。

另外，其他部位的检查方法有：

① 继电器的检查：将继电器线圈直接供电，可检查出继电器是否能正常工作，如不能正常工作，应更换继电器。

② 灯光开关的检查：可用万用表检查开关各挡位的通断情况，若与要求不符，应更换灯光开关。

③ 线路的检查：在检查线路时，可用万用表或试灯逐段检查线路，以便找出短路或断路故障的部位。

(2) 灯光亮度下降

若灯光亮度不够，多为蓄电池电量不足或发电机和调节器的故障所致。

另外，导线接头松动或接触不良、导线过细或搭铁不良、散光镜坏或反射镜有尘垢、灯泡玻璃表面发黑或功率过低及灯丝没有位于反射镜的焦点上，均可导致灯光暗淡，需要逐一检查排除。

检查时，首先要检查蓄电池和发电机的工作状态，若不符合要求，应先恢复电源系统的正常工作电压。在电源正常的状态下，再检查线路的连接情况及灯具是否良好。

(3) 灯泡频繁烧坏

灯泡频繁烧坏的原因一般是电压调节器不当或失调，使发电机输出电压过高所致，应重新将输出电压调整到正常工作范围。

此外，灯具的接触不良也是造成灯泡频繁损坏的原因。

4.3.2 汽车信号系统故障诊断

汽车信号系统可分为灯光信号装置和音响信号装置，主要包括转向信号灯和危险警示信号灯、制动灯、倒车灯、喇叭等，其电路图如图4-19所示。

(1) 转向信号灯电路常见故障诊断

① 转向开关打到左侧或右侧时，转向指示灯闪烁比正常情况快　这种故障现象说明这一侧的转向灯灯泡有烧坏的，或转向灯的接线、搭铁不良。

排除方法　更换灯泡。若接线搭铁不良时，视情况处理。

② 左、右转向灯均不亮　这种故障的原因可能是熔丝烧断、闪光器坏、转向开关出现故障或线路有断路的地方。

排除方法

a. 检查熔丝，断了更换。

基本电路图(上海帕萨特GLi轿车)

转向开关、大灯变光开关、停车灯开关、左前灯(85-98)

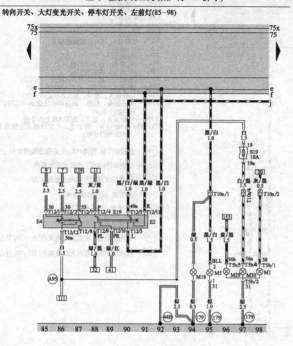

基本电路图(上海帕萨特GLi、GSi轿车)

制动灯开关、制动灯、尾灯(113-126)

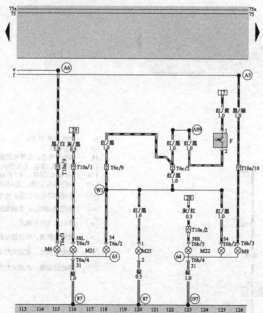

图 4-19

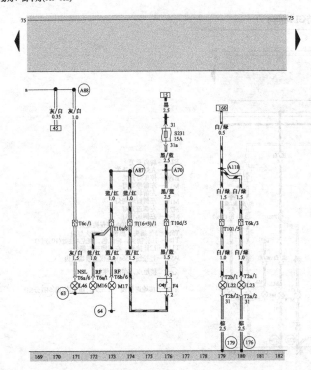

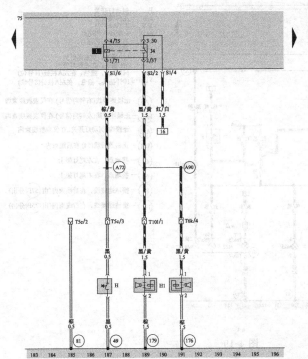

图 4-19 汽车信号系统电路图

  b. 检查闪光器。
  c. 若以上正常，检查转向灯开关及其接线，视情况修理或更换。
  左、右转向灯均不亮，除以上检查方法外，还可以先打开危险警告开关，若左、右转向、灯不亮，说明闪光器有故障。

(2) 制动信号灯电路常见故障诊断

故障现象 踩下制动踏板，制动灯不亮。

故障原因

① 灯泡烧损或搭铁不良。

② 制动灯开关损坏或线路断路。

故障诊断

① 更换新灯泡，如果更换后踩下制动踏板，制动灯亮，则故障在灯泡本身。若等仍不亮，则应检查相关线路。

② 踩下制动踏板，用导线在制动灯电源与搭铁处试火，如有火则为搭铁不良；否则应继续进行检查。

(3) 喇叭常见故障诊断

  汽车喇叭是在驾驶过程中最常使用的工具之一。汽车喇叭故障原因有喇叭熔断丝、喇叭本身、喇叭继电器接线端子、喇叭按钮接线端子、线路连接及搭铁等。

① 有时不响：按喇叭开关，如果喇叭有时响，有时不响，多是喇叭开关内部的触点接触不好，有些也是喇叭本身的问题。

② 完全不响：首先检查熔丝看是否熔断，然后拔下喇叭插头，用万用表测量在按喇叭开关时此处是否有电。如果没有电，应检查喇叭线束和喇叭继电器；如果有电，则是喇叭本身的问题，此时也可以试着调节喇叭上的调节螺母看是否能发声，如果还是不响，则需要更换喇叭。

③ 声音沙哑不正常：多是由于插头接触不良，特别是转向盘周围的各个触点，由于使用频繁，容易使触点出现磨损。

(4) 倒车灯、倒车报警器电路故障检修

倒车灯常见故障有以下三种：

① 倒车灯不亮：先查看倒车灯保险是否烧断；若完好，可将倒车灯开关短接，短接后灯变亮，说明倒车灯开关失效；短接后灯仍不亮，可查倒车灯丝是否烧断，灯座是否接触不良；最后用试灯查线路是否断路。

② 倒挡挂不进：遇此故障，可旋出倒车灯开关再重挂，挂进了说明倒车灯开关钢球卡死、漏装垫圈或垫圈太薄；重挂挂不进，说明变速器有故障。

③ 仅倒挡不亮，其余挡位倒车灯全亮：常开式与常闭式倒车灯开关装反了。

  倒车报警电路故障的诊断方法同上。发现倒车报警器失效，一般作换件处理。在有电子配件来源的情况下，可拆开报警器外壳，检查各分立元件的性能并修复使用。

4.3.3 汽车仪表系统故障诊断

  现在的汽车多安装组合仪表装置，以便及时有效地监测发动机等汽车各系统的运转状况，使驾驶员随时观察与掌握汽车各系统的工作状态，保证驾驶安全。组合仪表上一般设有燃油表、冷却液温度表、车速里程表等常用仪表、指示灯、报警灯及数字钟表等，如图4-20所示。仪表故障见表4-2。

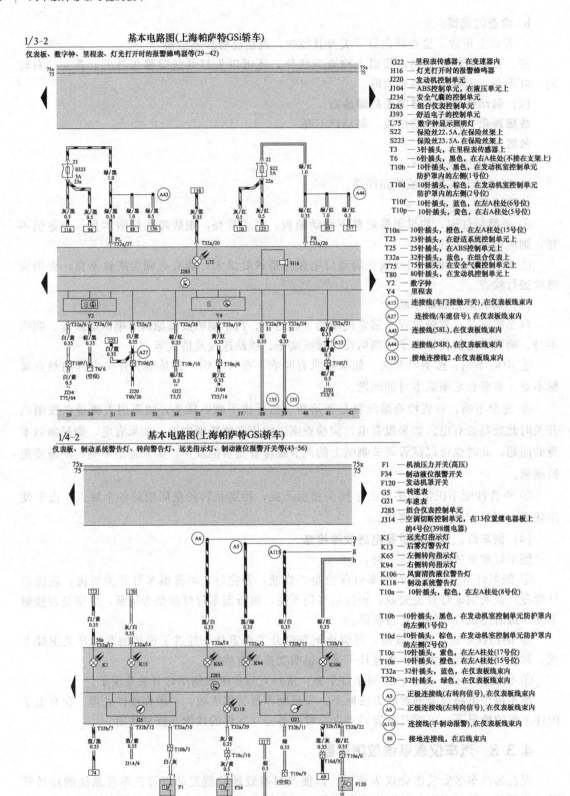

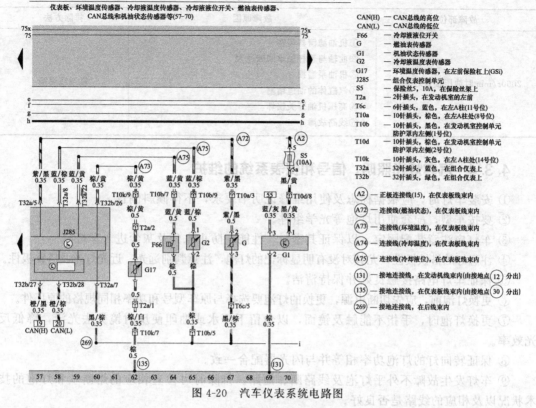

图 4-20 汽车仪表系统电路图

表 4-2 仪表故障表

故障部位	故障原因	排除方法
燃油表不工作或指示不正确	①燃油表与传感器之间线路断路或接触不良 ②燃油箱油位传感器损坏 ③稳压器损坏 ④燃油箱中浮筒损坏 ⑤燃油表极性接反	修理或更换
发动机转速表工作不正常或指示不正确	①转速表连接器接触不良 ②仪表盘上的印刷线路断路 ③转速表连接导线过松或接头损坏 ④传感器损坏	修理或更换
冷却液温度表不工作或指示不正确	①冷却液温度传感器表面有水垢 ②导线接触不良 ③冷却液温度传感器损坏	修理或更换
急速时油压报警灯亮	①机油滤清器堵塞 ②曲轴及连杆轴承磨损过多 ③机油泵损坏 ④机油泵限压阀卡在开启位置 ⑤低压机油开关损坏 ⑥机油压力传感器内部短路搭铁 ⑦线路搭铁等故障	修理或更换

故障部位	故障原因	排除方法
2000r/min 时油压报警灯亮	①机油滤清器堵塞 ②曲轴与连杆轴承间隙过大 ③机油泵磨损 ④汽缸体的油道堵塞 ⑤高压机油开关损坏 ⑥线路故障	修理或更换

4.3.4 汽车灯光照明、信号和仪表系统的维护

① 安装车灯时，应根据标志及使用维修说明书要求，不得倾斜侧置。
② 要按车型，配套使用灯泡等光学组件。
③ 车灯应注意装配固定，以保证其密封、性能，防止水分及灰尘进入车灯。
④ 注意灯的搭铁极性，尤其对没有明显标记的灯泡，注意判别远光、近光灯丝及搭铁极性。
⑤ 保证车灯电路接触良好并保持清洁。
⑥ 更换灯泡前，应先切断电源，更换的灯泡要选择与原车型号和功率相同规格的原厂件。
⑦ 更换灯泡时，手指不能触及镜面，以免留下汗水或油印使反射镜失去光泽，降低反光效率。
⑧ 保证转向灯的灯泡功率相等并与闪光器配合一致。
⑨ 车灯发生故障不外乎灯泡及线路断、短路。排除时可检查相应的熔断丝和灯泡的技术状况以及相应的线路是否良好。
⑩ 做好定期维护，并按标准检验和调整，以保持灯光的技术状况完好。

典型故障案例

[案例1]　车速表不工作
故障现象　一日产千里马车曾经出过车祸，车辆修复之后，试车发现车速表不工作。
故障诊断与排除　拆下该车的仪表总成，检查发现仪表后面的印刷电路板有一段烧断了，用薄刀片清除上面的氧化层（烧焦的塑料压膜和氧化物），用焊锡焊好，又仔细检查了线路确定没有短路之处了，把传感器上两根导线用胶带扎好，把仪表总成装上车，进行试验，一切正常。

[案例2]　打开前小灯，前照灯近光灯同时亮
故障现象　一辆捷达 CT 轿车在打开前小灯的同时，前照灯近光点亮。
故障诊断与排除　首先检查前照灯开关，开关无故障。拆下继电器盒，目视观察无异常，将继电器盒重新装上，测量前照灯线电压，发现在打开前小灯后，前照灯线有电压，且前照灯开关线束完好。所以，故障点应在继电器盒内。更换继电器盒，故障排除。

[案例3]　右前照灯、雾灯不亮，右侧转向灯常亮，而左侧灯光正常的现象
故障现象　一辆行驶里程仅5000km的2011年北京现代悦动1.6L轿车。车主反映：该车出现右前照灯、雾灯不亮，右侧转向灯常亮，而左侧灯光正常的现象。
故障诊断与排除　根据故障现象分析，认为故障点有：灯泡、前照灯开关及相关线路等。首先检查前照灯灯泡，无异常。由于左侧灯光正常，说明前照灯开关也应无异常。根据

电路图进行分析，发现右前照灯、转向灯和雾灯均使用 G15 搭铁点。由于右侧前照灯、转向灯和雾灯同时出现故障，因此怀疑该故障与该共用搭铁点有关。对 G15 搭铁点进行检查，发现确实搭铁不良，修理排除故障。

[案例 4] 喇叭不响的故障

故障现象 一辆行驶里程约 12.6 万 km 的 2005 年日产阳光轿车出现喇叭不响的故障。

故障诊断与排除 接车后，首先检查喇叭熔丝，发现熔丝熔断了，但将喇叭熔丝更换后，喇叭依旧不响。检查喇叭熔丝座上的电压，正常；断开喇叭导线侧连接器，按喇叭开关，测量喇叭导线侧连接器的电源端子，发现没有电源供给，搭铁正常。检查喇叭继电器，闻到该继电器有明显的焦煳味，拆开该继电器塑料外壳，发现有明显烧蚀的痕迹，于是更换了喇叭继电器，但更换后试验，喇叭仍然不响，同时发现喇叭继电器也不工作。经过询问车主得知，该车以前曾因蓄电池亏电导致发动机不能启动，当时就利用其他车的蓄电池进行了辅助借电，借电人员由于操作不慎而将电源正负极接反了。取下喇叭继电器，按喇叭开关，发现没有信号电源到喇叭继电器，然后拆下转向盘，测量电路，发现安全气囊游丝断路。看来就是由于借电时操作失误（正负极接反了），导致气囊游丝断路，喇叭继电器和相关熔丝损坏。更换安全气囊游丝，故障排除。

[案例 5] 打开点火钥匙后车上的开关照明背景灯即常亮

故障现象 一辆国产 2004 年款 2.4L 排量的奥迪 A6 轿车，行驶里程 2.3 万 km。该车打开点火钥匙后车上的开关照明背景灯即常亮。

故障诊断与排除 奥迪 A6 轿车内部电器元件的照明指示分为显示照明和开关照明两个部分。显示照明是指打开点火开关后车内部电器元件在显示方面照明指示，如自动挡的挡位显示指示、收音机波段和空调温度显示指示；开关照明是指打开大灯开关后车内部电器元件操作开关上的指示照明，如收音机、仪表、空调和升降器开关等操作开关方面的照明指示，由发光二极管发光。两种照明指示的电源控制都由仪表控制输出，仪表上面引出两条照明显示的火线，即 58D 显示照明火线（仪表后部蓝色插头的第 15 号脚）和 58S 开关照明火线（仪表后部蓝色插头的第 20 号脚）。两条照明指示线上的电压高低可以通过大灯开关旁边的照明亮度开关调节，从而调节了照明指示灯的亮度。

该车打开点火开关后显示照明的背景灯即常亮，根据故障现象，在排除该故障时进行了如下的检测步骤。

首先怀疑大灯开关的问题，大灯开关打开后其上有两条电源线供给仪表，即开关照明的供给仪表的火线。当拆调大灯开关后，故障现象依旧，开关照明的背景灯仍亮，排除大灯开关的故障，进行下一步检查工作。

此时，拆掉仪表，决定断掉显示照明的电源供给，当拆掉仪表后，故障现象依旧，判断为仪表前部的线路和仪表本身不存在问题，故障原因出现在仪表后部开关照明的用电器本身或其线路上，应该是仪表后部开关照明的线路部分存在短路现象。开关照明的用电器非常多，要判断是哪个用电器或其相连的线路存在短路的问题就比较麻烦，向下检查的关键是要有一个正确的思路和具体合理的步骤。开关照明的用电器包括收音机、空调控制单元、室内照明灯、升降器开关、点烟器和 ASR 开关以及后风窗卷帘开关等很多的用电器。在列举了这么多的电器元件后，检查短路的工作就变得无从下手，因为所有这些用电器的开关照明线路是相通的，很难一下子就判断出是哪部分出了问题。此时所做的工作不是盲目地拆件和查线路，而需要冷静地分析是哪部分线路最有可能出现问题。

打开点火钥匙后开关照明的背景灯亮，短路部分有可能出现在与点火挡 15 线有联系的用电器上。首先排除了最有可能出现问题的点烟器，因为点烟器由常供电的 30 线控制，若其内部短路，则不需要打开点火开关也会出现该故障。

在判断短路时，维修人员采取了拔保险的方法，逐个拔掉与开关照明相联系的用电器的保险，当拔掉中央门锁控制单元的第 14 号保险后，开关显示的背景灯即熄灭，很明显，故障应该出现在 14 号保险丝所控制的用电器上。

进一步检查 14 号保险控制的用电器及其线路，升降器开关和室内照明灯被列入重点检查对象，在这两部分线路中，升降器开关最有可能。分析其线路图，打开点火开关后升降器开关上的"15 电"开始供电，若其内部与背景灯的线路短路，则可能会产生该故障现象。检查升降器开关时，发现当打开左前门的安全开关后，故障现象即消失，问题一下子就锁定在了两个后门的升降器开关，因为打开其安全开关后，后门升降器开关即断电。拆掉两个后门的升降器开关，发现插头和其内部已经进水腐蚀造成短路。更换两升降器开关，故障排除。

[案例 6] 上海帕萨特 B5 1.8T 轿车制动或转向操作时燃油表指示失常

故障现象 一辆上海帕萨特 B5 1.8T 轿车在进行制动或转向操作时，燃油表的指针会有上下 10L 左右的波动；当燃油箱内还有 20L 左右的燃油时，如果进行制动或转向操作燃油表将会报警，并且在燃油表报警的同时还能看到明显的燃油表指针波动。

故障诊断与排除 在进行试车时，发现故障现象除了前述故障之外，该车的里程表也不走。经询问车主得知，是车主为了不让车辆的行驶里程被记录下来，人为地将里程表传感器的导线插头拔下。

为了能够进行故障的定量分析，找来一辆车况正常的同型号上海帕萨特 B5 1.8T 轿车进行测量分析。用 VAG1552 故障阅读仪进入仪表系统（地址码为 17），用 08 功能（读取测量数据块）进行动态数据分析，发现两辆车在车辆颠簸时燃油表传感器的电阻和通过其换算出来的燃油量均发生变化，这说明燃油箱油面的波动引起的燃油表传感器的电阻值的变化是正常的，在这种情况下，按照道理燃油表的指针应该是波动的，那么为什么正常的车辆的燃油表的指针不波动而故障车的燃油表指针却波动呢？这是因为大众/奥迪车系为了消除车辆颠簸时燃油表指针的波动，在设计的时候通过仪表控制单元来对燃油表指针的波动进行修正从而达到使燃油表指针不波动的目的。

那么是如何进行修正的呢？目前许多汽车上的仪表板均采用了多功能显示屏，该多功能显示屏可以在车辆行驶的过程中精确地显示车辆的平均车速和当前油耗等多种信息（例如奥迪 A6 轿车、宝来轿车、波罗轿车等），而在多功能显示屏上所显示的平均油耗信息，其中的一些数据，例如数字显示的剩余油量信息就需要由燃油表传感器提供相关信息，而当车辆颠簸燃油箱的油面发生波动时（或车速发生变化时），为了不让多功能显示屏上显示的数字随之大幅波动，在仪表控制单元中设置了相应的程序，采集车速的变化或车轮转速的变化，来换算出排除了油面波动干扰的实际剩余油量，从而使多功能显示屏能够准确地显示剩余油量的信息。而在实现该功能时，这种经过仪表控制单元修正的信号同时也提供给燃油表，以保证在燃油箱的油面波动时，燃油表的指针不波动。而当失去车速信号后，仪表控制单元则无法感知车速的变化情况，从而也就无法相应地消除燃油箱油面波动的干扰，从而出现燃油表指针波动的故障。

虽然该发生故障的上海帕萨特 B5 1.8T 轿车没有装用带多功能显示屏的仪表系统，但其控制单元的内部程序和设计思路是一样的，因此，上海帕萨特 B5 1.8T 轿车所装备的仪表系统也具备上述功能。由于车主为了不让车辆的行驶里程被记录下来，人为地将里程表传感器的导线插头拔下，从而导致上述功能失效而出现车辆制动或转向操作时燃油表波动的故障。

为了验证上述分析的正确性，将正常车辆的里程表传感器导线插头拔下进行试车，果然发现其燃油表指针在车辆进行制动或转向操作时产生波动的现象。为此，将故障车上被人为拔下的里程表传感器导线插头插好,进行试车,故障消失。

4.4 中控门锁及防盗系统故障诊断与检测

现在轿车已广泛应用中控门锁与防盗装置,技术含量越来越高,并向电脑控制多功能方向发展。所以,作为汽车维修技术人员需了解其功能、掌握其原理,能够结合其控制电路进行针对的诊断分析,排除故障。

4.4.1 汽车中控门锁系统的故障诊断

(1) 汽车中控门锁的功能与结构

汽车中控门锁功能:当驾驶员用锁扣或钥匙锁定左前门时,其他三个车门及行李舱门也同时被锁好,打开时可单独开左前车门,也可同时打开所有车门及行李舱门。

汽车装备中控门锁后还可实现中央控制、速度控制、单独控制、两级开锁功能、钥匙占用预防功能、安全功能、电动车窗不用钥匙的动作功能和自动功能等。

中控门锁主要由控制部分和执行机构组成,其中控制部分主要包括门锁开关和门锁控制器,各元件有门锁控制开关、钥匙控制开关、行李厢门开启器、门控开关、门锁连杆操纵机构和门锁执行器。

(2) 汽车中控门锁的控制原理

图 4-21 所示为中控门锁电路图,其工作过程如下。

当按下车门锁止开关时,电流由蓄电池—熔断器—VD_5—VT_1—R_3—VD_1—C_1—锁止开关—搭铁。在 C_1 通电的瞬间,VT_1 导通,VT_2 导通,继电器触点 K_1 被吸到 ON 位置,这样,电流由蓄电池—熔断器—①—K_1(ON)—②—N—③—K_2(OFF)—④—搭铁,回转式电磁线圈正向通电,电磁吸力拉下车门锁扣杠杆,锁住车门。C_1 充电完毕,N_1 断电,K_1 回到 OFF 位置。

当要打开车门时,按下开锁开关,N_2 通电,将 K_2 吸到 ON 的位置,电流由蓄电池—熔断器—①—K_1(ON)—②—N—③—K_2(OFF)—④—搭铁。由于通过回转式电磁线圈的电流方向与车门锁止时相反,车门锁扣杠杆回到原位,车门打开。

由于车型不同,实际电路也不相同,比如有的还增设了车速感应控制电路等。

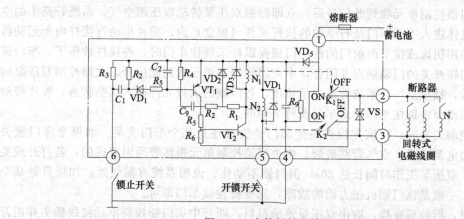

图 4-21 中控门锁电路图

N_1,N_2—继电器线圈;K_1,K_2—继电器触点;N—回转式电磁线圈

(3) 汽车中控门锁故障诊断

汽车中控门锁的种类很多,而且各厂家的门锁控制电路又不相同,所以中控门锁的故障

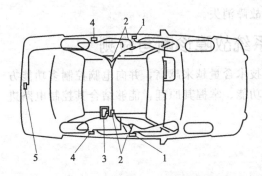

图 4-22 奥迪 100 轿车中央门锁系统元件布置图
1—前门锁执行元件；2—三通真空软管；
3—双压泵及中央门锁控制单元；4—后门
锁执行元件；5—行李厢门锁执行元件

检查主要还是依据制造厂提供的维修手册、电路图（由微机控制的，还有故障代码）以及故障检查仪等。中控门锁故障的一般检查方法是：先看是全部门锁不起作用，还是某一车门门锁不起作用，若全部门锁不起作用，多半是控制电路的故障，若单个门锁不起作用，则应在接通门锁开关后，听门锁有无动作声响，以此作为分析判断的依据。在中控门锁电路中，最容易检查的就是电控系统的熔断丝、蓄电池连接线及蓄电池电压等。这在故障分析的初期应首先予以注意。

① 中央集控门锁常见故障与排除

a. 用车匙打开左侧驾驶员门锁时，其余车门部分能自动打开，部分不能打开。

可能的原因是线路断路，门锁控制器损坏，闭锁执行器损坏。可按照先查电路通断的方式进行排查。有必要时把损坏的元器件换新。

b. 用车钥匙打开左侧驾驶员门锁时，其余车门全部不能自动打开。

可能的原因在排除蓄电池无电的情况下，检查保险丝和门锁控制器中的继电器线路。有必要时更换新件。

c. 拉钮发卡。当拉杆变形、门锁锈蚀严重时，用手动拉钮操作时会不顺当，应及时拆检门锁、拉杆。有必要时修理和更换新件。

② 奥迪 100 乘用车的中控门锁检测 中控门锁系统主要由双压泵、中央门锁控制单元、门锁执行元件和管路等组成，系统的布置图如图 4-22 所示，电路原理图如图 4-23 所示。当用钥匙或拉出两前门的任一门锁操纵杆来打开门锁时，由于门锁通过连接杆向上拉起，车门锁执行元件中门锁开关触点 I

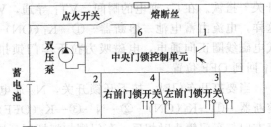

图 4-23 中央门锁系控制电路原理图

闭合，中央门锁控制单元收到此信号后，立即控制双压泵转动以压缩空气，系统管路中的空气呈正压，气体进入 4 个车门及行李厢的执行元件（膜盒）内，膜片推动连接杆向上运动将门锁打开。当用钥匙或按下两前门的任一门锁操纵杆来锁住车门时，连接杆被压下，车门锁执行元件中门锁开关的门锁触点 II 闭合，中央门锁控制单元收到此信号，立即控制双压泵向另一方向运转，抽吸空气，系统管路中呈负压，各门锁的执行元件进入真空状态，膜片带动连接杆向下运动而将锁住车门、后车门及行李厢的。

在门锁控制失灵时，应该先检查是全部门锁失灵还是某个车门失灵。如果全部门锁失灵，一般是由电源断路、空气管路破裂、中央门锁控制单元损坏等原因造成的；若打开或关闭前门锁时，双压泵工作时间长达 30s，但门锁不动作，说明系统有漏气处；如果只是某个车门锁失灵，一般是该门锁机械方面的故障，只要拆检该车门即可。

在检修时，拆掉后座椅，取出双压泵绝缘材料，断开中央门锁控制单元接线插头并用万用表测试（测试之前，要检查蓄电池的电压和 19 号熔丝）。

a. 检查线路如图 4-24 所示 首先，用万用表测量端子 1 和 2 之间电压，应为 12V（蓄电池电压），否则应检查线束断路处并排除；然后，将点火开关接通（不点火），用万用表测量端子 6（接点火开关）和 2 之间电压，应为 12V，若未达到规定值，则检查线束断路处及

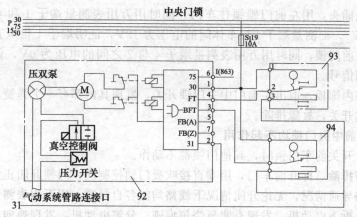

图 4-24 前门锁执行元件

92—中央门锁控制器；93—左前门锁控制器；94—右前门锁控制器

点火开关；最后，拔下点火钥匙，用万用表测量端子 6 和 2 之间的电压，应为 0V，否则说明点火开关损坏。

b. 检查车门开关　首先，将左前门锁住，测量端子 1 和 4 之间的电压，门锁开启时端子 4 和 2 之间的电压均应为 12V，否则，应检查线路及车门开关单元；然后，将右前门锁住，测量端子 1 和 3 之间的电压，门锁开启时端子 3 和 2 之间的电压均应为 12V，否则，应检查线路及车门开关单元。

c. 检查管路及双压泵　若以上检查没问题，应检查系统是否漏气。若双压泵的运行时间超过 3～7s，而中央门锁系统还不工作，并于 30s 后自动停机，很可能是系统存在漏气现象，如果系统不漏气且系统不工作，则说明是双压泵有故障，应予以更换。

 典型故障案例

[案例 1]　中央门锁不工作

故障现象　一辆奥迪 100，中央门锁不动作，用两前门任一门锁锁门时，其他 3 个门锁都不动作。

故障诊断与排除　导致中央门锁不动作的原因主要有：两前门锁开关故障；双压泵及电路故障以及真空管路故障等。因两个前门锁开关同时出现故障的可能性不大，故重点检查双压泵和真空管路。

取出双压泵，开闭门锁，通过手摸、耳听能感觉到双压力泵运转，正常情况泵运转 3～7s 后门锁即可锁住，此时无论是正压还是负压都会使压力开关的触点断开，双压泵停转。当管路出现漏气时，双压泵延时工作 30s 后自动停机，以保护电机。通过观察发现该车双压力泵是在工作 30s 后才停机的，为此，分别断开通向左侧和右侧的真空管，连接压力泵，通过打压很快发现右前门的真空分泵管插头掉下来，重新插好后，中央门锁工作恢复正常。

[案例 2]　左前中央门锁不起作用

故障现象　用左前门锁门时，只有左前门锁锁住，其他 3 个门锁没反应；用右前门锁门时，4 个门锁同时锁住。

故障诊断与排除　因为右前门中央门锁正常，由此可以判断中央门锁控制单元及双压泵良好，故障可能出在左前门锁开关及其与双压泵连接的线路上。拆下双压泵及中央控制装置，拔下其接线插头，用左前门锁锁住车门，同时用万用表测量端子 1 和 4 之间的电压为 0V（正常为 12V），而测量端子 1 与车体间的电压为 12V，证明端子 1 供电正常，端子 4 没有搭铁；开启左前门锁，同时用万用表测量端子 4 与 2 之间的电压为 0V，说明中央门锁控制单元没有接到信号。

拆下左前门内饰板，取出左前门中央门锁开关，发现其内部有一个弹簧片触点烧蚀并脱落下来，更换此开关，故障排除。

[案例 3] 前中央门锁均不起作用

故障现象 开关前车门锁时，其他门锁都不动作。

故障诊断与排除 拆开前车门，用嘴直接吹吸门锁控制阀，门锁开闭正常；用万用表测量阀上双相线路导通情况，无论开闭情况下线路均能各自导通；用万用表测量电动机有电流通过但不运转；拆下电动机，发现有明显烧焦痕迹；分解电动机，发现换向器已烧蚀。导致这类故障的原因可能是真空管路破损，造成不能产生所需的气压和真空以开闭车门锁，致使电动机长期带电而不能自动停转而烧坏。

更换电动机换上新的真空管路后，故障排除。

4.4.2 汽车防盗系统故障诊断

(1) 汽车防盗系统的功用及组成

汽车防盗装置系统的任务是使偷盗者放弃偷盗汽车的企图。理想的防盗装置应能使偷盗者不能开动汽车，使之迷惑不解，并使汽车发出一种报警信号，给偷盗者一种心理上的冲击。警报一般以灯光闪烁与发声报警式发出，警报发出后持续时间约为 1min，但发电机启动电路直到车主用钥匙打开汽车门锁之前都处于断路状态。

目前汽车防盗装置已经由初期的机械控制，发展成为电子密码、遥控呼救、信息报警等高科技产品，早期的防盗装置主要用于控制门锁、门窗、启动器、制动器、切断供油等联锁机构，以及为防止盗贼拆卸件而设计的专用套筒扳手。随着科技的发展，汽车防盗装置日趋严密和完善，目前防盗器按其结构与功能可分四大类：机械式、电子式、芯片式和网络式，各有优劣，但汽车防盗的发展方向是向智能程度更高的芯片式和网络式发展。

汽车电子防盗系统是在原有中央门锁的基础上加设了防盗系统的控制电路，以控制汽车移动的同时并报警。电子防盗是目前较为理想的防盗装置。如果有行窃者盗窃汽车或汽车上的物品，防盗系统不仅具有切断启动电路、点火电路、喷油电路、供油电路和变速电路、将制动锁死等功能，同时，还会发出不同的求救的声光信号，给窃贼一个精神上的打击，以阻止窃贼行窃。

电子防盗系统是具有报警、切断发动机点火电路、油路、控制制动和变速等功能的电子防盗系统。

(2) 桑塔纳 2000GSi 型轿车防盗器系统

① 防盗器系统组成 该汽车防盗器由下列元件组成：带有脉冲转发器的汽车钥匙、识读线圈、防盗器 ECU（J362）、带可变代码的发动机 ECU（J220）以及防盗器警告灯。如图 4-25 所示。

车钥匙上的脉冲转发器和识读线圈是整个电子控制防盗系统信号发生器，防盗器 ECU 是控制单元，而发动机 ECU 是执行器。各部件的功能如下。

a. 脉冲转发器 脉冲转发器是一种感应和发射的元件，不需电池驱动。识读线圈在点火开关打开时把能量用感应的方式传送给脉冲转发器，脉冲转发器接受感应能量后立即发射出程控代码，并将程控代码通过识读线圈输送给防盗器控制单元。每一把钥匙内的脉冲转发器有不同的程控代码。

b. 识读线圈　识读线圈包在机械点火开关外面，负责把能量传送给钥匙中的脉冲转发器，并把脉冲转发器中存储的代码送给防盗器控制单元。

c. 防盗器控制单元　防盗控制器是包含一个微处理器的电子控制器，只有在点火开关打开时才工作。它进行系统密码运算、比较过程，并控制整个系统的通信过程（包括与转发器的通信、与发动机控制器的通信），同时它还完成与诊断仪的通信工作。

d. 发动机控制单元　发动机控制单元内有一个随机码（可变码）发生器。当打开点火开关时，由随机码发生器产生一个随机码，存储在发动机控制单元的寄存器中，同时存储在防盗器控制单元的寄存器中。

e. 防盗警告灯　防盗警告灯表示防盗系统的不同状态。

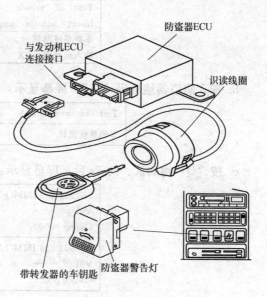

图 4-25　防盗系统电路图

② 防盗器系统的识别码与密码

a. 汽车防盗器的识别码　防盗器 ECU 有一个 14 位字符的识别码和一个 4 位数的密码。一辆新车，它的密码在该车的钥匙牌上，上面用黑胶纸封住。如果钥匙牌丢失，通过大众专用阅读仪 V.A.G1552 或 1551，输入地址码 25 后，可从仪器显示屏上读取 14 位字符的识别号码。通过此号码，可由上海大众查到密码。

b. 汽车防盗器的密码　新车的密码被隐含在车钥匙牌上，剥去牌上的黑胶纸后可显示 4 位数密码。1999 年投放市场的桑塔纳 2000GSi 型轿车的防盗密码已粘贴在副驾驶员前面杂物箱内。密码是用来解密和重新配置车钥匙的。如果钥匙牌丢失或遗忘了密码。必须先使用仪器获得 14 位字符的识别码，再通过大众公司服务热线查询密码。匹配汽车钥匙，不管是重配还是增配钥匙都必须这样处理。如果车主丢失了一把合法的钥匙，为了安全防盗，必须把其余钥匙都用仪器重新进行一次匹配过程。这样可以使丢失的钥匙变为非法钥匙（尽管形状、材料不变），不能启动发动机而起到防盗作用。注意：输入 4 位数字密码之前，必须先输入一个"0"，否则防盗器 ECU 会锁死。如：密码输错（操作失误），允许再输入一次，二次输错后，防盗器 ECU 会锁死。在点火开关打开的状态下等半小时后，还可以试二次。

(3) 桑塔纳 2000GSi 型轿车防盗系统的检修

大众帕萨特 B4 型轿车的汽车防盗器系统属电子控制系统。因此设有故障自我诊断功能和匹配、配匙功能。必须使用专用的上海大众故障诊断阅读仪和相应的操作程序，来诊断故障和进行防盗器匹配。

① 自诊断检测条件

a. 被检测车辆蓄电池电压必须大于 11V。

b. 将大众专用故障阅读仪 V.A.G1552 的插头与车内变速器操纵杆前的诊断插口连接。

c. 点火开关打开。

② 操作步骤

a. 点火开关 ON 后，进入操作 1-车辆系统测试。屏幕显示：

```
Test of vehicle              HELP
Insert address word XX
车辆系统测试                   帮助
输入地址码 XX
```

b. 输入防盗器地址码"25"。屏幕显示：

```
Test of vehicle              Q 25
车辆系统测试                  Q 25
```

c. 按"Q"键确认。约5s后，屏幕显示：

```
330 953 253 IMMO VWZ6ZOTO 123456
V01        →
Coding 00000                 WSC 01205
330 953 253 IMMO VWZ6ZOTO 123456
V01        →
Coding 00000                 WSC 01205
```

此屏幕显示直接进入01——查询防盗器ECU版本。屏幕中：330 953 253 为防盗器ECU零件号；IMMO为电子防盗系统缩写；VWZ6ZOTO 123456为防盗器ECU 14位字符号，凭借此号可向大众公司维修热线查询防盗密码。V01为防盗器控制单元软件版本；Coding 00000为编码号（对修理站来讲无意义）；WSC 01205为维修站代码，在使用V.A.G1552检修防盗器时，必须先输入维修站代码。

d. 按"→"键屏幕显示：

```
Test of vehicle              HELP
Select function XX

车辆系统测试                  帮助
选择功能 XX
```

此时按"HELP"屏幕会列出以下可供选择的功能菜单：
02——查询故障
05——清除故障存储
06——结束输出
08——读测量数据块
10——匹配
11——输密码

③ 防盗器故障代码的查询、清除及退出查询

a. 连接V.A.G1552，选择防盗器电子系统。屏幕显示：

```
Test of vehicle              HELP
Select function XX

车辆系统测试                  帮助
选择功能 XX
```

b. 输入数字键"02"查询故障功能，并按"Q"键确认。屏幕显示：

```
┌─────────────────────────────────────┐
│ X Fault recognized                  │
├─────────────────────────────────────┤
│ 发现 X 个故障                        │
└─────────────────────────────────────┘
```

c. 按"→"键可以逐个显示故障代码和故障内容,直到全部故障显示完毕。如屏幕显示"NO Faults recognized"即未发现故障,按"→"键,则退回到功能菜单。

d. 防盗器故障代码查询结束后,按"→"退回到功能菜单。键入"05"数字键进入清除故障存储功能,并按"Q"键确认,就可清除防盗器 ECU 中的故障存储。屏幕显示:

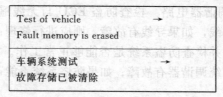

e. 键入"06"数字键进入结束输出功能,并按"Q"键确认。完成这一功能后,专用故障阅读仪退出防盗器诊断程序,回到待机状态。

④ 防盗器故障代码 见表 4-3。

表 4-3 大众帕萨特 B4 汽车防盗器故障代码和检查

故障码	显示内容	故障现象	故障排除
65535	防盗 ECU 损坏	警告灯亮 发动机不能启动	更换新件并重新匹配
00750	警告灯故障对地短路/开路(线路损坏) 对正极短路(警告灯坏)	警告灯亮 警告灯不亮	检修线路 更换损坏的警告灯
01128	防盗识读线圈损坏 线路开路/短路	警告灯闪烁 发动机不能启动	检修线路 更换识读线圈
01176	钥匙转发器坏 信号太弱 识读线圈损坏 非法钥匙	警告灯闪烁 发动机不能启动	配制新车钥匙,完成所有钥匙匹配程序 更换识读线圈 配制合法钥匙
01177	发动机 ECU 更换后没有匹配 连接线路开路/短路	警告灯闪烁 发动机不能启动 警告灯不亮	完成发动机 ECU 和防盗 ECU 的匹配程序,检查两 ECU 之间线路
01179	配匙程序不正确	警告灯快速闪烁	查询故障,清除存储 完成车钥匙匹配程序

(4)汽车防盗系统电路的一般检修方法

防盗系统一般由防盗报警喇叭、无线遥控门锁蜂鸣器、防盗 ECU、无线遥控门锁系统调谐器、安全指示灯和无线遥控门锁蜂鸣器音量及通断开关等组成。当防盗系统被设置(进入警戒状态)时,防盗系统锁住所有车门,前照灯和尾灯闪烁,防盗报警喇叭响。

① 无线遥控门锁蜂鸣器电路

a. 将 LEXUS 扫描仪连接到数据通讯连接器上,如果在扫描仪主动测试模式下无线遥控门锁蜂鸣器工作,则应按故障征兆进行故障诊断;否则应进行下一步骤。如果没有 LEXUS 扫描仪,可直接进行下一步骤。

b. 将电阻表跨接在无线遥控门锁蜂鸣器端子之间测量电阻。如果电阻不是 1Ω 左右,则应更换无线遥控门锁蜂鸣器；如果电阻是 1Ω 左右，则应检查无线遥控门锁蜂鸣器与防盗 ECU 之间的线路。如果线路良好，则应按故障征兆进行故障诊断。

② 无线遥控门锁蜂鸣器音量及通断开关电路　将电阻表跨接在无线遥控门锁蜂鸣器音量及通断开关端子之间测量电阻，按顺时针方向转动其旋钮，如果电阻不是从 10Ω 变化至 0Ω，则应更换无线遥控门锁蜂鸣器音量及通断开关；如果电阻值是从 10Ω 变化至 0Ω，则应检查无线遥控门锁蜂鸣器音量及通断开关与防盗 ECU 之间的线路，如果线路良好，则应按故障征兆进行故障诊断。

③ 无线遥控门锁系统调谐器电路　检查防盗 ECU 与无线遥控门锁系统调谐器之间的棕/红色、绿色、棕/白色导线，如果导线有故障，则应进行修理；如果导线良好，则应更换无线遥控门锁系统调谐器，并检查防盗系统是否能够正常工作。如果防盗系统能工作正常，说明原来的无线遥控门锁系统调谐器有故障；如果防盗系统不能正常工作，则应按故障征兆进行故障诊断。

④ 防盗报警喇叭电路

a. 将 LEXUS 扫描仪连接到数据通讯连接器上，当在扫描仪主动测试模式下防盗报警喇叭响时，应按故障征兆进行故障诊断；否则应进行下一步骤。如果没有扫描仪，可直接进行下一步骤。

b. 将防盗报警喇叭直接与电源连接，如果防盗报警喇叭不响，则应更换防盗报警喇叭；如果防盗报警喇叭响，则应检查防盗报警喇叭与防盗 ECU 之间的线路，如果导线良好，则应按故障征兆进行故障诊断。

⑤ 防盗 ECU 各端子间电压的检查　按表 4-4 对防盗 ECU 各端子间的电压进行检查。如果检查结果与表中的标准电压不符，则与该端子连接的线路或部件可能有故障，应对该线路或部件进行检查，并根据需要进行修理或更换；如果该线路和部件正常，则说明防盗 ECU 有故障，应更换防盗 ECU。

表 4-4　防盗 ECU 各端子间的电压表

检测端子	检测条件	标准电压/V
1 与 20	任何情况下	10~14
3 与 20	安全指示灯亮	3~6
	安全指示灯灭	<1
4 与 5	无线遥控门锁蜂鸣器响	10~14
	无线遥控门锁蜂鸣器不响	<1
11 与 23	无线遥控门锁蜂鸣器响	10~14
	无线遥控门锁蜂鸣器不响	<1
15 与 20	无线遥控门锁系统工作	<1
	无线遥控门锁系统不工作	10~14
20 与搭铁	任何情况下	<1
21 与 20	任何情况下	10~14
22 与 20	防盗报警喇叭响	10~14
	防盗报警喇叭不响	<1
24 与 20	接通点火开关	10~14
29 与 20	无线遥控门锁系统工作	<1
	无线遥控门锁系统不工作	10~14

续表

检测端子	检测条件	标准电压/V
30 与 20	无线遥控门锁系统工作	<1
	无线遥控门锁系统不工作	10~14
30 与 20	点火开关在 ACC 位	10~14

典型故障案例

[案例 1] 桑塔纳 2000GSi 防盗系统造成发动机无法启动

故障现象 一辆 2003 款桑塔纳 2000GSi 型轿车,搭载 AYJ 型发动机,五速手动变速器。该车在行驶途中突然熄火,重新启动发动机,虽有启动征兆,却无法启动。

故障诊断与排除 首先认真听取了车主对故障的描述,接着对发动机电路、油路等各系统分别进行检查。

① 检查点火系统 从 1 缸火花塞上拔下高压线,打启动机对机体试火,无火。用同样方法对其他各缸高压线依次试火,均无火。检查点火线路。桑塔纳 2000GSi 型轿车的点火系统采用无分电器双缸同时点火方式,点火线圈与点火模块做成一体。

从点火线圈总成上拔下 4 线电插头,打开点火开关,用万用表电压挡测量线束侧 2 号端子(电源线)与接地之间的电压为 12V(正常),4 号端子与接地之间的电压为 0V(正常)。用万用表蜂鸣挡检查 4 号端子与接地之间导通(正常)。将发光二极管的负极接 4 号端子,正极接 3 号或 1 号端子中的任意一个,打启动机,发光二极管均不闪烁。检查 1 号、3 号端子与电脑之间的连接线束,未发现异常,说明发动机电脑(ECU)没有提供点火正时(IGT)信号。

② 检查燃油系统 关闭点火开关,拔下喷油器的电插头,用串联有 330Ω 电阻的发光二极管跨接在线束侧插头的两端子之间,再次启动发动机,试灯仍不闪烁,说明发动机 ECU 没有提供喷油脉冲信号。检查喷油器的供电电压,打开点火开关时为 12V,持续 2s 左右后又变为 0V;打启动机,电压为 0V。

③ 检查曲轴位置传感器 桑塔纳 2000GSi 型轿车的曲轴位置传感器为磁感应式,安装在曲轴后端。拔下传感器的 3 线电插头,测量传感器侧 2 号、3 号端子之间的电阻为 920Ω,在正常值范围内(正常值为 480~1000Ω)。将 OTC3850 汽车专用示波器连接在传感器上,打启动机,测得的波形正常,说明曲轴位置正常。

④ 用故障诊断仪检测 连接金奔腾"彩圣"JBT-CS538T 汽车故障检测仪,打开点火开关,进入发动机系统,检测仪显示"汽车电脑无响应"。退回后,进入防盗系统,检测仪仍然显示"汽车电脑无响应"。针对这种情况,又进行了如下检查:

a. 检查发动机 ECU 的电源线及搭铁线:经检查,发动机 ECU 的常电(3 号端子)和"ON"点火电(1 号端子)均正常,搭铁线(2 号端子)也正常。

b. 检查防盗系统:桑塔纳 2000GSi 型轿车防盗系统与发动机 ECU、点火钥匙识读器等的连接线路如图 4-26 所示。打开点火开关,发现仪表盘上的防盗指示灯不亮,而正常情况应是点亮 3s 之后自动熄灭。将故障点锁定在防盗系统上。根据上述检测结果,对照线路图并结合该车型防盗系统的原理分析,该故障的原因不外乎三个方面:防盗器控制单元无 12V

电源；防盗器控制单元搭铁线不良；防盗器控制单元自身有故障。

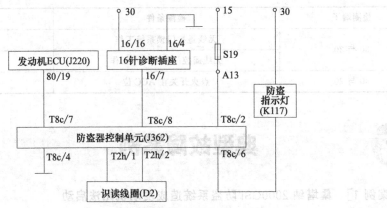

图 4-26 防盗系统电路示意图

⑤ 检查防盗器控制单元

a. 首先检查线路：从防盗器控制单元的 8 针插座上拔下 5 根线的电插头，打开点火开关，测得线束侧 2 号端子（电源）与 6 号端子（控制防盗指示灯 K117）的对地电压均为 12V（正常），4 号端子与接地之间导通（正常），其余两根线与发动机 ECU 及 16 针诊断插座的连接完好，说明线路无故障。在线路完好的情况下，故障要么是插接器接触不良，要么是防盗器控制单元自身失效。

b. 检查线束插接器的连接情况：断开点火开关，用力将插接器插好，再打开点火开关，这时仪表盘上的防盗指示灯闪了一下，紧接着又熄灭了。用手扶着插接器，断开点火开关后再重新打开，这次防盗指示灯点亮 3s 后自动熄灭，且发动机顺利启动。将发动机熄火，从防盗器控制单元上拔下 5 线电插头，经检查发现 2 号接头比较松。将接头修好后插回，再启动发动机，故障彻底排除。

故障分析 当防盗器控制单元供不上电时将会停止工作，从而无法向发动机 ECU 报告用户使用的钥匙是否合法，发动机 ECU 在收不到合法钥匙信息的情况下会断电、断油，使发动机熄火，以避免车辆被非法开走，达到防盗的目的。防盗器控制单元无电源，防盗指示灯肯定不会亮，并且故障检测仪与发动机 ECU、防盗器控制单元均无法通讯，这与上述检查的情况相吻合。且从车主处得知，该车半年前曾更换过防盗器控制单元，估计更换时的操作有一定问题，留下了故障隐患。

[案例 2] 华晨宝马 320i 轿车防盗系统误报警故障

故障现象 一辆 2008 年款华晨宝马 320i 轿车，行驶里程 1 万 km，客户反映该车停下锁车后，在静止状态下防盗系统经常误报警。

故障分析 防盗系统由超声波车内传感器、集成有倾斜报警传感器和备用电池的报警器以及防盗报警系统控制单元等部件组成。超声波车内传感器监控车内空间有无非法侵入，脚部空间模块 FRM 通过 4 个车门传感器监控车门状态，便捷进入及启动系，控制单元 CAS 通过发动机舱盖开关监控发动机舱盖的状态，网关 JB 通过行李舱开关监控行李舱盖状态，倾斜报警传感器和应急电源报警器被做成了一个部件，倾斜报警传感器监控车辆的水平及垂直位置，并在车辆位置改变时发出警报信号。防盗控制单元集成在超声波车内传感器的控制单元内，与 K-CAN 系统的数据总线连接，通过 K-CAN 总线接收 FRM、CAS 以及 JB 等控制单元的信号。此外，防盗系统控制单元还连接了一个自己的防盗报警系统数据总线，防盗系统控制单元和应急电源报警器/倾斜报警传感器（SINE）之间的信号通过该数据总线传输,当报警器从防盗系统控制单元获得相应的命令后就会触发报警。

了解了防盗系统工作过程后,接下来连接故障诊断仪,检查无相关故障码存在。接着通过功能选择进入防盗报警系统查询防盗报警触发原因,结果显示为车门打开。由此可见,在防盗报警系统进入工作后,有车门被非法打开的信号产生,此信号的传输路线为:车门锁开关→FRM→K-CAN→USIS(超声波车内防盗报警传感器),USIS 通过 K-BUS 激活 SINE 发出警报。用户反映针对此故障曾多次维修过,更换过车门锁块、FRM 以及 USIS,而且也做过软件升级。

鉴于维修历史和本次查询的触发原因,如果 USIS 没有接到车门被非法打开的信号是不会报警的,问题还应该出现在上游的信号产生部分。

重新检查车门锁块、FRM 以及两者之间的线路,都正常,但在检查线路时发现用户擅自在线路上连接了一个逆变电源,看来此故障的原因还应该是干扰。当防盗报警系统进入工作后,干扰信号通过锁块到达 FRM 的导线,使 FRM 误认为车门被非法打开,于是就触发了报警。

故障排除 与用户沟通后,暂时拆下逆变电源,经过用户一段时间的使用后,回访确定故障不再出现。

4.5 汽车空调系统故障诊断与检测

汽车空调系统是实现对车厢内空气进行制冷、加热、换气和空气净化的装置。它不仅为乘车人员和驾驶员提供舒适的乘车环境,降低驾驶员的疲劳强度,有利于保护司乘人员的身心健康,提高其工作效率和生活质量,而且还对增加汽车行驶安全性具有积极作用。空调装置已成为衡量汽车功能是否齐全的标志之一。

4.5.1 汽车空调系统的结构原理

(1) 空调系统的组成、功能及分类

目前轿车广泛采用的是冷暖一体式空调系统。其布置型式是将蒸发器、暖风散热器、离心式鼓风机、操纵机构等组装在一起,称为空调器总成。

汽车空调系统是由制冷系统、采暖系统、通风系统、空气净化系统和控制系统 5 个子系统组成。

汽车空调的功能是通过人为的方式创造一个对人体适宜的环境,即对室内的温度、湿度和气流速度进行调节,并具有净化空气的功能。除此之外,汽车空调还能除去风窗玻璃上的雾、霜、冰和雪等,给驾驶员一个清晰的视野,确保行车安全。汽车空调通常应具备以下功能:

① 调节温度:将车内的温度调节到人体感觉适宜的温度。
② 调节湿度:将车内的湿度调节到人体感觉适宜的湿度。
③ 调节气流:调节车内出风口的位置、出风的方向及风量的大小。
④ 净化空气:滤去空气中的尘土和杂质或对空气进行杀菌消毒。

目前汽车的空调系统依车辆的配置不同,所具备的装置也有所不同,一般低档汽车只有暖风和通风装置,中高档汽车一般都具备制冷和空气净化装置。

空调系统控制有手动控制和自动控制之分,手动空调需要驾驶员通过旋钮或拨杆对控制对象进行调解,如改变温度等。自动空调只需驾驶员输入目标温度,空调系统便可按照驾驶员的设定自动进行调节。

(2) 制冷系统

① 制冷系统的组成 汽车空调制冷系统由压缩机、冷凝器、储液干燥器、热力膨胀阀（或节流孔管）、蒸发器等制冷部件组成，各制冷部件之间用耐压的铜管或铝管，以及耐压、耐氟的橡胶管连接成一个密闭的循环系统。如图 4-27 所示。

② 制冷循环工作过程 制冷循环就是利用有限的制冷剂在封闭的制冷系统中，反复地将制冷剂压缩、冷凝、膨胀和蒸发，将其不断在蒸发器中吸热汽化，使蒸发器始终保持很低的温度而用于车内空气的降温除湿。制冷循环是由压缩、冷凝、膨胀和蒸发四个过程组成。

a. 压缩过程：压缩机从蒸发器吸入低温低压气态制冷剂，并将其压缩成高温（约 65℃）和高压（约 1300kPa）的气态制冷剂送往冷凝器冷却降温。

b. 冷凝过程：高温高压气态制冷剂由发动机水箱前面的冷凝器（散热器）散热，将其冷凝成高温（约 55℃）和高压（约 1300kPa）的液态制冷剂。

c. 膨胀过程：冷凝后的高温高压液态制冷剂经热力膨胀阀进行节流降压后，将其转变成低温（约 -5℃）和低压（约 150kPa）的液态制冷剂送入蒸发器。

d. 蒸发过程：低温低压液态制冷剂流经蒸发器时，不断吸收车内空气的热量而汽化成低温（约为 0℃）和低压（约 150kPa）的气态制冷剂。从蒸发器流出的气态制冷剂又被压缩机吸入而进入下一次制冷循环。

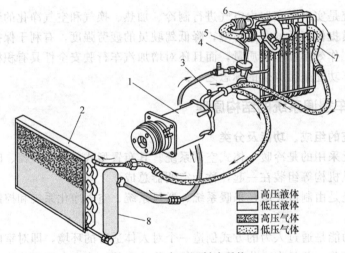

图 4-27 汽车空调制冷系统
1—压缩机；2—冷凝器；3—高压维修阀口；4—膨胀阀；
5—蒸发器；6—吸气节流阀；7—低压维修阀口；8—贮液器

上述过程周而复始的进行下去，便可达到降低蒸发器周围空气温度的目的。

(3) 采暖系统

汽车在寒冷天气运行时为保持车内的舒适性，就要求对车内空气加热。另外，天冷时挡风玻璃易结露结霜，这也需要对它加热除霜。应该说汽车的采暖也是汽车空调的重要内容。

汽车的暖风系统可以将车内的空气或车外吸入车内的空气加热，提高车内的温度。汽车的暖风系统有许多类型，按热源的不同可分为热水采暖系统、燃气采暖系统、废气采暖系统等。目前小车上主要采用热水采暖系统，大型车辆上主要采用燃气采暖系统。

热水采暖系统的热源通常采用发动机冷却水，使冷却水流过一个加热器芯，再使用鼓风机将冷空气吹过加热器芯产生加热空气，使车内的温度升高。

热水采暖系统主要由加热器芯、水阀、鼓风机、控制面板等组成。加热器芯由水管和散热器片组成，发动机的冷却水进入加热器芯的水管，通过散热器片散热后，再返回发动机的冷却系统。水阀用来控制进入加热器芯的水量，进而调节暖风系统暖风系统的加热量。调节时，可通过控制面板上的调节杆或旋钮进行控制。鼓风机由可调节速度的直流电动机和鼠笼式风扇组成，其作用是将空气吹过加热器芯加热后送入车内。调节电动机的速度，可以调节车厢内的送风量。

就暖风系统而言，其温度的调节方式有两种，一种是空气混合型，另一种是水流调节型。

a. 空气混合型：这种类型的暖风系统在暖风的气道中安装空气混合调节风门，这个风门可以控制通过加热器芯的空气和不通过加热器芯的空气的比例，实现温度的调节，目前绝大多数汽车均采用这种方式。

b. 水流调节型：这类暖风系统采用前述的水阀调节水流经加热器芯的热水量，改变加热器芯本身的温度，进而调节温度。

(4) 通风系统

为了健康和舒适，汽车厢内空气要符合一定的卫生标准。这需要输入一定量的新鲜空气。新鲜空气的配送量除了考虑人们因呼吸排出的二氧化碳、蒸发的汗液、吸烟以及从车外进入的灰尘、花粉等污染物，还必须考虑造成车内正压和局部排气量所需风量。将新鲜空气送进车内，取代污浊空气的过程，称为通风。

新鲜空气进入量必须大于排出和泄漏的空气量，才能保持车内压力略大于车外的压力。保持车内空气正压的目的是防止外面空气不经空调装置直接进入车内，而且能防止热空气泄出，以及避免发动机废气通过回风道进入车内，污染空气。

因此，对车厢内进行通风换气以及对车内空气进行过滤、净化是十分必要的，汽车通风和空气净化装置也是汽车空调系统的重要组成部分。

根据我国对轿车、客车的空调新鲜空气要求，换气量按人体卫生标准最低不少于 $20m^3/h$·人，且车内的 CO_2 的体积分数一般应控制在 0.03% 以下，风速在 0.2m/s。

通风分为内循环和外循环。使用内循环时车内空气基本不与外界交流，使用外循环时位于挡风玻璃下的新风口会将外界的空气源源不断送进来以保持车内空气的清新。

汽车空调的通风方式一般有动压通风、强制通风和综合通风三种。

(5) 空气净化系统

汽车空调系统采用的空气净化装置通常有空气过滤式和静电集尘式两种。前者是在空调系统的送风和回风口处设置空气滤清装置，它仅能滤除空气中的灰尘和杂物，因此，结构简单，只需定期清理过滤网上的灰尘和杂物即可，故广泛用于各种汽车空调系统中。后者则是在空气进口的过滤器后再设置一套静电集尘装置或单独安装一套用于净化车内空气的静电除尘装置。它除具有过滤和吸附烟尘等微小颗粒的杂质作用外，还具有除臭、杀菌、产生负氧离子以使车内空气更为新鲜洁净的作用。由于其结构复杂，成本高，所以只用于高级轿车和旅行车上。

4.5.2 汽车空调保养及检测

(1) 汽车空调的保养

① 汽车空调系统的日常保养

a. 保持冷凝器的清洁。

b. 保持送风通道的空气进口滤清器的清洁。

c. 应定期检查制冷压缩机驱动皮带的使用情况和松紧程度，新装的传动带在使用 36~

48h后会有所伸长，故应重新张紧，张紧力一般为441~490N。

  d. 经常检查制冷系统的各管道接头和连接部位、螺栓、螺钉是否有松动现象，是否有与周围机件相磨碰的现象，胶管是否有老化，在进出叶子板处的隔震胶垫是否脱落或损坏。

  e. 在春、秋或冬季不使用冷气的季节里，应每半个月启动空调压缩机一次，每次5~10min。这样制冷剂在循环中可把冷冻油带至系统内的各个部分，从而可防止系统管路中各密封胶圈、压缩机轴封等因缺油干燥而引起密封不良和制冷剂泄漏等。

  ② 汽车空调系统的定期保养

  a. 压缩机的检查和保养。一般是每三年进行一次，主要检查进排气压力是否符合要求，各紧固件是否松动，是否漏气等。

  b. 冷凝器及其冷却风扇的检查与保养。一般每年进行一次，主要是清楚冷凝器表面的杂质、灰尘，用扁嘴钳扶正和修复冷凝器的散热片，仔细检查冷凝器表面是否有异常情况，并用检漏仪检查制冷剂有否泄漏。如防锈涂料脱落，应重新涂刷，以防止锈穿孔而泄漏。检查冷凝器冷却风扇是否运转正常，检查风扇电动机的电刷是否磨损过量。

  c. 蒸发器的检查和保养。一般应每年用检漏仪进行一次检漏作业，每2~3年应拆开蒸发箱盖，对蒸发器内部进行清扫，清除送风通道内的杂物。

  d. 电磁离合器的检查和保养。每1~2年应检修一次，重点检查其动作是否正常，是否有打滑现象，接合面是否有磨损，离合器轴承是否严重磨损。同时，还须用厚薄规检查其电磁离合器间隙是否符合要求。

  e. 储液干燥器的更换。轿车空调在正常使用情况下，一般3年左右更换一只储液干燥器，如因使用不当使系统进入水分后应及时更换。另外，如系统管路被打开时一般也应更换储液干燥器。

  f. 膨胀阀的保养，一般1~2年检查一次其动作是否正常，开度大小是否合适，进口滤网是否被堵塞，如不正常应更换或作适当调整。

  g. 制冷系统管路的保养。应每年检查一次，并应检漏仪检查其密封情况。配管检查其是否与其他部件碰撞，检查软管是否有老化、裂纹现象，一般3~5年更换软管。

  h. 驱动机构的检查与保养。V带应每使用100h检查一次张紧度和磨损情况，使用3年左右应更换新品。张紧轮及轴承每年检查一次，并加注润滑油。

  ③ 汽车空调系统的正确使用

  a. 启动发动机时，空调开关应处在关闭位置。

  b. 发动机熄火后，应关闭空调器，以免耗尽蓄电池的电能，造成再次启动困难。

  c. 夏天停车时，应尽量避免阳光直晒，以免加重空调器的负担；如果在阳光下长时间停车，在开空调之前，应先打开门窗和风机，把车内的热气赶出。

  d. 开空调后，车厢门窗应关闭，以降低热负荷。

  e. 在使用空调时，切勿将功能键选在制冷量最大位置而将调风挡选在最小位置，如果这样，则冷气排不出去，蒸发器易结霜，严重时会使压缩机发生"液击"现象。

  f. 上长坡时，应暂时关闭压缩机，以免水箱"开锅"。

  g. 超车时，应了解本车是否装有超速停转装置。超速停转装置开关一般安装在油门踏板下面，可先试一下，突然重重踩一下踏板，压缩机停转，说明有，否则无。如果无超速停转装置，在超车时，应先关压缩机。

  h. 应经常清洗冷凝器。清洗时使用压缩空气或冷水冲洗，不可用热蒸汽冲洗。

  i. 冬季不使用空调时，也应定期开启压缩机（每两周一次，每次10 min左右），以避免压缩机轴封处因油干而泄漏，转轴因油干而咬死。如果气温过低，空调系统中温控保护起作用而使压缩机不能启动时，可将保护开关短接或用一根导线直接给离合器通电，使压缩机工作，待运行结束后，再将电路恢复原样。

j. 在空调运行过程中，若听到空调装置有异响或发现其他异常情况，应立即关闭空调系统，并及时请有关维修人员进行检修。

总之，在使用汽车空调系统时要认真阅读使用说明书，严格按照使用说明的要求进行操作。

(2) 汽车空调制冷系统检修的基本操作

① 制冷系统工作压力的检测

a. 将歧管压力计正确连接到制冷系统相应的检修阀上，如果手动阀，应使阀处于中位。

b. 关闭歧管压力计上的两个手动阀。

c. 用手拧紧歧管压力计上的高低压注入软管的连接螺母，让系统内侧的制冷剂将高低压注入软管内的空气排出，然后再将连接螺母拧紧。

d. 启动发动机并使发动机转速保持在 1000~1500r/min，然后打开空调 A/C 开关和鼓风机开关，设置到空调最大制冷状态，鼓风机高速运转，温度调节在最冷。

e. 关闭车门、车窗和舱盖，发动机预热。

f. 把温度计插进中间出风口并观察空气温度，在外界温度为 27℃时，运行 5min 后出风口温度应接近 7℃。

g. 观察高低压侧压力，压缩机的吸气压力应为 207Pa~24kPa，排气压力应为 1103~1633kPa。应注意，外界高温高湿将造成高温高压的条件。如果离合器工作，在离合器分离之前记录下数值。

② 从制冷系统内放出制冷剂具体方法

a. 关闭歧管压力计上的手动高低压阀，并将其高低压软管分别接在压缩机高低压检修阀上，将中间软管的自由端放在干净的软布上。

b. 慢慢打开手动高压阀，让制冷剂从中间软布上排出，阀门不能开的太大，否则压缩机内的冷冻油会随制冷剂流出。

c. 当压力表读数降到 0.35MPa 以下时，再慢慢打开手动低压阀，使制冷剂从高低两侧流出；

d. 观察压力表读数，随着压力的下降，逐渐打开手动高低压阀，直至低压表读数到零为止。

(3) 制冷剂充注程序

① 抽真空作业 汽车空调制冷系统修理之后，由于接触了空气，必须用真空泵抽真空，排除制冷系统内的水分和空气，以维护空调制冷系统的正常工作，抽真空并不能直接把水分抽出制冷系统，而产生真空后降低了制冷剂的沸点，水以蒸汽的形式被抽出制冷系统。

抽真空之前，应进行制冷剂泄漏检查。抽真空也是进一步检查系统在真空情况下的气密性能。步骤如下：

a. 将制冷系统、歧管压力计以及真空泵连接好，压缩机高低检修阀处于微开位置，歧管压力计上的高低压手动阀处于闭合状态，拆除真空泵吸、排气口护盖，歧管压力计上的中间软管和真空泵进出口相连接；

b. 打开歧管压力计的高低压手动阀，启动真空泵、观察低压表指针，应有真空显示；

c. 操作 5min 后，低压表应达到 33.6kPa（绝对压力），高压表指针应略低于零的刻度，如果高压表指针不能低于零的刻度，表明系统内堵塞，应停止，清理好故障，在抽真空；

d. 真空泵工作 15min 后观察压力表，如果系统无泄漏，低压值应达到 13.28~

20.05kPa 的绝对压力；

e. 如果达不到此数值，应关闭低压手动阀，观察低压表指针，如果指针上升，说明真空有损失，要检查泄漏部位，进行检修后才能继续抽真空，这一步也就是真空试漏法；

f. 抽真空总的时间不少于 30min，然后关闭低压手动阀，就可以向系统中充注制冷剂。

② 制冷系统的泄漏检漏　由于汽车空调制冷系统各部件及管道均可采用可拆式连接，压缩机也是开式结构，而制冷剂的渗透能力很强，因此制冷系统的泄漏是不可避免的。据统计 70%~80% 汽车空调故障都是由泄漏引起的，因此检漏作业在汽车空调作业中是十分重要的一个环节。目前常用的检漏方法主要有以下几种。

a. 检漏仪器检漏：检漏仪器检漏是汽车空调检漏作业中最常用、最主要的检漏手段，即用卤素检漏灯或电子卤素检漏仪对制冷系统各部件或连接管路进行检漏。采用检漏仪检漏的前提是制冷系统管路内必须有一定的压力（98~294kPa）的制冷剂，因此在进行检漏作业前，应适量加入一定量的制冷剂（对于轿车空调来说，在抽真空作业进行完成后，从高压侧注入 200g 左右的液态制冷剂即可），或不放出系统内的原有的制冷剂以备检漏之用。需要重点检漏的部位主要有：拆修过的制冷系统部件及各连接部位；压缩机轴封、前后端盖密封垫、检修阀和过热保护器；冷凝器散热片及制冷剂进出联结管口。

b. 肥皂泡沫法检漏：当没有检漏设备时，可利用肥皂水对可能产生的部位进行直接检查，方法是通过歧管压力计给系统内充入 784~1172kPa 的干燥氮气，然后把肥皂水或其他起泡剂涂在需要检查的部位，如各连接头焊缝等，若发现有排气声或吹出肥皂泡，则说明该处有泄漏。如果没有氮气瓶，也可以充入一定压力制冷剂进行检漏，但这造成制冷剂的浪费。这种方法简单、实用、安全，尤其适用检漏灯不宜接近的部位，但灵敏度差，操作完毕后应清除干净。

c. 油迹法：制冷剂与冷冻油能互溶，如因密封不良而使制冷剂泄漏时，便会带出少量的冷冻油，使泄漏处形成油斑，粘上尘土便形成油泥。根据这种现象就能找到泄漏部位，不过只有在泄漏量较大时，这种现象才明显。

d. 着色法：将某种颜色的染料加入制冷剂中并随着制冷剂一起在管路中循环流动，当系统管路或部件发生泄漏时，加入的染料也随之渗漏出来并粘在泄漏部位使之变色，通过观察制冷系统管路和部件的颜色，就能很容易地发现泄漏部位。

e. 真空保压法：在抽真空作业完成之后，不要急于加注制冷剂，而是保持系统真空状态一定的时间（一般数十分钟至数小时）后，观察歧管压力计的低压表真空度是否发生变化。如真空指示没有发生变化，则说明系统无泄漏；如真空指示回升，则说明系统有泄漏。这种方法只能判断系统有无泄漏，而无法具体指示泄漏部位，因此只用于加注制冷剂前的初步检查。

③ 从高压侧注入液态制冷剂

a. 抽真空作业完成后，将中间注入软管从真空泵上拆下，改接到制冷剂注入阀接口上，装好制冷剂罐并用注入阀打开制冷剂罐，然后与歧管压力计相连接的中间软管接头稍微松开一些，直到听到嘶嘶的声音后再拧紧，已排出中间注入软管中的空气。

b. 打开歧管压力计高压侧手动阀，制冷剂便从高压侧注入软管进入系统高压侧，这时观察低压表指针是否随高压表指针一起升高，若低压表指针不回升或回升很慢，说明系统内部有堵塞，应停止充注并进行检修。若低压表指针随高压表一起正常回升，可将制冷剂罐倒立，使制冷剂呈液态进入系统，如图 4-28 所示。注入规定量的制冷剂后，关闭高压侧手动阀后，即可进行检漏或试运行。

④ 从低压侧注入气态制冷剂　气态制冷剂一般从制冷系统的低压侧注入，用于初步检

漏后充足制冷剂量或给系统补充制冷剂，其加注方法如下：

a. 将歧管压力计连接于制冷系统检修阀上，中间注入软管与制冷剂注入阀和制冷剂罐连接好。

b. 启动发动机并使之保持在1500~2000r/min转速下运转，接通空调A/C开关使压缩机工作，鼓风机以高速运转，温度调节推杆或旋钮调至最大冷却位置。

c. 用注入阀打开制冷剂罐并保持罐体直立，缓慢打开歧管压力计低压手动阀，气态制冷剂便由制冷剂罐经注入软管、低压检修阀被压缩机吸入制冷系统低压侧，同时调节低压侧手动阀开度，使低压表读数不超过411.6kPa。并加快充注速度，可将制冷剂罐直立放在温度为40℃左右的温水中，以保证制冷剂罐内的液态制冷剂有一定的蒸发速度。

d. 充注完毕后，关闭歧管压力计低压侧手动阀，关闭注入阀，关闭空调A/C开关和鼓风机开关，让发动机熄火，卸下歧管压力计即可。

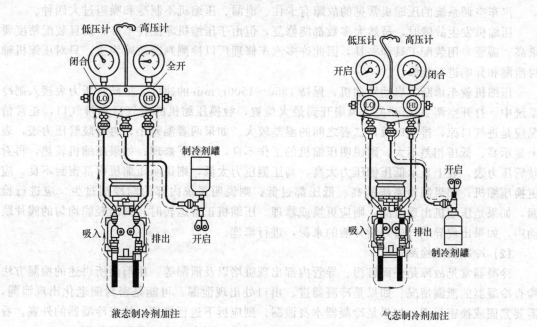

图 4-28 制冷剂加注

(4) 压缩机冷冻油的检查

① 观察视液窗：通过压缩机上安装的视液窗，可观察压缩机冷冻油量。如压缩机冷冻油油面达到视液窗高度的80%位置，一般认为是合适的。如果油面在此界线之上，应放出多余的冷冻油；如果油面在此界线之下，则应添加冷冻油。

② 观察量油尺：未安装视液窗的压缩机，可用油尺检查其油量。压缩机有的只有一个油塞，油塞下面有的装有油尺，有的油塞没有油尺，需另外用专用的油尺插入检查，观察油面的位置是否在规定的上下之间。

(5) 冷冻油的添加

① 直接加入法：将冷冻油按标准称好或用洁净的量杯量好，直接倒入压缩机内，这种方法只在更换蒸发器、冷凝器和储液干燥器时可以采用。

② 真空吸入法：真空吸入法是先将系统抽真空到98kPa，用带有刻度的量杯准备比需要补充量还要多一些的冷冻油，然后开始加冷冻油。

③ 操作程序如下：

a. 关闭高压侧手动阀;
b. 关闭压缩机上的检修阀;
c. 把高压侧软管从歧管压力计上卸下,插到冷冻油的杯里;
d. 打开检修阀,把冷冻油从油杯吸入系统;
e. 吸油完毕时,要注意立即关闭检修阀,以免吸入空气;
f. 把高压侧软管接头拧紧在歧管压力计上,打开高压侧手动阀,开动真空泵,先为高压侧软管抽真空。然后再打开检修阀,为系统抽真空,先抽到98kPa,在加抽2kPa,以便排除随油进入系统里的空气。此时冷冻油在高压侧,系统运转后,冷冻油就返回压缩机。

4.5.3 汽车空调总成零部件检测

(1) 压缩机的检测

汽车空调系统的压缩机常见的故障有卡住、泄漏、压缩机不制冷和噪声过大四种。

压缩机发生故障时,虽然大多数都能修复,但由于压缩机零配件不多,而且装配精度要求高,需要专用装配工具和夹具,因此许多汽车修理厂以检测判断故障为主,只对压缩机轴封泄漏和异响进行维修。

压缩机就车诊断:启动发动机,保持 $1250 \sim 1500 r/min$ 的速度,把歧管压力表接入制冷系统中,打开空调A/C开关,风扇开到最大位置,触摸压缩机的进气口和排气口,正常情况应是进气口凉,排气口烫,二者之间的温差较大。如果两者温差小,再看歧管压力表,表上显示高、低压相差不大,则说明压缩机的工作不良,应拆下修理;如果压缩机较热,再看歧管压力表,表上显示低压侧压力太高,高压侧压力太低,则说明压缩机内部密封不良,应更换压缩机;如果制冷系统的高、低压都过低,则说明系统内部的制冷剂过少,应进行检漏,如果是压缩机出现泄漏,则应更换或修理。压缩机正常运转时,发出轻脆均匀的阀片跳动声,如果出现异响,应判断异响的来源,进行修理。

(2) 冷凝器的检测

冷凝器常见故障是外面脏污、导管内部出现脏堵以及泄漏等。用前面所讲述的检漏方法检查冷凝器的泄漏情况。如果是冷凝器进、出口处出现泄漏,可能是密封圈老化出现泄漏,需要紧固或换密封圈;如果是冷凝器本身泄漏,则应拆下进行修理。检查冷凝器的外观,看冷凝器外表面有无污垢,残渣翅片是否倒伏。如果有,则会造成冷凝器散热不良。

用歧管压力表检查冷凝器,如果发现压缩机高压过高,不能正常制冷,冷凝器导管外部有结霜或下部不烫的现象,则说明导管因内部脏堵或因外部压瘪而堵塞。

(3) 蒸发器的检测

蒸发器常见故障也是脏污、脏堵、泄漏等。

① 检查蒸发器外表是否有积污,异物。用高压水或压缩空气清洗表面积污、异物。
② 检查蒸发器是否泄漏。如果发现泄漏,需找出漏点进行焊补。
③ 看蒸发器本身是否损坏。观察排水管是否有水流出,检查里面是否清洁、畅通。
④ 安装时,注意入口和出口切勿接错,温控元件或感温包要牢固地装在合适的位置,膨胀阀的感温包要敷好保温材料。如果更换新的蒸发器,必须加一定量的冷冻机油。

(4) 膨胀阀的检测

① 膨胀阀开度过大,制冷剂系统中高低压均高,可调整调节螺栓,减小开度。
② 膨胀阀开度过小,高压侧压力高,低压侧压力低,可调整调节螺栓,增大开度。
③ 膨胀阀入口滤网阻塞,可拆出清洗,烘干装回。
④ 膨胀阀的阀口处粘卡、脏堵,可拆下用制冷剂冲洗,后加机油润滑,也可换新。

⑤ 膨胀阀冰堵，先排空制冷系统，然后抽真空，重新加注制冷剂。
⑥ 感温包、毛细管破裂、失效，更换新的膨胀阀。
⑦ 感温包位置不当，固装不牢，应重新安装固定。注意膨胀阀应垂直安装。

(5) 储液干燥器的检测

储液干燥器常见的故障是泄漏、脏堵和失效。

① 用检漏仪检查储液干燥器的接头处与易熔塞有无泄漏。如果两端的接头泄漏，则应紧固其接头或更换密封圈，无需拆下储液干燥器。
② 检查储液干燥器的外表是否脏污，观察孔上是否清洁。
③ 用手感觉储液干燥器进、出口的温度。如果进、出口温差很大，甚至出口处出现结霜的现象，说明罐中的干燥剂散开，堵塞管路，应更换储液干燥器。
④ 检查膨胀阀，如果出现冰堵，说明制冷系统中有水，储液干燥剂失效，应更换。
⑤ 安装时应该垂直安装。
⑥ 储液干燥器在空调安装过程中，应该最后一个接入制冷系统中，并且马上抽真空，防止空气进入干燥器。

4.5.4 汽车空调系统主要元件故障诊断与排除

(1) 压缩机故障诊断

① 压缩机故障现象

a. 压缩机不吸合，空调系统不工作，系统没有压力。

造成这种现象的主要原因是制冷剂全部泄漏了。针对这种现象的排除方法：找出泄漏点（管路磨破、管路密封圈破裂、冷凝器管子磨破、压力开关没有扭紧已松动、膨胀阀损坏泄漏、压缩机保险片损坏已失效）后更换已失效的零部件，然后进行抽真空、保压、按空调系统规定的充注量加注制冷剂，故障即可排出。

b. 压缩机吸合，空调系统不制冷，压缩机排出管表面温度非常高（烫手），膨胀阀进出管子表温没有温差，压缩机吸合后高压没有变化，但低压压力很低。造成这种现象的主要原因是膨胀阀感温头磨破，封住的冷媒全部泄漏了，致使膨胀阀的阀孔关闭，无法实现制冷剂循环。针对这种现象的排除方法：更换膨胀阀，然后进行抽真空、保压、按空调系统规定的充注量加注制冷剂，故障即可排出。

c. 压缩机不吸合，空调系统不工作，系统内平衡压力正常。

造成这种现象的主要原因是空调系统保险片失效、空调继电器失效，热敏电阻线索接触不良或断裂、压缩机连接线索接触不良，冷凝器电子风扇连接线索接触不良。针对这种现象的排除方法：对上述零部件进行检查，对失效零部件进行更换，即可排出故障。

② 压缩机检修

压缩机拆卸要求：

a. 拆卸时首先要清楚压缩机结构，拆下零件应按部件分类摆放，以免损伤弄乱；
b. 压出或打出轴套和销子时应先辨别方向，然后在操作，一般要用木锤敲打，以免损伤零件表面；
c. 拆卸零件时不要用力过猛，以免损伤零件；
d. 拆卸形状和尺寸相同的零件时，需做好记号，以防装错；
e. 拆卸的零件用冷冻油清洗，清洗时要用毛刷，不能用碎布纱头擦洗零件，已防赃物进入。

压缩机拆检：

a. 拆除电磁离合器连接导线；

b. 从制冷系统内排出制冷剂；

c. 从压缩机吸排气口拆下软管，并在压缩机吸排气口加盖，以免灰尘和水汽进入系统内；

d. 拆除压缩机驱动带；

e. 从制冷系统托架上拆卸压缩机固定螺钉和压缩机，再将压缩机装在一个支架上，支架夹在台虎钳上；

f. 排出压缩机内的冷冻油，用量筒测量出油量，并检查冷冻油是否变色，油内是否混有杂质。

(2) 膨胀阀的故障诊断

① 膨胀阀的故障现象

a. 空调开始运行时一切正常，但过一段时间后制冷效果明显下降直至不制冷，高压压力很高，低压压力非常低，停止运行一段时间后再启动又恢复正常，过一段时间又重复上次的现象。

造成这种现象的主要原因是膨胀阀冰堵。针对这种现象的排除方法：更换干燥过滤器，然后重新进行抽真空、保压、按空调系统规定的充注量加注制冷剂，故障即可排出。

b. 空调系统运行 10 多分钟后，出风口温度偏高，制冷效果不好，低压压力偏高，压缩机有碰击声。

造成这种现象的主要原因是膨胀阀失效。针对这种现象的排除方法：更换膨胀阀，然后进行抽真空、保压、按空调系统规定的充注量加注制冷剂，故障即可排出。

② 膨胀阀修理

a. 排除系统内的制冷剂，卸下膨胀阀，并同时更换储液干燥器；

b. 拧下调整螺母，并记住转动的圈数，因重新装配时，要转同样的圈数，才能保证制冷剂在蒸发器上的过热度；

c. 拆下弹簧、阀座、阀门和推杆，并检查其是否损坏；

d. 取出膨胀阀进口的过滤网，并清除其脏物；

e. 用冷冻油清洗所有的零部件并吹干净；

f. 按与拆卸相反的顺序装配好膨胀阀。

(3) 冷凝器故障诊断

① 冷凝器的故障现象

空调系统运行正常，空调降温效果不好，出风口风量不足，风机噪声加大，蒸发器有结霜现象。造成这种现象的主要原因是空调箱通道中有脏物风阻加大，过滤网阻塞。针对这种现象的排除方法：拆卸下冷凝器芯体和过滤网进行清洗（每年进行一次），然后重新装配，安装完毕后进行抽真空、保压、按空调系统规定的充注量加注制冷剂，故障即可排出。

② 冷凝器的故障检查

a. 用检漏仪检查冷凝器泄漏情况。

b. 检查冷凝器管内的脏物或管外弯曲情况。若发现压缩机排气压力过高，不正常制冷，管外有结霜、结露现象，说明管内脏物或管外弯堵。

c. 冷凝器管外及翅片外表面有污垢、残渣等，将造成散热不良。

③ 冷凝器的故障排除

a. 冷凝器由于碰撞或振动而破坏，应拆卸冷凝器进行焊接修补，无法修理时，更换同规格的冷凝器，并向压缩机补充 40～50mL 的冷冻油。

b. 冷凝器散热翅片若歪曲变形,可用镊子校正铝散热翅片。
c. 冷凝器内脏堵,应拆开冷凝器出口和进口接头,用高压氮气吹洗,冲出脏物。
d. 冷凝器表面积灰,通风受阻,可用软毛刷轻刷表面或用吸尘器吸除灰尘。
e. 冷凝器管接头处泄漏,应更换管接头,并重新进行检漏试压。
f. 若是冷凝器风机故障,可不必拆卸冷凝器,只需修理风机。

4.5.5 汽车空调系统常见故障诊断与排除

(1) 汽车空调系统冷却断断续续

汽车空调系统冷却断断续续、时有时无是经常遇到的故障,原因及排除方法如表 4-5 所示。

表 4-5 空调系统冷却断断续续故障表

序号	故障原因	排除方法
1	电路断路器故障	更换电路断路器
2	电路断路器超载时滑扣	消除短路或电流过大故障
3	接线松脱	修理或更新接线
4	风机速度控制器故障	更换控制器(开关)
5	风机变速电阻故障	更换电阻
6	风机电机故障	更换风机电机
7	离合器线圈故障	更换离合器线圈
8	传动带松弛	张紧传动带,但不能过紧
9	离合器电刷组件故障	更换电刷组件
10	风机接地线松动	拧紧或修理搭铁接头
11	离合器线圈搭铁松动	拧紧或修理搭铁接头
12	离合器电刷组件搭铁松动	拧紧或修理搭铁接头
13	离合器打滑:磨损过度	更换磨损严重部件
14	恒温开关调整不当	重新调整恒温开关
15	恒温开关故障	更换恒温开关
16	离合器打滑电压低	找出原因,并予改正
17	低压控制器故障	更换低压控制器
18	高压控制器故障	更换高压控制器
19	吸气压力调节器故障	更换吸气压力调节器
20	系统内湿气过多	排放系统,更换干燥器,抽真空,然后向系统充注制冷剂

(2) 汽车空调系统出现不正常噪声

汽车空调系统出现不正常噪声和异常响声,其原因和排除方法如表 4-6 所示。

表 4-6 汽车空调系统出现不正常噪声和异常响声表

序号	故障原因	排除方法
1	电器接头松动,引起离合器噪声	拧紧接头或根据需要修理
2	离合器线圈故障	更换离合器线圈
3	离合器故障	更换离合器

续表

序号	故障原因	排除方法
4	离合器轴承损坏	更换离合器轴承
5	传达带松弛	拧紧,但不要调得过紧
6	传动带破裂(指双带传动)	成对更换传动带
7	传动带磨损或开裂	更换传动带
8	压缩机安装螺钉松动	拧紧螺钉
9	压缩机支架松动	固定压缩机支架
10	压缩机支架破损	修理或更换压缩机支架
11	风机扇叶摩擦风机罩	调整或重新确定风机位置
12	风机电机损坏	更换风机电机
13	带轮轴承损坏	更换轴承或带轮部件
14	制冷剂充注过多	放掉多余制冷剂
15	制冷剂不足	检漏并修理、补充制冷剂
16	系统内冷冻润滑油过多	放掉多余润滑油或换油
17	系统内冷冻润滑油不足	检漏并修理,加油至标准
18	系统内湿气过量	排放系统,更换干燥器,系统抽真空,再次充注制冷剂
19	压缩机损坏	修理或更换

(3) 汽车空调系统冷却效果不佳

汽车空调系统冷却效果不佳,也就是"不够凉",其原因和排除方法如表 4-7 所示。

表 4-7 空调系统冷却效果不佳故障表

序号	故障原因	排除方法
1	风机电机转得慢	紧固接头或更换电机
2	离合器打滑:电压低	找出原因,并予改正
3	离合器打滑:磨损过量	更换磨损严重的离合器零件
4	离合器循环过于频繁	调整或更换恒温开关、低压控制器
5	恒温开关故障	更换恒温开关
6	低压控制器故障	更换低压控制器
7	吸气压力调节器故障	更换吸气压力调节器
8	经过蒸发器的气流不畅	清理蒸发器,修理混气门
9	经过冷凝器的气流不畅	清理冷凝器,修理混气门
10	储液干燥器滤网部分堵塞	更换储液干燥器
11	膨胀阀滤网部分堵塞	清理滤网,更换干燥器
12	孔管滤网堵塞	清理滤网,更换积累器
13	压缩机进口滤网部分堵塞	清理滤网,查明原因并排除
14	膨胀阀遥控温包松动	清理接触处,捆紧遥控温包
15	膨胀阀遥控温包未经保温	用软木和胶条保温
16	系统内湿气	按前述排除湿气,充注制冷剂
17	系统内空气	排放系统,抽真空,充注制冷剂

续表

序 号	故障原因	排除方法
18	系统内制冷剂过多	排除多余制冷剂
19	系统内冷冻润滑油过多	排除多余润滑油或换机油
20	积累器部分堵塞	更换积累器
21	储液干燥器部分堵塞	更换储液干燥器
22	热力膨胀阀故障	更换热力膨胀阀
23	制冷剂不足	修理泄漏,抽真空,充注制冷剂
24	冷却系故障	找出原因,予以排除

(4) 汽车空调制冷系统失效

汽车空调系统不能够制冷,其故障原因和排除方法如表 4-8 所示。

表 4-8 空调制冷系统失效表

序 号	故障原因	排除方法
1	熔断器烧断	查明原因排除,或更换熔断器
2	电路断路器故障	查清原因排除,更换断路器
3	导线残破	修理或更换导线
4	导线折断	连接导线
5	导线腐蚀	清理、接上或更换接头
6	离合器线圈故障	更换离合器线圈
7	离合器电刷组件故障或磨损	更换电刷组件
8	风机电动机损坏	更换风机电动机
9	恒温开关损坏	更换恒温开关
10	低压控制器损坏	更换低压控制器
11	压缩机传送带松弛	张紧、不能过紧
12	传送带破损	更换传送带
13	压缩机吸气阀板损坏	更换吸气阀板和密封垫
14	压缩机吸气阀板损坏	更换吸气阀板和密封垫
15	压缩机排气阀板损坏	更换排气阀板和密封垫
16	压缩机缸垫或阀板密封垫损坏	更换缸垫或阀板垫
17	压缩机损坏	修理或更换压缩机
18	制冷剂不足,或根本没有	更换轴封和垫、软管,查清漏点,予以修复
19	管路或软管堵塞	清理更换管路或软管
20	膨胀阀进口滤网堵塞	清理滤网,更换干燥器
21	热力膨胀阀损坏	更换该阀
22	膨胀管堵塞	清理或更换膨胀管
23	储液干燥器滤网堵塞	更换储液干燥器
24	系统内湿气过多	更换干燥器,抽真空,充注制冷剂
25	积累器滤网堵塞	更换积累器
26	吸气压力控制器损坏	修理或更换该控制器

(5) 汽车空调热水式采暖系统失效

汽车空调系统无暖气，其故障原因和排除方法如表 4-9 所示。

表 4-9 空调热水式采暖系统失效表

故　障	原　　　因	排除方法
不供热或供热不足	(1) 汽车空调机风机坏 (2) 风机继电器坏 (3) 热风管道堵塞 (4) 冷却液不足 (5) 冷却水管受阻 (6) 加热器芯管子内部有空气 (7) 加热器芯管子积垢堵塞 (8) 发动机石蜡恒温器失效 (9) 热水开关失效 (10) 发热器漏风	(1) 用万用表测电阻，若阻值为零则更换 (2) 同上 (3) 清除热风管道堵塞物 (4) 补充冷却液 (5) 更换水管 (6) 排出管内空气 (7) 用化学方法除垢 (8) 更换石蜡恒温器 (9) 拆修或更换 (10) 更换发热器壳
吹风机不转	(1) 保险丝熔断 (2) 吹风机电动机烧损 (3) 吹风机调速电阻断路	(1) 更换保险丝 (2) 更换电动机 (3) 更换电阻
漏水	软管老化、接头不紧，热水开关关不紧	更换水管，接紧接头，修复热水开关
过热	(1) 调温风门调节不当 (2) 发动机节温器坏 (3) 风扇调速电阻坏	(1) 调整调温风门的位置 (2) 更换节温器 (3) 更换电阻
除霜热风不足	(1) 除霜风门调整不当 (2) 出风口阻塞 (3) 供暖不足	(1) 重调 (2) 清除 (3) 见本表不供热或供热不足故障排除
加热器芯有异味	加热器漏水	检查进出水管接头并卡死，若加热器管漏水，则更换水管

(6) 自动空调故障诊断

对于自动空调系统，有故障自诊断功能时，应首先按规定的方法进行自诊断。例如，雷克萨斯 LS400 轿车的空调系统自诊断方法如下：

① 故障码的读取　在按下用于 A/C 控制的 AUTO（自动）和 REC（循环空气）开关的同时将点火开关旋到 ON。指示灯首先按亮、灭各 1s 的规律闪烁 4 次，并且在指示灯闪烁时蜂鸣器同时发声，表示指示灯电路正常，然后便自动由温度显示器显示出故障码。如果希望放慢显示速度，可按下"UP"开关，使其变为步进运作，并且每按动一次此开关，显示内容便可改变一次。若在显示出故障时蜂鸣器发出蜂鸣声，则表明故障码所代表的故障为连续发生；若显示出故障码时蜂鸣器不鸣叫，则表明此故障码所代表的故障曾在以前发生过（如连接器接触不良等）。有多个故障码时，故障码是由小到大的顺序显示；故障码显示改变时，蜂鸣器会发出蜂鸣声。

按下 OFF 开关，便可退出故障码的读取。

② 初始设定　当故障排除以后，应进行初始设定，将空气混合薄膜和模式控制薄膜设定在初始位置：空气混合薄膜回卷到冷端，模式控制薄膜卷到 FACE（脸部送风）端。回卷后的位置由空调控制单元（ECU）存储作为标准位置。初始设定有自动和强制两种方法。自动初始设定：接好蓄电池正、负极接线，把点火开关由 OFF 旋到 ON，然后再旋到 OFF 并保持 1min 以上（A/C 控制单元检测到蓄电池电压下降 30 次，而且是在点火开关由 ON

旋到 OFF 以后过了 60s 即完成)。

强制初始设定程序：把点火开关由 OFF 旋到 ON 的同时，按下 A/C 控制板上的 OFF 开关和后除霜器开关，便可进行强制初始设定。

注意，无论是自动初始设定，还是强制设定，在操作过程中，前除霜器指示灯均会发光。

③ 故障码的清除　拔出 2 号接线盒中的 DOME 保险丝（或发动机室中的接线盒上的 ECU-B 保险丝）10s 以上，便可清除所存储的故障码。重新插好保险丝，检查并确认显示器输出的是正常码。

注意：雷克萨斯 LS400 轿车空调系统故障除了用故障码直接显示外，还提供了一种辅助诊断方法，便于人工诊断执行器部分的故障。方法是：进入自诊断模式后，按下 REC 开关，在温度显示器上，从 20 开始以 1s 的时间间隔依次自动显示不同的代码（20-29），每个代码对应不同的风挡、电动机和继电器的状态；显示某代码的同时，空调 ECU 自动控制相应的风挡、电动机和继电器工作，这时，可以通过目视或手动方法检查温度和空气流量，进而人工判断出相应的风挡、电动机和继电器工作是否正常。若希望减慢显示，则可按下"UP"开关，以使之为步进运作。每按动一次"UP"开关，显示内容改变一步。按下"OFF"开关，即可退出辅助诊断模式。

典型故障案例

[案例 1]　高压管被油污及脏污堵塞

故障现象　一辆 Mazda6，制冷剂为 R134a，开启空调后空调不制冷，电磁离合器不吸合，有时能吸合一下，但立即脱开，无法正常工作。

故障分析与排除　更换了空调压缩机、蒸发器和膨胀阀等，加注制冷剂后仍是如此，后又诊断是压缩机工作不良。检查时，启动发动机后开空调，电磁离合器吸合一下便即跳开，连续几次后便不再吸合。接上歧管压力表，检测高压侧压力、低压侧压力均偏低，加入三罐制冷剂，此后能吸合稍长时间，但仍是间歇性吸合、脱开，车内也不制冷。拆下储液干燥器、膨胀阀和相关高压管道等，发现冷凝器至储液干燥器的高压管接口处几乎被油污、脏污所堵塞，管道和冷凝器内也是金属屑及黑油，于是更换冷凝器及高压管，清洗压缩机，更换了冷凝器、高压管和储液干燥器；再用高压氮气吹净低压管道，并更换了膨胀阀，加入了适量专用冷冻机油，然后再压入氮气检漏，抽真空，加制冷剂，经试验制冷效果很好，故障消除。

[案例 2]　温控开关失效

故障现象　一辆 Mazda6 平时行车正常，一开空调制冷，时间不长发动机就开锅，冷却系统清除了水垢，结果还是同样不能使用空调。

故障分析与排除　车辆使用空调，开锅肯定是不正常的。当在该车停驶状态下打开空调试验，通过汽车诊断仪检测发动机水温已经达到 120℃，而车上的电动风扇却没有工作。其冷却系统为闭式、液冷，带膨胀箱，风扇为电动式，发动机的冷却主要依靠汽车向前行驶产生的风。只有当水温高于 95℃时，电动风扇才开始工作，而当水温低于 90℃时，电动风扇又自动停止工作，这全靠温控开关控制。这种结构，有利于发动机保持最佳水温，平时风扇也不消耗发动机动力。冷却水开锅了，电动风扇却还没有工作，将点火开关转至 ON 位置，拆下散热器温度控制开关接头，并将其接地，电动风扇开始转动，说明风扇电动机是好的。

检查有关保险丝也是好的,把温控开关拆下放入盆中用万用表Ω挡,一个表笔接温控开关接线端,一个表笔接外壳,盆中倒入冷水加热,有开水可直接倒入开水。正常情况下,水温高于95℃时应导通,低于90℃时应断开。未用温度表,倒入滚开的水,表针也不动,说明温控开关失效。该车更换温控开关后,使用空调再也没有开锅了。

[案例3] 高压开关工作不良

一辆Mazda6乘用车,开空调后散热器风扇高速继电器"吱吱"异响。检查时,拆开仪表板下护板,启动发动机并开启空调,散热器风扇高速运转一会儿,响声出现,手摸附加继电器盒,发现风扇高速继电器振手,此时关闭空调,异响立即消失。由此可知,异响与空调工作时风扇高速运转的相关电路有关。因不开空调且散热器风扇高速运转时,高速继电器并没有异响,发动机温度高速和空调压力高速的区别,仅在于双温度开关F54和高压开关FZ3,估计是FZ3工作不良。检查高压开关的接线插头位于左前车架上,连接专用工具VA-G1527(它是一个二极管指示试电笔,并配有针式插头,可刺破线皮进行测量,发光二极管相当于一个灯泡),启动发动机并开启空调,当散热器风扇还未高速运转时,指示灯亮;散热器风扇开始高速运转后,指示灯熄灭,但此时并无异响;散热器风扇高速运转一会儿后,指示灯开始快速闪烁,与此同时,散热器风扇高速继电器"吱吱"异响。由此可知,故障原因是空调高压开关处于临界工作状态,而对此开关的技术要求是:闭合压力为1420～1720kPa,打开压力是1170～1500kPa,开闭切换点之间的压力差至少为200kPa,由此避免其工作于临界状态。更换压力开关FZ3,异响消失。

[案例4] 空调系统制冷效果不良

故障现象 一辆马自达六轿车空调离合器及冷却风扇工作均正常,但就是制冷效果不良,出风口温度仅为15℃左右。

故障分析 这种故障一般不在电路系统,而应在外部和制冷剂方面查找故障原因(若风扇运转不正常则应在电路系统查找原因),其可能原因有:

① 制冷剂不足。用压力表测量,低压低于196kPa,高压低于980kPa时则应补充制冷剂至正常值;急速时,低压应该为245kPa,高压应该为1471kPa左右(还要根据散热情况而定)。

② 孔管堵塞。手触干燥罐有冷感,但程度不足,在此情况下,高压偏高,应清洗膨胀节流管(位于冷凝器出口与蒸发器入口之间的高压管里)。

③ 蒸发器积尘太多。低压管及干燥罐冷度手感适度,压力亦正常,唯出风量偏小。此时可将鼓风机及鼓风机调速器(在驾驶室的右,下侧发动机舱中央墙壁上)拆下,用压缩空气或蒸发器清洗剂将蒸发器清洗干净。

④ 散热不良。冷凝器散热片堵塞,水温过高,用高压空气吹洗水箱及冷凝器外部,注意不要直接用高压水清洗,否则,高压水非常容易将冷凝器的散热片吹倒,造成空气流通受阻而散热不良。

故障诊断与排除 用压力表测量高低压压力,低压正常,高压偏高,为1648kPa,手触干燥罐有冷感,但明显程度不足,说明为孔管堵塞。清洗孔管后,故障减轻,温度降到11℃左右。但仍未完全排除故障,正常情况下应该在8℃左右。这说明还有其他的故障未排除。开启空调的各个按钮发现空调的内外循环没有变化,如果空调长期引入外界空气进入,空调的负荷肯定要非常大,这与家用空调的道理一样。经过检查发现空气内外循环的风门没有动作。继续检查发现控制风门的真空源没有,拆下真空电磁阀发现真空管损坏,更换后故障彻底排除。

[案例5] 空调不制冷且离合器反复结合

故障现象 一辆2005年生产马自达62.0L轿车,行驶里程为6万km。该车发动机怠速运转正常，怠速时空调系统工作正常。但车辆行驶时，发动机动力不足、犯闯。当车辆加速时，空调压缩机频繁重复接合、分离动作，且空调系统不制冷。当关闭空调后，发动机恢复正常。

故障诊断 由于关闭空调后发动机恢复正常，所以维修人员认为故障原因出在空调系统。

马自达6空调压缩机是定排量压缩机，空调压缩机的吸合与断开是由发动机控制单元（PCM）通过控制空调继电器来实现的。

决定首先从电路入手进行检查。正常情况下，当压力开关B、C端子之间电压为12V时，压缩机断开；压力开关B、C端子电压为0V时，压缩机接通。这说明自动空调控制器给PCM接地信号时，压缩机接通。

启动该车发动机并怠速运转，用示波器测量压力开关线路的B端子（接PCM）或C端子（接自动空调控制器）。当压缩机接通时，压力开关B、C端子电压为0V；压缩机断开时，压力开关B、C端子电压为12V，说明系统正常。当发动机转速上升到3000r/min以后，压缩机断开，此时B端子电压为13.8V，C端子电压为0V，说明此时高低压开关已经断开。由于此时C端子电压为0V，所以基本排除线路和自动空调控制器存在故障的可能，故障原因应该在制冷系统环路。

PCM控制空调压缩机继电器执行动作的原理为：首先，当驾驶员按下空调（A/C）开关时，申请信号由自动空调控制单元经压力开关传递到PCM，即PCM接收到自动空调系统的申请信号。只有空调系统压力正常，才能保证压力开关正常接通，这时PCM才能接收到使空调系统工作的指令，之后PCM控制空调压缩机的运转。

该车的空调制冷剂压力开关采用了3挡压力型，它由高/低压开关和中等压力开关组成。当制冷剂循环中的压力过高或过低时，高/低压开关通过切断A/C信号来保护制冷系统部件。中等压力开关根据空调压缩机的工作负载输出一个怠速提高信号。压力开关在压力大于2.94～3.34MPa时或压力低于0.195～0.250MPa时断开，中等压力开关在压力为1.39～1.65MPa时接通。

排除解决 把歧管压力计接入空调高压管路和低压管路，检测发动机在2000r/min时空调系统的压力。经检测在正常范围内，可以判断是压力开关失灵，更换压力开关。

4.6 汽车安全气囊故障诊断与检测

安全气囊属于汽车乘员"被动安全性保护装置"。其中安全带在被动保护过程中起主要作用，而安全气囊属于辅助约束系统（Supplemental Restraint System），即SRS。

4.6.1 汽车安全气囊的结构及工作原理

(1) 汽车安全气囊作用及组成

安全气囊对驾驶员和乘员的头部、颈部安全有着十分明显的保护作用。特别是汽车正面碰撞和侧面碰撞时，其保护作用尤为明显。

安全气囊系统主要由传感器、微处理器（ECU）、气体发生器和气囊等主要部件组成。如图4-29所示。

(2) 安全气囊的工作过程

由于车辆型号和安全气囊的种类不同，安全气囊的工作过程受到多种外界因素的影响。但是其工作过程大体上是相同的。

安全气囊的作用过程如下：碰撞→碰撞传感器→电子控制器→（电脉冲）→气体发生器→

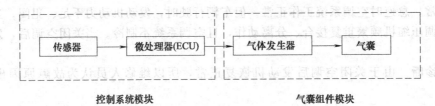

图 4-29 安全气囊组成

气囊展开→乘员保护。汽车发生正面碰撞时驾驶员的安全气囊展开过程如图 4-30 所示（其中具体时间与多种因素有关，图示时间仅供参考）：

① 0~10ms：在汽车特定的敏感部位处，装置碰撞传感器。碰撞传感器受到足够的碰撞冲量作用时，在 10ms 的瞬间内，将触发信号输送到中央电子控制器。

② 10~20ms：在中央电子控制器中，主要有对安全气囊系统进行监测和控制的微处理器，能够对传感器输入的触发信号立即进行计算、比较和判断。如果碰撞冲量超过预先的设定值，中央电子控制器立即释放一个电脉冲火花，使气体发生器中的雷管急速爆炸。

③ 20~60ms：雷管的爆炸击穿装气体发生器的燃料盒，将固定燃料点燃并产生高温、高压气体（氮气），快速地经过滤器过滤冷却后冲入安全气囊。气囊在 20~60ms 内张开达到最大容积，在乘员与车内装备之间形成一个气垫。在同一瞬间，乘员因惯性力的作用，可能向前冲出 150~200mm，头部、脸部和胸部正好与迎面而来的气囊相接触。但高压气囊膨胀的能量，会把乘员"回弹"到座椅上，使得乘员身体受到一定损伤。

④ 60~100ms：与此同时，装在气囊后面的排气孔打开，气囊泄气并收缩。由气体的阻尼作用，吸收了碰撞的能量，缓解了气囊对乘员头部和脸部的压力，使乘员陷入较柔软的气囊中。由于安全气囊将乘员与车内装备隔开，而使得乘员得到保护。最后气体全部从排气孔排出，气囊瘪下。

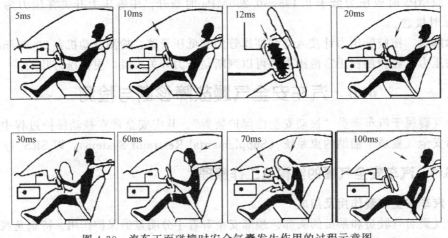

图 4-30 汽车正面碰撞时安全气囊发生作用的过程示意图

整个碰撞—安全气囊展开对乘员的安全保护过程，大约 60~100ms。安全气囊展开进行保护的过程，是一种不可逆的过程，在完成保护过程后，必须重新安装安全气囊控制器和安全气囊总成。

一般来说，车辆的轻微碰撞不会使气囊打开。只有在车辆正面一定角度范围内碰撞才能使气囊打开。安全气囊打开需要合适的速度和碰撞角度。从理论上讲，只有车辆的正前方大约 60°之间位置撞击在固定的物体上，速度高于 30km/h，这时安全气囊才可能打开。这里所说的速度不是通常意义上所理解的车速,而是在试验室中车辆相对刚性固定障碍物碰撞的速度,实际碰撞中汽车的速度高于试验速度气囊才能打开。后碰、侧碰、翻转都不会引发气囊打开。

安全气囊可将撞击力均匀地分布在头部和胸部,防止脆弱的乘客肉体与车身产生直接碰撞,大大减少受伤的可能性。此外,气囊爆发时的音量大约只有130dB,在人体可忍受的范围;气囊中78%的气体是氮气,十分安定且不含毒性,对人体无害;爆出时带出的粉末是维持气囊在折叠状态下不粘在一起的润滑粉末,对人体亦无害。

4.6.2 安全气囊故障诊断与检测

(1) 安全气囊系统检测注意事项

在检修安全气囊系统和安全带预紧装置时,如果不按正确顺序操作,一方面很可能使乘员约束系统在维修过程中意外动作,造成严重事故;另一方面也可能使故障不仅不能得以排除,而且还会使安全气囊系统失效,造成在需要乘员约束系统进行保护时它却不起作用。

另外还可能使汽车其他系统不能工作。因此,在检修乘员约束系统(包括安全气囊系统和安全带预紧装置)时,一定要注意以下几个方面:

① 在对安全气囊系统进行故障诊断时,应首先提取故障代码。因为安全气囊系统失效时没有故障现象,无法根据故障现象进行故障诊断。当安全气囊系统出现故障时,自诊断系统提供的故障代码就成为故障诊断的重要依据。

② 安全气囊系统各零部件的检修和测试必须在点火开关转到"LOCK"位置且将蓄电池搭铁线拆下一段时间(车型不同,该时间也不同,如丰田子弹头旅行车需拆下60s,而丰田皇冠轿车需拆下90s)后才能进行。因为安全气囊系统配有备用电源,若从蓄电池上拆下负极搭铁线不到规定时间就开始维修工作,则很容易因备用电源而使气囊充气张开,造成严重事故。另外,若拆开安全气囊电线插接器时点火开关不在"LOCK"位置而在"ON"或"ACC"位置,安全气囊系统还会出现故障代码。

由于拆下蓄电池负极搭铁线,将会使音响系统自动锁住以及使时钟的储存内容消失。因此,在检修之前应首先将存储系统的存储内容(如音响密码等)做好记录,以便在维修工作结束后利用密码使音响系统解锁和重新调准时钟。另外,对于具有存储功能的电动座椅、电动后视镜、电子安全带预紧装置、方向盘自动倾斜和伸缩转向系统,在维修时也会因拆下蓄电池搭铁线而使其存储内容丢失。因此,在维修工作结束后应重新设置其存储内容。

③ 无论发生何种强度的碰撞(即使发生了轻微碰撞,安全气囊并不动作),都应对前碰撞传感器及安全气囊组件进行检查。

④ 更换零件时,应使用本车型安全气囊系统的新件,切勿使用其他车辆的零件。

⑤ 不允许对SRS ECU进行敲击、跌落、振动或酸、碱、油、水的浸蚀,若在修理过程中有可能产生对传感器有冲击作用的振动,则应在修理前拆下碰撞传感器。

⑥ 绝对不允许测量安全气囊引爆管的电阻,因为这样做很容易使气囊张开而造成事故。

⑦ 不要拆卸和修理前碰撞传感器、安全气囊组件(包括驾驶员侧和副驾驶员侧)、SRS微电脑以及安全带预紧器,因为它们均为一次性零部件,根本不用拆卸和修理。若前碰撞传感器、SRS微电脑或安全气囊组件(包括驾驶员侧和副驾驶员侧)曾被摔过,或者其上有裂纹、凹痕,或其表面有缺陷等,均应更换新件。不可将前碰撞传感器、SRS微电脑以及安全气囊组件正对热空气或火焰。

⑧ 检查电路时应使用高阻抗(大于10kΩ/V)的电压/电阻表。

⑨ 安全气囊系统中各部件的外表贴有标签,其上有使用说明,必须严格遵守。

⑩ 安全气囊系统维修完毕后，应检查安全气囊报警灯工作是否正常。

(2) 安全气囊系统的故障诊断方法

安全气囊系统的故障难以确诊，一般有三种诊断方法，即警告灯诊断法（自诊断）、参数测量法和仪器诊断法。

① 警告灯诊断法　现代轿车一般都配备有自诊断系统，通过对自诊断接口进行相应的操作，即可通过仪表板上的安全气囊（或 AIR BAG）警告灯读取故障码。

② 参数测量法　部分轿车的安全气囊系统配有供故障诊断用的测试接口，在进行故障诊断时，只需测出各接口之间的电压，与手册中的正常电压进行对比，即可找出故障原因。

③ 仪器诊断法　故障警告灯闪烁表明系统产生故障，连接相应诊断仪器提取故障代码，然后根据故障代码的提示进行相应的故障排除。

(3) 安全气囊系统故障诊断基本流程

① 弄清 SRS 类型，仔细观察警示灯的闪烁情况

a. 按点火方式分：

(a) 机械式：红旗轿车及 1993 年前生产的丰田 CORONA 轿车等。

(b) 电信号式：由 SRS 电脑控制触发点火信号。目前绝大多数轿车 SRS 都采用此种类型。

b. 按气囊布置分：

(a) 单安全气囊（只装在驾驶员侧）；

(b) 双安全气囊（驾驶员侧和乘客侧各有 1 个安全气囊）；

(c) 后排安全气囊（装在前排座椅上）；

(d) 侧面安全气囊（装在车门上或座椅扶手上，防止乘员受侧面撞击）。

不同类型的安全气囊其结构、性能都不会相同，其维修方法也不尽相同。此外，要认真仔细地观察警示灯（SRS 灯、或 SIR 灯、或 AIRBAG 灯）的工况，有些车型 SRS 的故障从警示灯就可以进行判断。

② 调故障码　一旦弄清是 SRS 有故障，调取 SRS 故障码是简便、快捷诊断故障的方法，但有些车型调 SRS 故障码需要专用仪器，还需要故障码表。这就需要借助于专业的维修手册。

③ 解除 SRS 工作

为了安全地对 SRS 系统进行检查和进行必要的电压、电阻等测试，必须对安全气囊进行解除，即解除处于工作状态下的安全气囊。

SRS 一般的解除工作步骤是：

a. 摘下蓄电池负极接头。

b. 等待约 90s，待 SRS 电脑中的电容器（第 2 电源）放电完毕。

c. 摘下驾驶员侧气囊组件连接器。

d. 摘下乘客侧气囊连接器。

e. 重新接上蓄电池负极电缆。

④ 检查与参数测试

a. 检查：检查传感器外壳、托架有无变形、裂纹及安装松动等缺陷。检查 SRS 电脑线路连接、传感器连接及连接检查机构、过电检测机构是否可靠。检查各线路连接器和安全带收紧机构是否有损坏等等。

b. 测试：测试碰撞传感器的电阻、电压值及时钟弹簧电阻值；测试 SRS 电脑输入、输出电压值；测试各线路是否断路、短路等等。根据维修经验，SRS 的时钟弹簧故障率较高，

要注意检测;有些车型 SRS 灯一直亮,没有故障码显示,一般是由于电源电压过低或备用电源电压过低,SRS 电脑未将故障代码存入存储器中所引起的。此外,在 SRS 的故障诊断过程中,可以参照同类型(不同牌号)SRS 来分析故障原因和位置,也可更换某个零件做对比试验。

⑤ 检查 SRS 工况　维修好的 SRS 系统,应进行如下检测:接通点火开关,SRS 警示灯应亮约 6s 后熄灭,这表示 SRS 故障排除,工作正常,否则应重新检修。

(4) 安全气囊系统故障分析与检测

① 安全气囊系统装置元件　安全气囊系统(Air Bag Restraint System),简称 SRS,其系统中的装置元件,包含安全气囊组成、安全气囊控制电脑、左右碰撞传感器、方向盘游丝弹簧、安全气囊警示灯和安全气囊诊断接头等,分别叙述如下:

a. 安全气囊控制电脑　是监视和处理碰撞感应和引爆安全气囊的中枢机构,它安装在客座前方的支架上,并附有六支脚的诊断接头,若安全气囊系统电路有故障时,则以仪表板 AIR BAG(安全气囊)警示灯,持续亮 12s 以上,以提醒检修。如果系统完全正常,则 AIR BAG 警示灯,在亮 6~8s 后,自动会熄灭。

b. 碰撞传感器　安装在水箱左边和右边的钣金上,当车辆速度在 14km/h 以上,车头正面或左、右侧发生撞击时,碰撞传感器内部接点因而导通,并由安全气囊控制电脑指使安全气囊引爆,以保护驾驶者。碰撞传感器的设计,是依据车体碰撞角度和传感器冲击面的力量,使传感器接点导通,而平时的电路回路,则由 9~11kΩ 电阻连接,供电路监视之用。

c. 安全气囊组成　装在方向盘的正中央,它包含安全气囊、引爆器和氮气蒸发元素等,在车辆碰撞的 0.1s 内,引爆的安全气囊即完全充气。由于安全气囊装在方向盘中央,而方向盘经常需要左右旋转,因此借着游丝弹簧装置,作为安全气囊电路的连接装置。

② 故障码的读取、消码　当发现故障灯亮时,应进行故障码的读取。

a. 故障码的读取方法:只能用专用诊断仪来读取故障内容。

(a) 当前故障:当前安全气囊的故障,对安全气囊的正常工作有影响。

(b) 历史故障:以往探测到的故障,对安全气囊的正常工作无影响。

注:一旦发生故障,报警灯即点亮,即使故障不再激活,警示灯也持续点亮。

b. 进行故障诊断的注意事项

(a) 进行检测前应拆下蓄电池负极线,并等待 1min,才能进行检测。

(b) 必须使用数字式万用表来进行有关检测,如果使用指针式万用表有引起气囊误爆的危险。

c. 拆下的安全气囊必须盖子朝上来放置(万一出现误爆,可以使气囊有展开的空间,避免气囊总成爆炸乱飞,造成更大伤害)。

③ 安全气囊的检测与维修　虽然安全气囊系统的结构、分布形式以及型号不同,但其工作原理上是相似的。当然其故障维修方面也是相似的。

安全气囊的常见故障和维修方法如表 4-10 所示。

表 4-10　安全气囊的常见故障和维修方法

常见故障	维修方法
司机安全气囊阻值过高或过低	检查线束连接是否正常。更换时钟弹簧或司机安全气囊线束。更换安全气囊模块
司机安全气囊对地短路或搭线	检查线束连接是否正常。更换时钟弹簧或司机安全气囊线束。更换安全气囊模块
司机安全气囊对电源短路	检查线束连接是否正常。更换时钟弹簧或司机安全气囊线束。更换安全气囊模块

续表

常见故障	维修方法
副驾驶安全气囊阻值过高或过低	检查线束连接是否正常。更换时钟弹簧或副驾驶安全气囊线束。更换安全气囊模块
副驾驶安全气囊对地短路或搭线	检查线束连接是否正常。更换时钟弹簧或副驾驶安全气囊线束。更换安全气囊模块
副驾驶安全气囊对电源短路	检查线束连接是否正常。更换时钟弹簧或副驾驶安全气囊线束。更换安全气囊模块
司机安全带预紧器阻值过高或过低	检查线束连接是否正常。更换司机安全带预紧器。更换安全气囊模块
司机安全带预紧器对地短路或搭线	检查线束连接是否正常。更换司机安全带预紧器。更换安全气囊模块
司机安全带预紧器对电源短路	检查线束连接是否正常。更换司机安全带预紧器。更换安全气囊模块
副驾驶安全带预紧器阻值过高或过低	检查线束连接是否正常。更换副驾驶安全带预紧器。更换安全气囊模块
副驾驶安全带预紧器对地短路或搭线	检查线束连接是否正常。更换副驾驶安全带预紧器。更换安全气囊模块
副驾驶安全带预紧器对电源短路	检查线束连接是否正常。更换副驾驶安全带预紧器。更换安全气囊模块
电源电压过高或过低	检查安全气囊线束和蓄电池电压是否正常
安全气囊故障指示灯对电源短路	检查 ECU 与指示灯连接是否正常。查看安全气囊电源即搭铁线路是否正常。更换安全气囊模块
前气囊已爆	确认前气囊是否已爆。更换前气囊及其连接线束。更换安全气囊控制器和安全气囊模块
安全气囊控制器达到最大限度无法继续使用	更换安全气囊控制器和安全气囊模块
碰撞输出电路对电源短路	检查连接线路是否正常。更换安全气囊线束或安全气囊模块
碰撞输出电路对地短路或开路	检查连接线路是否正常。更换安全气囊线束或安全气囊模块

 典型故障案例

[案例 1]

故障现象 安全气囊灯常亮、不灭。

故障分析 安全气囊上的插接件没有插到位,气囊插口的短路环直接将插件上的两脚短路,防止气囊误爆,出现没有插到位的情况后一定要将这个插头拔下来检查一下插接端子及端口有没有变形,如果变形后必须更换相关的零部件,如果没有变形重新用力将其插接到位即可。

切记:不能试图用万用表检测气囊,如果需要用万用表检查线路必须断开气囊及 SRS 电脑。

故障诊断与排除 该车的安全气囊在一次事故中起爆,到服务站维修后车主接车的时候一切很正常,开出服务站的第二天早上发动的时候出现安全气囊故障灯长亮,于是用户又开到服务站来维修。

经用诊断仪检测故障码,诊断仪显示:B1347 驾驶侧安全气囊线路阻值过低/短路——检查螺旋电缆与安全气囊插接件/螺旋电缆与安全气囊线束插接件,没有发现插接不良的现象,断开安全气囊螺旋电缆和 SRS,用万用表检测气囊线束,也没有发现短接/搭铁的情况,拆开方向盘上的气囊,发现螺旋电缆插到气囊上的插件没有插到位。

重新将插头插到位后再打开点火开关检查,发现安全气囊灯还是长亮,证明还是插接不良,拔掉这个插件检查插接端子及端口,发现二者有些干涉,简单的修复后重新插入,再打开点火开关,气囊故障灯在自检完毕后熄灭。

[案例 2]

故障现象 安全气囊灯长亮。

故障分析 气囊线束固定卡子断裂,导致接触不良,从而导致气囊电脑收到错误信号,有时记录为故障码,有时虽然故障消失但故障灯仍然点亮。

故障诊断与排除 由于气囊组件是比较精密的电子元件,诊断时需要用专用的诊断仪——用诊断仪检测时发现有个奇怪的现象:有时没有故障码、系统正常,有时却显示是副气囊短路/电阻过低,开始考虑可能是系统电压过低——拔掉气囊及 SRS(注意:用万用表检测气囊组件时必须要这样做)用万用表检测 SRS 插件电源端子的电压,电压为 12.4V,系统电压正常;因为气囊检测必须要用专用的电雷管测试仪检测电阻,这种检测仪价格比较昂贵,所以不方便检测副气囊的电阻,因此只能先检查线路:用万用表测量线路都导通且不存在短路现象,最后无意中发现副气囊与气囊主线连接的一个插件固定卡子断裂。重新更换线束后,问题解决。

[案例 3]

故障现象 打开点火开关,仪表自检却没有蜂鸣声。

故障分析 驾驶员没有系安全带,安全带的开关断开,仪表没有接收到安全带信号,蜂鸣器会响起提醒驾驶员安全带没系,如果驾驶员系上安全带,蜂鸣器就不会响起了。该车的安全带开关损坏,以致开关长期闭合,仪表以为驾驶员系上安全带了,因此蜂鸣器不报警。机油压力过低、水温过高、制动系统有问题时,仪表检测到这些信号后会发出报警声,也会提示驾驶员。

故障诊断与排除 仪表在点火开关打开的过程中自检,内部的蜂鸣器会同时发出鸣叫声,针对该辆车作如下检查:

① 用诊断仪进入仪表的诊断程序检测仪表,仪表的蜂鸣器能正常响起,因此仪表内部的蜂鸣器不存在故障;

② 仔细观察仪表,发现安全带指示灯不亮,再查看安全带,但安全带并没有插到带扣上;

③ 根据这条线索检查安全带锁扣,发现锁扣上的安全带开关损坏——内部已经接触在一起了。

4.7 车载网络故障诊断与检测

4.7.1 车载网络的组成及分类

车载网络采取基于串行数据通信的体系结构,车载网络主要由电控单元、数据总线、网络、网络协议、网关等组成。

(1) 电控单元

现代汽车除了有发电机电控单元,还有自动变速器电控单元、ABS 电控单元、空调电控单元等许多电控单元,高档轿车有几十个电控单元,因此,必须用网络把它们连接起来,才能资源共享。

(2) 数据总线

数据总线(BUS)是电控单元间运行数据传递的通道,简称总线,即所谓的信息高速公路。如果一个控制单元可以通过总线发送数据,又可以从总线接收数据,则这样的数据总线就称为双向数据总线。汽车上的数据总线的传输介质常用单线、双绞线或光纤。

(3) 网络

在汽车行业里,习惯将几条总线连接一起的车载局域网称为车载网络。为了满足汽车上不同的电控单元对总线系统性能要求的不同,同时考虑经济成本,一辆汽车上往往采用不同的总线组成车载网络。

(4) 网络协议

车载网络协议包括各总线独立通信协议和各总线相互通信协议。

(5) 网关

由于车载网络是由不同的总线组成,因此,就需要一个连接不同总线的特殊网络节点,这个节点称为网关(Gateway)。

图 4-31 是汽车车载网络系统组成的拓扑图,它由动力 CAN 总线、舒适 CAN 总线和信息 MOST 总线联网组成,网关是它们的连接点。在舒适 CAN 总线下还有一个辅助的 LIN 总线。

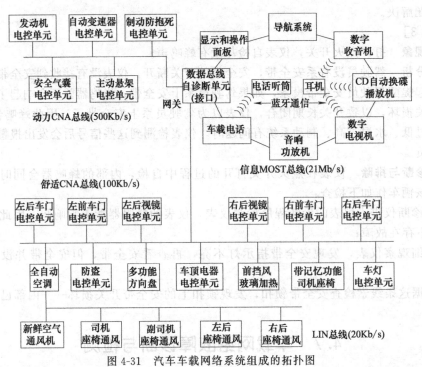

图 4-31 汽车车载网络系统组成的拓扑图

车载总线按特性分为 A(低速)、B(中速)、C(高速)三类。A 类常用的总线是 LIN 总线;B 类常用的总线是 CAN 总线;C 类总线有高速 CAN 总线、安全总线、X-by-Wire 总线、诊断系统总线标准和多媒体系统总线。现在汽车上应用的车载网络总线见表 4-11。其中应用最广泛的有 CAN 数据总线系统、LIN 总线系统、MOST 总线系统、VAN 总线系统和 LAN 总线系统。下面重点介绍 CAN 数据总线系统。

表 4-11 汽车车载网络总线

车载网络名称	概要	通信速度	开发公司或组织
CAN(Controller Area Network)	车身/动力传动系统控制用局域网协议,最有可能成为世界标准的车用局域网协议	1Mb/s	Robert Bosch 公司,ISO
VAN(Vehicle Area Network)	车身系统控制用 LAN 协议,以法国为中心	1Mb/s	ISO
J1850	车身系统控制用 LAN 协议,以美国为中心	10.4～41.6Kb/s	Ford Motor 公司
LIN(Local Interconnect Network)	车身系统控制用局域网协议,液压组件专用	20Kb/s	LIN 协议会
IDB-C(ITS Data Bus on CAN)	以 CAN 为基础的控制用局域网协议	250Kb/s	IDM 论坛
TTP/C(Time Triggered Protocol by CAN)	重视安全、按用途分类的控制用局域网协议,时分多路复用(TDMA)	2～25Mb/s	TTT 计算机技术公司
ITCAN(Time Triggered CAN)	重视安全、按用途分类的控制用局域网协议,时间同步的 CAN	1Mb/s	Robert Bosch 公司,CAN
Bytelight	重视安全、按用途分类的控制用局域网协议,通用时分多路复用(FTDMA)	10Mb/s	BMW 公司
Flex Ray	重视安全、按用途分类的控制用局域网协议	5Mb/s	BMW 公司、Daimler-Chrysler 公司
D2B/Optical(Domestic Digital Bus/Optical)	音频系统通信协议将 D2B 作为音频系统总线采用光通信	5.6Mb/s	C&C 公司
MOST(Media Oriented System Transport)	信息系统通信协议,以欧洲为中心,由克莱斯勒与 BMW 公司推动	22.5Mb/s	MOST 合作组织
IEEE1394	信息系统通信协议	100Mb/s	1394 工业协会

4.7.2　CAN 数据总线系统

CAN 数据传输系统将传统的多线传输系统改变为双线(总线)传输系统(如图 4-32 所示)。这样一辆汽车不论有多少控制模块,也不管其信息容量有多大,每个控制模块都只需引出两条线接在两个节点上,这两条导线称为数据总线。数据总线好比一条信息高速公路,信息通过在高速公路上行驶的 BUS 来传递,所以 CAN 数据传输系统又称为 CAN-BUS。

(1) CAN 数据总线系统的组成

CAN 数据总线系统由电控单元 ECU、传输介质双绞线和终端电阻组成,如图 4-32

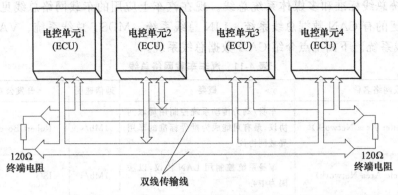

图 4-32 CAN 总线组成

所示。

① 电控单元 CAN 总线连接的电控单元 ECU 又称 CAN 总线上的节点。理论上 CAN 总线可以连接无穷多个节点，实际上受线路越长、传输速率越低的限制，可连接几十个节点。

CAN 总线上的每个电控单元 ECU 独立完成网络数据交换和测控任务，如发动机电控单元 ECU、自动变速器电控单元 ECU、ABS 电控单元 ECU 等。CAN 总线上的电控单元 ECU 与非网络电控单元 ECU 不同，非网络电控单元 ECU 不需要对外进行数据交换；而网络上的电控单元 ECU 之间需要数据交换，例如发动机电控单元 ECU 中的发动机转速数据除了控制发动机的工况需要外，还需要经 CAN 总线传输给自动变速器电控单元 ECU，供自动变速器自动换挡控制使用；反过来，自动变速器的换挡信号也要经 CAN 总线传输给电控单元 ECU，使发动机的工况适合自动变速器的换挡要求。

如图 4-33 是 CAN 总线电控单元的原理图，CAN 总线电控单元由输入电路、输出电路、单片机、CAN 控制器、光电隔离电路、CAN 控制器收发器组成。

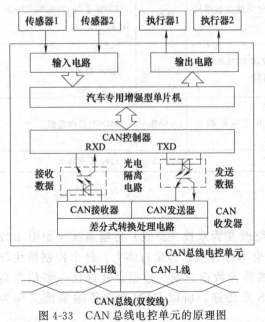

图 4-33 CAN 总线电控单元的原理图

a. 输入电路 输入电路用来接收来自传感器和控制开关的输入信号，并将输入信号转换为单片机可接收的数字信号。如果输入信号是模拟信号，那么输入电路里还含有模/数转换电路（A/D 转换），将模拟信号转为数字信号。如冷却液温度传感器的信号是模拟信号，需经 A/D 转换电路转换为数字信号。

b. 输出电路 输出电路将单片机输出的控制信号转换能驱动执行器的功率信号，因此输出电路包括放大驱动电路。因为大部分执行器是模拟执行器，所以首先要将单片机输出的数字信号经数/模转换电路（D/A 转换）转换为模拟信号。

c. 单片机 单片机在工业控制技术中也常称为微控制器。目前，汽车电控单元使用的单片机是汽车专用增强型单片机，是针对汽车较为复杂的振动、高温、低温和恶劣的电磁环境而设计的。有的汽车单片机芯片内已包含 A/D 转换、D/A 转换和其他专用电路，有的甚至将 CAN 控制器也合成在一起。

d. CAN 控制器　CAN 控制器的作用是接收控制单元中微处理器发出的数据，处理数据并传给 CAN 收发器。同时，CAN 控制器也接收 CAN 收发器收到的数据，处理数据并传给微处理器。

e. CAN 收发器　CAN 收发器是一个发送器和接收器的结合，它将 CAN 控制器提供的数据转化为电信号并通过数据总线发送出去；同时，它也接收 CAN 总线数据，并将数据传输给 CAN 控制器。

f. 光电隔离电路　光电隔离电路以光为媒介传送信号，对输入和输出电路进行电气隔离，因而能有效地抑制系统噪声，消除接地回路的干扰，有响应速度较快、寿命长、体积小、耐冲击等好处。

② 数据传输终端　数据传输终端实际上是一个电阻器，其作用是保护数据，避免数据传输到终端被反射回来而产生反射波。

③ CAN 数据总线　CAN 数据总线是传输数据的双向数据线，CAN 高电平数据线和低电平数据线，即 CAN-H 线和 CAN-L 线，这两条线上的电位和是恒定的，如果一条线上的电压是 5V，则另一条线上的电压为 0。这种结构使系统能够同时读写总线。为了防止外界电磁波干扰和向外辐射，CAN 数据总线通常缠绕在一起。

(2) CAN 数据传输系统的工作原理

随着 CAN 在各种领域的应用和推广，对其通信格式的标准化提出了要求。1991 年 9 月 Philips Semiconductors 制定并发布了 CAN 技术规范（Versio 2.0）。该技术包括 A 和 B 两部分。2.0A 给出了 CAN 报文标准格式，而 2.0B 给出了标准的和扩展的两种格式。1993 年 11 月 ISO 颁布了道路交通运输工具-数据信息交换-高速通信局域网（CAN）国际标准 ISO 11898，为控制局域网的标准化和规范化铺平了道路。美国的汽车工程学会 SAE 于 2000 年提出的 J1939，成为货车和客车中控制器局域网的通用标准。

① J1939 协议通信原理及内容　J1939 是一种支持闭环控制的在多个 ECU 之间高速通信的网络协议。主要运用于载货车和客车上。它是以 CAN2.0 为网络核心。表 4-12 介绍了 CAN2.0 的标准和扩展格式及 J1939 协议所定义的格式。表 4-13 则给出了 J1939 的一个协议报文单元的具体格式。可以看出，J1939 标识符包括：PRIORTY（优先权位）；R（保留位）；DP（数据页位）；PDU FORMAAT（协议数据单元）；PDU SPECIFIC（扩展单元）和 SOURCE ADDRESS（源地址）。而报文单元还包括 64 位的数据场。

表 4-12　CAN2.0 的标准和扩展格式及 J1939 协议所定义的格式

CAN 扩展帧格式	SOF	11 位标识符				SRR	IDE	18 位扩展标识符		
J1939 帧格式	帧起始位	优先权 3 位	R 位（保）	数据页 DP	PF 格式 6 位	SRR 位	扩展标识	PF	PS 格式（8 位）	源地址（8 位）
CAN 帧位置	1	2～4	5	6	7～12	13	14	15 16	17～24	25～32
		28～26	25	24	23～18			17 16	15～8	7～0

表 4-13　J1939 协议报文单元的具体格式

一个 J1939 协议报文单元						
PRIORITY	R	DP	PDU FORMAT	PDU SPECIFIC	SOURCE ADDRESS	DATA FIELD
3	1	1	8	8	8	0～64

J1939通信中的核心是负责数据传输的传输协议。它的功能分为两部分：

a. 数据的拆分打包和重组 一个J1939的报文单元只有8个字节的数据场。因此如果所要发送的数据超过了8字节，就应该分成几个小的数据包分批发送。数据场的第一个字节从1开始作为报文的序号，后7个字节用来存放数据。所以可以发送255×7＝1785个字节的数据。报文被接收以后按序号重新组合成原来的数据。

b. 连接管理 主要对节点之间连接的建立和关闭，数据的传送进行管理。其中定义了5种帧结构：发送请求帧、发送清除帧、结束应答帧、连接失败帧以及用来全局接收的广播帧。节点之间的连接通过一个节点向目的地址发送一个发送请求帧而建立。在接收发送请求帧以后，节点如果有足够的空间来接收数据并且数据有效，则发送一个发送清除帧，开始数据的传送。如果存储空间不够或者数据无效等原因，节点需要拒绝连接，则发送连接失败帧，连接关闭。如果数据接收全部完成，则节点发送一个结束应答帧，连接关闭。

② CAN数据传输系统的工作原理 控制单元向CAN控制器提供需要发送的数据，这种数据由二进制数构成，即"0"或"1"，"1"表示电路接通，"0"则表示断开。也就是说1位数字可表示2种状态，2位数则可表示4种状态；3位数可表示8种状态，依此类推，最大的数据是64位，它可表示的信息量为2的64次方，等于1.8乘以10的19次方。用数字表达温度信息的实例见表4-14。

为了避免多个信息在传递时发生冲突，CAN数据总线在同一时刻只允许传递一个数据。数据传递的先后顺序是按数据的优先级别来确定的，具有更高优先级别的数据首先发送，而数据的优先级别是由二进制的11位数值来表示。当多个控制单元同时发送数据时，在数据传输线上由左到右对表示优先级别的11位数字，进行逐一比较。如果一个控制单元发送了一个低电位（用"1"表示）而检测到一个即将接收的高电位（用"0"表示），那么，该控制单元就停止发送而转变为接收状态；如果一个控制单元向外发送高电位（用"0"表示），而同时另一个控制单元向外发送低电位（用"1"表示），则数据传输线将体现高电位（用"0"表示）。例如，发动机控制单元要发送的数据为"00101000000"；而自动变速器控制单元要发送的数据为"01000100000"；ABS控制单元要发送的数据为"00011010000"。

表4-14 用数字表达温度信息

1位数值的变化	产生信息	2位数值的变化	产生信息	3位数值的变化	产生信息
0(5V)	10℃	00	10℃	000	10℃
1(0V)	20℃	01	20℃	001	20℃
		10	30℃	010	30℃
		11	40℃	011	40℃
				100	50℃
				101	60℃
				110	70℃
				111	80℃

那么，数据传输线将如何传递这些数据呢？首先，第一位均为"0"，数据传输线上也体现为"0"；三个数据的第二位数字，自动变速器控制单元准备向外发送"1"，而发动机控制单元和ABS控制单元均准备向外发送0，因此，自动变速器控制单元，发送了一个低电位（用"1"表示），而接收一个高电位（用"0"表示），那么，自动变速器控制单元将失去优先权，而转为接收状态，数据传输线传送"0"；再比较第三位数字，发动机控制单元准备向外发送"1"，而ABS控制单元准备向外发送"0"，同理，发动机控制单元将失去优先权而

转为接收状态,数据传输线传输"0"。

通过比较三个数据的状态域,可以确定 ABS 控制单元具有最高优先权,从而可以接管数据总线的控制权,该优先权保证其持续发送数据直至发送终了。ABS 控制单元结束发送数据后,因发动机控制单元的优先权高于自动变速器控制单元,所以数据总线的发送次序是:首先发送 ABS 控制单元数据,然后发送发动机控制单元数据,最后发送自动变速器控制单元数据。

4.7.3 典型车辆(大众 POLO 乘用车)CAN 数据传输系统的检修

(1) 大众 POLO 乘用车的 CAN 数据传输系统的组成

大众 POLO 乘用车的 CAN 数据传输系统由舒适性控制 CAN 总线、动力 CAN 数据总线、车载网络控制和网关等部分组成。

① 舒适性控制 CAN 总线 由车载网络控制单元 J559、数据总线的诊断接口 J553、电控系统控制单元 J255、空调控制单元 J301、舒适性系统的中央控制单元 J393、驾驶侧车门控制单元 J386、前乘客侧车门控制单元 J387、左后右后车门控制单元 J388、J389、无线电及导航控制单元组成。其数据传递速率较动力控制系统低,以 100kb/s 速率传递数据。

② 动力 CAN 数据总线 由车载网络控制单元 J559、数据总线的诊断接口 J533、仪表板控制单元 J285 以及发动机控制单元、自动变速器控制单元、ABS 控制单元、安全气囊控制单元、转向辅助控制单元等组成。

③ 车载网络控制系统 通过控制单元对车辆各种信号进行监测,根据设定的程序对燃油泵继电器、车内灯光等执行元件进行控制。

④ 网关 就是同时连接多种不同数据传递速率的 CAN 数据总线的电脑,在传递数据时起翻译的作用。也就是说网关将不同速率的数据进行格式转换,变成满足 CAN 网络要求的数据,放在 CAN 网络上。大众 POLO 乘用车的网关电脑与仪表电脑安装在一起。

(2) 大众 POLO 乘用车的 CAN 总线系统的检修

大众 POLO 乘用车的 CAN 系统的故障都可以采用最新版本的 VAG1551、VAG1552 型检测仪进行检测诊断,现以动力 CAN 数据总线系统为例予以说明。

表 4-15 大众 POLO 1.8T 型乘用车动力数据总线故障码表

SAE 码	VAG 码	含 义
P1626	18034	数据总线缺少来自自动变速器控制单元的信息
P1636	18004	数据总线缺少来自安全气囊控制单元的信息
P1648	18056	数据总线损坏
P1649	18057	数据总线缺少来自 ABS 控制单元的信息
P1650	18058	数据总线缺少来自组合仪表控制单元的信息
P1682	18090	数据总线中来自 ABS/DEL 控制单元的信息不可靠
P1683	18091	数据总线中来自安全气囊控制单元的信息不可靠
P1684	18261	数据总线中来自 ABS/EL 控制单元的信息不可靠

大众 POLO 乘用车的动力 CAN 数据总线系统逐一连接各控制单元。总线系统需传递的数据有 10 组,包括发动机控制单元的数据 5 组、自动变速器控制单元的数据 2 组、ABS 控制单元的数据 3 组。

故障查询:利用 VAG1551、VAG1552 型检测仪,分别进入 01、02、03 地址对发动机、ABS 和自动变速器控制单元进行自诊断,再进入功能码 02 查询三个电控单元是否存储

CAN 数据传输系统的故障码,动力数据总线故障码见表 4-15。

数据总线系统的故障大多是因短路、断路或 CAN 高位数据线和 CAN 低位数据线装混所致,可利用示波器进行检查排除。检查数据传输终端电阻时,应关闭点火开关,拔下发动机控制单元插头,使用万用表测量 58 针与 60 针之间的电阻,这就是数据传输终端的电阻值,规定值为 60~72Ω,如不符合规定应更换发动机控制单元。

4.7.4 车载网络总线典型故障诊断与检测

装有 CAN-BUS 多路信息传输系统的车辆出现故障,维修人员应首先检测汽车多路信息传输系统是否正常。因为如果多路信息传输系统有故障,则整个汽车多路信息传输系统中的有些信息将无法传输,接收这些信息的电控模块将无法正常工作,从而为故障诊断带来困难。对于汽车多路信息传输系统故障的维修,应根据多路信息传输系统的具体结构和控制回路具体分析。一般说来,引起汽车多路信息传输系统故障的原因有三种:一是汽车电源系统引起的故障;二是汽车多路信息传输系统的链路故障;三是汽车多路信息传输系统的节点故障。

(1) 汽车电源系统故障

① 故障机理 汽车多路信息传输系统的核心部分是含有通讯 IC 芯片的电控模块 ECM,电控模块 ECM 的正常工作电压在 10.5~15.0V 的范围内。如果汽车电源系统提供的工作电压低于该值,就会造成一些对工作电压要求高的电控模块 ECM 出现短暂的停止工作,从而使整个汽车多路信息传输系统出现短暂的无法通讯。这种现象就如同用微机故障诊断仪在未启动发动机时就已经设定好要检测的传感器界面,当发动机启动时,往往微机故障诊断仪又回到初始界面。

② 典型案例

故障现象:一辆上海别克轿车,在车辆行驶过程中,时常出现转速表、里程表、燃油表和水温表指示为零的现象。

故障检测过程:用 TECH2 扫描工具(微机故障诊断仪)读取故障代码,发现各个电控模块均没有当前故障代码,而在历史故障代码中出现多个故障代码。其中:SDM(安全气囊控制模块)中出现 U1040——失去与 ABS 控制模块的对话,U1000——二级功能失效,U1064——失去多重对话,U1016——失去与 PCM 的对话;IPC(仪表控制模块)中出现 U1016——失去与 PCM 的对话;BCM(车身控制模块)中出现 U1000——二级功能失效。

故障诊断与排除:经过故障代码的读取可以知道,该车的多路信息传输系统存在故障,因为 OBD-Ⅱ规定 U 字头的故障代码为汽车多路信息传输系统的故障代码。通过查阅上海别克轿车的电源系统的电路图(图 4-34)可以知道,上面的电控模块共用一根电源线,并且通过前围板。由于故障代码为间歇性的,一次断定可能是这根电源线发生间歇性断路故障。

经检查发现,此根电源线由于磨损导致接触不良,经过处理后故障排除。

(2) 节点故障

① 故障机理 节点是汽车多路信息传输系统中的电控模块,因此节点故障就是电控模块 ECM 的故障。它包括软件故障即传输协议或软件程序有缺陷或冲突,从而使汽车多路信息传输系统通讯出现混乱或无法工作,这种故障一般成批出现,且无法维修。硬件故障一般由于通讯芯片或集成电路故障,造成汽车多路信息传输系统无法正常工作。对于采用低版本信息传输协议回点到点信息传输协议的汽车多路信息传输系统,如果有节点故障,将出现整个汽车多路信息传输系统无法工作。

② 典型案例

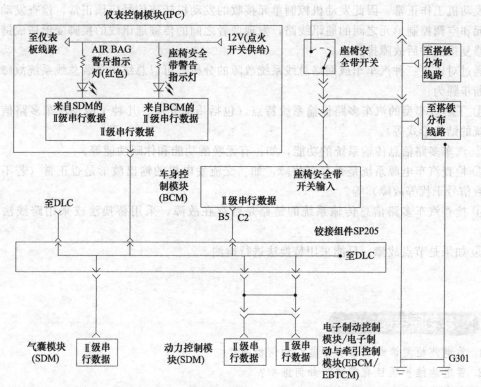

图 4-34 仪表控制、铰接组件、安全气囊控制模块、ABS 控制模块/ABS 与牵引力控制模块电路图

故障现象：一辆上海帕萨特 B5 轿车在使用中出现机油压力报警灯与安全气囊故障指示灯报警，同时发动机转速表不能运行故障。

故障检测：用 V.A.G.1552 故障阅读仪读取发动机控制系统的故障代码，发现有两个偶发性故障代码：18044/P165035——安全气囊控制单元无信号输出；18048/P165035——仪表数据输出错误。用 V.A.G.1552 故障阅读仪读取仪表系统的故障代码为：01314049——发动机控制单元无通讯；01321049——到安全气囊控制单元无通讯。

故障诊断与排除：通过读取故障代码可以初步判断故障在于汽车多路信息传输系统。通过对汽车电气线路进行分析，电源系统引起故障的概率很小，故障很可能是节点或链路故障。用替换法尝试安全气囊控制单元，故障得以排除。

(3) 链路故障

① 故障机理　当汽车多路信息传输系统的链路（或通讯线路）出现故障时，如通讯线路的短路、断路以及线路物理性质引起的通讯信号衰减或失真，都会引起多个电控单元无法工作或电控系统错误动作。判断是否为链路故障时，一般采用示波器或汽车专用光纤诊断仪来观察通讯数据信号是否与标准通讯数据信号相符。

② 典型案例

故障现象：一辆奥迪 100 轿车的电控自动空调系统在开关接通的情况下，鼓风机能工作，但是空调系统却不制冷。

故障检测：通过观察，发现空调压缩机的电磁离合器不吸合，但发动机工作正常。检查电磁离合器线路的电阻值，电阻值符合规定值，检查空调控制单元的输出端没有输出信号。此时用 V.A.G.1552 故障阅读仪读取发动机控制系统和空调控制系统的故障代码，均无故障代码。用 V.A.G.1552 故障阅读仪读取空调控制单元的数据流，发动机的转速数据为零。

由于发动机工作正常，因此发动机控制单元接收的发动机转速信号应该正常，检查发动机控制单元和空调控制单元之间的通讯线路，发现两者之间的传输通讯线的接脚变形造成链路断路，修复接插件后故障排除。

通过对以上三种汽车车载网络总线系统故障的分析，可以总结出车载总线系统故障的一般诊断步骤为：

① 了解该车型的汽车多路传输系统特点（包括传输介质、几种子网及汽车多路信息传输系统的结构形式等）。

② 汽车多路信息传输系统的功能，如：有无唤醒功能和休眠功能等。

③ 检查汽车电源系统是否存在故障，如：交流发电机的输出波形是否正常（若不正常将导致信号干扰等故障）等。

④ 检查汽车多路信息传输系统的链路是否存在故障，采用替换法或采用跨线法进行检测。

⑤ 如果是节点故障，只能采用替换法进行检测。

复习思考题

1. 蓄电池检测诊断项目有哪些？如何检测？
2. 蓄电池维护项目有哪些？如何维护？
3. 汽车电源系常见的故障有哪些？
4. 蓄电池自放电故障原因是什么？如何诊断排除？
5. 电源系统不充电故障原因是什么？如何诊断排除？
6. 电源系统充电指示灯不亮故障原因是什么？如何诊断排除？
7. 启动机主要检测项目有哪些？
8. 启动系统常见故障有哪些？
9. 启动机不运转的原因是什么？如何诊断排除？
10. 启动机转动无力的原因是什么？如何诊断排除？
11. 如何确认启动机空转的故障部位？
12. 汽车照明和信号系统故障的诊断方法主要有哪些？
13. 灯光不亮故障的原因是什么？如何诊断排除？
14. 灯光亮度下降故障的原因是什么？如何诊断排除？
15. 转向信号灯电路的常见故障有哪些？如何诊断排除？
16. 倒车灯常见故障有哪些？如何诊断排除？
17. 汽车灯光照明、信号和仪表系统如何维护？
18. 如何诊断并排除各种仪表、报警灯故障？
19. 汽车中控门锁是如何控制的？
20. 中央集控门锁常见故障有哪些？如何诊断排除？
21. 举例说明乘用车的中控门锁检测项目及方法。
22. 简述大众帕萨特B4型轿车防盗器系统组成。
23. 简述大众帕萨特B4型轿车防盗系统的检修程序。
24. 简述汽车防盗系统电路的一般检修方法。
25. 简述汽车空调系统的功能及组成。

26. 简述汽车空调制冷系统的组成及制冷循环过程。
27. 简述汽车空调系统的日常保养项目。
28. 汽车空调系统如何正确使用？
29. 简述汽车空调制冷系统的基本检修内容。
30. 简述汽车空调制冷剂充注的程序。
31. 汽车空调制冷系统的泄漏检漏方法有哪些？
32. 压缩机常见故障有哪些？如何检修？
33. 简述汽车空调制冷剂缺少的故障原因。如何加注？
34. 汽车空调防冻油如何检查？防冻油缺少的故障原因是什么？如何加注？
35. 冷凝器常见故障有哪些？如何检修？
36. 汽车空调系统冷却断断续续故障原因有哪些？如何检修排除？
37. 汽车空调制冷系统失效故障原因有哪些？如何检修排除？
38. 汽车空调制冷系统出现不正常噪声故障原因有哪些？如何检修排除？
39. 汽车空调系统冷却效果不佳故障原因有哪些？如何检修排除？
40. 汽车空调热水式采暖系统失效故障原因有哪些？如何检修排除？
41. 简述自动空调的自诊断方法。
42. 简述汽车安全气囊的作用、组成及工作过程。
43. 汽车安全气囊系统检测过程中的注意事项有哪些？
44. 汽车安全气囊系统的故障诊断方法有哪些？
45. 简述汽车安全气囊系统故障诊断的基本流程。
46. 汽车安全气囊的常见故障有哪些？如何检修？
47. 简述车载网络系统的组成及优点。
48. 车载总线按特性分为哪几类？
49. 简述CAN数据总线系统的组成。
50. 引起汽车多路信息传输系统故障的原因主要有哪几种？
51. 简述大众POLO乘用车的CAN数据传输系统的组成。
52. 大众POLO乘用车的CAN总线系统如何检修？

第5章 汽车检测站

情境描述：

某市由于近年来汽车保有量迅速增加，在城东区新建了一个汽车检测站，招收了一批新员工，要求培训上岗。公司请你作为培训师，完成对新员工的培训任务。

学习目标：

通过本学习情境的学习，你将做到：

1. 能够识别汽车检测站的类型，并能描述其功能；
2. 能够分析汽车检测站的工艺布局；
3. 能够制定检测工作流程。

能力目标：

作为汽车检测站的员工，应该具备的相关技能有：

1. 国家相关的检测制度；
2. 汽车检测站的职能；
3. 汽车检测站的检测项目和设备名称；
4. 车辆检测工艺流程的设计与实施；
5. 安全、环保意识。

5.1 汽车检测制度和检测标准

5.1.1 汽车检测制度化

为对所有道路运输车辆加强技术管理，保持运输车辆技术状况良好，保证汽车的行驶安全，充分发挥运输车辆的效能，降低运输成本，1990年3月7日交通部发布了13号部令《汽车运输业车辆技术管理规定》，凡是在我国从事道路汽车运输的单位和个人都属于此规定的管理范围。

交通部13号令要求车辆技术管理以预防为主和技术与经济相结合的原则，对车辆实行择优选配、正确使用、定期检查、强制维护、视情修理、合理改造、适时更新和报废的全过程综合管理。明确了车辆定期检测是车辆技术管理的一个重要组成部分，也是汽车检测站纳入车辆技术管理组织的主要依据。

交通部13号令明确了运输车辆定期进行"汽车综合性能检测"的制度化。要求各地应建立运输车辆检测制度，根据车辆从事运输的性质、使用条件和强度以及车辆新旧程度等进行定期检测，确保车辆技术状况良好。运输车辆只有在认定的汽车综合性能检测站通过了检测后，才能从事汽车的营运。检测诊断的主要内容包括：汽车的安全性（制动、侧滑、转向、前照灯等）、可靠性（异响、磨损、变形、裂纹等）、动力性（车速、加速能力、底盘输出功率、发动机功率。燃油供给系和点火系故障等）、经济性（燃油消耗）、噪声和废气排放状况等。

5.1.2 汽车检测标准化

我国与检测诊断相关的标准和法规，包括汽车维护、汽车修理、交通安全、环保等各个方面，主要如下所列：

GB/T 15746.1.3—1995《汽车修理质量检查评定标准》
GB/T 3798—1983《汽车大修竣工出厂技术条件》
GB/T 7258—2012《机动车运行安全技术条件》
GB/T 4599—1994《汽车前照灯配光性能》
GB/T 7454—1987《机动车前照灯使用和光束调整技术规定》
GB/T 12480—1990《客车防雨密封性试验方法》
JT/T 201—1995《汽车维护工艺规范》
JT/T 198—1995《汽车技术等级评定标准》
JT/T 199—1995《汽车技术等级评定的检测方法》
交通部《汽车运输业车辆技术管理规定》
交通部《道路运输车辆维护管理规定》
交通部《汽车维修质量管理办法》
交通部《汽车运输车辆综合性能检测站管理办法》
公安部《机动车辆安全技术检测站管理办法》
GB/T 17692—1999《汽车用发动机净功率测试方法》
GB/T 17993—1999《汽车综合性能检测站通用技术条件》
GB 18285—2005《点燃式发动机汽车排气污染物排放限值及测量方法（双怠速法及简易工况法）》
GB 3847—2005《车用压燃式发动机和压燃式发动机汽车排气烟度排放限值及测量方法》GB 14763—2005《装用点燃式发动机重型汽车燃油蒸发污染物排放限值》
GB 11340—2005《装用点燃式发动机重型汽车曲轴箱污染物排放限值》

5.2 汽车检测站的总体认识

5.2.1 汽车检测站的类型和职能

按服务功能，检测站可分为安全环保检测站、维修检测站和综合性能检测站。

(1) 安全环保检测站

汽车安全环保检测站是一种专门从事定期检查运行车辆是否符合有关安全技术标准和防止公害等法规的规定，执行监督任务的检测站，由公安部门管理，是国家的执法机构。它一般是针对汽车行驶安全和对环境的污染程度进行总体检测，并与国家有关标准比较，给出"合格"或"不合格"的结果，而不进行具体的故障诊断和分析。检测结果作为发放或吊扣车辆行驶证的依据。

(2) 维修检测站

维修检测站通常由汽车运输企业或维修企业建立，其作用是为车辆维修部门服务。它以汽车性能检测和故障诊断为主要内容，这种检测站通过对汽车维修前进行技术状况检测和故障诊断，可以确定汽车附加作业、小修项目以及车辆是否需要大修；同时通过对维修后的汽车进行技术检测，可以监控汽车的维修质量。

（3）综合性能检测站

综合检测站既能担负车辆安全、环保方面的检测任务，又能担负汽车维修中的技术检测，还能承担科研、制造和教学等部门的有关汽车性能试验和参数测定。这种检测站设备多而齐全，自动化程度高，既可进行快速检测，以适应年检要求；又可以进行高精度的测试，以满足技术评定的需要。这种检测站的检测结果可作为交通运输管理部门发放或吊扣营运证的依据，以及作为确定维修单位车辆维修质量的凭证。

汽车综合性能检测站一般的两条线组成：一条是安全环保检测线；另一条是综合性能检测线。检测项目既保留了安全环保的检测项目，又增加了汽车动力性、经济性、可靠性等内容，同时还加入了一些诊断功能，如发动机故障诊断、四轮定位故障诊断等。

5.2.2 汽车检测站的组成

检测站主要由一条至数条检测线组成。安全检测站一般由一条至数条安全环保检测线组成。其中，一条为大、小型汽车通用自动检测线，另一条为小型汽车（轴重500kg或以下）的专用自动检测线。除此以外，还配备一条新车检测线，以供对新车登录、检测之用。图5-1为双线综合检测站平面布置示意图。

综合检测站一般由安全环保检测线和综合检测线组成，可以各为一条，也可以各为数条。我国交通系统建成的检测站大多属于综合检测站，一般由一条安全环保检测线和一条综合检测线组成。

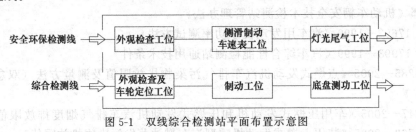

图 5-1 双线综合检测站平面布置示意图

5.3 车辆检测工艺流程的设计与实施

5.3.1 汽车检测线的工位设置

（1）安全环保检测线

手动式和半自动式安全环保检测线一般由外观检查工位、侧滑制动车速表工位和灯光尾气工位三个工位组成。全自动式安全环保检测线既可以由上述三工位组成，也可以由四工位或五工位组成。五工位一般是汽车资料输入及安全装置检查工位、侧滑制动车速表工位、灯光尾气工位、车底检查工位、综合判定及主控制室工位。五工位全自动安全环保检测线，如图5-2所示。

安全环保检测线不管工位如何划分，也不管工位顺序如何编排，其检测项目是固定的，因而均布置成直线通道式，以利于进行流水作业。

（2）综合检测线

综合检测线一般有两种类型：一种是全能综合检测线；另一种是一般综合检测线。全能综

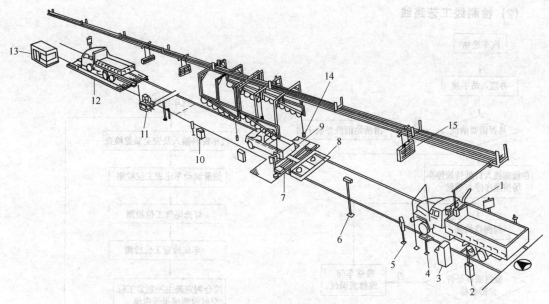

图 5-2 五工位全自动安全环保检测线平面布置示意图
1—进线指示灯；2—烟度计；3—汽车资料登录微机；4—安全装置检查不合格项目输入键盘；
5—烟度计检验程序指示器；6—摄像机；7—制动试验台；8—侧滑试验台；9—车速表试验台；10—废气分析仪；
11—前照灯检测仪；12—车底检查工位；13—主控制室；14—车速表检测申报开关；15—检验程序指示器

合检测线设有包括安全环保检测线主要检测设备在内的比较齐全的工位，而一般综合检测线设置的工位不包括安全环保检测线的主要检测设备。图 5-3 为汽车全能综合检测线工位布局图。

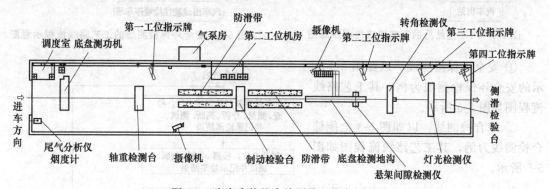

图 5-3 汽车全能综合检测线工位布局图

它由底盘测功工位、车轮定位工位、制动工位和外观检查工位组成，能对车辆技术状况进行全面检测诊断，必要时也能对车辆进行安全环保检测。这种检测线的检测设备多，检测项目齐全，与安全环保检测线互不干扰，因而检测效率相对较高，但建站费用也高。

综合检测线上各工位的车辆，由于检测项目不一、检测深度不同，很难在相同的时间内检测完毕，容易造成检测堵车现象。为此可在各工位横向布置成尽头式或其他形式，以提高检测效率。

5.3.2 汽车检测站的检测工艺

(1) 检测站工艺路线

对于一个独立而完整的检测站，汽车进站后的工艺路线流程如图 5-4 所示。

(2) 检测线工艺路线

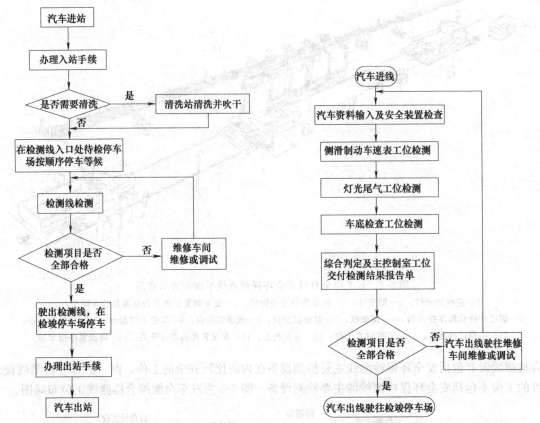

图 5-4 汽车进站后的工艺路线流程示意图

图 5-5 安全环保检测线的工艺路线流程示意图

① 安全环保检测线 以如图 5-2 所示的安全环保检测线为例，其工艺路线流程图如图 5-5 所示。

② 综合检测线 以如图 5-3 全能综合检测线为例，其工艺路线流程图如图 5-6 所示。

5.3.3 汽车检测线的微机控制系统

全自动检测线与手动检测线最大的区别在于增加了一套微机控制系统。

(1) 微机控制系统的功能

① 数据采集、过程指示功能：能对数据自动采集、显示、传输。检测过程中，在工位上通过 LED 点阵屏等对检测员进行操作引导。

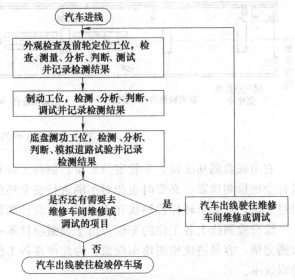

图 5-6 综合检测线的工艺路线流程示意图

② 车辆信息和检测结果管理功能：能对车辆信息、检测结果进行查询、统计、打印等处理。并可对上级主管机关传送数据。

③ 检测标准查询、设定功能：能对系统使用的检测标准进行查阅或根据新发布的标准对原标准更新。

④ 软件标定功能：能对系统的模拟量输入通道进行软件标定。

⑤ 设备自检功能：能对系统的部分硬件进行检查。

⑥ 数据库自动维护和修复功能：能对系统的数据库自动进行备份、整理、修复。系统提供不同权限的账号，分别用于日常工作和系统维护。

(2) 微机控制系统的组成

① 主控机　主控机是全系统的指挥中心、调度中心，一般由 PC 类工业计算机担任。其任务是收集数据，并根据有关标准判断是否合格，然后显示、打印，并将数据存储，同时主控机还要根据登录机申报的数据和光电开关的信号决定检测过程，指挥各工位的运行和单机实验台动作。检测数据的打印一般也由主控机完成。

② 登录机（报检机）　主要用来输入被检车辆的主要参数和申报将要检测的类型，在一些检测系统中，报检机还作为当地车辆的技术档案数据库使用；只要输入车辆牌照号码，就能调出该车主要参数。

③ 进检选择机　对于登录不在检测线入口的远程报检系统，由于登录和办理有关申检手续要在离检测线有一定距离的营业厅进行，登录顺序可能不会和进检测线的次序相同，选择机的作用就是确定已登录的车辆进场的先后。

④ 工位机　工位机一般由工业控制计算机、网卡、接口板、信号调制板、输入输出板、驱动板和继电器板等组成。其主要作用是负责整个工位的检测、控制、驾驶员引导以及和主控机的通讯。

⑤ 控制系统服务器　对于较复杂的网络结构的控制系统或需要管理两条以上检测线的控制系统，需要设置专用的网络服务器对系统管理。

⑥ 单机仪表　单机仪表除了采集显示单机检测设备结果外，还应该担负向上位机传输数据的作用，单机仪表可以单独使用，但有的检测线工位机和单机仪表是一体的。

⑦ 附属设备　为了完成检测系统的数据传输和自动控制功能，自动型检测线还有一些附属设备，它们主要有以下几种。

a. LED 电子显示屏：分吊装式和立柱式两种，指示引车员和工作人员的操作。

b. 红外光电开关：由红外发光体和接受体及继电开关或电子开关组成，当汽车通过时，红外开关发生变化，把开关量信号传至工位机，通知工位机车辆到位情况。

c. 摄像机和监视器：通过电视监视系统可以观察全场或车辆各部位的情况，便于操作人员工作。

d. 供电系统：供电质量是关系到检测系统是否能稳定工作的重要一环。供电原则是：动力照明仪表计算机必须分别供电，并注意各相负载要均衡，要根据设备不同的要求，采用不同的稳压方式。

(3) 微机控制系统的控制方式

① 集中式　如图 5-7 所示为集中式控制系统的构成框图。各个检测设备的模拟信号经放大后，直接送至主控机进行模拟量到数字量的变换。整个检测系统的数据采集、处理判断、控制、打印全部功能都由主控机完成。这种方案的特点是简单易行、造价低，但由于主控机任务繁多，易受干扰，且由于模拟量的长线传输降低了测量精度。对于不配备单机显示仪表的系统来说，由于没有多余措施，一旦主控机发生故障，整个检测系统就要停止工作。

② 接力式　接力式控制系统如图 5-8 所示，也可称为分布式控制系统。在这种控制系统中每个工位分别设一个控制机，对本工位检测设备的信号进行采集、处理和显示，并将处

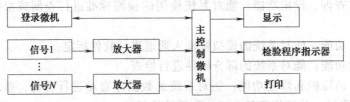

图 5-7 集中式控制系统的构成框图

理完的数据值传输至下一工位,全部检测数据可以由最后一级控制机进行打印和统计。这种控制方式简单易行,造价也比较低,国内外有相当一部分检测线采用这种方案。但是接力式控制系统,由于缺乏高级的指挥调度中心,所以它的功能受到限制,难以实现较高程度的自动控制,对复杂的控制对象适应性较差。

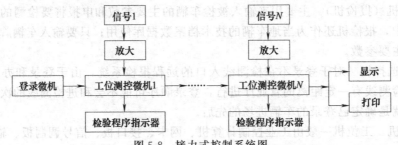

图 5-8 接力式控制系统图

③ 分级分布式 分级分布式控制方式是应用较为广泛的一种控制方式,如图 5-9 所示。第一级为测控现场控制级,由分布在各工位上的测控微机完成测控工作,主要担负检测设备运行控制、数据采集的通信等任务;第二级为管理级,由主控微机完成测控工作,具有安排检测程序、担负全线调度、综合判定检测结果、存储并集中打印检测结果报告单和管理数据库等功能。

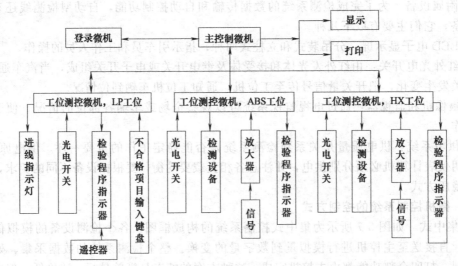

图 5-9 分级分布式控制方式图

5.3.4 检测工艺流程

检测工艺流程即某一汽车接受检测的全过程。以图 5-5 所示全自动安全环保检测线的全工位检测为例予以说明。

(1) 汽车资料输入及安全装置检查工位

① 汽车资料输入　汽车资料登录微机一般放置在进线控制室或检测线入口处，由登录员操作。经过清洗并已吹干的汽车在检测线入口处等候进线。进线指示灯红色为等待，绿色（或蓝色）为开进。当绿色指示灯亮时，汽车进入检测线停在第一工位上，由登录员根据行车执照和报检单，向登录微机输入被检车辆资料，并发往主控制微机，由主控制微机安排检测程序。

② 安全装置检查工位　汽车在本工位停稳后，由检查人员进行汽车上部的灯光和安全装置的外观检查（Lamps and Safety Device Inspection），可简称为 L 工位。检查内容见表 5-1。

表 5-1　车辆部分外观检查项目表

序号	检查项目	序号	检查项目	序号	检查项目
1	远光灯	11	后视镜、倒车镜	21	挡泥板
2	近光灯	12	挡风玻璃	22	防护网
3	制动灯	13	雨刮器	23	电器导线
4	倒车灯	14	喇叭	24	启动机
5	牌照灯	15	轮胎及螺栓	25	发电机、蓄电池
6	示宽灯、标志灯	16	离合器、变速器	26	灭火器
7	室内灯	17	踏板自由行程	27	仪表及指示灯
8	车厢、座位	18	驻车制动操纵杆	28	机油报警器
9	车门、车窗	19	转向盘自由行程	29	安全带
10	车身、漆面	20	油箱及盖	30	半轴螺栓

(2) 侧滑制动车速表工位

第一工位检查完毕后，根据工位指示器提示，受检车辆驶入第二工位进行侧滑制动车速表检测。本工位由侧滑检测（Alignment Inspection）、轴重检测（weight Inspection）、制动检测（Brake Test）和车速表检测（Speedometer Test）组成，简称 ABS 工位。

受检车进入第二工位后，若是一般后驱动，后驻车制动（手制动作用在后轮）的车，按以下程序进行。

① 侧滑检测：让汽车低速驶过侧滑试验台，此时不可转动转向盘。通过后，第二指示器即可显示侧滑检测结果。

② 将前轮驶上轴重仪测量前轴重。

③ 将前轮驶上制动试验台测量前轴制动力。按工位指示器的提示，将制动踏板踩到底，即可测得前轴制动效果。此时指示器会显示出检测结果。若结果不合格，允许重测一次。

④ 后制动检测时，将后轮驶上制动试验台，按指示器的提示踩住制动踏板。指示器会显示后制动结果。若不合格，允许重测一次。

⑤ 测量驻车制动（手制动）方法与测量前、后轮制动相同。可按指示器的提示拉住手制动杆。若不合格，允许重测一次。

⑥ 车速表校验时，将后轮驶上车速表试验台，驾驶员手持测试按钮。慢踩加速踏板（油门），当车速表指示 40km/h 时按下测试控钮。指示器可显示检测结果，若不合格允许重测一次。测完后放松加速踏板，使车轮停转。

(3) 灯光尾气工位

本工位主要由前照灯检测（Head Light Test）、排气检测（Exhaust Gas Test）、烟度检测（Diesel Smoke Test）和喇叭声级检侧（Noise Test）组成，简称 HX 工位。

受检车进入该工位后，按以下步骤操作：

① 将汽车停在与前照灯检测仪一定距离处（一般距离是 3m），面向正前方。前照灯仪会自动驶入，分别测量左右灯远光的发光强度和照射方向。检测结果会在工位指示器上显示。

② 按指示器要求检测废气或烟度。测废气时，令发动机处于怠速状态，将探头插入排气管，几秒之后指示器即显示检测结果。测烟度时，应在发动机怠速状态下，将加速踏板迅速踩到底。几秒之后指示器也会显示检测结果。烟度检测要求测三次，取平均值。

③ 噪声或喇叭音量测试时，按提示要求按喇叭约 2s，或按要求测量车内噪声。测完后，指示器会显示检测结果。

(4) 车底检查工位

车底检查（Pit Inspection）工位，简称为 P 工位，此工位以人工方式检查车底情况，如部件连接是否牢固、有无变形、断裂，水、电、油、气有无泄漏等，检查内容见表 5-2。检测人员通过对讲机或自制的按钮板等设备，将结果送至主控微机。

表 5-2 车辆底部检查项目表

序号	检查项目	序号	检查项目	序号	检查项目
1	发动机及支架	11	后悬挂及连接件	21	变速器及操纵杆
2	车架	12	减震板簧前支架及销	22	后桥壳
3	前梁	13	减震板簧后支架及销	23	主减速器
4	转向器	14	各部软管	24	钢板弹簧及 U 型螺栓
5	转向传动装置	15	各种杆系	25	排气管、消音器
6	转向拉杆、推杆	16	油、气、电路	26	各种紧固螺栓
7	转向节	17	储气罐	27	牵引钩
8	转向主销及轴承	18	传动轴、万向节	28	各种缓冲器
9	纵横控制臂	19	中间支承	29	漏油、漏气、漏水、漏电
10	前悬挂及连接件	20	离合器及操纵杆	30	油箱、蓄电瓶支架

(5) 综合判定及主控室工位

汽车到达本工位时检测项目已全部检测完毕，主控制微机对各工位检测结果进行综合判定后，由打印机集中打印检测结果报告单，并由检测长送给被检车汽车驾驶员。

复习思考题

1. 汽车检测站有几种类型？各有何功能？
2. 安全环保监测站可检测哪些项目？
3. 全自动式安全环保检测线"五工位"指的是什么？各工位有何作用？
4. 安全环保检测线上是如何检测车辆的？
5. 全能综合检测线的工艺路线流程是什么？
6. 检测线微机控制系统有几种控制方式？各有何特点？
7. 检测线微机控制系统由哪几部分组成？各部分功能是什么？

参 考 文 献

[1] 王秀贞. 汽车故障诊断与检测技术. 济南：山东大学出版社，2011.
[2] 王文清. 汽车故障诊断技术. 北京：中央广播电视大学出版社，2010.
[3] 李春明. 汽车电器设备与维修. 北京：高等教育出版社，2007.
[4] 李英，宋丽敏. 汽油发电机管理系统故障诊断与维修. 北京：高等教育出版社，2014.
[5] 曹利民. 别克君威轿车维修手册. 北京：机械工业出版社，2004.
[6] 张军，安宗全. 汽车电气系统故障诊断与维修. 北京：高等教育出版社，2014.
[7] 赵立山，路惠湘. 轿车故障快速诊断与排除. 北京：机械工业出版社，2010.
[8] 朱军. 汽车故障诊断方法. 北京：人民交通出版社，2008.
[9] 王秀贞. 轿车自动变速器构造与维修. 北京：人民交通出版社，2008.
[10] 李玉茂. 宝来捷达轿车故障实例与分析. 北京：机械工业出版社，2005.
[11] 郑霞君. 凌志 LS400 轿车电子控制系统原理与检修. 沈阳：辽宁科学技术出版社，1988.
[12] 邹小明. 汽车检测与诊断技术. 北京：机械工业出版社，2006.